Hans Ulrich Callies
Einfluß von Entwicklungshilfe

Bochumer Schriften
zur Entwicklungsforschung
und Entwicklungspolitik

Herausgegeben für das Institut für Entwicklungsforschung und Entwicklungspolitik von
Prof. Dr. Karl-Heinz Hottes, Prof. Dr. Wolfgang Köllmann,
Prof. Dr. Willy Kraus, AOR Dr. Hans Kruse,
Prof. Dr. Peter Meyer-Dohm, Prof. Dr. Gabriele Wülker

Schriftleitung: AR Ernst-Albrecht v. Renesse

Band 15

Institut für Entwicklungsforschung
und Entwicklungspolitik
der Ruhr-Universität Bochum

Der Einfluß von Entwicklungshilfeleistungen auf den Konjunkturverlauf und die Beschäftigung im Geberland

unter besonderer Berücksichtigung der BRD

Mit einem Vorwort von Prof. Dr. Willy Kraus

INAUGURALDISSERTATION
zur Erlangung der Würde eines Doktors der Wirtschaftswissenschaft

der
Abteilung für Wirtschaftswissenschaft
der Ruhr-Universität
Bochum

vorgelegt von
Diplom-Volkswirt, Diplom-Kaufmann
Hans Ulrich Callies
aus Bottrop

1970

Dekan: Prof. Dr. J. Pahlke
Referent: Prof. Dr. W. Kraus
Korreferent: Prof. Dr. J. Pahlke
Tag der mündlichen Prüfung: 17. 12. 1971

Umschlaggestaltung: Rudolf Bünermann
Gesamtherstellung: Becht-Druck + Co., Pfäffingen

Printed in Germany
ISBN 3 7711 0172 7

Geleitwort

Die Analyse der Entwicklungshilfepolitik konzentrierte sich bislang naturgemäß vor allem auf ihre entwicklungspolitische Funktion in den Empfängerländern. Die gewollten oder ungewollten Auswirkungen der verschiedenen Entwicklungshilfeleistungen auf die Wirtschaft der Geberländer ist dagegen bisher noch kaum umfassend und systematisch untersucht worden. Die von verschiedenen Imperialismustheoretikern (etwa Hobson, Hilferding, Sternberg, Sweezy und Baran) von Fall zu Fall unterstellten Zusammenhänge konnten diesen Fragenkreis ebenfalls nicht befriedigend beantworten.

Die vorliegende Arbeit ist ein erster Versuch, die offensichtlich hier gegebene Lücke zu schließen. Die Vielzahl der möglichen und tatsächlichen Entwicklungshilfewirkungen, etwa auf Zahlungsbilanz, Wachstum, Beschäftigung, Terms of Trade, Einkommensverteilung und Wirtschaftsstruktur, erforderte dabei allerdings eine Beschränkung der zu analysierenden Variablen. In der vorliegenden Arbeit stehen deshalb vor allem zwei Fragenkreise im Vordergrund:

Welche Beschäftigungs- und Einkommenseffekte haben die einzelnen Formen der Entwicklungshilfe?

Inwieweit ist die Entwicklungshilfe ein geeignetes Instrument zur Stabilisierung kurz- und mittelfristiger Konjunktur- und Beschäftigungsschwankungen in den Geberländern?

Mit Hilfe der Kreislauftheorie, der beschäftigungsorientierten Transfertheorie und finanz- und geldtheoretischer Erörterungen werden detailliert die erfaßbaren und relevanten Rückwirkungen der Entwicklungshilfe auf Konjunktur, Beschäftigung und Volkseinkommen eines Geberlandes analysiert. Die zunächst eingeführte Trennung von Aufbringungs- und Verwendungseffekten gestattet dabei einen differenzierten Einblick in die unterschiedlichen Beschäftigungseffekte der wichtigsten Formen der Entwicklungshilfe. Die Anwendung des theoretischen Instrumentariums erfolgt unter Berücksichtigung der besonderen Gegebenheiten der Entwicklungsländer, wodurch nicht unerhebliche Modifikationen herkömmlicher Aussagen zutage treten.

Besondere Aufmerksamkeit wird den international induzierten Rückwirkungen der Entwicklungshilfe gewidmet, die mit Hilfe eines auf den Arbeiten von L. A. Metzler und F. Machlup aufbauenden Transfermodells analysiert werden. Neben dem Mehrländerfall werden vor allem auch die Modifikationen der Modellaussagen bei Berücksichtigung unterschiedlicher Entwicklungshilfegegebenheiten und unterschiedlicher Konjunktursituationen im Geber- und Nehmerland untersucht. Die Ausführungen über die beschäftigungspolitischen Aspekte des Rückzahlungsproblems zeigen die Grenzen eines Einsatzes des Kapitalexportes auf der Basis von Krediten zur Vermeidung dauernder binnenwirtschaftlicher Nachfragedefizite auf.

Anschließend wird der Versuch gemacht, die theoretischen Erkenntnisse auf die Entwicklungshilfeleistungen der BRD anzuwenden. Die unterschiedlichen Aufbringungs- und Verwendungswirkungen der einzelnen Entwicklungshilfearten werden eingehend untersucht und nach Intensitätsgraden geordnet. Es wird herausgestellt, daß trotz der ermittelten tendenziell expansiven Gesamtwirkung der Entwicklungshilfeleistungen diese kaum als Hauptbestimmungsfaktor für das Einkommens- und Beschäftigungsniveau in der BRD angesehen werden können. Die Frage, ob die Entwicklungshilfeleistungen eine generelle Konjunkturstabilisierungsfunktion erfüllen – wie einige Imperialismustheoretiker behaupten – wird für den Zeitraum 1960–1969 eingehend geprüft. Die abschließenden Ausführungen machen deutlich, in welchem Umfang ein konjunkturpolitischer Einsatz der einzelnen Entwicklungshilfearten durch institutionelle Hemmnisse sowie durch andere politische und wirtschaftliche Zielsetzungen beschränkt wird.

Die vorliegende Arbeit mit ihrem Schwerpunkt in dem umfangreichen theoretischen Teil stellt eine detaillierte Untersuchung der Wirkungen von Entwicklungshilfeleistungen auf die wichtigsten konjunkturellen Variablen des Geberlandes dar. Die Ergebnisse der Arbeit erweitern und differenzieren eine Reihe von Feststellungen, die bisher zu diesem Problemkreis vorliegen.

Willy Kraus

Inhalt

Seite

Seite

Seite

Seite

Seite

Vorwort

Angesichts des gewaltigen Fortschritts in Wissenschaft und Technik scheint eine allgemeine weltwirtschaftliche Entwicklung möglich zu sein, die eine zufriedenstellende Versorgung aller Menschen mit materiellen Gütern sicherstellt. Jedoch sind die wichtigen wirtschaftlichen Wachstumsfaktoren wie Kapital, Technik und Wissen einseitig auf die hochentwickelten Industrieländer verteilt. In den Entwicklungsländern stellt neben den ungünstigen soziokulturellen Bedingungen gerade der permanente Mangel an diesen Wachstumsfaktoren das entscheidende Entwicklungshemmnis dar.

Um den Entwicklungsländern den Weg zu einem selbsttragenden Wachstum zu erleichtern, wird die Forderung gestellt, Kapital und technisches Wissen als Entwicklungshilfeleistungen in größerem Umfang von den Industrieländern in die Entwicklungsländer zu übertragen. Die Probleme, die mit Entwicklungshilfeleistungen zusammenhängen, beziehen sich vorwiegend auf deren Auswirkungen in den Empfängerländern. Es darf aber nicht übersehen werden, daß Entwicklungshilfeleistungen, wenn sie einen größeren Umfang erreichen, auch für das Geberland beachtliche wirtschaftliche Auswirkungen hervorrufen können. Für das Geberland ist die richtige Einschätzung der binnenwirtschaftlichen Auswirkungen von Entwicklungshilfeleistungen wichtig, bevor Entscheidungen über Umfang und Zusammensetzung der Leistungen getroffen werden. Die Entwicklungshilfeleistungen können im Geberland auf eine Reihe von wirtschaftlichen Größen wirken, [1] z. B. Zahlungsbilanz, Einkommen, Beschäftigung, Preisniveau, Terms of Trade, Einkommensverteilung und Wirtschaftsstruktur. Diesem Problemkreis ist die Thematik der vorliegenden Arbeit zuzuordnen, wobei sich die Untersuchungen auf die Auswirkungen von Entwicklungshilfeleistungen im Zusammenhang mit Einkommen, Beschäftigung und Konjunktur im Geberland beschränken.

---

1) Vgl. Gäfgen, G.: Einordnung der Entwicklungshilfe in die Politik der Geberländer, in: Entwicklungsplitik, Handbuch und Lexikon, hrsg. von H. Besters u. E.E. Boesch, Stuttgart u. Berlin 1966.

Nachdem die Begriffe des Themas abgegrenzt sind und die Problemstellung präzisiert worden ist, erfolgt im Kapitel B eine allgemeine theoretische Untersuchung der Einkommens- und Beschäftigungswirkungen von Entwicklungshilfeleistungen im Geberland. Zunächst werden die Aufbringungs- und Verwendungswirkungen unabhängig voneinander und ohne Berücksichtigung international induzierter Rückwirkungen untersucht. Es zeigt sich, daß die Aufbringungswirkungen von Entwicklungshilfeleistungen nicht nur bei den verschiedenen Finanzierungsmöglichkeiten, sondern außerdem in Abhängigkeit von der jeweiligen konjunkturellen Lage im Geberland sehr verschieden ausfallen können.

Die direkte Verausgabung der Entwicklungshilfe kann grundsätzlich im Geberland, im Empfängerland und in Drittländern eintreten. Selbst dann, wenn die Entwicklungshilfeleistungen ausschließlich im Geberland direkt verausgabt werden, wirkt sich dieses im allgemeinen auf das Einkommen in den Entwicklungsländern positiv aus. Diese Einkommenssteigerungen in Empfängerländern werden bei der späteren Analyse der internationalen Rückwirkungen auch für das Einkommen und die Beschäftigung im Geberland von Bedeutung sein. Soweit Entwicklungshilfeleistungen direkt im Empfängerland zur Verausgabung kommen, liegt das Schwergewicht der Analyse darin, festzustellen, inwieweit unter den Bedingungen der Entwicklungsländer mit einem kumulativen Einkommensprozeß gerechnet werden kann. Als Alternative bei der Verwendung von Entwicklungshilfeleistungen besteht unter Umständen statt einer Verausgabung die zeitweise Erhöhung der Devisenreserven.

Im Teil II des Kapitels B wird das Zusammenwirken der vorher isoliert voneinander untersuchten Aufbringungs- und Verwendungswirkungen einschließlich möglicher internationaler Rückwirkungen analysiert. Dabei wird als Rahmen die beschäftigungstheoretisch orientierte Transfertheorie verwendet, deren Prämissen schrittweise verändert werden, bis in ihnen die im Teil I herausgearbeiteten Ergebnisse berücksichtigt sind. In die Modifikationen des Transfermodells werden auch alternative konjunkturelle Ausgangssituationen im Geberland einbezogen.

Die Einbeziehung internationaler Rückwirkungen hat im wesentlichen zur Folge, daß neben die positiven Einkommenseffekte infolge der direkten Verausgabung im Geberland eine zusätzliche induzierte Nachfrage nach Exporten des Geberlandes tritt. Dabei bildet das Devisenproblem der Entwicklungsländer jedoch eine unüberwindliche Grenze.

Im Teil III des Kapitels B werden Rückzahlungen - ein Sonderproblem der auf Kredit gewährten Entwicklungshilfeleistungen - in ihren Wirkungen auf das Geberland untersucht.

Auf der Basis der im Kapitel B ermittelten Ergebnisse soll im Kapitel C festgestellt werden, welche Einkommenswirkungen von den einzelnen konkreten Entwicklungshilfearten in der BRD zu erwarten sind. Daneben werden die quantitative Bedeutung der gesamten deutschen Entwicklungshilfeleistungen für die Gesamtbeschäftigung der BRD sowie die quantitativen Veränderungen der durch Entwicklungshilfe hervorgerufenen Nachfrage während der Konjunkturschwankungen in der BRD analysiert. Das empirische Zahlenmaterial gibt nur Aufschluß über den Anteil der Entwicklungshilfeleistungen, die direkt in der BRD verausgabt werden, daher muß auf quantitative Untersuchungen über induzierte deutsche Exporte auf Grund von Entwicklungshilfeleistungen verzichtet werden. Bei der Verwendung der Entwicklungshilfeleistungen nimmt die direkte Verausgabung im Geberland eine sehr dominierende Stellung ein.

Den Kapiteln D und E liegt die Frage eines möglichen konjunkturpolitischen Einsatzes von Entwicklungshilfeleistungen zugrunde. In Kapitel D wird nachgewiesen, daß das Erfordernis eines kurzen time-lags zwischen grundsätzlicher Entscheidung und Wirkung, welches für jedes Instrument der Konjunktursteuerung eine notwendige Voraussetzung ist, nur bei einem Teil der öffentlichen Kapitalhilfe vorliegt. Kapitel E zeigt, daß, selbst wenn Entwicklungshilfeleistungen die Bedingung eines kurzen time-lags erfüllen, weder aus der Sicht der Empfängerländer noch aus der Sicht der Geberländer erhebliche Bedenken gegen eine Konjunktursteuerung durch Entwicklungshilfeleistungen völlig ausgeräumt werden können. Damit lassen sich nur wenige Arten der Entwicklungshilfeleistungen und diese auch nur im engen Rahmen in das konjunkturpolitische Instrumentarium der Geberländer einbeziehen.

Der Zusammenhang zwischen Entwicklungshilfe, Konjunktur und Beschäftigung im Geberland hat auch große Bedeutung im Rahmen der Imperialismustheorien. Unter diesem Aspekt wird die vorliegende Problemstellung in der gleichzeitig entstehenden Arbeit von Herrn Hans Bernd Schäfer über Imperialismusthesen und Handelsgewinne dargestellt.

Herrn Schäfer danke ich für verschiedene Anregungen zu dieser Arbeit. An dieser Stelle möchte ich auch die sehr große Hilfsbereitschaft mehrerer Beamter des Bundesministeriums für wirtschaftliche Zusammenarbeit hervorheben, wodurch mir die Beschaffung des empirischen Materials erleichtert und zum Teil erst möglich wurde.

Köln, September 1970 Hans Ulrich Callies

A. Grundbegriffe und Problemstellung

Da mehrere Begriffe der vorliegenden Arbeit in verschiedenen Literaturbeiträgen sehr unterschiedlich verwendet werden, erscheint es notwendig, die wichtigsten Begriffe der Themenstellung für den Rahmen dieser Arbeit exakt abzugrenzen. Im Anschluß daran soll eine Konkretisierung des Themas vorgenommen werden.

I. Der Begriff der Entwicklungshilfe

Der Begriff "Entwicklungshilfe" wird im heutigen Sprachgebrauch in sehr vielschichtiger Weise verwendet. Er entstammt ursprünglich dem politischen Bereich und hat insbesondere als Schlagwort auf dem Hintergrund des Ost-West-Gegensatzes eine große Bedeutung eingenommen.[1] Es erweist sich als außerordentlich schwierig, diesen mit Emotionen geladenen Begriff als neuen operationalen Begriff in der Wirtschaftstheorie zu verwenden.[2] Einerseits wird versucht, den Begriff der Entwicklungshilfe durch das Kriterium der Hilfe des Gebers festzulegen, d. h. durch ein Opfer bzw. durch ein Bereitstellen von Leistungen zu günstigeren als marktmäßigen Bedingungen.[3] Andere Autoren verzichten auf das Opferkriterium und sehen in dem Nutzeffekt einer Leistung des Geberlandes in bezug auf die Entwicklungsförderung des Empfängerlandes das entscheidende Kriterium. Folgerichtig wird dann der Ausdruck "Entwicklungsförderung" anstelle von "Entwicklungshilfe" verwendet. So versteht z. B. Behrendt[4] unter Entwicklungsförderung die Leistungen der Industrieländer an die Entwicklungsländer, die über den internationalen Marktmechanismus hinaus zusätzlich erfolgen. Entwicklungshilfe als Opferbegriff im Sinne eines Wohlfahrtsverlustes des Geberlandes erscheint unter entwicklungspolitischem Gesichtspunkt unzweckmäßig. Entwicklungshilfe als Entwicklungsförderung im Sinne einer entwicklungspolitischen Effizienz der Leistungen wird der ent-

---

1) Vgl. Helmstädter, E.: Was ist Entwicklungshilfe?, in: Entwicklungsländer, Nr. 3/60, S. 103 ff.

2) Eine sehr ausführliche Behandlung dieses Problems vgl.: Schäfer, H.B.: Theoretische und praktische Probleme einer Definition des Begriffes "Entwicklungshilfe", unveröffentlichtes Referat im Entwicklungspolitischen Seminar von Prof. Dr. W. Kraus, Ruhr-Universität Bochum, SS 1968.

3) Vgl. dazu z. B. den Begriff bei: Helmstädter, E.: Was ist ..., a.a.O., S. 2; Billerbeck, K.: Reform der Entwicklungshilfe, Hamburg 1961, S. 11

4) Behrendt, R.F.: Ziele der Entwicklungshilfe, in: Handbuch der Entwicklungspolitik, hrsg. von Besters, E. und Boesch, E., Berlin 1966, S. 724

wicklungspolitischen Zielsetzung zwar gerecht, muß aber konsequenterweise sehr weit gefaßt werden, da auch Maßnahmen der Industrieländer zur Verbesserung der Handelsposition der Entwicklungsländer von großer entwicklungspolitischer Effizienz sein können. Die Untersuchungen dieser Arbeit sollen jedoch auf die finanziellen Leistungen beschränkt bleiben und damit die Formen der Handelshilfe außerhalb der Betrachtung lassen. Da die Unterteilung der Entwicklungshilfe in Leistungen auf Grund des internationalen Marktmechanismus und in Leistungen außerhalb des Marktmechanismus wegen der vielseitigen staatlichen Förderungsmaßnahmen - auch bei den privaten Leistungen - problematisch ist, soll im Rahmen dieser Arbeit der Begriff der Entwicklungshilfe entsprechend dem von der OECD verwandten Schema benutzt werden. Dieses hat zugleich den Vorteil, daß im empirischen Teil der Arbeit auf ein umfangreiches statistisches Material in bezug auf Entwicklungshilfeleistungen zurückgegriffen werden kann.

Nach dem OECD-Schema werden unter Entwicklungshilfeleistungen alle langfristigen Kapitalleistungen der Industrieländer an die Entwicklungsländer verstanden. Bei der Erfassung werden im Prinzip die gleichen Definitionen und Methoden angewandt wie in den Zahlungsbilanzstatistiken des Internationalen Währungsfonds. [1] Daher umfaßt der Begriff "langfristig" unentgeltliche Leistungen, Investitionen und andere Kapitalbewegungen ohne feste Laufzeit sowie Anleihen, Kredite und Wertpapiertransaktionen mit Laufzeiten von mehr als einem Jahr. Unter Entwicklungshilfeleistungen sind aber nicht nur Bar- und Kredittransaktionen zu verstehen, "sondern auch der monetäre Gegenwert der Sachleistungen (wie der Nahrungsmittelhilfe) und der Beiträge, die durch die Bereitstellung von Personal und in Form sonstiger Dienste (in erster Linie technische Hilfe) geleistet werden." [2]

In diesem Sinne wird unter Entwicklungshilfe in der vorliegenden Arbeit ganz allgemein die Bereitstellung von langfristigem Kapital durch Industrieländer an Entwicklungsländer verstanden. Die Bedingungen für die Bereitstellung können dabei sowohl kommerziell als auch nichtkommerziell sein. Die Art der Aufbringung, der Vergabe und der Verwendung des Kapitals kennzeichnet die einzelnen Entwicklungshilfeformen.

---

1) Vgl. OECD: Finanzielle Leistungen an Entwicklungsländer 1961 - 1965, Paris 1967, S. 175.

2) OECD: Finanzielle Leistungen an Entwicklungsländer 1961 - 1965, a.a.O., S. 175.

Nach der OECD-Statistik werden die Entwicklungshilfeleistungen als Nettoleistungen erfaßt, die sich nach Abzug der Tilgungsbeträge von den Gesamtleistungen ergeben. Diese Unterscheidung ist in erster Linie für die Zahlenangaben des empirischen Teils von Bedeutung, im theoretischen Teil wird das Rückzahlungsproblem als Sonderproblem am Rande behandelt. Schließlich weist die OECD-Statistik einen theoretisch nicht fundierten Entwicklungsländerbegriff auf, der das Ergebnis politischer Entscheidungen ist. "Entwicklungsländer sind nach der Definition der OECD-Statistiken Griechenland, Spanien, die Türkei und grundsätzlich alle nicht der OECD angehörenden Länder und Gebiete, außer Australien, Finnland, Neuseeland, der Südafrikanischen Union und den Ostblockstaaten einschließlich der Volksrepublik China." [1] Dieses hat nur für die statistischen Zahlen des empirischen Teils der Arbeit Bedeutung. Soweit im theoretischen Teil von Entwicklungsländern gesprochen wird, sind die Länder Asiens, Afrikas und Lateinamerikas gemeint, die durch einige bestimmte ökonomische und gesellschaftliche Merkmale im Gegensatz zu den hochentwickelten Industriestaaten als Entwicklungsländer gekennzeichnet sind.

II. Beziehung zwischen Einkommen und Beschäftigung

Vielfach werden in der wirtschaftswissenschaftlichen Literatur Veränderungen von Einkommen und Beschäftigung als identisch betrachtet. [2] Es ist nichts dagegen einzuwenden, Einkommen und Beschäftigung per definitionem gleichzusetzen. Anderseits erscheint es aber zweckmäßig, Einkommen und Beschäftigung als zwei verschiedenartige, selbständige wirtschaftliche Grössen anzusehen. In diesem Fall wird Beschäftigung in eingesetzten Produktionsfaktoren, z. B. Arbeitskräften und Maschinen, gemessen. Für wirtschaftspolitische Zielsetzungen steht das Problem der Beschäftigung der Arbeitskräfte an vordringlicher Stelle.

Eine Steigerung des Realeinkommens, d. h. eine Produktionserhöhung, führt bei gegebener Produktionstechnik zu einer Mehrbeschäftigung der Produktionsfaktoren. Zwischen Produktionsänderung und Beschäftigungsänderung besteht eine direkte proportionale Beziehung. Die

---

1) Ebenda, S. 176
2) Vgl. Woll, A.: Wechselkursvariation und Beschäftigungsniveau, Diss. Freiburg 1958, S. 90.

genaue quantitative Beziehung zwischen Produktionssteigerung und Mehrbeschäftigung eines einzelnen Faktors hängt in erster Linie von den vorliegenden Faktoreinsatzverhältnissen und den Faktorpreisen ab.[1] Innerhalb der vorliegenden Arbeit werden daher Realeinkommen und Beschäftigung nicht als identisch, wohl aber als gleichartig in Hinblick auf Richtung und Intensität ihrer Änderungen betrachtet.

Das nominelle Einkommen wird bestimmt durch die effektive Nachfrage. Zwischen der Änderung der effektiven Nachfrage und der Produktionsänderung bzw. zwischen den nominellen und den realen Einkommensänderungen besteht im allgemeinen eine Parallelität in der Richtung, sie liegt sowohl im Aufschwung als auch im Niedergang vor.[2] In der Intensität der Veränderungen bestehen zwischen effektiver Nachfrage und Produktion erhebliche Differenzen. Mit zunehmender Konjunkturbelebung steigt die effektive Nachfrage stärker als die Produktion, und es kommt zu Preissteigerungen. Umgekehrt sinkt im Konjunkturrückgang die effektive Nachfrage stärker als die Produktion, so treten wenigstens teilweise Preissenkungen ein. Im fortgeschrittenen Aufschwung ist die Diskrepanz zwischen der Änderung der effektiven Nachfrage und derjenigen der Produktion im allgemeinen stärker als im Abschwung. "Die Tatsache dieses Parallelismus legt die Vermutung nahe, daß es sich hier nicht um einen Zufall, sondern um einen notwendigen Kausalzusammenhang handelt."[3] In der vorliegenden Arbeit wird angenommen, daß Schwankungen in der effektiven Nachfrage die unmittelbare Ursache für Schwankungen in der Produktion und in der Beschäftigung sind. Veränderungen in der effektiven Nachfrage bewirken aber nur insoweit Veränderungen in der Beschäftigung, wie keine Preisveränderungen eintreten.

III. Konjunkturverlauf und Beschäftigung

Die Beziehung von Entwicklungshilfe und Beschäftigung im Geberland kann je nach der Art des Einkommensverlaufes und seiner Determinanten im Geberland unter zwei grundsätzlich

---

1) Vgl. dazu Rettig, R. : Über den Einfluß des Außenhandels auf Beschäftigung, Einkommenskreislauf und Preisniveau im Inland, Diss. Köln 1962, S. 26.

2) Vgl. Haberler, G.: Bemerkungen zum gegenwärtigen Stand der Konjunkturtheorie, in: Kyklos, Bd. 5, 1951/52, S. 219 ff, wiederabgedruckt in: Konjunktur- und Beschäftigungstheorie, hrsg. von W. Weber u. H. Neis, Köln 1967, S. 367.

3) Haberler, G.: Bemerkungen zum gegenwärtigen Stand der Konjunkturtheorie, a.a.O., S. 368.

verschiedenen Aspekten gesehen werden, einerseits in Hinblick auf eine nur temporäre zyklische Unterbeschäftigung und anderseits in Hinblick auf eine permanente Unterbeschäftigung.

Einmal kann es sein, daß sich die Wirtschaft des Geberlandes tendenziell langfristig entlang einem gleichgewichtigen Wachstumspfad entwickelt, bei dem ein befriedigendes Maß an Vollbeschäftigung realisiert wird. Jedoch wird im Rahmen von mittelfristigen Schwankungen dieser Wachstumspfad je nach Konjunkturlage unter- oder überschritten. Dieses soll anhand der nachfolgenden Zeichnung verdeutlicht werden.

Zeichnung 1

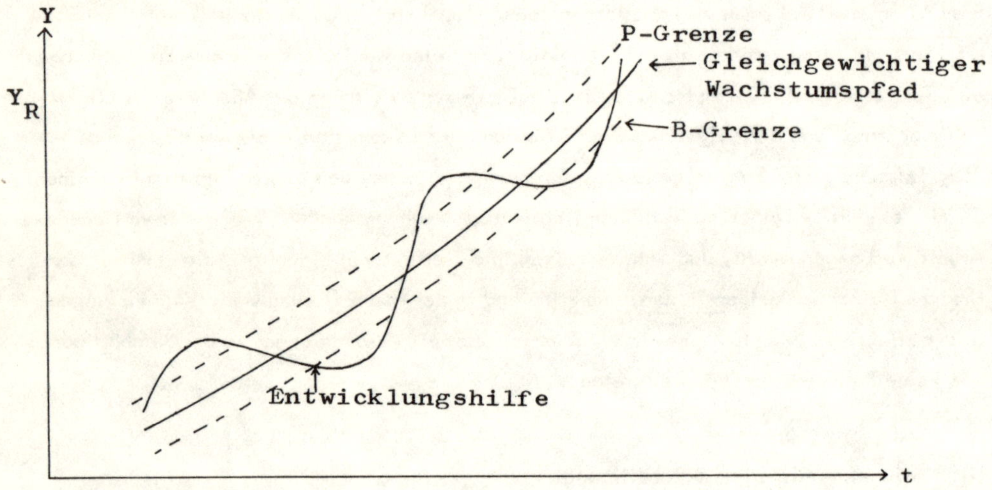

Y_R = reales Sozialprodukt, P = Preissteigerungs-Grenze,

B = Beschäftigungs-Grenze

Die Zeichnung stellt dar, wie das reale Sozialprodukt sich im Zeitablauf um den angestrebten Gleichgewichtspfad entwickelt. Ohne eine bestimmte Konjunkturtheorie zugrunde zu legen, die den Verlauf der Konjunkturschwankungen im Wachstum erklärt, [1] können Grenzen für ein mit den wirtschaftspolitischen Zielen noch zu vereinbarendes Abweichen von dem angestrebten Wachstumspfad aufgezeigt werden. Nach oben ist die Grenze dann erreicht, wenn das Wachstum nur noch unter Preissteigerungen erfolgen kann, die nicht mehr als erträglich hingenommen werden. Nach unten wird die Grenze für ein Abweichen vom angestrebten Wachstumspfad dann überschritten, wenn die Beschäftigung unter das noch als vertretbar angesehene Maß herabsinkt. Beide Grenzen sind in der Zeichnung 1 als P- und B-Grenze eingetragen. Spätestens wenn eine dieser Grenzen überschritten ist, müssen die Hauptträger der Konjunkturpolitik, die Zentralnotenbank und der Staat, wirtschaftspolitische Maßnahmen zur Konjunkturstabilisierung ergreifen. Unter anderem kann auch von einer antizyklischen Veränderung der Handelsbilanz ein Beitrag zur Konjunkturstabilisierung gegeben werden. Besteht eine positive Beziehung zwischen Kapitalexport und tendenzieller Aktivierung der Handelsbilanz, so würde sich unter anderem ein antizyklischer Kapitalexport anbieten. Da finanzielle Leistungen an Entwicklungsländer einen Teil des Kapitalexports darstellen, kommen Entwicklungshilfeleistungen, soweit sie einen positiven Einkommenseffekt im Geberland bewirken, grundsätzlich zur Konjunkturstabilisierung in der Rezession in Frage. Dabei macht es zunächst keinen Unterschied, ob die Entwicklungshilfeleistungen in der Rezession vom Staat oder von Privaten vorgenommen werden. Den Kapitalexport der hochentwickelten Länder als Motor zur Überwindung einer Rezession haben mehrere Imperialismustheoretiker hervorgehoben. [2] Außerdem ist er für die nicht-monetäre Überinvestitionstheorie, als es noch keine kompensatorische Finanzpolitik gab, ein unentbehrlicher Faktor gewesen. [3] Mehrere empirische Untersuchungen haben versucht, die Bedeutung des Kapitalexports Englands für die Abschwächung von Rezessionen der englischen Wirtschaft im 19. und zu Beginn des

---

1) Z. B. sei hier auf die Konjunkturtheorie von Hicks verwiesen, der ein Schwingungssystem für eine wachsende Wirtschaft entwickelt hat, das auf einer Konsumfunktion und einer Akzeleratorbeziehung als Investitionsfunktion basiert. Die Obergrenze des Wachstums wird dabei bestimmt durch die volle Beanspruchung der vorhandenen Faktoren und die Untergrenze durch die Unterlassung von Ersatzinvestitionen, vgl. Bombach, G.: Wirtschaftswachstum, in HdSW Bd. 12, Tübingen 1965, S. 780.

2) Vgl. Schäfer, H.B.: Imperialismusthesen und Handelsgewinne, Diss. Bochum 1970, insbesondere Abschnitt A. 6., S. 31 ff.

3) Vgl. Preiser, E.: Kapitalexport und Volkseinkommen, in: Theorie der internationalen Wirtschaftsbeziehungen, hrsg. von K. Rose, Köln 1965, S. 287.

20. Jahrhunderts zu erfassen.[1] Deren Ergebnisse können in etwa wie folgt zusammengefaßt werden: "Die Wiederherstellung der Prosperität war im allgemeinen nicht durch Kapitalexporte bedingt, aber zu Zeiten trug die Verbesserung der Investitionsmöglichkeiten im Ausland oder die bessere Ausnutzung der dort bestehenden Möglichkeiten zur Überwindung der Depression bei."[2]
Daran anschließend ist es Aufgabe der vorliegenden Arbeit zu untersuchen, ob Entwicklungshilfeleistungen unter den heutigen Bedingungen als Instrument zur Stabilisierung von Einkommen und Beschäftigung auf hohem Niveau im Geberland geeignet sind. Da die Unterbeschäftigung, nachdem die Aufschwungfaktoren dominieren, durch die sich selbst verstärkenden Kräfte der Wirtschaft allmählich in eine Hochkonjunktur übergeht, d. h. nur vorübergehender Natur ist, können Entwicklungshilfeleistungen eines langfristig tendenziell vollbeschäftigten Geberlandes nur dann die Konjunktur stabilisieren, wenn sie so ausgestaltet sind, daß sie in der Rezession nachfragesteigernd und in der Hochkonjunktur mindestens insgesamt konjunkturneutral wirken. Daher ist es notwendig, bei der nachfolgenden Analyse der konjunkturellen Wirkungen von Entwicklungshilfeleistungen alternative Konjunkturphasen im Geberland zu unterstellen.

Im Gegensatz dazu kann die Annahme gemacht werden, daß sich die Wirtschaft des Geberlandes in einer chronischen Unterbeschäftigung befindet, d. h. langfristig ist die effektive Nachfrage kleiner, als es für eine befriedigende Auslastung des Produktionspotentials notwendig wäre. Dieses entspricht im wesentlichen dem auf Keynes zurückgehenden Konzept der reifen kapitalistischen Wirtschaft, die aus sich heraus nicht in der Lage ist, eine Nachfrage zu schaffen, die das gesamte Produktionspotential voll beansprucht. Diese Erscheinung soll

---

1) Vgl. Hobson, C.K.: The Export of Capital, London 1914, sowie die verbesserte und ergänzte Untersuchung: Cairncross, A.K.: Home und Foreign Investment 1870 - 1913, Cambridge 1913, Cambridge 1953, S. 180; Zimmermann, L.J., Grumbach, L.: Saving, Investment and Imperialism, Weltwirtschaftliches Archiv, Bd. 71, 1953 II, S. 1 ff.

2) Neisser, H.: Der ökonomische Imperialismus im Lichte moderner Theorie, in: Hamburger Jahrbuch für Wirtschafts- und Gesellschaftspolitik, Festausgabe für Eduard Heimann, Tübingen 1959, S. 224.

in der Zeichnung 2 dargestellt werden.

Zeichnung 2

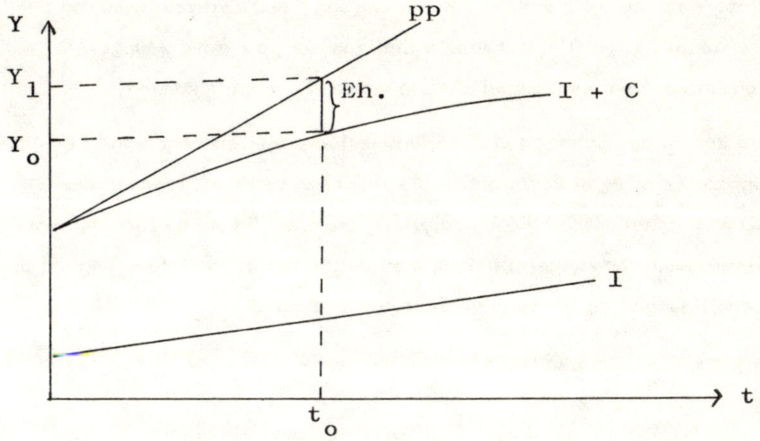

Auf Grund der unterstellten Investitionen (I) wächst bei der Annahme eines konstanten Kapitalkoeffizienten das Produktionspotential entsprechend der Linie PP. Da bei steigendem Einkommen die Konsumneigung kleiner als 1 minus Investitionsneigung ist, wächst das Einkommen langsamer als das Produktionspotential. Das Einkommen steigt langfristig tendenziell entsprechend der Linie I + C und erreicht im Zeitpunkt t_o die Höhe Y_o. Wenn es auf irgendeine Weise gelingt, die Nachfrage zu erhöhen, so lassen sich Einkommen und Beschäftigung steigern, bis der Y_1 das Produktionspotential voll in Anspruch genommen wird. Soweit es durch Kapitalexport, z. B. durch Entwicklungshilfe, möglich ist, die Nachfrage im Inland zu erhöhen, trägt die Entwicklungshilfe dazu bei, Einkommen und Beschäftigung im Geberland an die gewünschte Höhe heranzuführen. Da die Wirtschaft von sich aus keine Kräfte entwickeln kann, das Produktionspotential voll zu beanspruchen, wird das Instrument der Entwicklungshilfe für ein höheres Einkommens- und Beschäftigungsniveau im Geberland um so geeigneter, je größer der nachhaltige Nachfrageeffekt ist. Probleme einer größeren konjunkturellen Überhitzung bestehen nicht, so daß das Problem des zeitgerechten Eintretens der Einkommenswirkung entfällt.

Beide Aspekte, die kurzfristige Kompensation von Absorptionsschwankungen und die langfristige Steigerung der Gesamtabsorption, sollen in der nachfolgenden Untersuchung weitgehend zusammen abgehandelt werden. Dieses erscheint möglich, da unter beiden Aspekten festgestellt werden muß, wie große Einkommens- und Beschäftigungswirkungen die jeweiligen Entwicklungshilfeleistungen hervorrufen. Bei dem konjunkturellen Aspekt ist jedoch weniger der Gesamtwert einer Einkommensänderung von Bedeutung als die Einkommensänderung innerhalb einer befristeten Zeit. Wenn man die Einkommenswirkung für einen Zeitraum bestimmt hat, so schließt sich unter konjunkturpolitischem Aspekt die Frage an, ob Entwicklungshilfeleistungen als Instrument der Konjunkturstabilisierung verwendet werden können.

In dieser Arbeit wird der Zusammenhang zwischen Entwicklungshilfeleistungen und Konjunktur und Beschäftigung zunächst einer umfassenden theoretischen Betrachtung unterzogen. Am Beispiel der BRD wird daran anschließend analysiert, welche Wirkungen Entwicklungshilfeleistungen in ihrer konkreten Ausgestaltung und quantitativen Zusammensetzung auf die Konjunktur und Beschäftigung eines bestimmten Geberlandes haben.

B. Allgemeine theoretische Betrachtung der Konjunktur- und Beschäftigungseffekte der Entwicklungshilfeleistungen

Entwicklungshilfeleistungen haben insofern Konjunktur- und Beschäftigungseffekte, wie durch die Aufbringung der Mittel und die anschließende Verausgabung die effektive Nachfrage verändert wird. Eine Analyse der konjunkturellen Wirkungsweise der Entwicklungshilfeleistungen im Geberland muß daher einerseits die einkommenswirksamen Aufbringungswirkungen aufzeigen, anderseits aber alle wirtschaftlichen Einflußgrößen erfassen, die durch die Verausgabung der Entwicklungshilfe berührt werden und sich auf den inländischen Einkommenskreislauf des Geberlandes direkt oder indirekt auswirken können.

I. Ausgabeänderungen durch Entwicklungshilfe ohne Berücksichtigung internationaler induzierter Rückwirkungen

In diesem Teil werden die Einkommenswirkungen, die in Verbindung mit Entwicklungshilfe auftreten können, herausgearbeitet. Hierbei erfolgt die Untersuchung der Aufbringungs- und Verwendungswirkungen völlig isoliert voneinander. Der Schwerpunkt soll auf den primären Einkommenswirkungen liegen. Wo es allerdings wichtig erscheint, wird die Betrachtung auch auf sekundäre induzierte Einkommensänderungen ausgedehnt. Internationale induzierte Rückwirkungen, z. B. Einkommens- oder Zinsmechanismen, bleiben hier unberücksichtigt und schliessen sich im nächsten Unterkapitel an [1)]

1. Ausgabeänderungen infolge der Aufbringungswirkungen im Kapitalgeberland

Da von internationalen Rückwirkungen abgesehen wird, kann die Analyse der Aufbringungswirkungen auf das Geberland beschränkt bleiben.

11. Öffentliche Leistungen

111. Gewährung von Entwicklungshilfe anstelle von bisherigen Staatsausgaben

Die öffentlichen Ausgaben können auf Grund ihrer unterschiedlichen Gestaltung eine sehr differenzierte Wirkung auf die wirtschaftlichen Größen haben. Daher muß eine Betrachtung

---

1) Vgl. Abschnitt B II

der wirtschaftlichen Wirkungen einer Kürzung der Staatsausgaben, wenigstens in großen Zügen, auf deren Heterogenität eingehen. Es gibt eine Vielzahl von Versuchen, die öffentlichen Ausgaben nach ihren volkswirtschaftlichen Auswirkungen in einige Grundausgabearten zu unterteilen. [1] Unter konjunkturellen Gesichtspunkten erscheint die Systematik von Meyer recht brauchbar. Sie geht zurück auf die von Dalton vorgenommene Unterteilung in Staatsausgaben für den Erwerb von Gütern und Diensten und Staatsausgaben ohne direkte Gegenleistungen an den Staat. Obwohl manches dafür sprechen mag, auch Schuldenrückzahlungen der Kategorie "Staatsausgaben ohne direkte Gegenleistungen" zuzuordnen, [2] soll diese Art der Staatsausgaben wegen ihrer konjunkturell andersartigen Wirkung gesondert betrachtet werden. Ansonsten wird im folgenden weitgehend auf die Systematik der Staatsausgaben von Meyer zurückgegriffen.

III.1. Senkung von Staatsausgaben, durch die sich der Staat wirtschaftliche Güter beschafft

In der monetären Betrachtung hat eine Kürzung dieser Ausgabenart folgende Wirkung. Unmittelbar mit dieser Kürzung verringert sich genau um den Betrag der Ausgabenminderung die Nachfrage nach Gütern, d.h. in gleichem Maße verringert sich die effektive Nachfrage und damit das Volkseinkommen. Es tritt bei einer Verringerung dieser Art von Staatsausgaben ein "tendenziell deflatorischer Effekt" [3] ein, der in der ersten Periode in seiner Höhe bestimmt

---

1) Vgl. die verschiedenen Systematiken der Staatsausgaben von: Colm, G.: Volkswirtschaftliche Theorie der Staatsausgaben, Tübingen 1927, S. 18 ff; Dalton, H.: Principles of public finance, 14. Aufl., London 1945, S. 205; Koulis, J.: Die öffentlichen Ausgaben als volkswirtschaftliche Erscheinung, Frankfurt a. M. 1948, S. 17 ff; Meyer, P.: Die öffentlichen Ausgaben und ihre volkswirtschaftlichen Auswirkungen. Mit besonderer Berücksichtigung der Jahre 1945 bis 1951, Zürich 1954, S. 48 f; Schneider, E.: Einführung in die Wirtschaftstheorie, III. Teil, 8.Aufl., Tübingen 1964, S. 249.

2) Vgl. Küng, E.: Zahlungsbilanzpolitik, Zürich 1959, S. 375.

3) Ein tendenziell deflatorischer Effekt ist hier und im folgenden definiert als die relative Zunahme des monetären Angebots zu gegebenen Preisen gegenüber der monetären Nachfrage (c.p.). Der tendenziell deflatorische Effekt kann einerseits durch eine Erhöhung des monetären Angebotes und anderseits durch eine Verminderung der monetären Nachfrage hervorgerufen werden. Das Entstehen eines tendenziell deflatorischen Effektes besagt noch nicht, daß sich unbedingt eine Preissenkung ergeben muß.

ist durch den Betrag der absoluten Abnahme der Staatsausgaben. Entsprechend dem unterstellten Multiplikator kommt es zu einer Verminderung des Volkseinkommens in den einzelnen Einkommensperioden. Wiederholt sich die Staatsausgabenminderung in jeder Periode neu, so ist langfristig der Einkommensverlust jeder einzelnen Periode gleich der durch den Multiplikator bestimmten Summe der Einkommensminderungen nach Ablauf des Multiplikatorprozesses.

Soweit durch die Senkung der Staatsausgaben eine Geldmengenverringerung eintritt, kann eine zusätzliche kontraktive Wirkung eintreten. Wird dem Geschäftsbankensystem durch die Verringerung der Staatsausgaben Zentralbankgeld entzogen, so wird die potentielle Kreditvolumensgrenze entsprechend dem Giralgeldmultiplikator verkleinert. Je nachdem, wie die Banken versuchen, den Verlust an Zentralbankgeld zu kompensieren, und je nachdem, in welcher Höhe ihr bisheriges potentielles Kreditvolumen ausgenutzt ist, kommt es zu einer mehr oder weniger umfangreichen Einschränkung bei der Vergabe von neuen Krediten. Dieses kann dann neben der Verringerung der Staatsausgaben eine weitere Erhöhung des Nachfrageausfalls bewirken. [1)]

In der güterwirtschaftlichen Betrachtung haben die Staatsausgaben, durch die der Staat sich wirtschaftliche Güter beschafft, je nach ihrer Art eine konjunkturell andere Auswirkung, da sie sowohl in ihrem zeitlichen als auch in ihrem quantitativen Kapazitätseffekt sehr unterschiedlich sind.

111.11. Verbrauchsausgaben des Staates

Als typische Ausgaben dieser Art seien Verwaltungsausgaben des Staates genannt. Diese Verbrauchsausgaben erhöhen das Güterangebot direkt nicht und indirekt nur teilweise, so daß man ihren Kapazitätseffekt vernachlässigen kann. Werden die Verbrauchsausgaben gesenkt, so verändert sich dadurch das gesamtwirtschaftliche Produktionspotential, bzw. das Güterangebot nicht. Eine Senkung der staatlichen Verbrauchsausgaben vermindert einseitig die effektive

---

1) Eine ausführliche Darstellung der Auswirkungen einer Verminderung der Geldmenge, bedingt durch die Aktivität des Staates, auf den Konjunkturverlauf wird in dem Abschnitt B I 112.2. "Aufnahme von Staatsanleihen" gegeben. Da eine Kürzung der Staatsausgaben grundsätzlich in gleicher Weise auf die Liquidität der Volkswirtschaft wirken kann wie die Aufnahme einer Staatsanleihe, soll hier ein allgemeiner Hinweis genügen.

Nachfrage, während das Güterangebot unverändert bleibt. Daraus ergibt sich ihr starker tendenziell deflatorischer Effekt. Ist der Ausgangspunkt eine Situation mit einem erheblichen Nachfrageüberhang, so können infolge der verringerten staatlichen Verbrauchsausgaben und der dadurch verminderten Preissteigerungstendenzen die bisher für diese Zwecke vorgesehenen Güter und Faktoren bei unveränderter Investitionssumme der Unternehmen zum Teil in produktive private Investitionen mit schnellem und hohem Kapazitäseffekt fließen. Dadurch wird in dem folgenden Zeitraum das Güterangebot gegenüber der Ausgangssituation erhöht. Unter diesen Bedingungen hat eine Senkung der staatlichen Verbrauchsausgaben einerseits durch Verminderung der effektiven Nachfrage und anderseits durch ein anschließendes Ansteigen des Angebotes einen doppelten deflatorischen Effekt.[1)]

111.12. Ausgaben zur indirekten Förderung der Produktion

Es handelt sich hier vornehmlich um staatliche Ausgaben zur Verbesserung der Infrastruktur, z. B. Investitionen zur Verbesserung der Verkehrswege und des Bildungswesens. Diese Staatsausgaben sind produktive Ausgaben, die über eine Verbesserung der Effizienz der übrigen Faktoren das Produktionspotential langfristig erhöhen. Wegen der zeitlich großen Diskrepanz von Einkommens- und Kapazitätseffekt kann jedoch unter konjunktureller Betrachtung angenommen werden, daß eine Senkung dieser Staatsausgaben das Güterangebot unverändert läßt. Damit hat eine Senkung der Staatsausgaben zur indirekten Förderung der Produktion in etwa den gleichen deflatorischen Charakter wie die Kürzung der staatlichen Verbrauchsausgaben.

111.13. Ausgaben zur direkten Steigerung der Produktion

Hierunter sollen alle Ausgaben des Staates verstanden werden, die unmittelbar produktiv sind. Es ist dabei insbesondere an Investitionen zu denken, die von öffentlichen Unternehmungen vorgenommen werden. Diese Investitionen haben neben ihrem Einkommenseffekt einen direkten Kapazitätseffekt. Entsprechend der Ausreifungszeit der Investitionen können Einkommens- und

---

1) Bei guten konjunkturellen Aussichten können sich die Unternehmer eventuell veranlaßt sehen, ihre Investitionsausgaben zu erhöhen, wenn der Staat seine Ausgaben kürzt. In diesem Fall würde die verminderte staatliche Nachfrage durch zusätzliche private Nachfrage kompensiert werden.

Kapazitätseffekt in sehr unterschiedlichem Ausmaß zeitlich auseinanderfallen. Im Gegensatz zu den Ausgaben zur Verbesserung der Infrastruktur muß davon ausgegangen werden, daß bei direkt produktiven Staatsausgaben der Kapazitätseffekt wenigstens teilweise noch im gleichen Konjunkturzyklus zur Auswirkung kommt. Eine Senkung der direkt produktiven Staatsausgaben hat zwar die gleiche Verminderung der effektiven Nachfrage wie bei Verbrauchsausgaben und Infrastrukturausgaben zur Folge, gleichzeitig wird jedoch durch die verkleinerte Kapazität während des nachfolgenden Konjunkturablaufs das Angebot eingeschränkt. Soweit jedoch bei einem Nachfrageüberhang die frei gewordenen Faktoren zu produktiven privaten Investitionen verwendet werden, kann der negative Kapazitätseffekt kompensiert werden.

Ingesamt kann festgestellt werden, daß eine Verminderung der direkt produktiven Staatsausgaben ceteris paribus in ihrer tendenziell deflatorischen Wirkung in allen Konjunkturphasen um den Kapazitätseffekt dieser Staatsausgaben geringer ist als eine entsprechende Verminderung der staatlichen Verbrauchs- und Infrastrukturausgaben.

111.14. Ausgaben für aus dem Ausland eingeführte Güter zu Staatszwecken

Das bisher zur konjunkturellen Wirkung einer Senkung der Staatsausgaben Gesagte galt nur für Inlandausgaben.

Ein Teil der Staatsausgaben fließt aber durch den Kauf von importierten Gütern direkt ins Ausland, z. B. für militärische Zwecke oder im Rahmen von Devisenausgleichsabkommen auch für andere Zwecke. Werden diese Staatsausgaben gesenkt, so wird die inländische effektive Nachfrage überhaupt nicht berührt. [1] Wurden die importierten Güter für Projekte ohne mittelfristigen Kapazitätseffekt verwendet, so ist die Senkung der Auslandsausgaben des Staates konjunkturneutral. Bei direkt produktiven Projekten tritt infolge des Wegfalls einer möglichen Kapazitätserweiterung ceteris paribus ein schwacher, tendenziell inflatorischer Effekt ein.

---

1) Eigentlich muß eine mögliche internationale Rückwirkung in die Betrachtung einbezogen werden. Im gesamten Abschnitt B I 1. sollen jedoch lediglich die Aufbringungswirkungen des Kapitalexportes im Geberland isoliert betrachtet werden. Daher werden, wie im übrigen Abschnitt B I 1., auch hier die internationalen Rückwirkungen vernachlässigt.

III.2. Senkung von Staatsausgaben, durch die der Staat keine wirtschaftlichen Güter erwirbt

Diese Staatsausgaben haben gemeinsam, daß sie einseitige Kaufkraftübertragungen des Staates darstellen. Teilweise wird für diese Ausgaben auch der Begriff "Transferzahlungen" im weiteren Sinne verwendet.[1] Im folgenden soll jedoch unterschieden werden zwischen einseitigen Leistungen an einzelne Wirtschaftssubjekte (bzw. Haushalte), bezeichnet als Transferzahlungen[2] im engeren Sinne, und Subventionen als einseitige Leistungen öffentlicher Körperschaften an Unternehmungen.[3]

III.21. Ausgaben, die eine andere Verteilung des Volkseinkommens bewirken, ohne die Produktion direkt zu beeinflussen (Transferzahlungen)

Die Transferzahlungen selbst stellen lediglich eine Kaufkraftverschiebung vom Staat zu den Haushalten dar. Sie führen nur insoweit zu einer gesteigerten effektiven Nachfrage, wie die Haushalte auf Grund ihres erhöhten frei verfügbaren Einkommens ihre Konsumausgaben erhöhen. Werden die Transferzahlungen gekürzt, so sinkt das Volkseinkommen in der ersten Periode nicht um den vollen Transferbetrag, sondern nur um den Konsumrückgang, der sich aus der Multiplikation von Transferkürzung und marginaler Konsumneigung bestimmt.[4] Die Kürzung der Transferzahlungen bewirkt eine Verminderung der effektiven Nachfrage, die um das Produkt aus Sparneigung der Privaten und Transferminderung kleiner ist als die, die sich bei einer Kürzung von Staatsausgaben für die Inanspruchnahme von Gütern im Inland ergibt. Da das Angebot unberührt bleibt, ist hiermit bereits das Ausmaß der deflatorischen Tendenz einer Verkleinerung der Transferausgaben beschrieben. Soweit ein Liquiditätsentzug der Wirtschaft stattfindet, soll hier lediglich noch auf die Möglichkeit von Krediteinschränkungen mit ihren möglichen negativen Wirkungen auf die effektive Nachfrage hingewiesen werden.

---

1) Vgl. Küng, E.: Zahlungsbilanzpolitik, a.a.O., S. 375
2) Vgl. Schneider, E.: Einführung in die Wirtschaftstheorie, III. Teil, 8. Aufl., Tübingen 1964, S. 249, Anmerkung 1)
3) Vgl. Albers, W.: Subventionen, in: Staatslexikon, Freiburg 1962, Bd. 7, S. 833.
4) Vgl. Schneider, E.: Einführung in die Wirtschaftstheorie, III. Teil, a.a.O., S. 260.

III.22. Ausgaben, die die Produktion direkt beeinflussen (Subventionen)

Zum großen Teil dienen Subventionen in Form von Kostenerstattungen bzw. Erlöszugaben dazu, das Angebot ganz bestimmter Wirtschaftszweige bei gegebenem Preis zu erhöhen. Es soll unter anderem die Investitionsneigung nicht generell, sondern nur für spezielle Wirtschaftszweige erhöht werden. Betrachtet man die Kürzung von Subventionen unter konjunkturellem Gesichtspunkt, so müssen die Verminderungen der Investitionsausgaben mit der Angebotsverminderung verglichen werden. Dieses ist aber bei den einzelnen Ausgestaltungsmöglichkeiten und Anwendungsbereichen der Subventionen so unterschiedlich, daß eine allgemeine Aussage über die konjunkturelle Einflußnahme der Subventionen nicht möglich ist.[1]

Darüber hinaus ist der eigentliche Zweck der Subventionen, die Erhaltung oder Schaffung einer gewünschten Produktionsstruktur für eng begrenzte Teilbereiche der Wirtschaft,[2] so sehr dominant, daß konjunkturelle Wirkungen weniger ins Gewicht fallen.[3] Lediglich mit einer Senkung von Exportsubventionen ist eindeutig eine Verminderung der effektiven Nachfrage und damit eine deflatorische Tendenz verbunden.[4]

III.23. Einseitige Geldleistungen an das Ausland

Lediglich der systematischen Vollständigkeit wegen sei auf diese Ausgabenart hingewiesen. Ceteris paribus vermindern Kürzungen einseitiger Geldleistungen an das Ausland die effektive Nachfrage nicht und sind daher konjunkturneutral. Da es aber hier um die Finanzierungsmöglichkeiten zur Vergabe von Entwicklungshilfe geht, scheidet eine Kürzung dieser Ausgaben aus, da sie selbst im wesentlichen Reparationen oder Entwicklungshilfe darstellen.

---

1) Eine ausführliche Darstellung von inflatorischen und deflatorischen Auswirkungen von Subventionen findet sich bei: Küng, E.: Zahlungsbilanzpolitik, a.a.O., S. 376 ff.
2) Vgl. Schmölders, G.: Die Wirkungen öffentlicher Ausgaben auf Struktur und Konjunktur der Volkswirtschaft, Referat für die Tagung des "Institut International des Finances Publiques" vom 13. bis 15.9.1956 in Rom, als Manuskript vervielfältigt, S. 9.
3) Es ist jedoch unbestritten, daß in einer Depression Subventionen ebenso einer Ausdehnung der Arbeitslosigkeit entgegenwirken oder die Wiederaufschwungkräfte bestärken können. Vgl. dazu: Masoin, M.: Die öffentlichen Ausgaben, in: Handbuch der Finanzwissenschaft, II.Bd. Tübingen 1956, S. 28.
4) Es muß dabei aber eine elastische Nachfrage vorausgesetzt werden, anderenfalls wäre die Einführung einer Exportsubvention widersinnig gewesen. Vgl. auch: Küng, E.: Zahlungsbilanzpolitik, a.a.O., S. 378 ff.

111.3. Verminderung der Schuldentilgung des Staates

Eine Verminderung der Schuldentilgung entspricht wirtschaftstheoretisch weitgehend der Aufnahme von Staatsanleihen. Da die damit zusammenhängenden Probleme noch in einem späteren Abschnitt dargestellt werden, soll hier nur ein kurzer Überblick gegeben werden. Zur Vereinfachung soll angenommen werden, daß der Staat seine Kassenmittel ausschließlich bei der Zentralnotenbank unterhält. Man kann dann drei Grundfälle unterscheiden:

111.31. Kürzung der Schuldentilgung bei der Notenbank

Dadurch werden Kassenmittel des Staates bei der Notenbank erhöht, während die Notenbank in größerer Menge Schatzscheine behält. [1] Da der Einkommenskreislauf überhaupt nicht berührt wird, treten auch keine konjunkturellen Wirkungen auf.

111.32. Kürzung der Schuldentilgung beim Geschäftsbankensystem

Durch Einstellung des Rücklaufs von Staatspapieren aus dem Geschäftsbankensystem wird die Liquidität dieser Banken vermindert. Eine Einschränkung der effektiven Nachfrage tritt jedoch nur mittelbar ein, z. B. über einen Anstieg des Zinses bzw. durch eine Einschränkung bei der Vergabe von neuen Krediten. In Zeiten der Hochkonjunktur, wenn das Kreditpotential der Banken weitgehend ausgeschöpft ist, erscheint eine tatsächliche Einschränkung des Kreditzuwachses und eine damit verbundene Investitionskürzung realistisch. Liegt eine abgeschwächte Konjunkturphase vor, die u. a. durch eine hohe Liquidität des Bankensystems gekennzeichnet ist, so ist keine oder eine nur sehr geringe konjunkturelle Wirkung einer Kürzung der Schuldentilgung an die Geschäftsbanken zu erwarten.

111.33. Kürzung der Schuldentilgung beim Publikum

Es kann davon ausgegangen werden, daß Schuldentilgungen beim Publikum nur in sehr geringem Umfang zur Erhöhung der Konsumgüternachfrage führen und zum überwiegenden Teil wieder

---

1) Vgl. Küng, E.: Zahlungsbilanzpolitik, a.a.O., S. 386 f.

den Banken oder dem Kapitalmarkt zur Verfügung gestellt werden. [1] Aus diesem Grunde wird eine Kürzung der Schuldentilgung beim Publikum je nach der Konjunkturlage in ähnlicher Weise wie bei einer Einschränkung der Schuldentilgung an die Geschäftsbanken zu einer Einschränkung des Investitionsvolumens führen.

III.4. Zusammenfassung

Es hat sich gezeigt, daß eine Senkung der Staatsausgaben, je nach ihrer speziellen Art, eine sehr unterschiedliche konjunkturelle Wirkung hat. Um im weiteren eine Überschaubarkeit der Wirkungen einer Staatsausgabensenkung zu ermöglichen, sollen einige Grundformen der Staatsausgaben herausgestellt werden, die in erster Linie gesenkt werden könnten, um Entwicklungshilfeleistungen zu finanzieren.

Im Bereich der Staatsausgaben, für die der Staat wirtschaftliche Güter erhält, fallen Einschränkungen von direkt produktiven Ausgaben für die Finanzierung von Entwicklungshilfeleistungen weitgehend weg, da es sich hier um rechtlich selbständige Unternehmen oder wenigstens um unabhängige Sondervermögen handelt, deren Mittel nicht für Entwicklungshilfe verwendet werden können. Den direkten Auslandsausgaben fällt auch keine bedeutende Stellung in diesem Zusammenhang zu, da sie erstens zum Teil langfristig vertraglich geregelt sind (z. B. Devisenausgleichsabkommen) und zweitens im Vergleich zu den anderen Staatsausgaben nur einen kleineren Umfang haben. Bei den Staatsausgaben, die für den Kauf wirtschaftlicher Güter verwendet werden, bleiben als wichtige Ausgaben, die zugunsten der Entwicklungshilfe gesenkt werden können, die Verbrauchs- und Infrastrukturausgaben. Ihre Verringerung ist ziemlich einheitlich tendenziell stark deflatorisch. Die effektive Nachfrage wird gedämpft durch a) einen direkten Nachfrageausfall in Höhe der verminderten Staatsausgaben ($-\Delta ST$) mit anschließendem Multiplikatorprozeß und b) einen Liquiditätsentzug der Volkswirtschaft in Höhe der Staatsausgabenkürzung, der über den Giralgeldmultiplikator eine Ausweitung des monetären Investitionsvolumens beschränken kann. Die Angebotskapazität bleibt in einer rückläufigen Konjunkturphase durch die Staatsausgabensenkung unverändert. In einer überhitzten Konjunkturphase kann die Angebotskapazität infolge der Staats-

1) Vgl. ebenda, S. 388; Schneider, E.: Einführung in die Wirtschaftstheorie, III. Teil, a.a.O., S. 261 f.

ausgabensenkung erhöht werden, wenn die dadurch frei gewordenen Güter und Faktoren bei verminderten Preissteigerungen und unverändertem monetären Investitionsvolumen zusätzliche reale private Investitionen mit kurzfristigem Kapazitätseffekt ermöglichen.

Bei der Senkung der staatlichen Ausgaben, die lediglich eine einseitige Kaufkraftübertragung darstellen, sollen die Subventionen wegen ihrer vielschichtigen Wirkungsweise und ihrer speziellen Zielsetzungen nicht weiter betrachtet werden. Es kommt in diesem Bereich der Staatsausgaben damit lediglich eine Senkung der Transferausgaben zur Finanzierung der Entwicklungshilfe in Frage. Während der Liquiditätsentzug etwa der gleiche wie bei einer Kürzung der Verbrauchs- und Investitionsausgaben ist, vermindert sich die effektive Nachfrage direkt entsprechend der Sparneigung nur um einen geringeren Betrag als die Staatsausgabensenkung ($- \Delta STA \cdot c$; C = Konsumneigung)

Soweit sich der Schuldendienst auf die Geschäftsbanken und das Publikum bezieht, ist er vertraglich festgelegt und kann kaum gekürzt werden. Für eine Einschränkung des Schuldendienstes bleibt somit lediglich eine Verschiebung der Einlösung von Schatzpapieren bei der Notenbank, die aber konjunkturneutral ist.

Bei grober Vereinfachung zieht demnach eine Senkung der Staatsausgaben eine tendenziell deflatorische Wirkung nach sich, die in ihrer Stärke davon abhängig ist, ob Verbrauchs- und Infrastrukturausgaben oder Transferausgaben gekürzt werden.

112. Gewährung von Entwicklungshilfe aus erhöhten Staatseinnahmen

Trotz der Vielzahl der möglichen Staatseinnahmen sollen nur die Gruppen herausgegriffen werden, die in erster Linie als Finanzierungsquelle der Entwicklungshilfe in Frage kommen. Das sind die Gruppen der allgemeinen Steuern und die Aufnahme von Staatsanleihen.

112.1. Erhöhung der Steuern

Da vermutet werden kann, daß die Steuern eine sehr unterschiedliche konjunkturelle Wirkung aufweisen, müssen die einzelnen Steuern getrennt untersucht werden. Zur Vereinfachung werden nur eine Erhöhung der Einkommensteuer und der Umsatzsteuer in die Analyse einbezogen. Da aber erstere unterschiedliche Wirkungen zeigt, je nachdem ob durch sie persönliche Einkommen oder Gewinne von Unternehmungen betroffen werden, soll im folgenden zwischen der Besteuerung des persönlichen Einkommens, der Gewinne der Unternehmer und des Umsatzes unterschieden werden.[1] Es sollen keine konkreten Steuersysteme der Argumentation zugrunde gelegt werden, sondern auf hohem Abstraktionsgrad werden die Wirkungen der Steuererhöhungen verfolgt.

112.11. Besteuerung des persönlichen Einkommens

Zunächst soll angenommen werden, daß der Einkommensbezieher, der Steuerdestinatar, auch Steuerträger ist, d.h. es findet keine Überwälzung statt. Die Erhöhung der Einkommensteuer bewirkt dann, daß das persönlich verfügbare Einkommen der einzelnen Wirtschaftssubjekte verkleinert wird. Das verringerte Einkommen veranlaßt die Betroffenen, ihre bisherigen Verhaltensweisen zu überprüfen und zu verändern. Daraus ergeben sich sowohl Veränderungen in dem Angebot an Produktionsfaktoren als auch in der gesamtwirtschaftlichen effektiven Nachfrage nach Produktionsfaktoren und Gütern. Durch Gegenüberstellung beider Komponenten kann die konjunkturelle Wirkung einer Erhöhung der Einkommensteuer erkannt werden.

Es soll zunächst die Veränderung im Angebot der Produktionsfaktoren infolge einer Einkommensteuererhöhung betrachtet werden. Beim Arbeitsangebot können zwei gegenläufige Effekte beobachtet werden. Die erhöhte Steuer vermindert den güterwirtschaftlichen Gegenwert einer Arbeitsstunde. Dadurch werden die Opportunitätskosten der Freizeit[2] gesenkt, wodurch die Tendenz besteht, weniger zu arbeiten und mehr Freizeit zu machen, d. h. Arbeitszeit durch Freizeit zu substituieren (Substitutionseffekt). Andererseits kann das infolge der Steuererhöhung verkleinerte Einkommen den Betroffenen veranlassen, durch Mehrarbeit den Einkommenausfall wettzumachen, um einen einmal gewohnten Lebensstandard aufrechtzuerhalten (Einkommenseffekt). Ob bei einer Steuererhöhung der Substitutions- oder der Einkommenseffekt überwiegt, hängt von einer Reihe von Faktoren ab, z. B. Ausgestaltung der Steuer, Konsum-

---

1) Diese Unterscheidung macht auch: Küng, E.: Zahlungsbilanzpolitik, a.a.O., S. 210 ff.
2) Opportunitätskosten sollen definiert werden als der entgangene Gewinn einer alternativen Verwendung eines knappen Gutes. In diesem Zusammenhang sind die Opportunitätskosten der Freizeit der Verdienst, den man erhalten hätte, wenn man während der Freizeit gearbeitet hätte.

streben, individuelle Möglichkeiten der Variation der Arbeitszeit. Daher ist eine generelle Aussage nur unter großem Vorbehalt möglich. [1] Während Schmölders auf dem Hintergrund empirischer Studien [2] zu der Feststellung kommt, daß "das Arbeitsangebot ungeachtet der steuerlichen Belastung relativ starr erscheint, "[3] hat Küng den Gesamteindruck, "daß ein Überwiegen der Einkommenswirkung die Regel und das Dominieren der Substitutionswirkung die Ausnahme bildet."[4] Insgesamt kann also davon ausgegangen werden, daß das Angebot des Faktors Arbeit durch eine Anhebung der Einkommensteuer nicht wesentlich verändert wird.

Ein wichtiger Faktor für das Angebot an Kapital sind die Ersparnisse. Werden durch die Steuererhöhung die persönlich verfügbaren Einkommen verringert, so wird die Sparsumme zurückgehen. Der Umfang des Sparrückganges hängt vor allem davon ab, ob die Steuer überwiegend die unteren Einkommen mit einer hohen marginalen Konsumneigung oder überwiegend die oberen Einkommen mit hoher marginaler Sparneigung trifft. [5] Bei einer Verschärfung der heute geltenden Steuerprogression kann damit gerechnet werden, daß eine Einkommensteuererhöhung wesentlich zu einer Verkleinerung der Sparsumme führt. [6] Damit hat eine Steuererhöhung auf das persönliche Einkommen in einem mehr oder weniger großen Umfang eine Einschränkung des Kapitalangebotes zur Folge.

Gleichzeitig wird durch die Erhöhung der Steuer auf das persönliche Einkommen auch die effektive Nachfrage verändert, die sich neben den als konstant angenommenen Staatsaus-

---

1) Das Problem wird u.a. behandelt bei: Hicks, J.R.: Value and Capital. An Inquiry into some Fundamental Principles of Economic Theory, Oxford 1939, S. 27 ff; Pigon, A.C.: A Study in Public Finance, 3. ed., London 1952, S. 63 ff; Rolph, E.R.: The Theory of Fiscal Economics, Berkeley and Los Angeles 1954, S. 227 ff; Welinder, C.W.: Steuerüberwälzung und Steuerwirkungen, in: Handbuch der Finanzwissenschaft, Bd. 2, Tübingen 1956, S. 343 f.

2) u.a. Break, G.F.: Income Tax and Incentives to Work: An Empirical Study, in: American Economic Review, Bd. 47, 1957, S. 529 ff; Rolfe, S.E. und Furness, G.: The Impact of Changes in Tax Rates and Method of Collection on Effort: Some Empirical Observations, in: The Review of Economics and Statistics, Bd. 39, 1957, S. 394 ff.

3) Schmölders, G.: Allgemeine Steuerlehre, Berlin 1968, S. 166.

4) Küng, E.: Zahlungsbilanzpolitik, a.a.O., S. 229

5) Welinder, C.W.: Steuerüberwälzung und Steuerwirkungen, a.a.O., S. 343

6) Für die USA zwischen 1946 und 1949 vermutete Kimmel, daß etwa 20 bis 25 % der Steuer auf das persönliche Einkommen aus verringertem Sparen bezahlt wurde. Vgl. Kimmel, L.H.: Taxes and Economic Incentives, Washington 1950, S. 78.

gaben (STA) aus den Konsumausgaben (C) und den Investitionen (I) zusammensetzt. In dem Maße, wie durch die Steuererhöhung das Sparen nicht beeinträchtigt wird, kommt es zu einem direkten Rückgang der Konsumausgaben. Je stärker die unteren Einkommen zur Steuererhöhung herangezogen werden, desto stärker ist die Einschränkung der Konsumausgaben. Die marginale Konsumneigung der Besteuerten (c) bestimmt den primären Rückgang der Konsumausgaben ($- \Delta C = - \Delta STE \cdot c$; STE = allgemeines Symbol für alle Staatseinnahmen).

Die Wirkungen auf die Investitionen werden bestimmt durch drei wesentliche Faktoren, durch die gegenwärtige Gewinnsituation, die Unternehmererwartungen und durch die Geldpolitik der Notenbank. Durch den Rückgang der Konsumausgaben werden in den folgenden Einkommensperioden [1] der Umsatz und der Gewinn der Unternehmer verkleinert. Es ist daher zu erwarten, daß auch die geplanten Investitionsausgaben vermindert werden. Für die Veränderung der Investitionsausgaben können außerdem die Liquiditätswirkungen der zusätzlichen Steuereinnahmen von Bedeutung sein. Bei unveränderter Notenbankpolitik nimmt die Geldmenge [2] in der ersten Einkommensperiode um die Steuereinnahmen ($- \Delta STE$) ab, während sich die Nachfrage nach Transaktionskasse lediglich um den Rückgang der Konsumausgaben ($- \Delta STE \cdot c$) vermindert. Die gesamte Nachfrage nach Liquidität, die sich aus der Nachfrage nach Transaktionskasse und der Nachfrage nach Spekulationskasse zusammensetzt, übersteigt also das Angebot an Liquidität. Es kann daher in der ersten Einkommensperiode zu einer Zinserhöhung [3] kommen, von der eine tendenziell dämpfende Wirkung auf die Investitionsausgaben ausgehen kann. Sobald in den nachfolgenden Einkommensperioden ein Rückgang der Konsumausgaben und der Investitionsausgaben eintritt, wird die anfänglich zinssteigernde Liquiditätswirkung der zusätzlichen Steuereinnahmen tendenziell wieder rückgängig gemacht und u.U. auch überkompensiert.

---

1) Eine Einkommensperiode gibt den Zeitraum an, den das Geld braucht, um in einem vollständigen Kreislauf von Einkommensempfänger zu Einkommensempfänger zu gelangen. Vgl. auch die Ausführungen über die für den Multiplikator relevante Einkommensperiode S. 194 f.

2) Definiert als Gesamtheit der Sichteinlagen und des Bargeldbestandes des Nichtbankensektors ohne Staat.

3) Das setzt allerdings voraus, daß die aggregierte Liquiditätsfunktion nicht völlig elastisch ist. In diesem Fall könnte schon bei einer minimalen Zinserhöhung die Transaktionsnachfrage auf Kosten der Spekulationsnachfrage befriedigt werden.

Eine Erhöhung der Besteuerung der persönlichen Einkommen hat also eine doppelte deflatorische Tendenz. Einerseits kommt es zu einer Kürzung der Konsumausgaben, anderseits werden die Investitionen durch die infolge des Nachfrageausfalls verminderten Unternehmergewinne sowie u.U. - wenn auch nur vorübergehend - durch Zinserhöhungen beeinträchtigt. Ist die marginale Konsumquote hoch, so führt die Steuererhöhung primär zu einem Konsumausfall, ist dagegen die marginale Sparneigung hoch, so werden bei einem unelastischen Kreditsystem primär die Investitionen durch die Einschränkung des Kapitalangebotes und die Zinserhöhungen schärfer getroffen. An beide Arten der Ausgabensenkung schließt sich ein negativer Multiplikatorprozeß an, der u. U. durch eine Akzeleratorwirkung begleitet wird. In der bisherigen Betrachtung wurde unterstellt, daß keine Überwälzung [1] der erhöhten Steuer auf das persönliche Einkommen stattfand. Nunmehr soll von der Annahme ausgegangen werden, daß es den Gewerkschaften gelingt, im Umfang der höheren Steuerbelastung höhere Lohnforderungen durchzusetzen. In diesem Fall bleibt das persönlich verfügbare Einkommen der Masse der Bevölkerung unverändert. Das Arbeitsangebot und die Konsumausgaben bleiben auf ihrem bisherigen Stand.

Die Investitionsausgaben der Unternehmer können von einer Veränderung des internen Zinsfußes und des Marktzinses infolge der Vorwälzung der Einkommensteuer beeinträchtigt werden. Da die Lohnsteigerungen bei unveränderter Nachfrage nicht über Preissteigerungen allgemein weitergewälzt werden können, sinkt der Unternehmergewinn bei unveränderten Absatzerwartungen, welches gleichzeitig eine Verringerung des internen Zinses bzw. der Grenzleistungsfähigkeit des Kapitals bedeutet.

Die Entwicklung des Marktzinses ist von der Art der unterstellten Geldpolitik abhängig. Sieht man von einem Rückgang der Investitionen infolge eines verminderten Unternehmergewinnes in der ersten Einkommensperiode ab, so bleiben auf Grund der Vorwälzung der erhöhten Steuer das Volkseinkommen und die Nachfrage nach Transaktionskasse unverändert. Verhindert die

1) Zur Frage der Überwälzung von Steuern im Zusammenhang mit einer makroökonomischen Kreislaufanalyse vgl. Föhl, C.: Das Steuerparadoxon, in: Finanzarchiv, NF, BD. 17, 1956/57, S. 20 ff. und Eppler, R.: Die Steuerwirkungen, Volkswirtschaftliche Schriften, Heft 145, hrsg. von J. Broermann, Berlin 1970.

Notenbank eine Ausweitung der Geldmenge, so übersteigt die Nachfrage nach Liquidität in der ersten Einkommensperiode das Angebot an Liquidität um den gesamten Betrag der Steuereinnahmen. Im Fall ohne Vorwälzung der Steuer war c.p. die Nachfrage nach Liquidität nur um den Rückgang des Sparens größer als das Angebot. Daher ist im Falle einer restriktiven Kreditpolitik die Tendenz zu Zinssteigerungen in der ersten Einkommensperiode c.p. bei Überwälzung stärker als ohne Überwälzung.

Da in der ersten Einkommensperiode die Grenzleistungsfähigkeit des Kapitals sinkt und der Marktzins tendenziell steigt, sinkt die Investitionsneigung der Unternehmer. Der Rückgang der Investitionen führt über einen negativen Multiplikator zu einem niedrigeren Einkommens- und Beschäftigungsstand, wodurch dann eine gegenläufige sinkende Zinstendenz hervorgerufen wird. Für den Fall, daß die Notenbank eine Ausweitung der Geldmenge entsprechend dem erhöhten Bedarf an Transaktionskasse gestattet, bleibt der Marktzins in der ersten Einkommensperiode unverändert. Aber auch dann ist auf Grund der verminderten Grenzleistungsfähigkeit des Kapitals mit einem - wenn auch geringeren - Rückgang der Investitionen zu rechnen.

Die bisherigen Betrachtungen der konjunkturellen Auswirkung einer Erhöhung der Steuer auf das persönliche Einkommen wurden weitgehend unter Abstraktion von einer bestimmten Konjunkturlage vorgenommen. Da jedoch die Konjunkturlage für die Überwälzung und damit für die gesamte Aufbringungswirkung der Entwicklungshilfeleistungen von erheblicher Bedeutung ist, sollen hier einige Tendenzverschiebungen bei alternativer Konjunkturlage angedeutet werden. Befindet sich die Wirtschaft im Zeitpunkt der Steuererhöhung in einer Rezession, so erscheint eine Vorwälzung der Steuer schon wenig wahrscheinlich. Die Tarifpolitik der Gewerkschaften ist in erster Linie auf die Erhaltung der Arbeitsplätze ausgerichtet, und es wird daher kaum mit Erfolg versucht werden können, die neue Steuerbelastung durch Anheben der Löhne zu kompensieren. Zu Zinssteigerungen wird es in einer Rezession wegen der überhöhten Liquidität des Bankenapparates und der in dieser Konjunkturlage betriebenen Politik des billigen Geldes kaum kommen. Die zusätzliche deflatorische Tendenz wird daher im wesentlichen ihren Ursprung in der verminderten Konsumnachfrage finden. Dieser Ausfall an effektiver Nachfrage führt dann bei zurückhaltender Beurteilung der konjunkturellen Entwicklung zu einer weiteren Schwächung der Investitionsneigung. Insgesamt kann bei dieser Steuererhöhung in der Rezession eine relativ starke deflatorische Wirkung erwartet werden.

In einer Phase der Überbeschäftigung bei intensivem Wettbewerb können die Gewerkschaften wenigstens teilweise die Kürzung der persönlichen Einkommen infolge der Steuererhöhungen durch höhere Lohnforderungen ausgleichen. [1] Charakteristisch für die Hochkonjunktur ist eine restriktive Kreditpolitik der Notenbank. In diesem Fall muß mit einem Ansteigen des Zinses gerechnet werden. Bei optimistischer Erwartungsstruktur der Unternehmer braucht es trotz des Kostenanstieges nicht zu einer wesentlichen Einschränkung der Investitionspläne zu kommen. In gewissem Umfang kann jedoch von einer Verringerung der Investitionsmöglichkeiten ausgegangen werden, da sowohl die Mittel aus der Selbstfinanzierung als auch die Kreditaufnahme beschränkt werden. Insgesamt ist eine leichte deflatorische Tendenz zu erwarten, die sich um so geringer auswirkt, je weniger restriktiv die Notenbankpolitik ist.

Bei einer Vollbeschäftigung ohne konjunkturelle Überhitzung dürfte eine Vorwälzung der Steuererhöhung nur in geringerem Umfang möglich sein. Hier wird der Konsumausgabenrückgang der Ursprung für eine leichte deflatorische Tendenz sein. Wegen der grundsätzlich positiven Erwartungsstruktur der Unternehmer ist jedoch nur ein geringerer induzierter Rückgang der Investitionen zu erwarten als bei einer Rezession.

112.12 Besteuerung des Gewinns der Unternehmen

Hier soll eine Steuer betrachtet werden, die auf den erzielten Gewinn einer Unternehmung gerichtet ist. Soweit es sich um Einzelfirmen und Personengesellschaften handelt, ist der Gewinn der Hauptfaktor für das Einkommen der Inhaber. In diesem Abschnitt ist jedoch in erster Linie an die zusätzliche Besteuerung von Kapitalgesellschaften in der Form der deutschen Körperschaftssteuer gedacht.

Eine Auswirkung einer Gewinnsteuererhöhung auf die Konsumausgaben kann vernachlässigt werden, da nur ein Teil der Unternehmergewinne zur Ausschüttung kommt und da sich die Ausschüttungen auf einen Personenkreis konzentrieren, der eine relativ hohe marginale Sparneigung hat. [2] Die entscheidende konjunkturelle Wirkung einer Gewinnsteuererhöhung ist daher

---

1) Vgl. Küng, E.: Zahlungsbilanzpolitik, a.a.O., S. 237.

2) Vgl. Hart, A.G., Brown, E.C.: Financing defense. Federal Tax and Expenditure Policies. A Study for the Twentieth Century Fund, New York 1951, S. 114 f., zitiert nach: Küng, E.: Zahlungsbilanzpolitik, a.a.O., S. 264. Diese Autoren erwarten unter amerikanischen Verhältnissen, daß der Konsumrückgang lediglich 10 % der zusätzlichen Staatseinnahmen ausmacht.

in ihrer Beeinflussung der Investitionstätigkeit zu suchen.

Wird unterstellt, daß sich die Unternehmer ausschließlich an dem Gewinn vor Steuerabzug in ihren Entscheidungen orientieren, so tritt keine Änderung ein. In den nachfolgenden Ausführungen wird unterstellt, daß sich die Unternehmer in ihren Entscheidungen vorwiegend am Nettogewinn orientieren. Die Auswirkungen der Gewinnsteuererhöhung auf die Investitionen können nicht isoliert von der Frage nach der Überwälzungsmöglichkeit der Steuer gesehen werden. Die Überwälzungschancen einer Gewinnsteuer werden unterschiedlich beurteilt. [1] Während man früher eine Analyse der Überwälzung in Abhängigkeit von der Marktform durchführte, [2] wird heute weitgehend die Untersuchung von Überwälzungsmöglichkeiten mit Hilfe von makroökonomischen Kreislaufmodellen als geeigneter angesehen. [3] Durch die Gewinnbesteuerung bleiben die Grenzkosten der Unternehmen unverändert. Die Grenzproduzenten trifft die Gewinnsteuererhöhung überhaupt nicht, während die Unternehmen mit sehr hohen Gewinnen besonders stark belastet werden. Wenn jedoch eine allgemeine Gewinnsteuer erhöht wird, spricht manches für die Annahme, daß sich bei den vorherrschenden Marktformen, polypolitischer und oligopolistischer Konkurrenz, eine Solidarität zwischen den Konkurrenten bildet, die zu einem allgemeinen Versuch der Preisheraufsetzung führt. [4] Die Möglichkeiten einer Überwälzung durch Preissteigerungen müssen unter makroökonomischen Zusammenhängen beurteilt werden.

Es soll zunächst angenommen werden, daß die Unternehmer keinen Überwälzungsversuch machen. Der bisherige Gewinn wird um die Steuereinnahmen des Staates gekürzt. Dadurch sinkt die

---

1) Während Neumark (vgl. Neumark, F.: Theorie und Praxis der modernen Einkommensbesteuerung, Bern 1947, S. 161) in der Gewinnsteuer keine Kostenbelastung sieht und eine Überwälzung nur in geringem Maße für möglich hält, meint Schmölders "... die Körperschaftssteuer ist damit Hand in Hand mit der Gewerbesteuer, der Grund- und Vermögenssteuer des Betriebes weitgehend zu einer "Kostensteuer" geworden, deren Last im Preis der Waren und Dienstleistungen auf die Verbraucher überwälzt wird." Schmölders, G.: Finanzpolitik, 2. Aufl., Berlin 1965, S. 364.

2) Vgl. Häuser, K.: Die Unüberwälzbarkeit der Einkommen- und Körperschaftssteuer bei Gewinnmaximierung, in: Finanzarchiv, NF, Bd. 20, 1959/60, S. 422 ff.

3) Vgl. Föhl, C.: Das Steuerparadoxon, a.a.O., S. 22 ff. und Eppler, R.: Die Steuerwirkungen, a.a.O., S. 89 ff.

4) Vgl. Küng, E.: Zahlungsbilanzpolitik, a.a.O., S. 259 f.

Grenzleistungsfähigkeit des Kapitals, und die Neuinvestitionen, die bei gegebenem Marktzins noch als lohnend erscheinen, nehmen ab. Neben die verminderte Rentabilität tritt auch eine Kürzung der Finanzierungsmittel, da durch die Steuererhöhung der Umfang der Selbstfinanzierung abnimmt. Haben die Unternehmer positive Erwartungen,so ist es möglich, daß sie das durch die Steuererhöhung verlorene Eigenkapital durch Aufnahme zusätzlichen Fremdkapitals ersetzen. Bei einem unelastischen Kreditangebot kommt es jedoch zu Zinssteigerungstendenzen, wodurch eine zusätzliche Investitionsdämpfung eintritt. Insgesamt kann man annehmen, daß die Summe der Investitionsausgaben zurückgeht, [1] wodurch ein negativer Multiplikatorprozeß hervorgerufen wird.

Machen die Unternehmer den Versuch, die allgemeine Gewinnsteuererhöhung durch eine Preisanhebung zu überwälzen, so hängt der Erfolg der Überwälzungsbemühungen entscheidend von der Entwicklung der gesamten effektiven Nachfrage ab. Wenn die Unternehmer ihre Investitionsausgaben trotz erhöhter Steuer unverändert lassen, [2] so bleibt die effektive Nachfrage konstant. Es besteht daher keine Möglichkeit, das bisherige Angebot zu erhöhten Preisen abzusetzen. Nach einer Anpassungszeit dürften die ursprünglich geplanten Preiserhöhungen rückgängig gemacht werden. Bei konstanter Nachfrage wird die Gewinnsteuer ganz von den Unternehmern getragen, und es muß mit einem Rückgang der Investitionen und mit einem kontraktiven Effekt gerechnet werden.

Sind jedoch die Erwartungen der Unternehmer sehr optimistisch und erhöhen sie trotz der Gewinnsteuererhöhung die Summe ihrer Investitionsausgaben, so können sie teilweise die Gewinnsteuer durch Preiserhöhungen überwälzen. Die steigenden Preise und die erhöhte Nachfrage nach Arbeitskräften könnten den Gewerkschaften eine Möglichkeit geben, neue Lohnerhöhungen durchzusetzen. Die sich daran anschließende Konsumausgabensteigerung erleichtert die Überwälzung der Gewinnsteuererhöhung. Voraussetzung für diese Nachfrageexpansion ist jedoch ein elastisches Kreditsystem, das den Unternehmern ermöglicht, ihre geplanten Investitionen und die gestiegenen Lohnausgaben zu finanzieren. Die von den positiven Unternehmererwartungen ausgehende Expansionswirkung kann jedoch erheblich gebremst werden, wenn das

1) Vgl. Küng, E.: Zahlungsbilanzpolitik, a.a.O., S. 267.
2) Dieses könnte im Wege einer Vorfinanzierung durch Kredite geschehen.

Kreditsystem sehr unelastisch ist. Die zusätzliche Kreditnachfrage bringt dann nennenswerte Zinssteigerungen mit sich, die einen Teil der Investitionen nicht mehr lohnend erscheinen lassen.

Die konjunkturelle Wirkung einer Gewinnsteuererhöhung ist in großem Maße davon abhängig, welche Konjunkturphase und welche damit verbundene Erwartungsstruktur der Unternehmer dem Ausgangspunkt zugrunde gelegt wird.[1)] Wird die Gewinnsteuer in einer Rezession erhöht, so besteht für die Unternehmer auf Grund der unausgelasteten Kapazitäten und des Fehlens einer Nachfragesteigerung keine Möglichkeit der Überwälzung. Die gedämpften Unternehmererwartungen werden durch die erneut gesenkte Rentabilität der Investitionen weiter negativ beeinflußt. Da außerdem nur in sehr geringem Umfang in dieser Situation eine Bereitschaft zur Aufnahme von zusätzlichem Fremdkapital unterstellt werden kann, werden die Investitionsausgaben sinken. Ein allgemeiner Kontraktionsprozeß kommt in Gang.

Bildet dagegen eine Hochkonjunktur mit ausgesprochen positiven Erwartungen den Ausgangspunkt, so ist kaum ein Rückgang der Investitionsausgaben zu erwarten. Bei elastischem Kreditsystem muß man sogar annehmen, daß es zu erhöhten Investitionsausgaben kommt und die gestiegene effektive Nachfrage eine Überwälzung der zusätzlichen Steuer möglich macht. Es stellt sich dann ein Expansionsprozeß ein.

112.13 Allgemeine Umsatzbesteuerung

Eine allgemeine Umsatzsteuer stellt für die Unternehmer eine variable Kostensteuer dar. Ihre Ausgestaltung soll der deutschen Mehrwertsteuer entsprechen. Sie ist also eine Allphasensteuer, bei der das Steuerobjekt der in dem Unternehmen anfallende Mehrwert ist. Mehrwertsteuerausgaben auf den Vorleistungen können in vollem Umfang von der eigenen Mehrwertsteuerschuld abgezogen werden.

Eine Erhöhung des Umsatzsteuersatzes bedeutet für die Unternehmer ein Ansteigen der Grenzkosten. Bei vollständiger Konkurrenz reagieren die Anbieter einzelwirtschaftlich zunächst lediglich mit einem Angebotsrückgang, der sich jedoch makroökonomisch bei nicht völlig elastischer

---

1) Insbesondere Schmölders schreibt den Unternehmererwartungen den dominierenden Einfluß beim Überwälzungsprozeß zu, vgl. Schmölders, G.: Allgemeine Steuerlehre, a.a.O., S. 149 f.

Nachfrage in einer Preiserhöhung niederschlägt. Bei Marktformen mit konjekturaler Preis-Absatz-Funktion kann schon einzelwirtschaftlich infolge der Grenzkostenänderung eine Preisheraufsetzung theoretisch abgeleitet werden. [1] Daneben wird im allgemeinen erwartet, daß es bei einer so generellen, zusätzlichen Belastung, die zudem noch jeden Unternehmer in gleicher Weise trifft, zu einem spontanen, stillschweigenden Zusammengehen der Unternehmer kommt und versucht wird, die erhöhte Steuer voll auf den Preis aufzuschlagen. [2] Dieses Verhalten kann durch bestimmte Marktformen, z. B. beim Oligopol, noch gefördert werden.

Die Möglichkeit der Überwälzung und die konjunkturelle Wirkung einer Umsatzsteuererhöhung hängen in ähnlicher Weise wie bei der Gewinnsteuer von der unterstellten Konjunkturphase im Ausgangspunkt ab. [3] In einer Rezession mit einem leichten Angebotsüberhang können die Unternehmer wegen unausgelasteter Kapazitäten und der verschärften Konkurrenzsituation weitgehend unabhängig von der Marktform nur in sehr geringem Umfang Preiserhöhungen durchsetzen. Sie werden also gezwungen, den weitaus überwiegenden Teil der zusätzlichen Steuer selbst zu tragen. Im Gegensatz zu der Gewinnsteuer werden durch die Umsatzsteuer alle Unternehmen belastet, auch diejenigen, die durch die Steuer in die Verlustzone geraten. Da die gestiegenen Grenzkosten nicht durch entsprechende Preissteigerungen ausgeglichen werden können, kommt es zu einer Einschränkung der laufenden Produktion. Die verminderten Unternehmergewinne lassen auch eine Einschränkung des Investitionsvolumens erwarten, und der bereits vorhandende leichte Kontraktionsprozeß wird durch die zusätzliche negative Multiplikatorwirkung des Investitionsrückganges noch erheblich verschärft.

Im weiteren wird dagegen unterstellt, daß sich die Volkswirtschaft in einer Phase der Vollbeschäftigung mit einem leichten Nachfrageüberhang befindet. Wenn die Unternehmer versuchen, die Preise um den erhöhten Steuerbetrag hinaufzusetzen, so ist die Überwälzungsmöglichkeit bei den einzelnen Gütern entsprechend den verschiedenen Preis- und Einkommenselastizitäten der Nachfrage nach diesen Gütern sehr unterschiedlich. War der Nachfrageüberhang kleiner als die zusätzlichen Steuereinnahmen, so kann nur insgesamt ein Teil der zusätzlichen Steuerbelastung

---

1) Wegen des Mengenrückgangs ist jedoch im allgemeinen mit einer Gewinnschmälerung zu rechnen, vgl. Welinder, C.: Steuerüberwälzung und Steuerwirkungen, a.a.O., S. 353 ff.
2) Vgl. Rolph, E.R.: The Theory of Fiscal Economics, Los Angeles 1954, S. 156.
3) Vgl. Schmölders, G.: Die Umsatzsteuer, in: Handbuch der Finanzwissenschaft, Bd. II, Tübingen 1956, S. 589.

durch Preiserhöhungen überwälzt werden. Jedoch muß bei Preiserhöhungen in einer Vollbeschäftigung mit höheren Lohnforderungen der Gewerkschaften gerechnet werden. Die gestiegenen Löhne bewirken ein Anwachsen der Konsumausgaben, welches den Unternehmern die Möglichkeit gibt, die Steuer durch erneute Preissteigerungen zu überwälzen. Die beschriebene Lohn-Preis-Spirale wird laufend dadurch gebremst, daß nicht die gesamten Konsumausgaben Nettoeinnahmen der Unternehmer darstellen, sondern ein Teil als Steuereinnahmen stillgelegt wird. Nur solange es den Unternehmern möglich ist, die effektive Nachfrage durch zusätzliche Investitionsausgaben oder Lohnzahlungen an die steigenden Preise anzupassen, ist der Überwälzungsversuch erfolgreich. [1] Eine unumgängliche Voraussetzung dafür ist ein elastisches Kreditsystem. Kürzt die Notenbank die Geldmenge um die Steuereinnahmen, so tritt eine Zinssteigerung ein, und die Unternehmer erhalten nicht genügend Mittel, um den Expansionsprozeß aufrechtzuerhalten. [2] Dann bewirkt die Umsatzsteuererhöhung einen Rückgang der einkommenswirksamen Konsumnachfrage. Die Unternehmer können zu den gestiegenen Preisen nicht alle produzierten Güter verkaufen, und Preisrückgänge und Produktionseinschränkungen sind die Folge. In der bereits mehrfach beschriebenen Weise kann es zu einem Kontraktionsprozeß kommen.

112.14 Zusammenfassung

Im Überblick ergibt sich auf Grund der oben gemachten Ausführungen folgende Abstufung in der konjunkturdämpfenden Wirkung einer Steuererhöhung bei den unterschiedlichen Steuerarten. [3]

Bei einer Erhöhung der Umsatzsteuer werden die einkommenswirksamen Konsumausgaben ceteris paribus um den vollen Betrag der Steuereinnahmen (ΔSTE) verringert. Findet keine Überwälzung (Preisanhebung) statt, so müssen die Unternehmer Produktionsrückgänge und Gewinnschmälerungen bzw. Verluste hinnehmen. Wird in der Hochkonjunktur zunächst eine Überwälzung versucht, so wird in dem dann vorherrschenden Fall eines unelastischen Kreditsystems verhindert, daß die effektive Nachfrage an das erhöhte Preisniveau angepaßt wird. An den ursprünglichen Nachfrageausfall schließt sich je nach der unterstellten Konjunkturphase ein mehr

---

1) Außerdem könnte die Überwälzung erleichtert werden, wenn die Haushalte infolge der gestiegenen Preise ihren Konsum auf Kosten des Sparens ausweiten, um den bisherigen Lebensstandard aufrechtzuerhalten oder aus Furcht vor weiteren Preissteigerungen.

2) Vgl. Küng, E.: Zahlungsbilanzpolitik, a.a.O., S. 302.

3) Ebenda, S. 400.

oder weniger starker Kontraktionsprozeß an. Die Erhöhung der Umsatzsteuer dürfte den stärksten konjunkturdämpfenden Effekt haben.

Die konjunkturelle Wirkung der Einkommensteuererhöhung hängt vor allem von der Höhe der Konsumneigung der Besteuerten ab, da der direkte Ausfall an effektiver Nachfrage durch die zusätzlichen Steuereinnahmen und die marginale Konsumneigung (c) bestimmt wird.
($- \Delta C = - \Delta STE \cdot c$). Ist die Konsumneigung nahe eins, so hat die Einkommensteuer eine ähnlich starke konjunkturdämpfende Wirkung wie die allgemeine Umsatzsteuer. Bei relativ hoher Sparneigung hängt vieles von der Elastizität des Kreditsystems ab. Ist es starr, so werden die Investitionen durch Zinssteigerungen beeinträchtigt. Insgesamt wirkt eine Einkommensteuererhöhung unter gleichen Bedingungen weniger konjunkturdämpfend als die Erhöhung der allgemeinen Umsatzsteuer.

Eine Gewinnsteuererhöhung trifft zunächst nicht wesentlich die Konsumausgaben. Die Investitionsausgaben werden durch den gesunkenen Unternehmergewinn negativ beeinflußt, wodurch die Investitionen eine verminderte Rentabilität aufweisen und dem Unternehmer in geringerem Umfang eigene Finanzierungsmittel zur Verfügung stehen. In welchem Umfang es zu einer Einschränkung der Investitionsausgaben kommt, hängt von den Zukunftserwartungen der Unternehmer ab. Aber selbst wenn die Unternehmer positive Zukunftserwartungen haben, kann bei einem unelastischen Kreditsystem durch eine Gewinnsteuererhöhung mit einer konjunkturellen Dämpfung infolge eines Investitionsrückganges gerechnet werden. Ceteris paribus bewirkt jedoch eine Gewinnsteuererhöhung gegenüber den anderen Steuern den geringsten Ausfall an effektiver Nachfrage.

112.2. Aufnahme von Staatsanleihen

Eine weitere Möglichkeit der Finanzierung öffentlicher Entwicklungshilfe durch zusätzliche Staatseinnahmen besteht darin, daß der Staat eine Anleihe aufnimmt. Grundsätzlich kann der Staat eine Anleihe aufnehmen beim privaten Publikum, bei dem Geschäftsbankensystem und bei der Notenbank. [1] Direkt kann die effektive Nachfrage durch eine Staatsanleihe verkleinert

---

1) Außerdem ist eine Kreditaufnahme im Ausland möglich. Wie bisher in diesem Teil soll auch weiterhin von einer Einbeziehung der Außenhandelsbeziehungen abgesehen werden.

werden, wenn die Staatsanleihe vom privaten Publikum gezeichnet wird und die Anleihezeichner die Mittel durch erhöhtes Sparen oder durch Kürzung von Investitionsausgaben aufbringen, so daß ein Rückgang der bisherigen Konsumausgaben oder Investitionsausgaben eintritt. Dieser denkbaren direkten Verminderung der Nachfrage in Verbindung mit der Aufnahme einer Staatsanleihe wird im allgemeinen keine große Bedeutung beigemessen. [1] Indirekt kann durch die Aufnahme einer Staatsanleihe die effektive Nachfrage dadurch verändert werden, wenn infolge der Anleihezeichnung eine Geldmengenverringerung und eine Einengung des Kreditpotentials der Geschäftsbanken bewirkt werden. Verbunden mit einer bestimmten Konjunkturphase können sich daraus Zinssteigerungen ergeben, die das Investitionsvolumen negativ beeinflussen und einen kontraktiven kumulativen Prozeß einleiten könnten. Diese indirekten konjunkturellen Wirkungen der Aufnahme einer Staatsanleihe sollen im folgenden analysiert werden.

112.21 Einfluß der Ausgabe einer Staatsanleihe auf das Kreditpotential des Geschäftsbankensystems

Die Wirkung einer Staatsanleihe auf das Kreditpotential des Bankensystems hängt davon ab, ob die Banken die Anleihe selbst übernehmen oder ob sie vom Publikum gezeichnet wird. Im folgenden soll zunächst die Annahme gemacht werden, daß die Banken selbst die Anleihe übernehmen.

112.211. Zeichnung der Staatsanleihe durch die Geschäftsbanken

Der Analyse soll ein monetäres System unterstellt werden, das dem der Bundesrepublik Deutschland entspricht. Es gibt eine Zentralbank mit einer Gruppe von Geschäftsbanken. Als Zahlungsmittel fungieren Zentralbankgeld in Form von Zentralbanknoten und Sichtguthaben bei der Zentralbank sowie Sichtguthaben bei den Geschäftsbanken (Giralgeld der Kreditbanken). Alleiniges definitives Zahlungsmittel ist das Zentralbankgeld. [2] Das Geldvolumen der Wirtschaft (Geldmenge) setzt sich zusammen aus den Sichteinlagen und dem Bargeldbestand im

---

1) Eine Ausnahme dazu stellt lediglich eine Zwangsanleihe dar, die bei der Aufbringung wie eine Steuer wirken kann.

2) Vgl. Schneider, E.: Einführung in die Wirtschaftstheorie, III. Teil, a.a.O., S. 24.

Nichtbankensektor ausschließlich Staat. Das Kreditpotential der Geschäftsbanken wird in diesem System bestimmt durch die Größe der Reserven (Z) [1], die Höhe des Mindestreservesatzes (r) und die Zahlungssitten (Bargeldneigung b) [2] des Nichtbankensektors und die Höhe der reservepflichtigen Verbindlichkeiten.

Zeichnen die Banken die Anleihe selbst und wird angenommen, daß die vereinbarten Beträge des Staates (ΔSTE) sofort einem Konto bei der Zentralbank gutgeschrieben werden, so nimmt das Zentralbankgeld der Geschäftsbanken, d.h. die Reserve (Z), unmittelbar um den Anleihebetrag ab ($\Delta Z = - \Delta STE$). Unabhängig davon, ob die Banken ihr bisheriges Kreditpotential ausgeschöpft haben, soll zur Analyse des Einflusses einer Verringerung der Reserven auf das Kreditpotential hypothetisch unterstellt werden, die Banken hätten ihr Kreditpotential voll ausgenutzt. Zur Vereinfachung werden nur zwei Banken in die Betrachtung einbezogen.

Wird unterstellt, daß die Banken ihren Verlust an Reserven durch Verkäufe von Aktiva (z.B. Wertpapiere) oder durch Einschränkungen bei der Vergabe von neuen Krediten [3] ausgleichen, so ergibt sich in einem Zwei-Banken-Modell folgendes Ablaufschema:

Bank I kauft Staatspapiere, dadurch vermindert sich in gleicher Höhe ihre Reserve um:	$- \Delta Z = \Delta STE$	
Bank I verkauft zum Ausgleich Wertpapiere an das Publikum bzw. gibt weniger neue Kredite in gleicher Höhe von:	$\Delta K_1 = \underline{\Delta Z}$	(1. Phase)
Die Kunden begleichen die Forderung der Bank I mit Bargeld und mit dem Abzug von Sichtguthaben bei der Bank II. Unter Berücksichtigung einer Bargeldneigung von b vermindern sich die Sichtguthaben und die Reserve von Bank II um:	$(1 - b)\ \Delta Z$	

---

1) Die Reserve ist der Bestand an Zentralbankgeld.

2) b ist gleich dem Verhältnis der Bargeldbestände zu der gesamten Geldmenge.

3) Der Unterschied ist ablauftechnisch darin zu sehen, daß beim Verkauf von Wertpapieren die Käufer mit ihrem Sichtguthaben und ihrem Bargeld den Betrag aufbringen, während bei einer Einschränkung in der Vergabe neuer Kredite die Sichtguthaben und das Bargeld der potentiellen Kreditnehmer weniger stark erhöht werden. Bei gleicher Bargeldneigung der Wertpapierkäufer und der potentiellen Kreditnehmer ist der Geldmengeneffekt gleich.

Dadurch wird ihrerseits die Bank II gezwungen, Kredite abzubauen bzw. Wertpapiere zu verkaufen, wobei allerdings der Betrag um die ersparten Mindestreserven kleiner ist als der Verlust an Sichtguthaben und Reserve.

(2. Phase)

$$\Delta K_2 = \underline{(1 - r)\,(1 - b)\ \ \Delta Z}$$

Der Prozeß läßt sich in gleicher Weise weiterverfolgen, wobei die Kürzung des Kreditpotentials von Phase zu Phase um den Koefizienten (1 - r) (1 - b) abnimmt. So werden z.B. in der dritten Phase von der Bank I Kredite zurückgerufen in Höhe von:

(3. Phase)

$$\Delta K_3 = \underline{(1 - r)^2\,(1 - b)^2\ \ \Delta Z}$$

Es ergibt sich eine unendliche geometrische Reihe, deren Summe ist:

$$(1)\ \Delta K_s = - \frac{1}{1-(1-r)(1-b)}\,\Delta STE^{1)} \qquad (\Delta STE = - \Delta Z)$$

ΔK_s entspricht der Verringerung des Kreditpotentials des gesamten Bankensystems, wenn die Banken Staatsanleihen in Höhe von ΔSTE selbst zeichnen und sie lediglich die Möglichkeit haben, ihre Barreserven durch Kündigungen von Krediten oder durch Verkauf von Wertpapieren zu erhöhen. Es handelt sich um den allgemein bekannten Giralgeldmultiplikator, [2] der jedoch hier negativ wirkt. Das Kreditpotential der Banken wird um ein Vielfaches des Anleihebetrages verringert. Es wird um so stärker eingeschränkt, je kleiner der Mindestreservesatz r und die Bargeldneigung b der Privaten sind.

Das Ergebnis wird modifiziert, wenn die Annahmen dahingehend erweitert werden, daß sich die Banken teilweise bei der Zentralbank durch Verkauf oder Beleihung von Aktiva refinanzieren können. Der Anteil der benötigten Mindestreserven, den sich die Banken durch Verkauf

---

1) Diese Ableitung ergibt sich aus der Summenformel für unendliche geometrische Reihen.

$$\sum_{i=1}^{\infty} a_i = \frac{1}{1-q} \cdot a_1 \ ; \ a_1 = \Delta Z = - \Delta STE; \ q = (1-r)(1-b)$$

$$\Delta K_s = - \frac{1}{1-(1-r)(1-b)} \cdot \Delta STE$$

2) Vgl. Schneider, E.: Einführung in die Wirtschaftstheorie, III. Teil, a.a.O., S. 47.

bzw. Beleihung von Aktiva bei der Zentralbank beschaffen können, wird mit a bezeichnet. Es ergibt sich jetzt folgender Ablauf.

Wie bisher kauft die Bank I Staatspapiere, wodurch ihre Reserven vermindert werden um:

$$-\Delta Z = \Delta STE$$

Die Bank I braucht aber nun nur in dem Umfang Kredite zu kündigen bzw. Wertpapiere an das Publikum zu verkaufen, wie sie den Verlust an Reserve nicht durch Beleihung oder Verkauf von Aktiva an die Zentralbank kompensieren.

(1.Phase)

$$\Delta K_1 = \underline{(1-a)\,\Delta Z}$$

Entsprechend braucht die Bank II in der zweiten Phase ihre Kredite nur um den Betrag zurückzurufen, wie auch sie nicht eine Refinanzierung durch Verkauf oder Beleihung von Aktiva bei der Zentralbank vornehmen kann, also um:

(2.Phase)

$$\Delta K_2 = \underline{(1-a)(1-r)(1-b)\,\Delta Z}$$

In analoger Weise läuft jede weitere Phase ab, so daß die Kürzung des Kreditpotentials der Banken in jeder Phase um den Koeffizienten (1 - a) (1 - r) (1 - b) geringer wird. Wiederum handelt es sich um eine unendliche geometrische Reihe, deren Summe ist:

$$(2)\quad \Delta K_s = -\frac{1-a}{1-(1-a)(1-r)(1-b)}\,\Delta STE \quad (\Delta STE = -\Delta Z)$$

Im Vergleich zu Gleichung (1) ist in der Gleichung (2) der Zähler kleiner und der Nenner größer, d.h. das Kreditpotential des gesamten Geschäftsbankensystems wird bei einer gleich großen Staatsanleihe nur um einen kleineren Betrag verkürzt. Hat im Extremfall das Bankensystem die Möglichkeit, seinen Verlust an Reserven in voller Höhe durch Verkäufe oder Beleihungen von Aktiva bei der Zentralbank zu refinanzieren (a = 1), so wird das Kreditpotential des Geschäftsbankensystems durch die Zeichnung der Staatsanleihe nicht berührt.

112.212. Zeichnung der Staatsanleihe durch das Publikum (Nichtbankensektor)

Unter den bisherigen Prämissen soll im folgenden das private Publikum die Staatsanleihe zeichnen. Es sollen wieder zwei Unterfälle betrachtet werden, einmal haben die Banken lediglich die Möglichkeit, Verluste an Reserven durch Einschränkungen bei der Vergabe von neuen Krediten auszugleichen, zum anderen können sie zugleich teilweise ihre Aktiva an die Zentralbank verkaufen bzw. verpfänden.

Es wird angenommen, daß die Privaten die Anleihe durch eine Verminderung ihrer Sichtguthaben bei den Banken bezahlen und daß der Staat die Einnahmen einem Konto bei der Zentralbank zuführt. Die Geschäftsbanken können sich durch eigene Aktiva kein zusätzliches Zentralbankgeld beschaffen.

Das Publikum zeichnet die Staatsanleihe aus seinen Sichtguthaben der Bank I. Daher hat die Bank I einen Verlust an Sichtguthaben und Reserven von:

$$- \Delta Z = \Delta STE$$

Bank I braucht nun nicht in voller Höhe von ΔZ die Vergabe von neuen Krediten einzuschränken bzw. Aktiva an die Privaten zu verkaufen, sondern nur in einem geringeren Umfang, der sich aus den frei werdenden Mindestreserven infolge der Sichteinlagenverminderung ergibt, also

(1.Phase)

$$\Delta K_1 = \underline{(1-r)\,\Delta Z}$$

Der weitere Verlauf des Prozesses entspricht dem bereits oben beschriebenen, wobei in jeder Phase eine Verminderung der Kürzung des Kreditpotentials der Banken um den Koeffizienten (1 - r) (1 - b) eintritt. Insgesamt wird das Kreditpotential des Geschäftsbankensystems entsprechend der Summenformel für unendliche geometrische Reihen vermindert um:

$$(3)\quad \Delta K_s = - \frac{(1-r)}{1-(1-r)(1-b)}\,\Delta STE \qquad (\Delta STE = - \Delta Z)$$

Vergleicht man dieses Ergebnis mit demjenigen unter der Annahme, daß die Banken selbst die Staatsanleihe zeichnen (vgl. Formel (1)), so läßt sich unmittelbar erkennen, daß die Einschränkung des Kreditpotentials des Bankensystems kleiner ist, wenn das Publikum die Anleihe zeichnet. Der Unterschiedsbetrag ergibt sich aus den frei gewordenen Mindestreserven infolge der verminderten Sichtguthaben in der ersten Phase.

Bezahlen die Privaten den Anleihebetrag zum Teil aus vorhandenen überschüssigen Barreserven, so vermindert sich die Einschränkung des Kreditpotentials des Bankensystems weiter. Ist b_1 der Anteil der Anleihe, der aus den überschüssigen Barreserven der Privaten bezahlt wird, so beträgt der Abfluß an Reserve der Bank I unmittelbar nach der Zeichnung durch die Privaten nur $(1 - b_1)$ der zusätzlichen Staatseinnahmen ΔSTE

$$- \Delta Z = (1-b_1)\ \Delta STE.$$

Daraus ergibt sich, daß das gesamte Kreditpotential des Geschäftsbankensystems lediglich eingeschränkt wird um:

$$(4)\quad \Delta K_s = - \frac{(1-r)(1-b_1)}{1-(1-r)(1-b)} \Delta STE$$

Haben die Geschäftsbanken die Möglichkeit, einen Teil des Verlustes an Reserven durch Verkauf bzw. Beleihung von Aktiva bei der Zentralbank zu refinanzieren, so ergibt sich folgender Prozeßablauf:

Wie unter (3) zeichnen die Privaten die Staatsanleihe und bezahlen sie voll aus ihren Sichtguthaben bei der Bank I, deren Sichtguthaben und Reserven dadurch um den vollen Anleihebetrag abnehmen. $\quad - \Delta Z = \Delta STE.$

Die Bank I braucht sich jedoch nur soweit durch Kündigung von Krediten zu refinanzieren, wie durch den Sichtkontenabzug nicht Mindestreserven frei werden <u>und</u> nicht Aktiva an die Zentralbank verkauft werden können, also um: $\quad \Delta K_1 = \underline{(1-a)(1-r)\ \Delta Z}$ (1. Phase)

Entsprechend (2) vermindert sich die Einschränkung des Kreditpotentials in jeder Phase um den Koeffizienten (1 - a) (1 - r) (1 - b), so daß sich insgesamt eine Verringerung des Kreditpotentials des Bankensystems ergibt in Höhe von:

$$(5)\quad \Delta K_s = - \frac{(1-a)(1-r)}{1-(1-a)(1-r)(1-b)} \Delta STE$$

Ein Vergleich mit den Gleichungen (1), (2) und (3) zeigt, daß das Kreditpotential des Geschäftsbankensystems am wenigstens durch eine Staatsanleihe beeinträchtigt wird, wenn die Bedingungen von Gleichung (5) vorliegen, d.h., das private Publikum zeichnet die Anleihe aus seinen Sichtguthaben, und die Geschäftsbanken können ihren Verlust an Reserven teilweise bei der Zentralbank refinanzieren. Wird entsprechend (4) ein Teil (b_1) der Anleihe aus überschüssigen Barreserven der Privaten bezahlt, so wird die Einschränkung des Kreditpotentials nach Gleichung (5) um den weiteren Koeffizienten ($1 - b_1$) verkleinert.

$$(6)\quad \Delta K_s = - \frac{(1-a)(1-r)(1-b_1)}{1-(1-a)(1-r)(1-b)} \Delta STE$$

Zusammenfassender Überblick zur Einschränkung des Kreditpotentials des Geschäftsbankensystems bei alternativer Zeichnung der Staatsanleihe:

Nr. der Gleichung	Anleihe-zeichner	Refinanzierungs-anteil bei der Zentralbank	Verminderung des Kredit-potentials des Geschäftsbankensystems (ΔK_s)
(1)	Geschäfts-banken	-	$- \frac{1}{1-(1-r)(1-b)} \Delta STE$
(2)	Geschäfts-banken	a	$- \frac{1-a}{1-(1-a)(1-r)(1-b)} \Delta STE$
(3)	Nichtbanken-sektor	-	$- \frac{1-r}{1-(1-r)(1-b)} \Delta STE$
(4)	Nichtbanken-sektor (Bezahlung z. T., b_1, aus Barreserven)	-	$- \frac{(1-r)(1-b_1)}{1-(1-r)(1-b)} \Delta STE$
(5)	Nichtbanken-sektor	a	$- \frac{(1-a)(1-r)}{1-(1-a)(1-r)(1-b)} \Delta STE$
(6)	Nichtbanken-sektor (Bezahlung z.T., b_1, aus Barreserven)	a	$- \frac{(1-a)(1-r)(1-b_1)}{1-(1-a)(1-r)(1-b)} \Delta STE$

ceteris paribus: (1) > (3) > (4) > (6)
(1) > (2) > (5) > (6)

112.22. Geldmengen- und Zinswirkung einer Staatsanleihe in konjunktureller Sicht

Bisher wurde lediglich untersucht, wie das Kreditpotential der Geschäftsbanken bei alternativer Aufnahme der Staatsanleihe vermindert wurde. Eine Geldmengenveränderung, d.h. eine Veränderung der Sichteinlagen und der Zentralbanknotenbestände des Nichtbankensektors, hängt vor allem davon ab, inwieweit das Geschäftsbankensystem sein Kreditpotential bereits vor Ausgabe der Staatsanleihe tatsächlich ausgeschöpft hatte. War das Kreditpotential zu 100 % beansprucht, so entsteht eine Geldmengenverringerung in Höhe der Einschränkung des Kreditpotentials (ΔK_s) zuzüglich der unmittelbaren Geldmengenminderung bei Zeichnung der Anleihe durch das Publikum in Höhe von ΔSTE. Sind die Überschußreserven der Geschäftsbanken größer als der Anleihebetrag, so braucht keine Geldmengenverringerung einzutreten. Die Ausnutzung des Kreditpotentials des Bankensystems ist abhängig von der Konjunkturphase.[1] In der Hochkonjunktur ist das Kreditpotential der Geschäftsbanken weitgehend ausgenutzt. In Zeiten niedrigerer wirtschaftlicher Aktivität werden zwar die Banken bemüht sein, nur in geringerem Umfang Überschußreserven entstehen zu lassen, sie können aber wegen der in einer Rezession günstigen Bedingungen der Zentralbank einen Verlust an Reserven zu einem großen Teil (a ist relativ groß)[2] durch Verkauf bzw. Beleihung von Aktiva bei der Zentralbank refinanzieren. In der Hochkonjunktur wird dagegen die Refinanzierungsmöglichkeit stark eingeschränkt. Daraus ergibt sich, daß unabhängig von der Art der Anleiheaufbringung die Geldmengenwirkung der Anleihe in der Rezession nur gering ist, während sie in der Hochkonjunktur tendenziell groß sein wird.

Aus der Geldmengenwirkung läßt sich die Zinswirkung einer Staatsanleihe ableiten. In der Rezession kann im allgemeinen von einem niedrigen Marktzins ausgegangen werden. Dieser ergibt sich daraus, daß durch verminderte Umsatztätigkeit die Nachfrage nach Transaktionskasse zurückgeht und das bisherige Geldangebot bei niedrigerem Zins von der Spekulationskasse aufgenommen wird. Außerdem wird von der Zentralbank bewußt eine Politik des billigen Geldes betrieben, die unter anderem kostengünstige Refinanzierungsmöglichkeiten der Geschäftsbanken mit sich bringt (z. B. niedriger Diskontsatz). In dieser Situation ist das mone-

---

1) Vgl. Musgrave, R.A.: Theorie der öffentlichen Schuld, in: Handbuch der Finanzwissenschaft, Tübingen 1958, S. 96.
2) Vgl. Gleichungen (2), (5) und (6).

täre Gleichgewicht der Wirtschaft durch den Teil der Kurve der Liquiditätsvorliebe gekennzeichnet, der einen ausgesprochen hohen Elastizitätsgrad aufweist,[1] d.h. selbst eine große Änderung der Geldmenge beeinflußt den Marktzins kaum. Wenn in der Rezession durch die Staatsanleihe die Geldmenge wider Erwarten doch nennenswert verkleinert wird, tritt trotzdem keine Zinssteigerung ein.

Demgegenüber ist für die Hochkonjunktur ein hoher Zins charakteristisch, der sich aus der verstärkten Nachfrage nach Transaktionskasse und den gleichzeitig einsetzenden restriktiven Maßnahmen der Zentralbank in Form der Kreditverteuerungen (z.B. hoher Diskontsatz) ergibt. Unter diesen Bedingungen ist für das monetäre Gleichgewicht der Wirtschaft der Teil der Kurve der Liquiditätsvorliebe relevant, der einen niedrigeren Elastizitätsgrad aufweist. Eine Verminderung der Geldmenge führt zu Zinssteigerungen. Da die Geldmengenwirkung einer Staatsanleihe in der Hochkonjunktur erheblich ist, wird, je nachdem wie groß der Gesamtbetrag der Staatsanleihe ist, eine mehr oder weniger starke Zinssteigerungstendenz eintreten.[2]

112.23. Nachfragewirkungen der Zeichnung einer Staatsanleihe

Durch die Aufnahme einer Staatsanleihe kann für die Volkswirtschaft ein Liquiditäts- und ein Rentabilitätseffekt eintreten. Der Liquiditätseffekt besteht in einer Verminderung der verfügbaren Finanzierungsmittel, der Rentabilitätseffekt zeigt sich in einem Anstieg der Zinskosten infolge des Anstiegs des Marktzinses. Da jedoch in der Rezession und in noch größerem Maße in der Depression beide Effekte nahezu gleich Null sind, können vom Kapitalmarkt keine negativen Auswirkungen auf die effektive Nachfrage ausgehen. Haben die Privaten die Anleihe gezeichnet, so wäre es theoretisch denkbar, daß sie zum Teil ihre Konsumausgaben gekürzt haben. Dieses ist jedoch sehr unwahrscheinlich.[3] Zeichnen die Geschäftsbanken die Anleihe,

---

1) Vgl. Rose, K.: Einkommens- und Beschäftigungstheorie, in: Kompendium der Volkswirtschaftslehre, Bd. 1, Göttingen 1967, S. 221.
2) Obwohl in diesem Kapital Außenhandelsbeziehungen ausgeklammert sind, soll hier darauf hingewiesen werden, daß die Zinssteigerungen durch die Aufbringung des Kapitalexports in Form einer Anleihe durch herangelocktes Auslandskapital, durch induzierten Kapitalimport, wenigstens teilweise kompensiert werden können. Vgl. Haberler, G.: Der internationale Handel, Berlin 1933, S. 66; und Iversen, C.: Aspects of the Theory of International Capital Movements, Kopenhagen 1935, S. 465, 469, 518 ff.
3) Vgl. Schmölders, G.: Finanzpolitik, a.a.O., S. 394

so entfallen die Auswirkungen auf die Konsumausgaben ganz. Somit hat die Entwicklungshilfe, wenn sie in Zeiten abgeschwächter wirtschaftlicher Aktivität durch Staatsanleihen aufgebracht wird, keinerlei kontraktive Aufbringungswirkungen.

In der Aufschwungphase und noch verstärkt in der Hochkonjunktur tritt, wenn die Anleihe groß genug ist, der Liquiditätsentzugseffekt und der Rentabilitätsminderungseffekt in Form von Zinssteigerungen ein. Zunächst soll der Liquiditätsentzugseffekt in dem Fall untersucht werden, in dem die Banken selbst die Anleihe zeichnen (vgl. Gleichung (2)). Von entscheidender Bedeutung für den Liquiditätsentzugseffekt ist es, wie groß die Refinanzierungsmöglichkeit der Geschäftsbanken ist. [1] Insbesondere wenn die Zentralbank durch eine Kursstützungspolitik den Markt für Staatsanleihen künstlich stabil hält, können die Geschäftsbanken ihre übernommenen Staatsanleihen jederzeit ohne Kursrisiko wieder in Überschußreserven umwandeln. [2]

Dadurch wird die Liquiditätseinschränkung wieder weitgehend beseitigt. Zum Teil - insbesondere wenn der Kurs der Staatsanleihe nicht gesichert ist - müssen die Geschäftsbanken die Vergabe neuer Kredite einschränken bzw. Aktiva an Private verkaufen. Diesem Zwang unterliegen die Geschäftsbanken während der Aufschwungphase, wenn sie noch allmählich ihren Refinanzierungsspielraum bei der Notenbank abbauen können, in geringerem Maße als in der Hochkonjunktur, wenn der Kreditapparat schon sehr angespannt ist. Schränken die Geschäftsbanken die Vergabe von neuen Krediten wegen der verringerten Refinanzierungsmöglichkeiten ein, so müssen geplante Investitionen aus Mangel an Finanzierungsmitteln unterbleiben, d.h. die Investitionsausgaben und damit die effektive Nachfrage nimmt gegenüber dem Ausgangspunkt (ohne Staatsanleihe) ab. Zu einem Teil [3] können die Geschäftsbanken Wertpapiere an Private verkaufen, welche dann entsprechend ihre Sichtguthaben und Barreserven verkleinern. Obwohl zwischen der Geldmengenwirkung und der Verringerung der Kredite eine enge Beziehung besteht, wird unter Umständen die effektive Nachfrage nur wenig beeinträchtigt. Dieses ist dann der Fall, wenn der Nichtbankensektor für die von den Geschäftsbanken angebotenen Wertpapiere

---

1) Das gilt auch für den Fall, daß die Staatsanleihe durch das private Publikum gezeichnet wird (vgl. Gleichung (5)).

2) Vgl. Hessler, H.-D.: Die Wirkungen staatlicher Anleihen auf die monetäre Struktur der Volkswirtschaft, Dissertation Köln 1965, S. 65.

3) In großem Umfang dürften sich Wertpapiere nur unter Kursverlusten an die Privaten veräußern lassen, daher ist diese Möglichkeit zum Ausgleich des Verlustes an Reserven nur begrenzt anwendbar.

nachfrageneutrale Geldreserven verwendet, d.h. mit solchen Mitteln bezahlt, die weder für Investitionsausgaben oder für Konsumausgaben noch für Beteiligungen oder für Kredite an Unternehmen vorgesehen waren. Doch erscheint es realistisch, daß in der Hochkonjunktur im Nichtbankensektor kaum überschüssige Geldreserven für den Kauf von Wertpapieren aus den Beständen der Geschäftsbanken zur Verfügung stehen. In der Hochkonjunktur kann daher angenommen werden, daß bei einer Zeichnung der Staatsanleihe durch die Geschäftsbanken der primäre Nachfrageausfall [1] infolge des Liquiditätsentzuges tendenziell in der Größenordnung liegt, wie es der Veränderung des Kreditpotentials in Gleichung (2) entspricht. Der Nachfrageausfall ist aber nur dann groß, wenn die Refinanzierungsmöglichkeiten bei der Zentralbank sehr eingeschränkt sind.

Für den Fall, daß das private Publikum die Staatsanleihe aus nachfrageneutralen Mitteln (Spekulationskasse) zeichnet, ergeben sich etwas andere Nachfragewirkungen. Unter sonst gleichen Umständen war die Verminderung des Kreditpotentials des Geschäftsbankensystems bei der Zeichnung der Anleihe durch das private Publikum um die Freisetzung der Mindestreserven kleiner als bei der Übernahme durch die Banken. [2] Unterstellt man für den Fall einer Hochkonjunktur - wie oben dargelegt - eine tendenziell enge Beziehung zwischen der Verminderung des Kreditpotentials und einem Nachfrageausfall, so wirkt eine in dieser Weise im privaten Publikum untergebrachte Anleihe weniger nachfragemindernd als eine Zeichnung der Anleihe durch die Banken. In Zeiten geringer wirtschaftlicher Aktivität mit unausgenutztem Kreditpotential des Bankensystems ist nicht mit einem Nachfrageausfall zu rechnen.

Bisher wurde unterstellt, daß die Zeichnung der Staatsanleihe durch den Nichtbankensektor ausschließlich aus nachfrageneutralen Mitteln erfolgte. Gehörten jedoch die Mittel zur Transaktionskasse, d.h. dienten sie der Abwicklung von Investitionsausgaben oder von Konsumausgaben, so werden Geldbeträge vernichtet, die vorher im Rahmen des Umsatzprozesses zirkulierten. Wird die Staatsanleihe direkt auf Kosten von Konsumausgaben oder Investitionsausgaben gezeichnet, so entsteht schon ein unmittelbarer Nachfrageausfall durch die Zeichnung der Anleihe.

---

1) Der Nachfrageausfall, an den sich noch Multiplikatorwirkungen anschließen.
2) Vgl. dazu die Gleichungen (3) und (5) mit den Gleichungen (1) und (2).

Es kann u.U. damit gerechnet werden, daß die neben den Banken bestehenden Vermögensverwaltungsinstitutionen, statt eigene Investitionen zu tätigen oder neue Kredite an die Unternehmen zu geben, die Staatsanleihe kaufen. [1] Unabhängig von dem Liquiditätsentzug tritt dann ein direkter Investitionsrückgang infolge der Staatsanleihe ein, so daß die effektive Nachfrage bereits in der ersten Periode um den vollen Betrag der Staatsanleihe vermindert wird. Daran schließt sich ein Kontraktionsprozeß an, der durch das Zusammenwirken der multiplen Nachfrage- und Krediteinschränkung bestimmt wird. In diesem Fall hat die Ausgabe der Staatsanleihe den gleichen starken kontraktiven Effekt wie die Senkung von Staatsausgaben. Der unmittelbar nachfragemindernden Zeichnung von Staatsanleihen soll im folgenden - auch für eine Hochkonjunktur - keine große Bedeutung beigemessen werden.

Bei der bisherigen Betrachtung der Nachfragewirkung stand der Liquiditätsentzugseffekt im Vordergrund. Wie weiter oben nachgewiesen wurde, ist jedoch in der Hochkonjunktur auch mit einem Zinssteigerungseffekt zu rechnen. Da der Zins ein Kostenfaktor ist, wird durch einen Zinsanstieg die Rentabilität von Investitionen gesenkt. In welchem Umfang die Rentabilitätsminderung der Investitionen zu einer Kürzung von Investitionsausgaben führt, ist umstritten. Veit hält die Auswirkungen von Zinsänderungen unter den heutigen wirtschaftlichen Gegebenheiten auf den Produktions- und Verbrauchssektor generell für gering. [2] Weitgehend anerkannt ist jedoch die Zinsabhängigkeit von langfristigen kapitalintensiven Investitionen, wie Wohnungsbau, Kraftwerke, Verkehrs- und Versorgungsbetriebe, und von Lagerinvestitionen der Handelsbetriebe. [3] Aber schon bei den Lagerinvestitionen der Handelsbetriebe ist für die Hochkonjunktur eine erhebliche Einschränkung zu machen, da in dieser Konjunkturphase mit tendenziell steigenden Preisen nicht mehr die Zinskosten der dominierende Faktor für die Unternehmerentscheidungen sind, sondern das Problem kurzfristiger Lieferbereitschaft. Bei der übrigen Masse der privaten Investitionen werden die Unternehmerentscheidungen in der Hochkonjunktur so sehr von den positiven Erwartungen bestimmt, daß Zinssteigerungen die Unternehmer nur wenig von den geplanten Investitionen - vor allem zur Erweiterung der Kapazität -

---

1) Vgl. Küng, E.: Zahlungsbilanzpolitik, a.a.O., S. 360.
2) Vgl. Veit, O.: Der Wert unseres Geldes, Frankfurt a. M. 1958, S. 36 ff. Eine zusammenfassende Übersicht der Gründe, die für diese Annahme sprechen, findet sich auf Seite 36.
3) Vgl. Küng, E.: Zahlungsbilanzpolitik, a.a. O., S. 51 ff.

abhalten werden.[1] Darüber hinaus hat in den hochindustriellen westlichen Staaten die Selbstfinanzierung an Bedeutung gewonnen, die in der Aufschwungphase und in der Hochkonjunktur infolge hoher Gewinne besonders ausgeprägt ist. Die durch Gewinne finanzierten Investitionen werden durch einen Anstieg des Marktzinses kaum beeinträchtigt.[2] Schließlich können Zinssteigerungen in einer Wirtschaft mit hohem Konsumkreditbestand die Konsumausgaben beeinträchtigen. Im allgemeinen werden jedoch die Konsumausgaben als wenig zinsreagibel angesehen.

Insgesamt gesehen hat die Zeichnung einer Staatsanleihe in der Hochkonjunktur durch eine Einschränkung der Investitionen einen kontraktiven Effekt. Dabei dürfte der größte Teil des Dämpfungseffektes darin zu sehen sein, daß durch die Staatsanleihe einfach mengenmäßig weniger Mittel zur Finanzierung von Investitionen zur Verfügung stehen. Erst in zweiter Linie und nur bei bestimmten Investitionen trägt der Anstieg des Marktzinses zur Investitionseinschränkung bei.

In Zeiten des Aufschwungs, wenn die Banken noch einen großen Refinanzierungsspielraum bei der Notenbank aufweisen und die Erwartungen der Unternehmer noch nicht durch einen ausgeprägten Optimismus geprägt sind, können Kreditverteuerungen um einen bestimmten Prozentsatz in größerem Maße negativ auf die Investitionen wirken. Allerdings ist aber im Aufschwung die Zinssteigerung bei einem gegebenen Anleihebetrag kleiner als in der Hochkonjunktur und damit unter Umständen der absolute Dämpfungseffekt insgesamt geringer.

Zusammenfassend kann festgestellt werden, daß in Zeiten geringer wirtschaftlicher Aktivität der kontraktive Effekt der Ausgabe einer Staatsanleihe nahezu gleich Null ist, während er in Zeiten hoher wirtschaftlicher Aktivität bei starrem Kreditsystem erheblich sein kann, d.h., der Nachfrageausfall, sei es, daß er unmittelbar durch die Anleihezeichnung oder auf Grund der Liquiditätsentzugswirkung und der Marktzinssteigerung hervorgerufen wird, kann einschließlich

---

1) Paish, F.W.: Banking Policy and the Balance of International Payments, in: Readings in the Theory of International Trade, London 1950, S. 53. Es wird darauf hingewiesen, daß Zinssenkungen allein nicht ausreichen, um einen Expansionseffekt herbeizuführen, da dieser vor allem von den Erwartungen abhängt. Entsprechendes gilt grundsätzlich für die Kontraktionswirkung einer Zinserhöhung.

2) Vgl. Heller, W.: The Anatomy of Investment Decisions, in: Harvard Business Review, März 1951, S. 95 ff.

des nachfolgenden negativen Einkommenskontraktionsprozesses unter Umständen den Anleihebetrag erheblich übersteigen.

Der in diesem Abschnitt ausführlich beschriebene Nachfrageausfall im Zusammenhang mit der Kürzung des Kreditpotentials des Geschäftsbankensystems infolge der Ausgabe der Staatsanleihe kann auch bei einer Finanzierung der Entwicklungshilfe durch Steuererhöhung oder durch Staatsausgabenkürzung eintreten. Steuererhöhungen und Ausgabenkürzungen bedeuten, daß bisher aktives Geld dem Nichtbankensektor entzogen bzw. nicht neu zugeführt wird. Dadurch werden ähnlich wie bei der Anleihezeichnung durch den Nichtbankensektor dem Geschäftsbankensystem Reserven entzogen, wodurch sich das Kreditpotential des Geschäftsbankensystems verkleinert. In der Hochkonjunktur und bei starrem Kreditsystem kann es auf Grund des Liquiditätsentzuges zu einer Einschränkung in der Vergabe von neuen Krediten kommen, wodurch ein weiterer Nachfrageausfall auch bei Steuererhöhungen und Staatsausgabensenkungen eintreten kann. Dadurch werden die in den vorigen Abschnitten beschriebenen Kontraktionsprozesse bei einem starren Kreditsystem tendenziell noch verschärft.

112.3. Kreditaufnahme bei der Zentralnotenbank

Eine weitere Möglichkeit der Erhöhung der Staatseinnahmen zur Finanzierung der Entwicklungshilfe besteht in der Aufnahme von Krediten bei der Zentralnotenbank. [1] Die Kreditgewährung bedeutet eine Bilanzverlängerung der Zentralnotenbank, die Aktiva erhöhen sich um die Staatspapiere und die Passiva um die erhöhten Sichtguthaben des Staates. Der inländische Wirtschaftskreislauf wird durch diese Art der Finanzierung von Entwicklungshilfe nicht berührt. Daher können auch keinerlei kontraktive Aufbringungswirkungen eintreten. Die effektive inländische Nachfrage bleibt unverändert.

---

1) Obwohl hier von Staatseinnahmen gesprochen wird, macht es für die theoretische Analyse keinen Unterschied, ob es sich formell um Staatseinnahmen handelt oder ob die Zentralnotenbank direkt Verpflichtungen des Bundes finanziert, z. B. die Beteiligungen der BRD an der Weltbank oder am IWF. Vgl. dazu: Hansmeyer, K.H.: Der öffentliche Kredit, Frankfurt am Main 1965, S. 28 f; Joerges, H. und Schleiminger, G.: Internationaler Währungsfonds, Weltbank, IFC, IDA, Frankfurt a. M. 1965, S. 51 f. und S. 77 f.

113. Gewährung von Entwicklungshilfe aus revolvierenden Fonds

Losgelöst von den staatlichen Einnahmen und Ausgaben können Entwicklungshilfeleistungen aus revolvierenden Fonds finanziert werden. [1] Zur Beurteilung der Aufbringungswirkungen muß unterschieden werden, ob die Mittel des Fonds auch alternativ für Inlandsinvestitionen bereitgestellt werden können oder nicht. Werden Mittel für Entwicklungshilfe bereitgestellt, die sonst Inlandsinvestitionen dienten, so ergeben sich die gleichen Aufbringungswirkungen, wie sie bei der Kürzung von staatlichen Investitionsausgaben beschrieben wurden. Sind die bereitstehenden Mittel grundsätzlich nur für Entwicklungshilfeleistungen vorgesehen, so treten keinerlei Aufbringungswirkungen ein, wenn der revolvierende Fonds nur Konten bei der Zentralbank unterhält und dort die eingehenden Beträge ansammelt. Besitzt jedoch der revolvierende Fonds in erheblichem Umfang Guthaben bei den Geschäftsbanken, so können mit dem Abzug der Mittel die im Abschnitt über die Aufnahme einer Staatsanleihe beschriebenen kontraktiven Effekte eintreten, die ihre Ursache in dem Verlust der Geschäftsbanken an Überschußreserven haben. Da aber anderseits der Fonds laufend Rückflüsse erhält, die dem Geschäftsbankensystem wieder zufließen, ist der Verlust an Überschußreserve nur vorübergehend. Den Geschäftsbanken wird mittelfristig immer ein bestimmter "Bodensatz" zur Verfügung stehen, und insoweit hat eine Aufbringung aus revolvierenden Fonds unter Vernachlässigung kurzfristiger Liquiditätsanspannungen keine Aufbringungswirkung.

12. Private Leistungen

Ebenfalls wie bei den öffentlichen Leistungen sollen hier die Aufbringungswirkungen der privaten Leistungen unabhängig von der Art der Verwendung beschrieben werden. Die Unterteilung der privaten Leistungen im DAC-Schema [2] in Direktinvestitionen, bilaterale Wertpapierinvestitionen, Wertpapierinvestitionen bei multilateralen Stellen und private Exportkredite ist für eine alalytische Betrachtung nicht geeignet, da in diesen Kategorien zum Teil bereits Verwendungsformen

---

1) Als Beispiel sei auf das ERP-Sondervermögen der BRD hingewiesen.
2) Schema für Entwicklungshilfeleistungen, das der Ausschuß für Entwicklungshilfe (DAC) der Organisation für wirtschaftliche Zusammenarbeit und Entwicklung (OECD) verwendet.

der Entwicklungshilfe enthalten sind. Es werden daher die Aufbringungswirkungen der privaten Entwicklungshilfeleistungen, losgelöst von diesen Kategoreien, danach untersucht, aus welchen Quellen die Kapitalmittel kommen.

121. Gewährung von Entwicklungshilfe anstelle von bisherigen privaten Investitionsausgaben

Wenn eine Volkswirtschaft tendenziell vollbeschäftigt ist, so kann der Unternehmer alternativ Investitionen im Inland oder im Ausland vornehmen, da in beiden Bereichen grundsätzlich eine Rendite zu erzielen ist. [1] Auf Grund der Zielfunktion der Unternehmung, z. B. Gewinnmaximierung oder Expansion unter Erzielung eines Mindestgewinns, können jedoch zusätzliche Auslandsinvestitionen geeigneter erscheinen als eine Erhöhung der Inlandsinvestitionen. [2] Der kontraktive Effekt einer Senkung der privaten Investitionsausgaben entspricht dem einer Senkung der Staatsausgaben zur direkten Steigerung der Produktion, wie er im Abschnitt über die Senkung von Staatsausgaben beschrieben wurde. Der unmittelbare Nachfrageausfall in Höhe der Verringerung der privaten Investitionen wird erhöht durch einen zusätzlichen Nachfrageausfall infolge des negativen Investitionsmultiplikators. Die deflatorische Tendenz wird jedoch dadurch teilweise etwas gebremst, daß bei Inlandsinvestitionen mit kurzfristigem Kapazitätseffekt auch das Güterangebot vermindert wird.

122. Gewährung von Entwicklungshilfe aus brachliegenden Finanzierungsmitteln

Sehen die Unternehmen auf Grund schlechter Erwartungen keine Chancen für ertragbringende Inlandsinvestitionen, wie es bei einer scharfen Rezession oder in einer Depression vorkommen

---

1) Es handelt sich hier um den von Preiser charakterisierten amplifikativen Kapitalexport, vgl. Preiser, E.: Kapitalexport und Vollbeschäftigung, in: Jahrbücher für Nationalökonomie und Statistik, Bd. 162, 1950, wiederabgedruckt in: Theorie der internationalen Wirtschaftsbeziehungen, hrsg. von Rose, K., Köln 1965, S. 285 f.

2) Einige Gründe, die für Auslandsinvestitionen sprechen könnten, sind z.B.: Überspringen von Zollgrenzen durch neue Produktionsanlagen, Auslagerung von Produktionsstufen zur Kostensenkung, Errichtung von Servicestationen zur Erschließung neuer Märkte, Aufbau von eigenen Rohstoffbasen zur Sicherung der Bezugsquellen.

kann, so werden sie versuchen, ihre verfügbaren Finanzierungsmittel für ertragversprechende Auslandsinvestitionen bereitzustellen. Es handelt sich also hier um Kapital, das im Inland infolge der schlechten konjunkturellen Lage nicht zur Investition kommt. Da mit der Aufbringung dieser Mittel keinerlei Ausgabenkürzung verbunden ist und auch wegen der Überliquidität des Geschäftsbankensystems in dieser Konjunkturlage mit keinem kontraktiven Prozeß infolge einer Kreditverringerung zu rechnen ist, hat diese Form der Finanzierung von privater Entwicklungshilfe keine kontraktive Aufbringungswirkung.[1)]

123. Gewährung von Entwicklungshilfe durch die Aufnahme von Bankkrediten

Ebenso wie der Staat seine Entwicklungshilfeleistungen durch Verschuldung finanzieren kann, haben auch die privaten Unternehmen, wenn auch nur in beschränktem Umfang die Möglichkeit, für ihre Auslandsinvestitionen Bankkredite in Anspruch zu nehmen. Dieses wird um so leichter durchführbar sein, wenn der Staat die Aufnahme von Krediten für Entwicklungshilfeleistungen begünstigt. Die Aufbringungswirkung hängt davon ab, inwieweit die Geschäftsbanken ihr Kreditpotential ausgeschöpft haben. Können die Geschäftsbanken Kredite für diese zusätzlichen Auslandsinvestitionen nur auf Kosten einer Einschränkung von Krediten für Inlandsinvestitionen geben, so kann der kontraktive Aufbringungseffekt etwa denjenigen einer direkten Kürzung von kreditfinanzierten Inlandsinvestitionen erreichen. Dieses ist aber nur für die Hochkonjunktur mit einem starren Kreditsystem realistisch. In Konjunkturphasen mit geringerer wirtschaftlicher Aktivität wird jedoch der kontraktive Effekt nur gering sein.

124. Ausgabe von Anleihen zur Finanzierung von privater Entwicklungshilfe

Als Emittenten einer Anleihe kommen neben den inländischen staatlichen oder halbstaatlichen Institutionen auch multilaterale Organisationen, die Regierungen der Entwicklungsländer,[2)]

---

1) Preiser spricht hier von sustentativem Kapitalexport, vgl. Preiser, E.: Kapitalexport und Vollbeschäftigung, a.a.O., S. 285 f.

2) Eigentlich handelt es sich auch um Staatsanleihen, jedoch steht hinter diesen Anleihen nicht die Autorität der inländischen Regierung, wodurch sie in ihrer Bonität eher mit den privaten Anleihen vergleichbar sind. Außerdem werden diese Anleihen, da direkte Entwicklungshilfeleistungen von Privaten vorliegen, zu der privaten Entwicklungshilfe gerechnet.

Geschäftsbanken oder große Unternehmungen in Frage. Die Aufbringungswirkung der privatwirtschaftlichen Anleihe, deren Erlöse der inländischen Wirtschaft durch Transferierung ins Ausland entzogen werden, dürfte sich nicht wesentlich von einer entsprechenden Staatsanleihe [1] unterscheiden. Jedoch ist c.p. im allgemeinen der Liquiditätsentzug in qualitativer Hinsicht für die Wirtschaft bei einer privaten Anleihe oder bei einer ausländischen Anleihe größer als bei einer Anleihe des inländischen Staates. [2] Staatsanleihen können zu besseren Bedingungen bei der Notenbank lombardiert werden, und der Staat treibt über seine Hausbank, die Notenbank, eine gewisse Kurspflege, die die von der öffentlichen Hand herausgegebenen Schuldpapiere vor größeren Kursverlusten bewahrt. [3] Im Extremfall sind Staatsanleihen denkbar, bei denen die Zentralnotenbank eine Rückkaufspflicht zu einem festen Kurs übernimmt. Insgesamt können sich also die Geschäftsbanken bei Staatsanleihen in größerem Maße bei der Zentralnotenbank refinanzieren als bei privaten Anleihen. Dadurch wird der grundsätzlich gleiche Kontraktionseffekt bei privaten Anleihen tendenziell etwas stärker sein.

Bei einer Finanzierung von Entwicklungshilfeleistungen durch private Anleihen wird das Kreditpotential des Geschäftsbankensystems weniger als bei der Finanzierung durch Bankkredite beeinträchtigt, wenn ein Teil der Anleihe aus Bargeldbeständen des Nichtbankensektors bezahlt wird.

125. Finanzierung von Entwicklungshilfeleistungen durch Steuerersparnisse

Wenn der Staat private Investitionen in Entwicklungsländern steuerlich begünstigt, so können unter Umständen erhebliche Teile der benötigten Finanzierungsmittel durch Steuerersparnisse beschafft werden. Auch wenn es sich bei besonderen Bewertungsabschlägen und bei der Bildung von gewinnmindernden Rücklagen [4] weitgehend nur um eine Steuerverschiebung handelt,

---

1) Gemeint ist eine Anleihe des inländischen Staats.
2) Vgl. Ritterhausen, H.: Die Zentralnotenbank, Frankfurt a.M. 1962, S. 174 ff.
3) Vgl. Musgrave, R.A.: Theorie der öffentlichen Schuld, a.a.O., S. 129 f; Haller, H.: Finanzpolitik, 4. Aufl., Tübingen 1968, S. 202.
4) Diese beiden Formen der Steuerbegünstigung sind z.B. in dem Entwicklungshilfesteuergesetz der BRD von 1963 enthalten, vgl. dazu: Bericht der Bundesregierung an den Deutschen Bundestag über die Auswirkungen des Entwicklungshilfesteuergesetzes, BT-Drucksache, V 1257.

stehen den Unternehmen zunächst einmal zusätzliche Finanzierungsmittel zur Verfügung, die andernfalls dem Staat als Steuereinnahmen zugeflossen wären. Da ein unmittelbarer Zusammenhang zwischen Steuereinnahmen und Staatsausgaben nicht gegeben ist, können die Staatsausgaben trotz verminderter Steuereinnahmen unverändert bleiben. In diesem Fall hat die private Entwicklungshilfe, soweit sie durch Steuereinsparungen finanziert wird, keinen Aufbringungseffekt. Langfristig muß jedoch damit gerechnet werden, daß Steuerausfälle, die einen größeren Umfang annehmen, in der staatlichen Budgetplanung durch Einnahmeerhöhungen oder durch Senkung von Staatsausgaben ausgeglichen werden. Je nach Art der zusätzlichen Einnahmeerhöhungen oder Ausgabensenkung treten die in den vorigen Abschnitten beschriebenen Aufbringungswirkungen ein.

126. Finanzierung von Entwicklungshilfe durch Auslandsgewinne

Soweit bereits getätigte private Investitionen in Entwicklungsländern Gewinne abwerfen, stellen diese Gewinne eine weitere Möglichkeit zur Finanzierung von privaten Entwicklungshilfeleistungen dar. Bei der Beurteilung der Aufbringungswirkung im Geberland muß geprüft werden, ob die im Ausland erwirtschafteten Gewinne für Inlandsausgaben verwendet werden können. Wenn für die erwirtschafteten Gewinne ein Transferierungsverbot besteht, haben Entwicklungshilfeleistungen, die durch diese Gewinne finanziert werden, überhaupt keine Aufbringungswirkungen im Geberland. Soweit die Möglichkeit zur Transferierung besteht, kann nur dann von einer Aufbringungswirkung im Geberland gesprochen werden, wenn die Gewinne bei unterlassener zusätzlicher Investition im Entwicklungsland tatsächlich auch ins Geberland transferiert worden wären und als Finanzierungsmittel für zusätzliche Inlandsinvestitionen gedient hätten. In allen anderen Fällen tritt auch bei transferierbaren Gewinnen kein Aufbringungseffekt im Geberland durch die Reinvestierung der Gewinne in Entwicklungsländern ein.

2. Ausgabenänderungen bei der Verwendung der Entwicklungshilfeleistung durch das Nehmerland

Die bisherigen Betrachtungen beschränkten sich auf die Analyse der konjunkturellen Auswirkungen, die sich aus der Aufbringung der Entwicklungshilfeleistungen ergaben. Da induzierte internationale Rückwirkungen ausgeschlossen wurden, konnte die Betrachtung auf die Wirtschaft des Geberlandes beschränkt bleiben. Wenn die Nehmerländer die Entwicklungshilfeleistungen verwenden, so können sowohl im Geberland als auch im Nehmerland selbst Ausgabenänderungen eintreten, ohne daß sie durch internationale induzierte Rückwirkungen hervorgerufen werden. Im Gegensatz zu dem vorigen Abschnitt müssen daher die Volkswirtschaften des Geberlandes und des Nehmerlandes auf Einkommens- und Beschäftigungswirkungen infolge der Verwendung der Entwicklungshilfe untersucht werden. Die Notwendigkeit, die Einkommensentwicklung im Nehmerland zu betrachten, ergibt sich daraus, daß die Ausgabenänderungen im Nehmerland über eine Einkommenssteigerung zu internationalen induzierten Rückwirkungen auf die Volkswirtschaft des Geberlandes führen können und damit dort konjunkturelle Auswirkungen hervorrufen. Die internationalen induzierten Rückwirkungen selbst werden unter B II abgehandelt.

Die Entwicklungshilfebeträge können im Geberland, in Drittländern oder im Nehmerland direkt verausgabt werden. Weiterhin besteht die grundsätzliche Möglichkeit, daß Entwicklungsländer Entwicklungshilfe zur Erhöhung der Devisenreserven vorerst horten.

21. Direkte Verausgabung der Entwicklungshilfe im Geberland

Es werden zunächst die Ausgabenänderungen in den beteiligten Ländern untersucht, wenn eine direkte Verausgabung der Entwicklungshilfe in voller Höhe im Geberland erfolgt.

211. Einkommens- und Beschäftigungswirkungen im Geberland

211.1. Direkte Nachfragewirkung im Geberland

Werden die Entwicklungshilfebeträge voll im Geberland für den Kauf von Gütern verwendet,

so erhöht sich der Export des Geberlandes um den Betrag der Entwicklungshilfe, [1]
ceteris paribus steigt der Saldo der Handelsbilanz um den gleichen Betrag an. Die Volkseinkommensgleichung bei staatlicher Aktivität lautet:

$$Y = C + I + STA + (Ex - Im) + Ex_{EH}$$

C = Konsum, I = Investitionen, STA = Staatsausgaben für Güter und Dienste, Ex = Export, ohne den durch Entwicklungshilfe induzierten Export, Im = Import, Ex_{EH} = zusätzlicher Export durch die direkte Verausgabung von Entwicklungshilfe.

In der ersten Periode steigt das Volkseinkommen im Geberland durch die Verausgabung der Entwicklungshilfe um den Betrag der Entwicklungshilfe an. Es schließt sich daran entsprechend dem unterstellten Multiplikator in den nachfolgenden Perioden ein multiplikativer Einkommensprozeß an.

Es sollen nun die konjunkturellen Auswirkungen der zusätzlichen Exporte bei unterschiedlicher Konjunkturlage im Geberland verfolgt werden.

211.11. In der Depression

Die zusätzlichen Exporte erscheinen im Wirtschaftskreislauf des Geberlandes als zusätzliche Nachfrage im Exportgütersektor. In einer Zeit stark geminderter wirtschaftlicher Aktivität, Depression, ist das Angebot außerordentlich elastisch. Sind die zusätzlichen Exporte nur gering oder werden sie nur als vorübergehend angesehen, und hat die Exportgüterindustrie hohe Lagerbestände, so kann es im Extremfall lediglich zu einem Abbau der Läger und gleichzeitiger Erhöhung der Liquidität der Unternehmungen kommen, ohne daß eine Produktionsausweitung stattfindet. Es tritt demnach keine Einkommenssteigerung ein. Weder ein Einkommens- noch ein Beschäftigungsmultiplikator kommen zur Auswirkung. Zwar braucht dieser Effekt nicht typisch für eine depressive Wirtschaftsphase zu sein, und er ist es um so weniger, je größer und nachhaltiger die Exportsteigerungen erfolgen, aber

---

1) Soweit Dienstleistungen nachgefragt werden, kommt es zu einem Anstieg des unsichtbaren Exports, wodurch die Dienstleistungsbilanz berührt wird.

dennoch muß damit gerechnet werden, daß insbesondere zu Beginn des Prozesses der unmittelbare Einkommenseffekt geringer als die zusätzlichen Exporterlöse, d.h. als der Entwicklungshilfebetrag, ausfällt. Erst wenn die Nachfragesteigerung zu einer entsprechenden Produktionsausdehnung führt, bewirkt der Exportmultiplikator einen multiplikativen Einkommensprozeß. Die Größe des Exportmultiplikators entspricht unter Vernachlässigung internationaler Rückwirkungen derjenigen des Investitionsmultiplikators.[1] Im Vergleich zu Investitionen mit kurzer Ausreifungszeit haben Exportsteigerungen, die keinen Kapazitätseffekt im Geberland haben, stärkere konjunkturbelebende Auswirkungen, da ein gestiegenes Einkommen ceteris paribus auf ein vermindertes Güterangebot trifft.

211.12. In der Aufschwungphase

Die konjunkturelle Aufschwungphase ist gekennzeichnet durch ein insgesamt noch elastisches Angebot, wobei jedoch bereits in zunehmendem Maße einzelne Engpässe auftreten. Im allgemeinen bestehen keine größeren überschüssigen Lagerbestände mehr, so daß eine Mehrnachfrage auf Grund von zusätzlichen Exporten zu erhöhter Produktion führt und somit unmittelbar in der Exportindustrie die Beschäftigung und die Einkommen der Faktoren steigert. Bei genügender Mobilität der Faktoren können zusätzliche Faktoren eingesetzt werden, ohne daß es dafür einer Preisheraufsetzung bzw. Lohnsatzsteigerung bedarf. Abgesehen von einigen unvermeidlichen Preiserhöhungen in Engpaßbereichen bleibt das Preisniveau im wesentlichen unverändert. Der multiplikative Einkommensprozeß entspricht weitgehend dem Realeinkommensmultiplikator und führt zu einer Beschäftigungssteigerung der Faktoren.

211.13. In der Hochkonjunktur

In der konjunkturellen Phase der Hochkonjunktur übersteigt die monetäre Nachfrage das Angebot zu gegebenen Preisen. Gesamtwirtschaftlich ist das Angebot sehr unelastisch, da die vorhandenen Produktionsfaktoren voll beansprucht werden und zusätzliche Faktoren kaum zu beschaffen sind. Tritt in dieser Situation eine zusätzliche Exportnachfrage auf, so werden die inflatorischen Tendenzen noch verschärft. Der Einkommenserhöhung steht keine

---

1) Über den Exportmultiplikator vgl.: Rose, K.: Theorie der Außenwirtschaft, Berlin 1964, S. 108 f.

Produktionsausweitung mehr gegenüber, so daß infolge des steigenden Preisniveaus der multiplikative Einkommensprozeß größtenteils nomineller Natur ist und Realeinkommen und Beschäftigung weitgehend unverändert bleiben. Bei mittelfristiger Betrachtung muß auch hier darauf hingewiesen werden, daß der inflatorische Effekt von Exporten in der Hochkonjunktur noch größer ist als von Investitionen mit mittelfristigem Kapazitätseffekt, da Exporte in Entwicklungsländer nicht das Angebot im Geberland entsprechend erhöhen.

Diese konjunkturellen Auswirkungen einer Exportsteigerung infolge von Entwicklungshilfe in der Phase der Hochkonjunktur gelten jedoch nur, wenn sich die Auslandsnachfrage auf Sektoren richtet, deren Situation der allgemeinen Konjunkturlage entspricht. Es gibt jedoch Sektoren, die sich in einer Strukturkrise befinden und selbst in einer Hochkonjunktur nicht ihre gesamte Produktion absetzen können. Typisch dafür ist die andauernde Überschußproduktion des Agrarsektors in einzelnen Ländern, z. B. in den USA und z. T. auch in der EWG. Soweit die Überschußproduktion durch staatliche Ankaufstellen entsprechend den Marktordnungen zu Festpreisen aufgekauft wird, entsteht den Agrarproduzenten kein Einkommensausfall trotz der Überschußproduktion. Werden die Entwicklungshilfebeträge für den Kauf dieser Überschußprodukte in den Geberländern verwendet, so entsteht dadurch kein Einkommenseffekt, sondern lediglich eine Verbesserung der Liquidität der staatlichen Ankaufsstellen. Diese zusätzlichen Exporte haben keine konjunkturbelebenden Wirkungen und führen selbst in der Hochkonjunktur zu keiner Verstärkung der inflatorischen Tendenz.

Steigt aber das Einkommen und die Beschäftigung eines im Konjunkturschatten liegenden Sektors durch die zusätzliche Exportnachfrage infolge der Entwicklungshilfe, so werden in der Phase der Hochkonjunktur zwar noch nicht in diesem bisher unterbeschäftigten Sektor, wohl aber während der zweiten Einkommensperiode, wenn die vollbeschäftigten Sektoren berührt werden, inflatorische Tendenzen wirksam werden.

Die konjunkturellen Wirkungen eines zusätzlichen Exports des Geberlandes hängen außer von der allgemeinen konjunkturellen Phase der Wirtschaft auch von dem Beschäftigungsgrad des entsprechenden Exportsektors ab. Bei wenigstens normal beschäftigtem Exportsektor bewirkt eine zusätzliche Exportnachfrage eine relativ starke Konjunkturbelebung.

211.2. Geldmengen- und Zinswirkungen im Geberland

Eine weitere Ausgabenänderung durch die Verausgabung der Entwicklungshilfe im Geberland kann sich dann ergeben, wenn dadurch die Geldmenge und das Zinsniveau im Geberland verändert wird. Die grundsätzlichen Wirkungen sollen anhand eines Modells aufgezeigt werden, das analog dem in dem Abschnitt über die Aufbringungswirkungen von Staatsanleihen ist. [1]

Im einzelnen sollen folgende Annahmen gemacht werden: Der ausländische Entwicklungshilfeempfänger unterhält ein Konto bei der Zentralnotenbank des Geberlandes, auf dem die erhaltenen Entwicklungshilfebeträge gutgeschrieben sind. Die vom Empfängerland gekauften Güter werden aus den Depositen bei der Zentralnotenbank bezahlt, indem bei den Geschäftsbanken eine Gutschrift für die Lieferfirmen erfolgt. [2] Die Barreserven und der Depositenbestand des Geschäftsbankensystems erhöhen sich unmittelbar um den zusätzlichen Exporterlös. Dadurch nimmt ceteris paribus das Kreditpotential des Geschäftsbankensystems entsprechend dem Giralgeldmultiplikator, wie er durch Bargeldneigung b und Mindestreservesatz r bestimmt wird, zu. Der Giralgeldmultiplikator entspricht hier formal genau demjenigen, wie er bereits für die Zeichnung von Staatsanleihen durch das Publikum entwickelt wurde (vgl. Formel (3)), lediglich ist er in diesem Fall positiv.

$$\Delta K_s = \frac{(1-r)}{1-(1-r)(1-b)} \quad \Delta Ex$$

ΔK_s = Veränderung des Kreditschöpfungspotentials des Geschäftsbankensystems.

ΔE_x = Erlöse von zusätzlichen Exporten in Höhe des Entwicklungshilfebetrages.

Die Größe ΔK_s stellt die durch die zusätzlichen Exporte hervorgerufene Veränderung des Kreditpotentials dar. Die mögliche Geldmengenvermehrung [3] ist um ΔEx größer als die Zunahme des Kreditpotentials. Ähnlich wie bei den Geldmengen- und Zinswirkungen bei

1) Vgl. Abschnitt B I, 112.2., insbesondere 112.212.

2) Es ergibt sich die gleiche Wirkung, wenn das Empfängerland keine Gutschrift erhalten hat und das Geberland direkt aus eigenem Guthaben bei der Zentralnotenbank die Forderungen der Exporteure bezahlt. Gleiches gilt auch, wenn das Empfängerland aus ihm bereits zugeflossenen Devisen die Bezahlung vornimmt.

3) Wobei unter Geldmenge die Summe aus Zentralbanknoten und Sichtguthaben des Nichtbankensektors verstanden wird.

der Aufbringung einer Staatsanleihe ist auch hier nun die Frage, inwieweit die Ausdehnung des Kreditpotentials der Geschäftsbanken zu einer Geldmengenerhöhung und zu einer Mehrnachfrage führt, weitgehend von der Konjunkturphase abhängig. In Phasen geringer wirtschaftlicher Aktivität wirkt sich eine Vergrößerung des Geldangebotes weder durch eine wesentliche Vergrößerung der Geldmenge noch durch eine Zinssenkung aus. Die effektive Nachfrage bleibt also von den Veränderungen im monetären Bereich unbeeinflußt.

Anders ist es in der Hochkonjunktur bei allgemeiner starker Anspannung des Kreditsystems. Hier wird die Ausweitung des Kreditpotentials des Bankensystems weitgehend vom Nichtbankensektor als Kreditnachfrager bereitwillig in Anspruch genommen. Durch den zusätzlichen Export entstehen nach dem Eingang des Exporterlöses zwei monetäre Wirkungen:

(1) Ausdehnung des Kreditpotentials des Bankensystems, verbunden mit einer Geldmengenerhöhung und Zinssenkungstendenz.

(2) Kumulativer Einkommensprozeß, entsprechend der unmittelbaren Einkommenssteigerung und dem Einkommensmultiplikator, mit einer erhöhten Nachfrage nach Geld.

Soweit das zusätzliche Kreditpotential der Geschäftsbanken durch den kumulativen Einkommensprozeß infolge der Exporterhöhung beansprucht wird, ermöglicht der Kreditexpansionsprozeß von sich aus keine zusätzliche Nachfrage, sondern gestattet nur die Finanzierung des Einkommensprozesses. Nur soweit der Giralgeldmultiplikator größer als der Einkommensmultiplikator ist, kann von der Kreditexpansion selbst eine zusätzliche Nachfrage angeregt werden. Obwohl in diesem Fall die Expansion des Geldangebotes größer als die Expansion der Geldnachfrage infolge des Einkommensprozesses ist, kann in einer Hochkonjunktur kaum mit einer Zinssenkung gerechnet werden. Ist die Hochkonjunktur durch ein stark angespanntes Kreditsystem bei einem Überhang der Kreditnachfrage gekennzeichnet, so wird das durch die Exporterlöse hervorgerufene zusätzliche Kreditpotential voll in Anspruch genommen, und es kommt bei der Verwendung der Kredite zu einer weiteren Ausdehnung der effektiven Nachfrage. Infolge der Geldmengenwirkung ist die konjunkturelle Expansion größer, als es dem Einkommensmultiplikator entspricht.

Wenn der Giralgeldmultiplikator kleiner als der Einkommensmultiplikator ist, so wird die Einkommensexpansion unter der Annahme konstanter Einkommensumlaufsgeschwindigkeit des Geldes durch die unzureichende Geldvermehrung gebremst. In diesem Fall würde die Einkommensexpansion geringer sein, als es dem Multiplikator entsprochen hätte.

212. Veränderung der Importdeterminanten im Nehmerland

Die Entwicklung der Importdeterminanten im Nehmerland ist für die konjunkturellen Auswirkungen im Geberland insoweit von Bedeutung, wie durch diese Entwicklung induzierte zusätzliche Exporte des Geberlandes bewirkt werden können. Daher soll im folgenden untersucht werden, wie durch die Entwicklungshilfe und durch deren direkte Verausgabung in den Geberländern die Importdeterminanten in den Entwicklungsländern verändert werden. Als die zwei wesentlichen Importdeterminanten werden die Einkommensentwicklung und die Importneigung des Nehmerlandes angesehen.

212.1. Einkommensentwicklung im Nehmerland

Es ist zu prüfen, wie sich die zusätzlichen Importe eines Entwicklungslandes infolge einer direkten Verausgabung der Entwicklungshilfe im Geberland auf die Einkommensentwicklung im Entwicklungsland auswirken. Da dieses unter anderem von den wirtschaftlichen Daten des Entwicklungslandes und der Art der Importe abhängt, sollen diese Faktoren zunächst analysiert werden.

212.11. Die wirtschaftlichen Merkmale der Entwicklungsländer

Obwohl sich die einzelnen Entwicklungsländer erheblich in ihren einzelnen Merkmalen unterscheiden können, sind jedoch inzwischen von verschiedenen Autoren bestimmte Hauptmerkmale für Entwicklungsländer herausgearbeitet worden. Eine sehr umfassende Charakterisierung der Merkmale von Entwicklungsländern hat u. a. Leibenstein vorgenommen.[1] Er unterscheidet zwischen wirtschaftlichen, demographischen, kulturellen und politischen sowie technologischen Merkmalen. Aus der Vielzahl der ökonomischen Merkmale, die sich teilweise überschneiden, sollen einige Hauptmerkmale aufgezeigt werden.[2]

---

1) Vgl. Leibenstein, H.: Economic Backwardness and Economic Growth, New York 1957, S. 40 f.

2) Vgl. Besters, H.: Theorien zur wirtschaftlichen Entwicklung, in: Entwicklungspolitik, Handbuch und Lexikon, hrsg. von H. Besters u. E. Boesch, Stuttgart 1966, S. 259; hier werden die gleichen Merkmale als Hauptmerkmale der wirtschaftlichen Unterentwicklung herausgestellt.

212.111. Dualistische Wirtschaft

Bei einer Zeitpunktbetrachtung versteht man unter wirtschaftlichem Dualismus die Aufsplitterung einer Volkswirtschaft in zwei weitgehend voneinander isolierte Sektoren mit völlig unterschiedlicher Struktur, die durch einen Entwicklungsprozeß hervorgerufen ist.

Die Wirtschaft der Entwicklungsländer wird dominiert von einem großen, vorkapitalistischen, bei nur geringer Arbeitsteilung im wesentlichen arbeitsintensiv produzierenden Bereich, der Nahrungsmittel und andere Existenzgüter erzeugt. Den größten Teil dieses traditionellen Bereichs nimmt die Landwirtschaft ein, aber auch Handwerk, Kleinindustrie, Handel und persönliche Dienstleistungen müssen ihm weitgehend zugerechnet werden. [1] Demgegenüber steht ein kleinerer, fortschrittlicher, kapitalistischer Bereich, der mit modernster, sehr kapitalintensiver Technik arbeitet. Es werden hier industrielle Rohstoffe, Gebrauchsgüter des täglichen Bedarfs, dauerhafte Konsumgüter und Investitionsgüter hergestellt. [2]

Der traditionelle Sektor mit dem dominierenden Bereich der Landwirtschaft ist gekennzeichnet durch Familienwirtschaftseinheiten. [3] Es besteht vorwiegend kein Lohnarbeitsverhältnis, sondern die Arbeitskräfte sind im Rahmen des gemeinsamen Familienhaushalts beschäftigt. Die Produktion erfolgt vorwiegend für den Eigenverbrauch. Nur soweit Güter zur Ergänzung der Selbstversorgung notwendig sind, wird ein Teil der Produktion an den Markt gebracht, um die Kaufkraft für diese Güter zu erhalten. Die in der Landwirtschaft verwendete Produktionstechnik weist einen ausgesprochen niedrigen Stand auf. Kapital wird nur sehr begrenzt eingesetzt und ist zudem von nur primitiver Natur. [4] Außerdem sind die auf die Familie ausgerichteten Wirtschaftseinheiten zu klein, um Kapital in größerem Maße wirtschaftlich einzusetzen. [5] Insgesamt ist die Produktivität in der Landwirtschaft nur sehr

---

1) Vgl. Jochimsen, R.: Dualismus als Problem der wirtschaftlichen Entwicklung, in: Weltwirtschaftliches Archiv, Bd. 95, 1965, wiederabgedruckt in: Entwicklungsländer, hrsg. von B. Fritsch, Köln 1968, S. 72.
2) Vgl. Jochimsen, R.: Dualismus als Problem der wirtschaftlichen Entwicklung, a.a.O., S. 72.
3) Vgl. Rao, V.K.R.V.: Investment, Income and the Multiplier in an Underdeveloped Economy, in: The Economics of Underdevelopment, hrsg. von A.N. Agarwala u. S.P. Singh, London 1958, S. 208; hier wird von "household enterprises" gesprochen.
4) Vgl. Leibenstein, H.: Economic Backwardness and Economic Growth, a.a.O., S. 40.
5) Ebenda, S. 40.

gering. Obwohl die Produktion in der Landwirtschaft auf Grund ihrer Natur allgemein kurzfristig wenig elastisch ist, bewirken diese Faktoren, daß die landwirtschaftliche Produktion in Entwicklungsländern kurzfristig völlig unelastisch ist.[1)]

Im fortschrittlichen Sektor findet eine ausgeprägte Arbeitsteilung statt, und das industrielle Lohnarbeitsverhältnis herrscht vor.[2)] Auf Grund der modernen Produktionstechnik ist die Produktivität der Arbeit im fortschrittlichen Sektor wesentlich höher als im traditionellen Sektor. Sind starke Gewerkschaften oder sozialpolitisch engagierte Regierungen vorhanden, so lassen sich im modernen Sektor relativ hohe Löhne durchsetzen.[3)] Die Produktion erfolgt ausschließlich für den Markt, wobei allerdings der moderne Sektor zum großen Teil auf den Export ausgerichtet und damit in die Weltwirtschaft integriert ist.

Die beiden Sektoren der unterentwickelten Volkswirtschaft sind weitgehend in sich abgeschlossen, und es fehlen Verbindungsglieder zwischen beiden. Der Güteraustausch zwischen den beiden Sektoren ist nur gering. Dieses ergibt sich nicht nur aus dem unzureichenden Marktangebot des traditionellen Sektors, sondern auch aus der unterschiedlichen Nachfragestruktur der Wirtschaftssubjekte in beiden Sektoren. Die Einkommensbezieher im vorkapitalistischen Bereich haben auf Grund ihres niedrigen Versorgungsniveaus eine außerordentlich hohe Einkommenselastizität der Nachfrage nach den Gütern ihres eigenen Sektors, aber nur eine geringe nach den Produkten des modernen Industriesektors. Dagegen nimmt im kapitalistischen Sektor die Einkommenselastizität der Nachfrage bei ständig steigendem Einkommen nach Produkten des vorkapitalistischen Bereichs ab, während sie nach dauerhaften Konsumgütern des industriellen Bereichs steigt.[4)] Die Unvollkommenheit der Faktormärkte ist nur zum Teil durch die mangelnde Mobilität der Faktoren zu erklären, sie würde auch bei erhöhter Mobilität fortbestehen. Die kleinen Unternehmer des vorkapitalistischen Bereichs haben nur geringe Lohnkosten, aber - soweit sie sich überhaupt Kapital beschaffen können - sehr hohe Kapitalkosten. Im kapitalistischen Bereich sind die Lohnkosten infolge der auf diesen Bereich beschränkten Lohnkontrakte erheblich höher als im traditionellen Bereich, da-

---

1) Rao, V.K.R.V.: a.a.O., S. 209
2) Besters, H.: Theorien zur wirtschaftlichen Entwicklung, a.a.O., S. 259.
3) Vgl. Jochimsen, R.: Dualismus als Problem der wirtschaftlichen Entwicklung, a.a.O., S.72f.
4) Ebenda, S. 76.

gegen sind die Kapitalkosten für die industriellen Großbetriebe niedriger. [1] Daher wird, soweit eine Faktorsubstitution möglich ist, im kapitalistischen Bereich wegen des hohen Lohnniveaus tendenziell Arbeit durch Kapital ersetzt. [2] Von daher besteht im kapitalistischen Sektor auch beim Wachstum relativ wenig Anreiz, Arbeitskräfte in größerem Umfang aus dem traditionellen Bereich aufzunehmen.

Allgemein besteht zwischen den beiden Sektoren insgesamt nur eine geringe Kommunikation. Die Intensität der Kommunikation wird noch dadurch herabgesetzt, daß in vielen Entwicklungsländern die wirtschaftlichen Beziehungen zwischen den beiden Sektoren weitgehend von Mittelsmännern vorgenommen werden. [3] Oft sind diese Mittelsmänner eingewanderte Minderheiten, z. B. die Inder und Chinesen in Südost-Afrika oder die Küstenafrikaner in Westafrika. Diese Gruppen haben ihre Position auf Grund ihrer längeren Kontakte mit dem westlichen Wirtschaftsleben eingenommen. Sie kaufen die landwirtschaftlichen Produkte auf, verteilen die importierten Güter an die Verbraucher und sind besonders bedeutend als Geldverleiher. Infolgedessen sind die direkten Kontakte des modernen und des traditionellen Sektors sehr beschränkt.

Die Erscheinung des wirtschaftlichen Dualismus muß auf dem Hintergrund des Zusammenpralls zwischen einer statisch-traditionellen Gesellschaftsstruktur und einer dynamischen modernen Gesellschaft gesehen werden, die sehr stark ökonomisch geprägt ist. Es sollen hier aber nicht im einzelnen die sozio-kulturellen Verhältnisse näher aufgezeigt werden. [4]

---

1) Ebenda, S. 73 f.
2) Vgl. Körner, H.: Industrie und Landwirtschaft im Prozeß der wirtschaftlichen Entwicklung, in: Jahrbuch für Sozialwissenschaft, Bd. 17, 1966, S. 168 ff, wiederabgedruckt in: Entwicklungsländer, hrsg. von B. Fritsch, Köln 1968, S. 265 und Eckaus, R.S.: Factor-Proportions Problem in underdeveloped Areas, in: The Economics of Underdevelopment, hrsg. von A.N. Agarwala u. S.P. Singh, London 1968, S. 351.
3) Vgl. Myint, H.: The Gains from International Trade and the Backward Countries, in: Review of Economic Studies, Bd. XXII, 1954/55, wiederabgedruckt in: The Economics of Underdevelopment, a.a.O., S. 122 f.
4) Vgl. dazu: Besters, H.: Theorien zur wirtschaftlichen Entwicklung, a.a.O., S. 263 ff.

212.112. Strukturelle Unterbeschäftigung

Es ist die Meinung weit verbreitet, daß in dem landwirtschaftlichen Sektor der dichtbevölkerten Entwicklungsländer die Grenzproduktivität der Arbeitskräfte gleich Null oder negativ ist.[1] Dieses ergibt sich daraus, daß trotz der starken Bevölkerungszunahme die einzelnen Personen weiterhin in ihre Familienwirtschaften einbezogen bleiben und in diesem Sinne beschäftigt sind. Auf Grund des sehr begrenzten landwirtschaftlichen Bodens und des geringen Kapitals könnte aber auch eine geringere Anzahl von Arbeitskräften als die in dem Familienverband Tätigen die gleiche Produktion hervorbringen. Trotzdem beziehen die überflüssig Beschäftigten wenigstens in Höhe des Existenzminimums ein Einkommen. Soweit der Grenzertrag der Arbeit null oder negativ ist, wird in diesem Zusammenhang von versteckter Arbeitslosigkeit in den Entwicklungsländern gesprochen.[2] Die versteckte Arbeitslosigkeit ist bedingt durch den Mangel an Komplementärfaktoren, wie Boden und Kapital. Der Boden ist von Natur aus limitiert, und die Kapitalbildung scheitert einmal an dem geringen Einkommen, zum anderen daran, daß, soweit Sparbeträge gebildet werden, diese aber nicht zur investiven Verwendung kommen.[3] Letzteres wird außer durch den Mangel an unternehmerischer Anlagebereitschaft auch durch das nur in Ansätzen vorhandene Kreditsystem hervorgerufen. Die strukturelle Unterbeschäftigung wird noch verstärkt durch den jahreszeitlich schwankenden Arbeitsanfall in der Landwirtschaft mit der Folge einer saisonalen Arbeitslosigkeit.[4]

Im modernen kapitalistischen Sektor sind die Kapazitäten tendenziell voll ausgenutzt. Eine schnellere Expansion dieses Sektors scheitert außer an der unzureichenden Kapitalbereitstellung auch an dem völlig unelastischen Angebot an qualifizierten Arbeitskräften.[5] Obwohl die Nachfrage nach den vorhandenen ungelernten Arbeitskräften nur sehr begrenzt ist, besteht in größerem Maße Bedarf an qualifizierten Arbeitskräften.[6] Insgesamt kann die gesamte

---

1) Vgl. Kindelberger, C.P.: Economic Development, 2. Aufl., New York 1965, S. 175.
2) Vgl. Lewis, A.W.: Economic Development with Unlimited Supplies of Labour, in: The Economics of Underdevelopment, a.a.O., S. 402.
3) Vgl. Leibenstein, H.: Economic Backwardness and Economic Growth, a.a.O., S. 40.
4) Vgl. Besters, H. : Theorien zur wirtschaftlichen Entwicklung, a.a.O., S. 261.
5) Vgl. Rao, V.K.R.V.: a.a.O., S. 210.
6) Vgl. Baumberger, H.B.: Möglichkeiten eines inflationsfreien Wirtschaftswachstums in Entwicklungsländern, Diss. St. Gallen, Zürich 1968, S. 178.

Wirtschaft wegen ihrer vielen Flaschenhälse als "shortage-dominated economy" [1] bezeichnet werden.

212.113. Unzureichendes Pro-Kopf-Einkommen

Das niedrige Pro-Kopf-Einkommen ergibt sich einerseits aus dem Vorherrschen des traditionellen Sektors mit seiner geringen Produktivität und anderseits durch die gleichzeitige starke Bevölkerungsvermehrung in vielen Entwicklungsländern. So betrug das Bruttosozialprodukt pro Kopf in den meisten Entwicklungsländern 1966 noch unter 300 US-$ im Jahr. [2] Unabhängig von den Mängeln in der statistischen Methode, z. B. der Schätzung der Produktion der Selbstversorgungswirtschaften, der Problematik des auf fixen Wechselkursen basierenden Dollar-Umrechnungskurses, erscheint diese Zahl sehr niedrig. Die Pro-Kopf-Produktion bzw. das Pro-Kopf-Einkommen sagt aber noch wenig aus über das typische persönliche Einkommen der breiten Masse. Bei sehr vielen Entwicklungsländern ist nämlich die Einkommensdisparität besonders gravierend. [3] Diese ungleiche Einkommensverteilung wird einerseits durch die traditionelle Sozialverfassung hervorgerufen, zum andern aber auch durch das unterschiedlich schnelle Wachstum in den beiden Sektoren der dualistischen Wirtschaft. [4] Daher kann das Einkommen der breiten Masse noch erheblich unter dem Pro-Kopf-Einkommen liegen. Das niedrige Einkommen führt zu einer Konsumneigung nahe 1 [5], wobei in einzelnen Entwicklungsländern der Anteil der Nahrungsmittel am gesamten privaten Verbrauch bis über 70 % beträgt. [6] Die breite Masse der Bevölkerung ist also nicht in der Lage, Sparbeträge in nennenswertem Umfang aufzubringen.

212.12. Charakterisierung der Art der durch Entwicklungshilfe finanzierten Importe

Auf Grund der unterschiedlichen Wirkungsweise von Importen ist es notwendig, die Einkommens- und Beschäftigungseffekte nach der Art der Importe differenziert zu betrachten. Die Unter-

---

1) Vgl. Rao, V.K.R.V.: a.a.O., S. 210.
2) Vgl. OECD: Entwicklungshilfe, Politik und Leistungen, Jahresprüfung 1967, September 1967, S. 37.
3) Vgl. Ringer, K.: Zur Begriffsbestimmung der Entwicklungsländer, in: Entwicklungspolitik, Handbuch und Lexikon, a.a.O., S. 12
4) Jochimsen, R.: Dualismus als Problem der wirtschaftlichen Entwicklung, a.a.O., S. 76
5) Vgl. Rao, V.K.R.V.: Investment, Income and the Multiplier in an Underdeveloped Economy, a.a.O., S. 206.
6) Ringer, K.: a.a.O., S. 13

scheidung der Importe soll im wesentlichen der bereits von Menger vorgenommenen Kategorisierung in Güter erster und höherer Ordnung entsprechen.[1] Danach können die Importe unterteilt werden in Güter, die unmittelbar dem Konsum dienen, und solche, mit denen noch Produktionsumwege eingeschlagen werden, Produktionsgüter. Grundsätzlich können beide Güterarten im Rahmen der Entwicklungshilfe als Importe in Frage kommen. Guth weist jedoch darauf hin, daß die Unterteilung in Konsum- und Investitionsgüter unter entwicklungspolitischem Aspekt unbefriedigend ist. Es kommt vielmehr auf die konsumtive oder produktive Verwendung der Güter an.[2] So kann z. B. die Einfuhr von Nahrungsmitteln im Rahmen eines bestimmten Entwicklungsprogramms grundsätzlich geeignet sein, Produktivinvestitionen zu ermöglichen oder zu steigern und damit einen Beitrag zur Beschäftigungssteigerung und zur Einkommenserhöhung zu geben.[3] Die eingeführten Nahrungsmittel dienen dann zur Versorgung der beim Aufbau der Produktivinvestitionen eingesetzten nicht qualifizierten Arbeitskräfte. In erster Linie ist dabei an arbeitsintensive Projekte zur Verbesserung der Produktivität der Landwirtschaft oder des Ausbaus der Infrastruktur zu denken. Eine reine konsumtive Verwendung liegt dann vor, wenn Nahrungsmittel als Soforthilfemaßnahme zur Beseitigung des Hungers eingeführt werden.

Trotz dieser Abgrenzungsschwierigkeiten soll im folgenden dem methodischen Vorgehen von Rettig gefolgt werden,[4] der zur Ermittlung des Beschäftigungseffektes bei den Gütern erster Ordnung den "absorption approach" und bei den Gütern höherer Ordnung den "production possibility approach" anwendet. Obwohl der Import von Gütern höherer Ordnung den größten Anteil der Importe auf Grund von Entwicklungshilfeleistungen ausmacht, sollen aus theoretischem Interesse auch die Auswirkungen der Importgüter erster Ordnung aufgezeigt werden.

---

1) Vgl. Menger, C.: Grundsätze der Volkswirtschaftslehre, 2. Aufl., Leipzig 1923, S. 12 und S. 22.
2) Vgl. Guth, W.: Der Kapitalexport in unterentwickelte Länder, Tübingen 1957, S. 90 f.
3) Vgl. Nurkse, R.: Problems of Capital Formation in Underdeveloped Countries, Oxford 1964, S. 40 f. Hier wird ein theoretisches Beispiel gegeben, in dem Nahrungsmittel in Höhe von 10 Mill. $ ein Sparpotential von 20 Mill. $ freisetzen.
4) Rettig, R.: Über den Einfluß des Außenhandels auf Beschäftigung, Einkommenskreislauf und Preisniveau im Inland, Diss. Köln 1962, S. 139 ff.

212.13. "Absorption approach" bei Importgütern erster Ordnung

Beim "absorption approach" wird untersucht, wie sich der Import auf die Absorption einheimischer Güter auswirkt. Dabei ist die Beschäftigung eine direkte Funktion der Absorption einheimischer Güter.

1. Fall: Der Staat importiert Nahrungsmittel und verkauft sie im Inland zu Marktpreisen. Die Staatsausgaben bleiben unverändert.[1] Das erhöhte Angebot an Nahrungsmitteln führt zunächst c.p. zu einem Sinken des Preises für gleiche oder konkurrierende Nahrungsmittel. Der Umfang des Preisverfalls ist abhängig von der Nachfrage- und der Angebotselastizität dieser Gütergruppe.[2] Soweit es sich um überwiegend Selbstversorgungswirtschaften handelt, dürfte die Gesamtproduktion unabhängig von den Marktpreisen sein. Das Marktangebot dieser Wirtschaftseinheiten wird jedoch bei konstanten notwendigen Ausgaben, z. B. für Steuern, Pachtzinsen und wichtige nicht landwirtschaftliche Güter, infolge des Preisverfalls zunehmen. Soweit eine alternative Produktion möglich ist und eine genügende Anpassungszeit vorhanden ist, können auch die Selbstversorgungswirtschaften auf andere Produkte ausweichen. Bei den vorwiegend für den Markt produzierenden Bauern wird die Produktion mittelfristig tendentiell abnehmen, soweit eine Umstellung auf Produkte, die nicht von Preissenkungen bedroht sind, unmöglich ist. Da aber die überwiegend für den Eigenverbrauch produzierenden Bauern in Entwicklungsländern vorherrschend sind, wird die Produktion durch die Importe nicht wesentlich zurückgehen. Wegen der andauernden Unterernährung besteht grundsätzlich ein großer Bedarf an Nahrungsmitteln. Es fehlt jedoch an einer größeren Kaufkraftreserve, z.B. in Form von monetären Sparbeträgen, die durch sinkende Preise mobilisiert werden könnte. Daher wird die Elastizität der Nachfrage nicht wesentlich größer als eins sein. Die inländische monetäre Gesamtabsorption ist unter diesen Bedingungen nahezu konstant, so daß die Importe zu einem Rückgang der effektiven Nachfrage nach inländischen Gütern führen. In Höhe der Verkaufserlöse der Importe gehen die Einkommen in der landwirtschaftlichen

1) Vgl. auch hierzu: Furth, J.H.: Theorie und Politik der wirtschaftlichen Auslandshilfe, in: Handbuch der Finanzwissenschaft, 2. Aufl., hrsg. von W. Gerloff u. F. Neumark, Tübingen 1965, Bd. 4, S. 163.

2) Eine genaue quantitative Analyse vgl.: Fischer, F.M.: Diskussionsbeitrag, in: Annalen der Gemeinwirtschaft, 1963, S. 360 ff.

Produktion zurück, während in entsprechender Höhe zusätzliche Staatseinnahmen eingehen. Das Realeinkommen der Verbraucher steigt um die Menge der importierten Nahrungsmittel. Insgesamt bewirken die Importe eine deflatorische Tendenz, verbunden mit einer Realeinkommensumverteilung, ohne daß dadurch ein merklicher Beschäftigungsrückgang eintritt. [1)]
Insgesamt steigt jedoch das Realeinkommen [2)] etwas, da der Verlust der Landwirtschaft von dem Gewinn der Nachfrager am Markt überkompensiert wird. Das Nominaleinkommen sinkt um den Betrag der zusätzlichen Staatseinnahmen ($\Delta Y = - \Delta M = - \Delta STE$).

2. Fall: Im Gegensatz zu Fall 1. werden die inländischen Staatsausgaben um den Betrag des Erlöses aus dem Verkauf der Importe erhöht. Die zusätzlichen Staatsausgaben sollen vollständig zur Entlohnung von Arbeitskräften bei produktiven arbeitsintensiven Projekten verwendet werden. [3)] Die erhöhten Staatsausgaben werden gleichzeitig mit dem zusätzlichen Importangebot wirksam.

In diesem Fall trifft das zusätzliche Importangebot auf eine gestiegene effektive Gesamtnachfrage im Entwicklungsland. Die inländischen Ausgaben nehmen um die zusätzlichen Staatsausgaben und anschließend um den Konsumanteil der zusätzlichen Löhne zu. Wobei der Konsumanteil unter den vorliegenden Bedingungen als 1 angesehen werden soll. Die effektive Nachfrage nach Gütern wächst um die Konsumausgaben der neu Beschäftigten, da die Staatsausgaben annahmegemäß direkt keine Gütermehrnachfrage hervorrufen. Da die gestiegene effektive Nachfrage nach Gütern aber genau der Absorption der importierten Güter entspricht, bleibt die Absorption inländischer Güter unverändert. Das inländische nominelle und reale Einkommen (ΔY) steigt um den Betrag der zusätzlichen Staatsausgaben (ΔSTA).

$$\Delta Y = -\Delta M + \Delta STA + \Delta STA \cdot c; \quad \Delta M = \Delta STA; \quad c = 1$$
$$\Delta Y = \Delta STA$$

---

1) Ein Sinken der landwirtschaftlichen Erzeugerpreise bedeutet eine Verringerung des wertmäßigen Grenzproduktes der Arbeit in der Landwirtschaft. Theoretisch bewirkt dieses jedoch keine Erhöhung der versteckten Arbeitslosigkeit, da diese unabhängig von dem Preis eines Gutes ein Grenzprodukt von null voraussetzt.

2) Im Sinne von verfügbaren Gütern.

3) Es handelt sich hierbei insoweit um einen theoretischen Modellfall, als für derartige Projekte immer ein Teil der Ausgaben für komplementäre Faktoren, insbesondere Kapital, verwendet werden muß.

Geht man über den "absorption approach" hinaus, so muß darauf hingewiesen werden, daß bei der Beschäftigung der Arbeitskräfte an produktiven Objekten langfristig weitere reale Einkommenssteigerungen möglich sind.

Es könnte ein dritter Fall dargestellt werden, in dem der Staat wie bisher die Importgüter verkauft, in Höhe der Erlöse jedoch nicht seine Ausgaben steigert, sondern seine Einnahmen, z.B. Steuern, senkt. Da jedoch dieser Fall für die Situation in Entwicklungsländern wenig Bedeutung hat, soll die Betrachtung auf die zwei vorhergehenden Fälle beschränkt bleiben. Daran ist zu erkennen, daß die Importe von Gütern erster Ordnung nur dann einkommenssteigernd wirken, wenn dafür im Entwicklungsland eine zusätzliche effektive Nachfrage geschaffen wird. Andernfalls kommt es zu einer deflatorischen Tendenz.

212.14. "Production possibility approach" bei Importgütern höherer Ordnung

Die Importgüter höherer Ordnung dienen ex definitione nicht der Befriedigung der Endnachfrage, sondern gehen in unterschiedlichen Verarbeitungsstadien in die einheimische Produktion ein. Aus diesem Grund können die Beschäftigungs- und Einkommenswirkungen dieser Importe nicht nach dem Ausmaß des Gesamtnachfrageeffektes beurteilt werden. Die entscheidende Analyse dieser Importe muß im Bereich der Produktion liegen, in dem untersucht wird, in welcher Weise diese Importe einen Faktor in der inländischen Input-Output-Funktion darstellen. Dazu bietet sich der "production possibility approach" an, d.h. es muß untersucht werden, wie durch die Importe der Güter höherer Ordnung die Produktionsmöglichkeiten im Inland gesteigert werden können.

Rettig [1] unterteilt diese Importe nach ihrer Beziehung zu den Produktionsgütern aus inländischer Fertigung in:

(1.) Importgüter, für die es in der inländischen Produktion keinen Ersatz gibt, d. h. Importgüter ohne Substitutionsbeziehung.

(2.) Importgüter, die zusammen mit einheimischen Produktionsgütern im Produktionsprozeß eingesetzt werden, sich jedoch von diesen wesensmäßig unterscheiden.

---

1) Rettig, R.: Über den Einfluß des Außenhandels auf Beschäftigung, Einkommenskreislauf und Preisniveau im Inland, a.a.O., S. 148

Bei den verschiedenen Produktionseinsätzen ist zwischen den Gütern eine teilweise Substitution möglich.

(3.) Importgüter höherer Ordnung, die in gleicher Art auch im Inland produziert werden und alternativ eingesetzt werden können.

Die Volkswirtschaften der Entwicklungsländer sind gekennzeichnet durch einen großen Mangel an modernen Kapitalgütern, die für die gewünschte wirtschaftliche Entwicklung dringend erforderlich sind. [1] Die Entwicklungshilfe stellt in den vorwiegenden Fällen Investitionskredite dar, die diesen notwendigen Import an modernen Produktionsmitteln wenigstens teilweise möglich machen. Daher erscheint es richtig, die mit Entwicklungshilfe importierten Güter höherer Ordnung denjenigen Kategorien von Importgütern zuzurechnen, die keine oder nur eine teilweise Substitutionsbeziehung mit den im Inland produzierten Gütern aufweisen. Soweit die Entwicklungsländer ähnliche oder gleiche Produktionsmittel in kleineren Mengen herstellen, können die Substitutionsmöglichkeiten auf Grund der erheblichen Diskrepanz zwischen dem Angebot und dem tatsächlichen Bedarf vernachlässigt werden.

Die Einkommens- und Beschäftigungswirkung nicht-substitutionaler Importgüter soll anhand eines Diagramms aufgezeigt werden.

Zeichnung 3

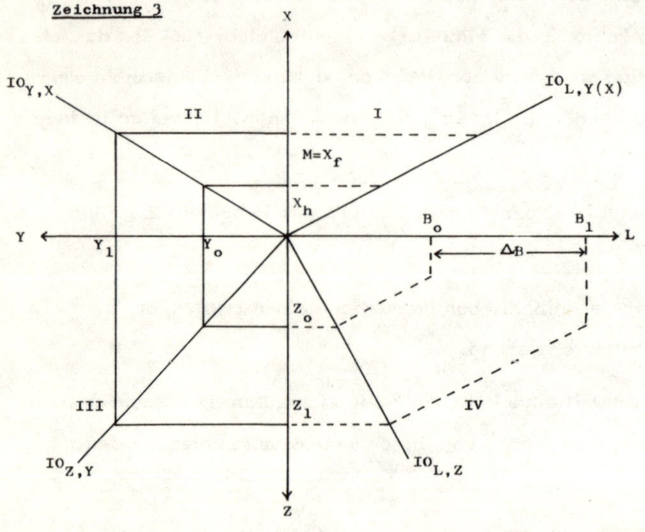

1) Vgl. Chenery, H.B., u. Kretschmer, K.S.: Resource Allocation für Economic Development, in: Econometrica, Bd. 18, 1950, S. 368

In der Zeichnung werden limitationale Produktionsfunktionen unterstellt. Im Quadranten II befindet sich die Input-Output-Funktion $IO_{Y,X}$ zwischen dem Einsatz des Gutes X und der Produktion des Gutes Y. Quadrant I enthält eine Input-Output-Funktion $IO_{L,Y(X)}$, die die alternativen Produktionsmengen des Gutes Y (X)[1] in Beschäftigungseinheiten L, z.B. Anzahl der Beschäftigten, transformiert. Das Gut Y wird für die Herstellung des Gutes Z verwendet, und im Quadranten III ist die Input-Output-Funktion $IO_{Z,Y}$ dieser beiden Güter dargestellt. Schließlich werden im vierten Quadranten aus der Produktion von Z-Gütern durch die $IO_{L,Z}$-Funktion die Beschäftigungseinheiten L, z. B. Anzahl der Beschäftigten, in der Z-Industrie abgeleitet. Auf der L-Achse kann die Beschäftigung in den beiden Industrien Y und Z einzeln oder auch durch Addition als Summe abgelesen werden.

Die Produktion der Güter Y und Z ist begrenzt durch das Vorhandensein des Gutes X. Im Inland kann das Gut X nur in einer Menge von X_h produziert werden, infolgedessen stellt es einen Engpaß für die Y- und Z-Produktion dar. Werden keine Importe getätigt, so können nur Yo Y-Güter und Zo Z-Güter produziert werden. Die Gesamtbeschäftigung in den beiden Industrien beträgt Bo. Werden nun X-Güter in Höhe von X_f importiert, so kann die Produktion in den nachgelagerten Industrien auf Y_1 bzw. Z_1 erhöht werden. Infolge der Importe erhöht sich die Beschäftigung um ΔB. Das Volkseinkommen ist gestiegen um die gestiegene Wertschöpfung in der Y- und in der Z-Industrie.

Mit dieser Darstellung ist aufgezeigt worden, daß nichtsubstitutive Importe höherer Ordnung oder Importgüter, die zwar technisch substitutiv sind, aber auf Grund einer Engpaßsituation nicht substitutiv wirken können, die Beschäftigung und das Einkommen im Importland positiv beeinflussen. Die Beschäftigungssteigerungen verteilen sich entsprechend den relevanten Input-Output-Funktionen auf alle berührten Wirtschaftszweige.[2]

Im Rahmen dieses "production possibility approach" muß jedoch darauf hingewiesen werden, daß eine entsprechende Beschäftigungs- und Einkommenssteigerung nur möglich ist, wenn eine Finanzierung der Produktionsausweitung in der Y- und der Z-Industrie ermöglicht wird.

---

1) Da die Produktion des Gutes Y eine Funktion der verfügbaren Güter X ist, kann im Quadranten I die absolute Beschäftigung bei der Produktion des Gutes Y dargestellt werden.
2) Vgl. Rettig, R.: a.a.O., S. 161

Unter Berücksichtigung der extremen Mangelsituation für viele Kapitalgüter in Entwicklungsländern ist gerade bei der direkten Verausgabung der Entwicklungshilfe in den Geberländern für den Bezug von Gütern höherer Ordnung mit einer Einkommens- und Beschäftigungssteigerung in den Entwicklungsländern zu rechnen. Dieses wird um so mehr der Fall sein, wenn die Entwicklungsländer darauf achten, daß die gewährten Devisen nur für besonders wirksame Engpaßfaktoren verausgabt werden.

Von den Importen erster Ordnung, im wesentlichen Nahrungsmitteln, ist dagegen nur eine nachhaltige Einkommenssteigerung zu erwarten, wenn diese im Rahmen eines gezielten Investitionsprogramms erfolgen und damit schließlich ebenfalls die Produktionsmöglichkeiten im Entwicklungsland erhöhen.

212.15. Einkommensmultiplikator importierter Investitionsgüter

Ausgehend von der Überlegung, daß Importe von Kapitalgütern Investitionen, insbesondere in Entwicklungsländern, erst möglich machen, kann versucht werden, eine Beziehung zwischen diesen Importen und der Entwicklung des Volkseinkommens formal aufzuzeigen. Werden Kapitalgüter importiert, so sind diese Importe lediglich nur ein Teil der Gesamtausgaben desjenigen Investitionsprojektes, für das sie verwendet werden. Ein erheblicher Teil der komplementären Investitionsausgaben sind Inlandsausgaben, die im allgemeinen auch als "local costs" bezeichnet werden. Diese "local costs" und die ermöglichten inländischen Anschlußinvestitionen werden durch den auslösenden Faktor des Imports von Kapitalgütern hervorgerufen. Da diese zusätzlichen Inlandsinvestitionen Einkommenssteigerungen bewirken, bestehen zwischen dem zusätzlichen Import und der Einkommensentwicklung mittelbare positive Wirkungszusammenhänge. Auf der Basis des einfachen Keynesschen Investitionsmultiplikators lassen sich die mittelbaren Beziehungen zwischen Investitionsgüterimporten und Volkseinkommen darstellen.[1)]

Die gesamte Investitionsausgabenänderung ΔI teilt sich auf in zusätzliche Ausgaben für heimische Güter ΔI_h und für Importgüter ΔM_{inv}.

(1) $\Delta I = \Delta I_h + \Delta M_{inv}; \quad \Delta I_h = \Delta I - \Delta M_{inv}.$

1) Vgl. Rettig, R.: a.a.O., 193 f.

Zwischen inländischen Investitionsausgaben und dem Volkseinkommen ΔY_h besteht die Beziehung

(2) $\Delta Y_h = k \cdot \Delta I_h,$

wobei k dem üblichen Multiplikatorkoeffizienten $1/1 - c_h$ entspricht. (c_h = marginale Konsumneigung inländischer Güter).

Durch Einsetzen von (1) in (2) ergibt sich

$$\Delta Y_h = k(\Delta I - \Delta M_{inv}) \; / \; : \Delta M_{inv}$$

$$\frac{\Delta Y_h}{\Delta M_{inv}} = k\left(\frac{\Delta I}{\Delta M_{inv}} - 1\right)$$

$$\frac{\Delta Y_h}{\Delta M_{inv}} = k\left(\frac{\Delta I_h}{\Delta M_{inv}} + \frac{\Delta M_{inv}}{\Delta M_{inv}} - 1\right)$$

$$\frac{\Delta Y_h}{\Delta M_{inv}} = k\left(\frac{\Delta I_h}{\Delta M_{inv}}\right) = k\left(\frac{\Delta I_h}{\Delta I - \Delta I_h}\right)$$

$$\frac{\Delta Y_h}{\Delta M_{inv}} = k\left(\frac{\Delta I_h}{\Delta I\left(1 - \frac{\Delta I_h}{\Delta I}\right)}\right) = k \cdot \frac{\frac{\Delta I_h}{\Delta I}}{1 - \frac{\Delta I_h}{\Delta I}}$$

Bezeichnet man den Anteil der zusätzlichen Inlandsinvestitionsausgaben ΔI_h an den zusätzlichen Gesamtinvestitionsausgaben ΔI mit i_h, $\frac{\Delta I_h}{\Delta I} = i_h$, so ergibt sich zwischen den zusätzlichen Importen und der Einkommensentwicklung folgendes Beziehungsverhältnis:

(3) $$\frac{\Delta Y_h}{\Delta M_{inv}} = k \frac{i_h}{1 - i_h}$$

Daß es sich hier lediglich um eine mittelbare Beziehung zwischen ΔY_h und ΔM_{inv} handelt, kommt in der Größe i_h zum Ausdruck. Werden durch Importe keine zusätzlichen Investitionsausgaben hervorgerufen, so ist die Größe i_h gleich Null, und es tritt keine Einkommenssteigerung ein. Je mehr anderseits Importe zusätzliche inländische Ausgaben mit sich bringen, desto größer ist die resultierende Einkommensentwicklung.

Entsprechend dem Ziel dieses Abschnittes ist damit eine formale Beziehung von Kapitalgüterimporten und Einkommensentwicklung geschaffen worden, die das Abhängigkeitsverhältnis weitgehend auf den Faktor i_h reduziert. Eine generelle quantitative Aussage über diesen Faktor ist kaum möglich, da dieser je nach der Art der Investition erheblich schwanken kann. Er wird aber wesentlich größer als Null sein [1] und damit nennenswerte Einkommenswirkungen in den Entwicklungsländern hervorrufen. In einer genauen Analyse muß jedoch auch die Finanzierung der "local-costs" Anteile berücksichtigt werden, da den alternativen inländischen Absorptionsmöglichkeiten je nach der Art der Finanzierung der "local-costs" finanzielle Mittel entzogen werden können.

Auf die Größe des Faktors k in Entwicklungsländern soll hier im Zusammenhang mit den Importen nicht eingegangen werden, da k allgemein die Beziehung zwischen Investitionen und Volkseinkommen zum Ausdruck bringt und unabhängig von der Ursache der Investitionsänderung gesehen wird. In die formale Beziehung zwischen Einkommensänderung und Importänderung muß er jedoch notwendigerweise einbezogen werden.

212.2. Entwicklung der Importneigung

Nachdem aufgezeigt worden ist, daß die Importe aus den Industrieländern, die durch Entwicklungshilfe finanziert werden, in den meisten Fällen eine erhebliche Einkommenssteigerung in den Entwicklungsländern hervorrufen können, soll zur Beurteilung der Exportchancen der Geberländer die Entwicklung der Importneigung der Entwicklungsländer infolge der Produktionsausweitung und Einkommenssteigerung untersucht werden.

---

1) Vgl. z. B. Mikesell, R.F.: International Disequilibrium and the Postwar World, in: American Economic Review, Bd. 39, 1949, S. 630, wo für den Faktor i_h eine Größe von 50 - 66 % genannt wird.

Früher ist vielfach die These vertreten worden, daß insbesondere durch den Export von Produktionsmitteln in unterentwickelte Länder die Exportmöglichkeiten der Industrieländer in diesen Gebieten durch die einsetzende Produktion von importsubstituierenden Gütern erheblich verschlechtert würden.[1] Heute wird diese These in ihrer allgemeinen Aussage einmütig abgelehnt. Werden Entwicklungsländer durch verstärkte Importe von Kapitalgütern industrialisiert und steigen darauf die Produktion und das Einkommen, so wird der Umfang der Importe aus den Industrieländern sowohl von der Entwicklung der Nachfrage nach importierbaren Gütern als auch von der Produktionsausweitung importkonkurrierender bzw. importierbarer Güter im Entwicklungsland bestimmt. Eine systematische Unterteilung der Produktions- und Nachfrageeffekte einer wachsenden Wirtschaft in Hinblick auf die Importnachfrage ist u.a. von Johnson vorgenommen worden.[2]

Auf der Nachfrageseite wird als Abgrenzungskriterium die Größe der Produktionselastizität der Nachfrage nach "importierbaren" Gütern gewählt. "Importierbare" Güter sind alle diejenigen Güter, die importiert werden können. Es ist dabei unbedeutend, ob sie tatsächlich importiert oder im Inland produziert werden. Die Produktionselastizität der Nachfrage nach importierbaren Gütern ist gleich:

$$\varepsilon_N = \frac{\frac{\Delta N_M}{N_M}}{\frac{\Delta P}{P}}$$

N_M = Gesamtnachfrage nach importierbaren Gütern

ΔN_M = Zusätzliche Nachfrage nach importierbaren Gütern

P = Sozialprodukt

ΔP = Veränderung des Sozialproduktes.

Je nach der Größe von ε_N lassen sich folgende Auswirkungen einer Produktionssteigerung auf den Umfang der Handelsbeziehungen von der Nachfrageseite her unterscheiden:

---

1) Vgl. Dietzel, H.: Bedeutet Export von Produktionsmitteln volkswirtschaftlicher Selbstmord?, Berlin 1907, S. 9 ff.

2) Vgl. Johnson, H.G.: Economic Development and International Trade, in: Money, Trade and Economic Growth, London 1964, S. 79 ff.

(1N) Ultra-pro-trade-biased, der Nachfragezuwachs nach importierbaren Gütern ist größer als die absolute Produktionsausweitung. $\varepsilon_N > 1$, und $\Delta N_M < \Delta P$

(2N) Pro-trade-biased, die Nachfrage nach importierbaren Gütern steigt relativ stärker als die Produktion. $\varepsilon_N > 1$, und $\Delta N_M > \Delta P$

(3N) Neutral, die Nachfrage nach importierbaren Gütern steigt im gleichen Verhältnis wie die Produktion. $\varepsilon_N = 1$

(4N) Anti-trade-biased, die Produktion steigt relativ schneller als die Nachfrage nach importierbaren Gütern. $0 < \varepsilon_N < 1$

(5N) Ultra-anti-trade-biased, der Anstieg des Sozialproduktes führt zu einem absoluten Rückgang der Nachfrage nach importierbaren Gütern, d.h. die importierbaren Güter müssen inferior sein. $\varepsilon_N < 0$

Die Auswirkungen einer Sozialproduktsteigerung auf die Außenhandelsbeziehung werden für die Produktionsseite durch die Produktionselastizität des Angebots an importierbaren Gütern dargestellt.

$$\varepsilon_A = \frac{\frac{\Delta P_M}{P_M}}{\frac{\Delta P}{P}}$$

P_M = heimische Produktion importierbarer Güter

ΔP_M = Veränderung der heimischen Produktion importierbarer Güter.

(1A) Ultra-pro-trade-biased, eine Sozialproduktsteigerung führt zu einem absoluten Rückgang der Produktion von importierbaren Gütern. $\varepsilon_A < 0$

(2A) Pro-trade-biased, die Gesamtproduktion nimmt stärker als die der importierbaren Güter zu. $0 < \varepsilon_A < 1$

(3A) Neutral, die Produktion importierbarer Güter nimmt im gleichen Verhältnis wie die Gesamtproduktion zu. $\varepsilon_A = 1$

(4A) Anti-trade-biased, die Produktion importierbarer Güter nimmt stärker als die der Gesamtproduktion zu, jedoch ist ΔP_M absolut kleiner als ΔP. $\varepsilon_A > 1$, <u>und</u> $\Delta P_M < \Delta P$

(5A) Ultra-anti-trade-biased, der Produktionszuwachs importierbarer Güter ist absolut größer als der Zuwachs der Gesamtproduktion. $\varepsilon_A > 1$, <u>und</u> $\Delta P_M > \Delta P$

Der Import (M) eines Landes ergibt sich aus der Differenz der Nachfrage nach importierbaren Gütern und der inländischen Produktion dieser Güter ($N_M - P_M = M$). Die Sozialproduktsteigerung in einem Land führt nur dann zu einem Rückgang der Importe, wenn die zusätzliche Nachfrage nach importierbaren Gütern kleiner ist als die zusätzliche Produktion dieser Güter. Die Produktions- und Nachfrageeffekte können sich verstärken oder sich gegenseitig teilweise aufheben. Welcher Art der Gesamteffekt schließlich ist, hängt von der Intensität der gegenläufigen Effekte ab. Ist der Gesamteffekt anti-trade-biased, [1] so sinkt zwar die

---

1) Dieser Gesamteffekt tritt bei den Kombinationen (4N) / (4A), (4N) / (3A), (3N) / (4A) ein. Bei den Kombinationen (4N) / (2A) und (2N) / (4A) ist er möglich.

Importneigung, der absolute Import erhöht sich jedoch noch. Erst wenn der Gesamteffekt ultra-anti-trade-biased [1] ist, bewirkt die Sozialproduktsteigerung einen Rückgang der Importe.

Um eine Aussage über die Veränderung der Importneigung der Entwicklungsländer machen zu können, soll versucht werden, einen generellen Überblick über die Nachfrageseite und die Angebotsseite bei importierbaren Gütern in Entwicklungsländern zu geben.

Während der Kolonialzeit waren die Importe der Entwicklungsländer gekennzeichnet durch den hohen Anteil an kurzlebigen Konsumgütern insbesondere Massenbedarfsartikeln, z. B. Textilien und industriell bearbeiteten Nahrungsmitteln. In Ländern mit einem niedrigeren Pro-Kopf-Einkommen nimmt bei Einkommenssteigerungen die Nachfrage nach diesen Gütern erheblich zu. Jedoch bereits im ersten Stadium der Industrialisierung der Entwicklungsländer konzentrieren sich die Unternehmer auf die Produktion gerade dieser Güter, da sie wenig Kapital erfordern und arbeitsintensiv produziert werden können. In vielen Entwicklungsländern konnte zwischen 1950 und 1959 bei diesen Massengütern des niedrigeren Konsumbedarfs eine schnellere Expansion der Produktion als der Nachfrage festgestellt werden, so daß der Importanteil des Konsums sank. [2] Bei einzelnen Gütern kann es zu erheblicher Importsubstitution kommen, so daß der Import auch absolut zurückgeht. Obwohl bei dieser Gütergruppe die Sozialproduktsteigerungen insgesamt einen anti-trade-biased bis ultra-anti-trade-biased Effekt aufweisen, ist jedoch nicht zu erwarten, daß die Gesamthöhe der Importe zurückgeht, da mit dem Beginn der Industrialisierung die Nachfrage nach Produktionsmitteln und höherwertigen Konsumgütern einsetzt, die nur im Ausland produziert werden können. [3]

Mit zunehmender Industrialisierung greift die Inlandsproduktion auch auf höhere kurzlebige Konsumgüter, z. B. Toilettenartikel und Gummiprodukte und einfache Produktionsmittel, z.B. Zement und Kunstdünger, über. [4] Obwohl bei einzelnen Gütern die gesamten Importe substi-

---

1) Dieses ergibt sich bei folgenden Kombinationen: (5N) / (5A) bis (2A) und (2N) bis (4N) / (5A) und ist außerdem möglich bei den Kombinationen (5N) / (1A) und (1A) / (5A).

2) Vgl. United Nations: World Economic Survey 1961, New York 1962, S. 26 f.

3) Vgl. Hesse, H.: Industrialisierung der Entwicklungsländer und internationaler Handel, in: Gestaltungsprobleme der Weltwirtschaft, Festschrift für A. Predöhl, Göttingen 1964, S. 338 f.

4) Ebenda, S. 339.

tuiert werden, verringert sich doch der Gesamteffekt der Substitution zunehmend, da der Bereich der substituierbaren Güter quantitativ abnimmt. Keine inländische Produktionsaufnahme erfolgt bei industriellen Kapitalgütern. Diese werden aber für die fortschreitende Industrialisierung in stark zunehmendem Maße benötigt. Auch die für die industrielle Entwicklung erforderlichen Halb- und Vorerzeugnisse können nur unzureichend durch eine heimische Produktion erstellt werden. Im Investitionsbereich nimmt also mit höherer wirtschaftlicher Entwicklung die Nachfrage nach importierbaren Gütern stark zu, während das inländische Angebot nur sehr unvollkommen wächst. Gleichzeitig setzt im Konsumbereich mit steigendem Einkommen eine Nachfrage nach nicht lebensnotwendigen höheren Konsumgütern verstärkt ein, welche nicht im Inland produziert werden. In diesem Stadium der beschleunigten Industrialisierung nimmt die Nachfrage nach Importen stark zu, und das Wachstum ist tendenziell pro-trade-biased. In der Praxis kommt diese Entwicklung u. a. dadurch zum Ausdruck, daß die Importnachfrage die vorhandenen Devisen bei weitem überschreitet und die Entwicklungsländer von sich aus die Devisen für die entwicklungspolitisch wichtigen Importe reservieren müssen.

Im dritten Stadium der Entwicklung, das durch eine größere industrielle Interdependenz gekennzeichnet ist, wird auch die Produktion von Produktionsmitteln und langlebigen Konsumgütern aufgenommen. [1] Aber weiterhin wird ein großer Teil der komplizierten Kapitalgüter nicht in den Entwicklungsländern produziert werden können. Die Nachfrage nach Produktionsmitteln - nach solchen, die auch im Inland produziert werden können, und solchen, die nur im Ausland hergestellt werden - nimmt weiterhin stark zu. So ist zum Beispiel die Einkommenselastizität der Nachfrage nach importierten Fertiggütern in Lateinamerika mit 1,58 sehr hoch. [2] Bei der Konsumgüternachfrage ist von Nurkse als erstem auf die Bedeutung des "Demonstrationseffektes" hingewiesen worden. [3] Ein steigendes Einkommen führt in den Entwicklungsländern dazu, daß die Verbrauchsgewohnheiten der Industrieländer nachgeahmt werden und damit die Nachfrage nach ausländischen hochwertigen Konsumgütern stark ansteigt. In einer differenzier-

---

1) Vgl. Hesse, H.: a.a.O., S. 346.
2) Vgl. Sieber, H.: Die realen Austauschverhältnisse zwischen Entwicklungsländern und Industriestaaten, Tübingen 1968, S. 5.
3) Vgl. Nurkse, R.: Some International Aspects of the Problem of Economic Development, in: American Economic Review, Papers and Proceedings, Vol. XLII, 1952, S. 577 ff.

ten Betrachtung auf der Basis einer dualistischen Wirtschaft kommt Chiang[1] zu dem Ergebnis, daß diese von Nurkse aufgestellte Behauptung nur für den fortschrittlichen Sektor der Entwicklungsländer eine Bedeutung hat, während im traditionellen Sektor auf Grund des dort vorherrschenden Kultursystems nach Erreichen eines für westliche Verhältnisse niedrigen Lebensstandards eine Konsumsättigung erreicht wird. Dieses ändert jedoch nichts an der Aussage, daß insgesamt eine starke Nachfrage nach hochwertigen Konsumgütern besteht. Anderseits ist auch dieses Stadium der Entwicklung durch eine begrenzte Importsubstitution gekennzeichnet. Dadurch werden die Importe nicht durch das Ausmaß der inländischen Nachfrage nach Importgütern beschränkt, sondern durch die Finanzierungsmöglichkeiten der vorhandenen Devisenreserven, wie sie sich aus den Exporterlösen und den Kapitalimporten ergeben.

Speziell für den Bereich der Industrieproduktion ist von Hesse[2] bei 29 Entwicklungsländern zwischen 1953 und 1960 die Entwicklung des Selbstversorgungsgrades untersucht worden. In mehr als der Hälfte der Länder war die prozentuale Verbrauchssteigerung größer als die prozentuale Produktionssteigerung, d.h. der Selbstversorgungsgrad sank. In diesem Bereich war also die Entwicklung überwiegend pro-trade-biased. In allen Ländern, mit Ausnahme von Indonesien, war die absolute Verbrauchssteigerung größer als die absolute Produktionssteigerung, d.h. die Importe nahmen überall absolut zu. Eine ultra-anti-trade-biased Entwicklung lag - bis auf die eine Ausnahme - nicht vor.

Für eine generelle Beurteilung der Exportmöglichkeiten der Industrieländer infolge einer wirtschaftlichen Entwicklung der Entwicklungsländer kann auf Grund der vorhergehenden Darlegungen festgestellt werden, daß nicht mit einem Absinken der Exporte zu rechnen ist. Vieles spricht darüber hinaus dafür, daß die Importneigung der Entwicklungsländer nicht sinkt, sondern unter Umständen sogar in bestimmten Phasen der Entwicklung steigt oder wenigstens konstant bleibt.

22. Direkte Verausgabung im Empfängerland

Es soll hier eine Untersuchung der Einkommensänderungen erfolgen, die dann entstehen, wenn

---

1) Vgl. Chiang, A.C.: The "Demonstration Effect" in a Dual Economy, in: American Journal of Economics and Sociology, Bd. 18, 1958/59, S. 249 ff., wiederabgedruckt in: Konsum und Nachfrage, hrsg. von E. u. M. Streissler, Köln 1966, S. 309 ff.

2) Vgl. Hesse, H.: a.a.O., S. 357 f.

die Entwicklungshilfeleistungen dem Empfängerland zur Verfügung gestellt werden und in voller Höhe einkommenswirksam in den Wirtschaftskreislauf des Entwicklungslandes eintreten. Da in diesem Kapitel internationale Rückwirkungen von Einkommensänderungen unberücksichtigt bleiben sollen, kann sich die Betrachtung auf die Einkommensentwicklung im Empfängerland beschränken. Dabei müssen die besonderen Merkmale der Entwicklungsländer, wie sie im Abschnitt B I 212.11. charakterisiert wurden, Berücksichtigung finden.

221. Der Investitionsmultiplikator in Entwicklungsländern

221.1. Der Keynessche Investitionsmultiplikator und seine Prämissen

Es wird angenommen, daß der Entwicklungshilfebetrag in voller Höhe für zusätzliche Investitionen im Entwicklungsland direkt zur Verausgabung kommt. Die zusätzlichen autonomen Investitionen erhöhen die Einkommen in der ersten Periode um den vollen Betrag ($\Delta I = \Delta Y$), und es schließt sich im folgenden ein multiplikativer Einkommenseffekt an. Die klassische Maßgröße für diese Einkommensentwicklung kann in dem einfachen Keynesschen Investitionsmultiplikator gesehen werden.[1)]

$$\Delta Y = \Delta I \frac{1}{s} \ / \ s = 1 - c$$

c = marginale Konsumneigung, s = Grenzneigung zum Sparen.

Unter den Prämissen des Keynesschen Modells stellt ΔY neben dem nominellen Zuwachs des Einkommens gleichzeitig eine reale Einkommenssteigerung dar. Je geringer die Sparneigung, um so größer ist bei einer gegebenen zusätzlichen Investition die reale Einkommenssteigerung. Es soll nun untersucht werden, in welchem Ausmaß eine Investitionssteigerung zu einer Einkommenssteigerung im Entwicklungsland führen kann.

Damit der Keynessche Investitionsmultiplikator im Sinne eines Realeinkommensmultiplikators wirkt, sind folgende Prämissen notwendig.

---

1) Vgl. Keynes, J.M.: Allgemeine Theorie der Beschäftigung, des Zinses und des Geldes, München 1936, S. 105.

(1.) Im Ausgangspunkt befindet sich die Wirtschaft im Gleichgewicht bei Unterbeschäftigung.

(2.) Es stehen für alle Industrien kurzfristig mobilisierbare Arbeitskräfte und Vorprodukte zur Verfügung.

(3.) Ungenutzte Kapazitäten sind sowohl im Investitionsgüter- als auch im Konsumgütersektor vorhanden.

(4.) Die Einkommensbezieher geben einen bestimmten Teil ihres steigenden Einkommens entsprechend der Grenzkonsumneigung für zusätzlichen Konsum aus. Das den Konsum übersteigende Einkommen wird nicht für zusätzliche Investitionen verausgabt. Entsprechend ist die Grenzneigung zur Investition gleich Null. Der Einkommenszuwachs ist ausschließlich abhängig von der marginalen Konsumneigung.

(5.) Damit es im Konsumgütersektor auch kurzfristig nicht zu Preissteigerungen kommen kann, muß ein gewisser Lagerbestand vorhanden sein, der als Puffer zwischen der erhöhten Nachfrage und der mit zeitlicher Verzögerung folgenden Produktionssteigerung wirkt.

Dieses sind gleichzeitig die typischen Merkmale einer hochindustriellen Wirtschaft, die sich in einer Depression befindet. Es soll im folgenden untersucht werden, in welcher Weise einige typische Erscheinungen der Entwicklungsländer die Einkommensänderung, wie sie der Keynessche Multiplikator beschreibt, modifizieren.

221.2. Die Elastizität des Arbeitsangebotes in Entwicklungsländern

Wie es im Abschnitt über die wirtschaftlichen Merkmale der Entwicklungsländer beschrieben wurde, sind die Entwicklungsländer vor allem durch eine versteckte Arbeitslosigkeit und erst in zweiter Linie durch eine offene Arbeitslosigkeit (vorwiegend in Lateinamerika) gekennzeichnet. Unabhängig von dem Problem einer Diskrepanz von angebotener und nachgefragter Qualität des Faktors Arbeit erscheint es zweifelhaft, ob die versteckte Arbeitslosigkeit im Sinne eines elastischen Arbeitsangebotes verstanden werden kann. Bei der versteckten Arbeitslosigkeit sind die einzelnen Arbeitskräfte fest im traditionellen Familienverband integriert, und das Bewußtsein, arbeitslos zu sein, fehlt. Der Zwang, außerhalb der überwiegend familiären Selbstversorgungswirtschaft eine Arbeit aufzunehmen, entsteht erst dann, wenn infolge schlechter Ernten die Erschöpfung der eigenen Vorräte mit einer saisonalen Arbeitslosigkeit zusammenfällt. Insgesamt aber kann man davon ausgehen, daß es erheblicher Lohnanreize bedarf, um Arbeitskräfte aus dem Subsistenzsektor für den industriellen Sektor zu mobilisieren.[1)] Selbst unter Vernachlässigung des Qualitätsproblems kann bei versteckter Arbeitslosigkeit nicht von einem sehr elastischen Arbeitsangebot gesprochen werden.

Die aus der Landwirtschaft mobilisierbaren Arbeitskräfte und die Arbeitskräfte, deren Lage durch eine offene Arbeitslosigkeit gekennzeichnet ist, sind im wesentlichen nur für ungelernte Arbeit zu gebrauchen. Soweit es sich um Investitionen im Bereich der Infrastruktur handelt, insbesondere im Verkehrs- und Energiesektor, können ungelernte Arbeitskräfte in größerem Umfang verwendet werden. Bei den anderen industriellen Investitionen werden aber in zunehmendem Maße qualifizierte Arbeitskräfte benötigt. In Bezug auf qualifizierte Arbeitskräfte ist das Angebot in Entwicklungsländern kurzfristig völlig unelastisch. Erst durch eine allgemeine Hebung der Schul- und Berufsausbildung kann das Angebot an qualifizierten Arbeitskräften wesentlich erhöht werden. Damit ist die Situation auf dem Arbeitsmarkt in Entwicklungsländern völlig verschieden von derjenigen, wie sie in den hochindustrialisierten Ländern während einer Depression gekennzeichnet ist. Herrscht in den Industrieländern konjunkturelle Arbeitslosigkeit, so haben die Arbeitskräfte in voller Schärfe ihre Lage als Arbeitslose im Bewußtsein und bieten sich zum herrschenden Marktlohn an. Auch von den Qualitätsanforderungen bestehen im allgemeinen keine schwerwiegenden Hemmungsfaktoren, so daß das Arbeitsangebot als unendlich elastisch angesehen werden kann. In den Entwicklungsländern ist dagegen das Arbeitsangebot auf Grund der oben aufgezeigten Faktoren kurzfristig weitgehend unelastisch.

221.3. Der Auslastungsgrad des Realkapitals in Entwicklungsländern

Neben einem elastischen Arbeitskräfteangebot sind für die Wirkungsweise des Multiplikators auch freie Produktionskapazitäten erforderlich, die im Falle der Nachfragesteigerung kurz-

---

1) Vgl. Lewis, W.A.: Economic Development with Unlimited Supplies of Labour, a.a.O., S. 410; hier wird angenommen, daß der Lohn im industriellen Sektor mindestens 30 % über dem des Subsistenzsektors liegen muß.

fristig zur Mehrproduktion herangezogen werden können.

Sieht man von einigen extremen, depressiven weltwirtschaftlichen Konjunkturphasen ab, die sich in besonderer Schärfe auf die Exportindustrien der Entwicklungsländer übertragen, so sind die Wirtschaften der Entwicklungsländer nicht durch überschüssige Produktionskapazitäten gekennzeichnet.

Innerhalb des Konsumgütersektors kommt in den meisten Entwicklungsländern der Nahrungsmittelproduktion quantitativ die größte Bedeutung zu. Auf Grund der natürlichen Gegebenheiten ist die Angebotskurve der Landwirtschaft schon generell ausgesprochen unelastisch. Dieses wird noch durch den primitiven Stand der landwirtschaftlichen Produktion verschärft, da hier das Produktionsergebnis in erheblichem Maße von den Launen der Natur abhängt. Obwohl in vielen Entwicklungsländern noch Böden in größerem Umfang für eine Erweiterung der landwirtschaftlichen Produktion grundsätzlich in Frage kommen, kann dieses Potential erst dann wirtschaftlich genutzt werden, wenn erhebliche Investitionen zur Verbesserung des Bodens vorgenommen werden. Innerhalb des Sektors Landwirtschaft können demnach keine freien Produktionskapazitäten kurzfristig mobilisiert werden.

Die übrigen Bereiche der Konsumgüterindustrie, z. B. Schuhe, Bekleidung, einfache Gerätschaften, weisen ebenfalls keine unausgelasteten Sachkapazitäten auf, sondern haben gerade einen Kapitalmangel. Darüber hinaus ergibt sich das unelastische Angebot dieser Industrien aus einer Vielzahl von Engpässen, u.a. auch bei den Rohstoffen und Vorprodukten.[1)]

Soweit in einzelnen Entwicklungsländern, die sich bereits auf einer höheren Stufe der Entwicklung befinden, in bedeutendem Ausmaß Investitionsgüterindustrien aufgebaut sind, kann es in einzelnen Zweigen möglich sein, daß infolge von technisch bedingten Mindestbetriebsgrößen und einer noch unzureichenden Binnennachfrage unausgenutzte Produktionskapazitäten vorliegen. Dieses ist jedoch weitgehend ein strukturelles Problem und zum Teil durch die noch mangelnde interindustrielle Verflechtung begründet. Ob eine allgemeine Nachfragesteigerung, wie es der Multiplikatorprozeß darstellt, diese unausgenutzten Kapazitäten erreicht, erscheint zweifelhaft. Außerdem können auch hier Engpässe auftreten, die eine vollständige Ausnutzung

---

1) Vgl. Rao, V.K.R.V.: Investment, Income and the Multiplier in an Underdeveloped Economy, a.a.O., S. 210.

des Sachkapitals wenigstens kurzfristig verhindern. Insgesamt sind für die Entwicklungsländer auch im Investitionsgütersektor unausgelastete Sachkapazitäten nicht typisch.

221.4. Entwicklung der Konsumausgaben

Soweit die Investitionsausgaben für die Entlohnung von zusätzlichen Arbeitskräften verwendet werden, ist auf Grund der hohen Konsumneigung, die nahe bei 1 liegt, damit zu rechnen, daß Löhne nahezu in voller Höhe wieder verausgabt werden. Der überwiegende Teil wird sich dabei auf die Nahrungsmittel erstrecken, so daß die Einkommen der Bauern erhöht werden. Da die Produktion von Nahrungsmitteln, wie im vorigen Abschnitt dargestellt, kurzfristig unelastisch ist, erhöht sich das Einkommen der Bauern in erster Linie über Preissteigerungen. Auch die Bauern weisen im allgemeinen eine hohe Konsumneigung auf. Soweit es sich, wie in vielen Entwicklungsländern, z. B. auch in Indien, vorwiegend um Selbstversorgungswirtschaften handelt, wirkt die hohe Konsumneigung in anderer Weise, als es in marktorientierten Wirtschaftseinheiten zu erwarten ist. Bei den Selbstversorgungswirtschaften führt ein Anstieg des Einkommens eher zu einer Steigerung des Eigenverbrauchs als zu einem Anstieg der Nachfrage nach Marktgütern.[1] Durch den Geldeinkommenszuwachs sehen sich die Bauern in der Lage, ihren Bargeldbedarf für Güter von außerhalb ihrer überwiegenden Selbstversorgungswirtschaft auch bei vermindertem Marktangebot zu erhalten. Sie schränken daher infolge des Mehreinkommens ihr Marktangebot zugunsten des Eigenverbrauchs ein und lassen ihre bisherige monetäre Nachfrage weitgehend unverändert. In Höhe des zusätzlichen Eigenverbrauchs entfällt ein weiterer Multiplikatorprozeß. Insgesamt begünstigt das verminderte Angebot bei kaum veränderter Nachfrage weitere Preissteigerungen.

Bei den übrigen Konsumgüterproduzenten, z. B. für Schuhe und Textilien, ist eine Erhöhung des Eigenverbrauchs kaum möglich. Rao[2] weist jedoch drauf hin, daß sich bei industriellen Produzenten ein großer Teil des Einkommensanstiegs in erhöhten Kassenbeständen niederschlägt oder für erhöhte Importe Verwendung findet.

1) Vgl. Rao, V.K.R.V.: Investment, Income and the Multiplier in an Underdeveloped Economy, a.a.O., S. 215.
2) Vgl. Rao, V.K.R.V.: Investment, Income and the Multiplier in an Underdeveloped Economy, a.a.O., S. 211.

221.5. Generelle Bedeutung des Investitionsmultiplikators

Aus den bisherigen Darlegungen ist zu entnehmen, daß die Prämissen des Keynesschen Investitionsmultiplikators im allgemeinen in den Entwicklungsländern nicht einmal annähernd erfüllt sind. Weder ein elastisches Arbeitsangebot noch freie Sachkapazitäten stehen für eine kurzfristige Produktionssteigerung zur Verfügung. Gesamtwirtschaftlich ist das Angebot außerordentlich starr.[1] Eine Expansion der Konsumnachfrage infolge einer zusätzlichen Investition kann also keinen wesentlichen sekundären Beschäftigungs- und Einkommenseffekt hervorrufen, sondern es besteht die Gefahr, daß es zu erheblichen Preissteigerungen kommt, wodurch der Einkommensprozeß lediglich von nomineller Natur ist. Da die Konsumgüterproduzenten zudem im allgemeinen keine größeren Lagervorräte besitzen, wird die Tendenz zur Preissteigerung auch von dieser Seite nicht gemildert.

Soweit es sich vorwiegend um Selbstversorgungswirtschaften handelt, wird nur ein Teil des Mehreinkommens zum Kauf von Konsumgütern am Markt ausgegeben, während der andere Teil des Mehreinkommens dazu führt, daß das bisherige Marktangebot zugunsten des Eigenverbrauchs verringert wird. Da in Höhe des gestiegenen Eigenverbrauchs keine zusätzliche Nachfrage am Markt auftritt, ist die nominelle Einkommensexpansion in diesem Bereich kleiner, als wenn das gestiegene Einkommen in voller Höhe entsprechend der marginalen Konsumneigung am Markt verausgabt worden wäre. Grundsätzlich könnte diese Erscheinung durch einen Koeffizienten ähnlich wie Absickerverluste infolge von Importen beim formalen Investitionsmultiplikator berücksichtigt werden.[2]

Aus allen diesen Gründen ist eine Realeinkommenssteigerung, wie sie sich nach dem Keynesschen Mulitplikator ergeben würde, selbst wenn die Konsumneigung um einen Eigenverbrauchskoeffizienten vermindert würde, in Entwicklungsländern durch zusätzliche Investitionsausgaben nicht zu erreichen. Wenn sich jedoch ein Anstieg des Realeinkommens ergibt, wird der Prozeß der Einkommenssteigerung durch einen relativ starken Zuwachs der Importe weiter abgeschwächt. Bei den Importen ist jedoch zu berücksichtigen, daß sie nur soweit den Einkommensprozeß bremsen, wie es sich um Konsumgüterimporte handelt, die Importe von Investitions-

---

1) Vgl. auch: Lewis, W.A.: Die Theorie des wirtschaftlichen Wachstums, Tübingen 1956, S.241.
2) Vgl. Rao, V.K.R.V.: a.a.O., S. 216.

gütern fördern den Realeinkommensanstieg, [1] wobei allerdings die Multiplikatorannahme konstanter Investitionen aufgegeben werden müßte.

222. Induzierte Investitionen

Der bisher behandelten Multiplikatoranalyse lag die Annahme zugrunde, daß die gestiegenen Einkommen, soweit sie nicht für Konsumausgaben verwendet wurden, nachfrageneutral irgendwo gehortet wurden. Grundsätzlich ist es jedoch nicht ausgeschlossen, daß die nicht für den Konsum verwendeten Einkommensteile für zusätzliche Investitionsausgaben herangezogen werden können, d.h. die marginale Neigung zum Investieren ist größer als Null.

Im traditionellen Sektor sind die Bereitschaft und die Möglichkeit für eine investive Verwendung der Sparbeträge nur sehr begrenzt vorhanden. [2] Anderseits können aber durch bestimmte Investitionen die Absatzmöglichkeit vorgelagerter Industrien gesteigert und die Produktion nachgelagerter Industrien gefördert werden. Diese Erscheinung, die sich vor allem bei denjenigen Entwicklungsländern auswirkt, die wenigstens in Ansätzen interindustrielle Verflechtungen aufweisen, ist von Hirschmann mit "backward linkage effect" und "forward linkage effect" bezeichnet worden. [3] Die Kopplungseffekte werden in erster Linie güterwirtschaftlich gesehen, sie können sich generell in einer Erhöhung der Investitionsneigung in den vor- und nachgelagerten Wirtschaftszweigen auswirken. Insbesondere in den vorgelagerten Wirtschaftszweigen werden durch die Erlössteigerung auch die finanziellen Möglichkeiten für eine Erhöhung der Investition verbessert. Aber auch die Realisierung der geplanten erhöhten Investitionen wird durch die weitgehend starre Angebotsfunktion der Wirtschaft in Entwicklungsländern eng begrenzt. Erfolgte die Finanzierung der ersten autonomen zusätzlichen Investition durch Entwicklungshilfe, d.h. durch Kapitalimport, und waren die damit zusammenhängenden Ausgaben überwiegend Inlandsausgaben, so besteht infolge des eingetretenen Devisenzuflusses bei den induzierten Investitionen die Möglichkeit, daß Engpaßgüter durch Importe beschafft werden und sich die induzierten Investitionen realisieren lassen.

---

1) Vgl. Abschnitt B I 212.14.
2) Vgl. Leibenstein, H.: a.a.O., S. 40.
3) Hirschmann, A.O.: The Strategy of Economic Development, New Haven 1965, 9. Aufl., S. 98 ff.

Insgesamt scheint es realistisch zu sein, daß für den Fall einer direkten Verausgabung von Entwicklungshilfebeträgen in den Empfägerländern die dortige Investitionsgröße nicht völlig unverändert bleibt, wie es dem Keynesschen Multiplikator entspricht, sondern es kann der Analyse zur Einkommensentwicklung eine Grenzneigung zur Investition von größer als Null zugrunde gelegt werden.

223. Kapazitätseffekte der Investitionen

Die bisherige Betrachtung, sowohl die des Multiplikatorprinzips als auch die der induzierten Investitionsausgaben, ließ bei der Beurteilung einer Realeinkommenssteigerung durch die zusätzlichen Investitionen Kapazitäts- und Produktivitätseffekte unberücksichtigt. Die Kapazitätseffekte treten mit einer zeitlichen Verzögerung gegenüber den Einkommenseffekten auf, wobei das Ausmaß der zeitlichen Verschiebung mit der Art der Investitionen stark variiert.[1)] Viele industrielle Investitionen im Konsumgütersektor haben nur eine relativ kurze Ausreifungszeit, insbesondere wenn es sich um arbeitsintensive Investitionen handelt. Investitionen in der Schwerindustrie haben dagegen im allgemeinen eine wesentlich längere Ausreifungszeit, und ihr Kapazitätseffekt kann unter Umständen erst nach einigen Jahren eintreten.

Der Kapazitätseffekt von Investitionen in der Landwirtschaft wird unterschiedlich beurteilt. Zum Beispiel kann es möglich sein, durch eine verbesserte Wasserversorgung in kurzer Zeit bisher ausgetrocknetes Land für den landwirtschaftlichen Anbau brauchbar zu machen, so daß bereits nach einigen Monaten eine erhebliche Produktionssteigerung möglich wird.[2)] Kann aber eine Verbesserung der Bewässerung nur durch Bauinvestitionen in großem Umfang erfolgen, so wird der Kapazitätseffekt erst nach Jahren eintreten.

Bei Investitionen im Bereich der Infrastruktur tritt überhaupt kein direkter Kapazitätseffekt ein, sondern es treten in Form von "external economies" bei komplementären Investitionen Produktivitätssteigerungen ein. Im allgemeinen tritt der Produktivitätseffekt von Infrastrukturinvestitionen erst sehr langfristig ein.

---

1) Vgl. Baumberger, H.B.: Möglichkeiten eines inflationsfreien Wirtschaftswachstums in Entwicklungsländern, a.a.O., S. 165 f.
2) Vgl. Lewis, W.A.: Die Theorie des wirtschaftlichen Wachstums, a.a.O., S. 240.

Noch größer wird die zeitliche Diskrepanz zwischen Einkommens- und Kapazitäts- bzw. Produktivitätseffekt bei Bildungsinvestitionen gesehen, insbesondere wenn sie nicht partiell vorgenommen, sondern breit angelegt werden. Hier kann der Produktivitätseffekt erst nach mehreren Jahren eintreten.

Tendenziell kann also der time-lag zwischen Einkommens- und Kapazitätseffekt von Investitionen in Entwicklungsländern als groß angesehen werden. [1] Da aber die Entwicklungsländer als "shortage-dominated-economies" gekennzeichnet sind, kann eine einzelne Investition, durch die ein bisheriger Engpaß beseitigt wird, unter Umständen schon nach relativ kurzer Zeit einen erheblichen Kapazitätseffekt haben. Auch die von Hirschmann [2] beschriebenen Kopplungseffekte von Investitionen führen über den Kapazitätseffekt der primären Investition zu Kapazitäts- und Produktivitätseffekten in den vor- und nachgelagerten Industrien und können als "external economies" interpretiert werden. Wenn diese indirekten Auswirkungen im industriellen Bereich auch bereits für eine mittelfristige Betrachtung von Bedeutung sein können, ist eine indirekte Auswirkung auf die Kapazität der Landwirtschaft nur sehr langfristig zu sehen. [3]

Für eine ausschließlich kurzfristige Betrachtung kann der Kapazitätseffekt der Investitionen vernachlässigt werden. Sobald sich die Betrachtung auf ein oder mehrere Jahre bezieht, z.B. auf die Länge eines Konjunkturablaufs in den Industrieländern, muß bei der Entwicklung des Realeinkommens der Kapazitätseffekt der neuen Investitionen berücksichtigt werden. Obwohl die Angebotsstruktur in Entwicklungsländern kurzfristig sehr unelastisch ist und damit eine Realeinkommenssteigerung infolge einer Expansion der Nachfrage nur sehr begrenzt eintreten kann, ist mittelfristig durch die Investitionen eine merkliche Realeinkommenssteigerung infolge des einsetzenden Kapazitätseffektes bereits möglich.

---

1) Vgl. Rössler, K.: Die volkswirtschaftlichen Wirkungen des Kapitalexports in Entwicklungsländer, dargestellt am Beispiel der BRD und Indiens, Dissertation Freiburg, 1963, S. 154.
2) Hirschmann, A.O.: The Strategy of Economic Development, a.a.O., S. 98 ff.
3) So hat es z. B. fast zehn Jahre gedauert, bis infolge der verbesserten Marktverhältnisse in Rourkela die umliegende Landwirtschaft eine nachhaltige Anhebung der Produktionstechnik vorgenommen hat. Vgl. Junghans, K.H.: Das landwirtschaftliche Hinterland Rourkelas, in: Indo Asia Heft 1, 1968, S. 47.

224. Zusammenfassende Beurteilung

Werden Entwicklungshilfebeträge direkt im Empfängerland verausgabt und geraten damit in den Einkommenskreislauf der Wirtschaft des Entwicklungslandes, so entstehen grundsätzlich kumulative Einkommensprozesse. Es müssen dabei sowohl einkommensinduzierte Konsumausgaben als auch induzierte Investitionsausgaben berücksichtigt werden. Für die Beurteilung der Realeinkommenssteigerung kann jedoch der einfache Keynessche Multiplikator auch bei einer Erweiterung um eine marginale Import- und Investitionsneigung keine Maßgröße sein, da auf Grund des starren Angebotes kurzfristig erhebliche Preissteigerungen zu erwarten sind und damit die Realeinkommenssteigerung nur einen geringen Teil der nominalen Einkommensentwicklung ausmacht. Mittelfristig, mit dem Einsetzen des Kapazitätseffektes, nimmt der Anteil der Realeinkommenssteigerung am Anstieg des Nominaleinkommens jedoch zu.[1]

Neben der Einkommensentwicklung ist für die später zu untersuchenden internationalen Rückwirkungen die Importneigung von Bedeutung. Allgemein kann man davon ausgehen, daß sich die Importneigung der Entwicklungsländer nicht durch eine Einkommenssteigerung verringert. Es sprechen vielmehr eine Reihe von Faktoren dafür, daß in einzelnen Entwicklungsstadien mit einem Anstieg der Importneigung gerechnet werden kann.[2]

23. Direkte Verausgabung in Drittländern

Eine weitere Möglichkeit zur direkten Verausgabung der Entwicklungshilfebeträge besteht darin, daß sie weder für Importe aus dem Geberland noch für inländische Güter des Nehmerlandes verwendet werden, sondern der Bezahlung von zusätzlichen Importen aus Drittländern dienen. Da es für die Einkommensentwicklung im Empfängerland grundsätzlich gleichbleibt, ob die zusätzlichen Importe aus dem Geberland oder aus Drittländern stammen, wird die Einkommensentwicklung im Empfängerland derjenigen entsprechen, wie sie bei der direkten Verausgabung der Entwicklungshilfebeträge für Importe aus dem Geberland aufgezeigt wurde.[3]

Anderseits wird die Einkommensentwicklung im Drittland der Einkommensentwicklung im Geberland in dem Fall von zusätzlichen Importen des Entwicklungslandes aus dem Geberland ent-

---

1) Wenn keine zusätzliche inflatorische Einkommensexpansion erfolgt.
2) Im einzelnen vgl. dazu Abschnitt B I 212.2. Entwicklung der Importneigung in Entwicklungsländern.
3) Vgl. Abschnitt B I 212.1.

sprechen. Da jedoch die Einkommensentwicklung im Geberland bei zusätzlichen Exporten nach dem Entwicklungsland bereits dargestellt wurde, [1)] kann auf die gesonderte Analyse der Einkommensentwicklung im Drittland verzichtet werden. Je nachdem ob im Drittland die Produktionskapazitäten bereits voll beansprucht oder zum Teil noch unausgenutzt waren, kommt es dort zu einer Einkommensexpansion, die mehr oder weniger von einem inflationären Prozeß begleitet sein kann. Eine unmittelbare Ausgabeänderung durch die Verwendung der Entwicklungshilfe findet im Geberland nicht statt.

In der gleichen Weise jedoch, wie eine Einkommenssteigerung im Entwicklungsland für die Einkommensentwicklung im Geberland über internationale Rückwirkungen (induzierte Exporte des Geberlandes) anregend ist, kann auch eine Einkommenssteigerung im Drittland erhöhte Importe aus dem ursprünglichen Geberland nach sich ziehen. Die zusätzlichen Importe des Drittlandes können sowohl durch Realeinkommenssteigerungen als auch durch Preissteigerungen gefördert werden. Schließlich können die gestiegenen Devisenbestände aus den zusätzlichen Exporten nach Entwicklungsländern eine zusätzliche Importsteigerung erlauben. [2)]

Ohne bereits hier auf die internationalen Rückwirkungen im einzelnen eingehen zu wollen, kann angenommen werden, daß durch die Einschaltung von Drittländern bei sonst gleichen Bedingungen mehrfach Sickerverluste (im Kapitalimportland und in Drittländern) und zusätzliche Zeitverzögerungen eintreten, welche unter beschäftigungspolitischen Aspekten des Geberlandes von großer Bedeutung sind.

24. Erhöhung der Devisenreserven

Soweit die Entwicklungshilfebeträge völlig ungebunden den Entwicklungsländern zur Verfügung gestellt werden, ist es möglich, daß die Entwicklungsländer weder den gestiegenen Devisen-

---

1) Vgl. Abschnitt B I 211.

2) Viner weist z. B. auf den multilateralen Zahlungsbilanzausgleich zwischen England, Kanada, USA, Japan und Indien hin. Das von England in Kanada investierte Kapital wurde für Exporte aus den USA ausgegeben. Dadurch stiegen die Importe der USA aus England und daneben auch aus Japan. Japan wiederum erhöhte seine Exporte aus Indien, wodurch Indien mehr aus England importieren konnte. Somit führte der ursprüngliche Kapitalexport Englands nach Kanada über mehrere Drittländer zu einer Steigerung der englischen Exporte. Vgl. Viner, J.: Canada's Balance of International Indebtedness 1900 - 1913, Cambridge (Mass.) 1924, S. 280 ff.

bestand im Ausland für Importe verausgaben, noch im Inland eine Ausgabenerhöhung vornehmen. Die einzige Auswirkung der Entwicklungshilfe besteht in einer Erhöhung der Devisenreserven.

Diese Verwendung wird dann vorgenommen, wenn die bisherigen Reserven an internationaler Liquidität eines Landes als unzureichend angesehen wird. Die Erhöhung der Devisenreserven kann durchaus entwicklungskonform sein, da mangelnde Reserven an internationaler Liquidität das Wachstum einer Volkswirtschaft hemmen können. [1] Die Erscheinung, daß Kapitalimporte zeitweilig lediglich zur Erhöhung von Liquiditätsreserven verwendet werden, gilt in besonderem Maße für die Leitwährungen. [2] Solange die gestiegenen Devisenreserven nicht verausgabt werden, treten von der Verwendungsseite keine Beschäftigungseffekte ein, und die Gesamtwirkung der Entwicklungshilfe beschränkt sich auf die restriktiven Aufbringungswirkungen. Langfristig ist jedoch damit zu rechnen, daß der gestiegene Devisenbestand entweder zu einer zusätzlichen direkten Ausgabensteigerung für Importe oder für Inlandsgüter führt. Dann treten die in den vorangegangenen Abschnitten dargestellten Wirkungen mit einer entsprechenden Zeitverzögerung ein.

Weiterhin kann der Fall vorkommen, daß Entwicklungshilfebeträge dazu verwendet werden, Kapital in Industrieländer zurückzutransferieren. Dann entstehen im Entwicklungsland keine Einkommenswirkungen, und im Industrieland, in das eine Rücktransferierung des Kapitals erfolgt, treten je nach der dortigen Verwendung des Kapitals mehr oder weniger intensive positive Einkommenseffekte auf. Theoretisch soll dieser Fall aber nicht weiter behandelt werden, da seine Auswirkungen auf das ursprüngliche Geberland weitgehend dem Rückzahlungsproblem entsprechen, das in einem späteren Hauptabschnitt behandelt wird.

3. Zusammenfassende Übersicht zu den primären Wirkungen bei der Aufbringung und der Verwendung der Entwicklungshilfe

In den vorangegangenen Abschnitten sind sowohl die primären Auswirkungen der Aufbringung

---

1) Vgl. Heinemann, H.J.: Wirtschaftliches Wachstum und Entwicklungshilfe - dargestellt an einem Harrod-Domar-Modell, in: Zeitschrift für Nationalökonomie, Bd. 23, 1964, S. 324.

2) Vgl. Kruse, A.: Internationaler Kredit und Kapitalverkehr und der Ausgleich der Zahlungsbilanzen, Berlin 1961, S. 49 f.

und Verwendung der Entwicklungshilfebeträge als auch deren induzierte Auswirkungen dargestellt worden, jedoch nur soweit, wie es sich nicht um internationale Rückwirkungen bzw. die Interdependenz von Aufbringungs- und Verwendungswirkungen handelte. Da bei der nachfolgenden Analyse der internationalen Rückwirkungen aus Gründen einer besseren Übersichtlichkeit von den primären Wirkungen der Aufbringung und Verwendung ausgegangen werden soll, erscheint es hier in Hinblick auf die späteren Ausführungen zweckmäßig, die bisherigen Ergebnisse in bezug auf die primären Wirkungen der einzelnen Aufbringungs- und Verwendungsmöglichkeiten herauszustellen.

Bei den primären Auswirkungen sollen unterschieden werden die primären Ausgabeänderungen, die primäre Veränderung der Liquidität der Wirtschaft und die primäre Veränderung der gesamtwirtschaftlichen Kapazität, d.h. die des güterwirtschaftlichen Angebotes. Eine Ausgabeänderung wird dann als primär bezeichnet, wenn sie unmittelbar mit der Aufbringung oder Verwendung der Mittel eintritt (z. B. Veränderung der Infrastrukturausgaben) oder wenn durch die Aufbringung zunächst das verfügbare Einkommen vermindert wird (z. B. Kürzung von staatlichen Transferausgaben) und diese Einkommensminderung unmittelbar eine Ausgabeänderung hervorruft. Alle Auswirkungen, die sich im Verlauf von Anpassungsprozessen am Markt ergeben (z. B. Einkommens- oder Geldschöpfungsmultiplikatorwirkungen) fallen nicht unter die primären Auswirkungen. In der nachfolgenden Übersicht können die primären Auswirkungen nur sehr pauschal und damit grob vereinfacht dargestellt werden, für eine differenzierte Betrachtung sei auf die einzelnen speziellen Abschnitte verwiesen.

Die primären Ausgabeänderungen sind in der vereinfachten Darstellung weitgehend konjunkturunabhängig. Lediglich bei den Steuererhöhungen ist eine konjunkturabhängige Zusatzprämisse notwendig. Der primäre Liquiditätsentzug der gesamten Volkswirtschaft ist von der Konjunktur unabhängig. Bei der primären Veränderung der gesamtwirtschaftlichen Kapazität wird unterstellt, daß verringerte Investitionsausgaben auch zu einer Verringerung der Kapazität führen. Dieses ist mit Ausnahme einer extremen Inflationssituation [1] in allen Konjunkturphasen gültig, wenn auch in unterschiedlicher quantitativer Auswirkung. Aus diesen Gründen soll auf eine Darstellung der primären Auswirkung der Aufbringung und Verwendung von Entwicklungshilfe-

1) Hier bewirkt eine Kürzung von Investitionsausgaben lediglich eine Verringerung der nominellen Investitionen, während die Realinvestitionen und damit der gesamte Kapazitätseffekt unverändert bleiben.

beträgen bei alternativen Konjunkturphasen im nachfolgenden vereinfachten Überblick verzichtet werden.

(a) Primäre Auswirkungen bei der Aufbringung

Aufbringungsart	Primäre Ausgabeänderung	Primäre Liquiditätswirkung	Primäre Veränderung der gesamtwirtschaftlichen Kapazität
(1) Öffentl. Leistungen			
(11) Senkung von Staatsausgaben			
Verbrauchsausgaben	$- \Delta T$	$- \Delta T$	-
Infrastrukturausg.	$- \Delta T$	$- \Delta T$	negativ, t_1
Transferausgaben	$- \Delta T.c$	$- \Delta T$	-
Schuldentilgung [1]	-	-	-
(12) Erhöhung von Staatseinnahmen			
Steuererhöhung			
Umsatzsteuer	$(- \Delta T)$ [2]	$- \Delta T$	-
Einkommensteuer (persönliche)	$- \Delta T.c$	$- \Delta T$	-
Gewinnsteuer [3]	$- \Delta T.i_G$	$- \Delta T$	negativ, t_m, t_1
Staatsanleihen	-	$- \Delta T$	-
Notenbankkredite	-	-	-
(13) Revolvierende Fonds	-	-	-
(2) Private Leistungen			
(21) Senkung von privaten Investitionen	$- \Delta T$	$- \Delta T$	negativ, t_m, t_1
(22) Brachliegende Finanzierungsmittel	-	$- \Delta T$	-
(23) Bankkredite	-	-	-
(24) Anleihen	-	$- \Delta T$	-
(25) Steuerersparnis [4]	-	-	-
(26) Auslandsgewinne	-	-	-

1) Hier werden nur Schuldentilgungen beim Geschäftsbankensystem berücksichtigt.
2) Ceteris paribus (insbesondere bei konstanter effektiver Nachfrage) kann die Umsatzsteuererhöhung als eine Verminderung der im Einkommenskreislauf wirksamen Nachfrage (in Höhe des zusätzlichen Steuerbetrages) interpretiert werden. Das schließt jedoch nicht aus, daß ein andersartiger Anpassungsprozeß als bei autonomer Nachfrageschrumpfung zu erwarten ist.
3) Die Gewinnsteuer soll von den Unternehmen getragen werden.
4) Es wird unterstellt, daß der Staat infolge des Steuerausfalls sein Guthaben bei der Notenbank verringert.

(b) Primäre Auswirkungen bei der Verwendung

Verwendungsweise	Prim. Ausgabeänderung im Geberland	Prim. Liquiditätswirkung im Geberland	Prim. Ausgabeänderung im Nehmerland	Prim. Liquiditätswirkung im Nehmerland	Prim. Veränderung der gesamtwirtschaftl. Kapzität im Nehmerland
(1) Direkte Verausausgabung im Geberland	+ ΔT	+ ΔT			
(a) Bei C-Gütern			-	-	-
(b) Bei I-Gütern			-	-	positiv t_m, t_1
(2) Direkte Verausausgabung im Nehmerland	-	-	+ ΔT	+ ΔT	positiv t_m, t_1
(3) Direkte Verausgabung in Drittländern	-	-			
(a) Bei C-Gütern			-	-	-
(b) Bei I-Gütern			-	-	positiv t_m, t_1
(4) Erhöhung der Devisenreserven	-	-	-	-	-

ΔT = Zusätzlich aufgebrachter Betrag, der als Entwicklungshilfeleistung verwendet wird.

c = marginale Konsumneigung

i_G = Investitionsneigung (in Abhängigkeit vom Gewinn G)

t_m = mittelfristig

t_1 = langfristig

B II Zusammenwirken von Aufbringungs- und Verwendungseffekten, dargestellt mit Hilfe der Transfertheorie

Die finanziellen Entwicklungshilfeleistungen stellen die Übertragung einer Kaufkraft vom Geberland an das Empfängerland dar. Es ist deshalb grundsätzlich möglich, die dabei eintretenden Aufbringungs- und Verwendungswirkungen im Rahmen der Transfertheorie aufzuzeigen, welche sich mit den Problemen einer autonomen Kaufkraftübertragung zwischen verschiedenen Staaten befaßt.

1. Die Grundfragen der Transfertheorie

Die Transfertheorie ist weitgehend entstanden auf dem Hintergrund von aktuellen Gegebenheiten, die durch Kapitalübertragungen im großen Umfang gekennzeichnet waren. So stand sie im Mittelpunkt der wirtschaftswissenschaftlichen Diskussion nach dem ersten Weltkrieg im Zusammenhang mit den deutschen Reparationsverpflichtungen,[1)] wie erneut nach dem zweiten Weltkrieg im Zusammenhang mit dem Marshall-Plan.[2)]

Die Diskussion um das Transferproblem nach dem ersten Weltkrieg kann in drei Problemkreise unterteilt werden:

(1.) Das "budgetary problem", hier ging es darum, wie das zahlende Land die benötigten Beträge aufbringen sollte.

---

1) Vgl. insbesondere die Diskussion zwischen Keynes und Ohlin; Keynes, J.M.: The German Transfer Problem, in: Economic Journal, Bd. 39, 1929, S. 1 ff, wiederabgedruckt in: Readings in the Theory of International Trade, London 1953, S. 161 ff; Ohlin, B.: The Reparation Problem: A Discussion, in: Economic Journal, Bd. 39, 1929, S. 172 ff, wiederabgedruckt in: Readings in the Theory of International Trade, a.a.O., S. 170 ff; sowie die Zusammenfassung der Diskussion, Iversen, C.: Aspects of the Theory of International Capital Movements, London 1935, S. 259 ff.

2) Vgl. u. a. dazu die Beiträge:
Hinshaw, R.: Foreign Investment and American Employment, in: American Economic Review, Bd. 36, 1946, S. 661 ff; Lary, H.B.: The Domestic Effects of Foreign Investment in: American Economic Review, Papers and Proceedings, Bd. 36, 1946, S. 672 ff; Buchanan, N.S. u. Lutz, F.A.: Rebuilding the World Economy, New York 1947, insbesondere S. 210 ff; Martin, K.: Capital Movement, the Terms of Trade and the Balance of Payments, in: Bulletin of the Oxford University Institute of Statistics, Oxford 1949, S. 363 ff.

(2.) Das monetäre Transferproblem, hier wird die Frage gestellt, wie das aufgebrachte Geld in die fremde Währung konvertiert werden kann.

(3.) Das reale Transferproblem, wobei untersucht wird, ob nach erfolgtem monetären Transfer ein realer Transfer in Form von Gütern aus dem Kapitalexportland in das Kapitalimportland stattfindet. Dieser reale Transfer kann sowohl durch steigende Exporte als auch durch verminderte Importe des Kapitalexportlandes erfolgen, d.h. soweit es zu einer Aktivierung der Leistungsbilanz des Kapitalexportlandes kommt, tritt ein realer Transfer ein.

Die Frage nach dem Realtransfer ist das Kernproblem der Transfertheorie. Dabei muß untersucht werden, wie sich die Hauptdeterminanten der Leistungsbilanz, Einkommen, Preise und Wechselkurse, durch den monetären Transfer in den beteiligten Ländern verändern und in welchem Ausmaß sich daraufhin Abweichungen in den Leistungsbilanzen der Länder einstellen.[1] Damit kann der Transfermechanismus sowohl im Rahmen der klassischen Theorie als auch der Keynesschen Theorie[2] erklärt werden.[3]

Die klassische Theorie geht von einem Gleichgewichtsmodell aus, das durch völlig flexible Löhne und Preise eine automatische Vollbeschäftigung gewährleistet. Kapitalübertragungen lassen die Beschäftigung in den beteiligten Ländern unberührt, es kommt lediglich zu Preisänderungen in den Ländern, wodurch der Realtransfer ermöglicht wird. Die orthodoxen Klassiker (z. B. D. Ricardo und D. Hume) legten ihrer Analyse die Quantitätstheorie zugrunde, die eine strikte Proportionalität zwischen Geldmengenänderung und Preisniveauänderung unterstellt. Entsprechend sinkt im Kapitalexportland das Preisniveau, und im Kapitalimportland steigt es. Das Ausmaß des Realtransfers ergibt sich aus den Preiselastizitäten von Angebot und Nachfrage in beiden Ländern. Dieser Ausgleichsmechanismus wird als Geldmengen-

---

1) Vgl. Rose, K.: Theorie der Außenwirtschaft, Berlin und Frankfurt 1964, S. 150.

2) Unter "Keynesscher Theorie" ist hier die auf der von Keynes entwickelten Beschäftigungstheorie basierende Transfertheorie zu verstehen. Der Beitrag von Keynes zum Reparationsproblem stand noch auf dem Boden der klassischen Theorie.

3) Vgl. Johnson, H.G.: The Transfer Problem and Exchange Stability, in: Journal of Political Economy, Bd. 64, 1956, S. 212 f.

preismechanismus bezeichnet. Die Neoklassiker [1] sehen den Realtransfer unabhängig von der Quantitätstheorie, sondern arbeiten mit Teilpreisniveaus, z. B. von Exportgütern, Importgütern, reinen Inlandsgütern. Sie untersuchen, wie durch Übertragungen der effektiven Nachfrage infolge des monetären Transfers Verschiebungen der relativen Preise eintreten, wobei insbesondere auch Einkommenselastizitäten berücksichtigt werden. [2] Entsprechend den Einkommens- und Preiselastizitäten in den beiden Ländern kommt es zu einem Realtransfer. Da der Zahlungsbilanzausgleich auf dem Akt der Kaufkraftübertragung basiert, wird er auch als Einkommenspreismechanismus bezeichnet. [3]

Die Keynessche Theorie geht von der Möglichkeit eines Gleichgewichts bei Unterbeschäftigung aus, das durch vollkommene Elastizität des Angebots von Arbeit und Gütern bei konstanten Löhnen und Preisen gekennzeichnet ist. Einkommen und Produktion werden bestimmt durch die Größe der effektiven Nachfrage. Je nach der Aufbringung und der Verwendung des monetären Transferbetrages kommt es im Kapitalexport- und Kapitalimportland zu einer direkten Veränderung der effektiven Nachfrage. Dadurch ergeben sich Veränderungen von Einkommen und Beschäftigung, die sich in einem multiplikativen Prozeß fortsetzen. Bei konstanten Preisen bewirkt die unterschiedliche Einkommensentwicklung in den am Transfer beteiligten Ländern eine Veränderung in den zwischenstaatlichen Güterströmen, und es kommt je nach den vorliegenden Bedingungen zu einem mehr oder weniger starken Realtransfer. Man spricht hier vom Einkommensmechanismus. [4]

Während die klassische Transfertheorie bei der Untersuchung über die Entwicklung der Zahlungsbilanz Aussagen über die Entwicklung der Terms-of-Trade macht, gibt die Keynessche Transfertheorie in diesem Zusammenhang Auskunft über die Beschäftigungswirkungen von Kapitalübertragungen im Kapitalexportland. Daher sollen im folgenden an einem Modell, welches

---

1) Vgl. u. a. die Beiträge von:
Ohlin, B.: Interregional and International Trade, Cambridge (Mass.) 1933, insbesondere S. 375 ff; Angell, J.W.: Theory of International Prices, London 1926, insbesondere S. 399 ff; Nurkse, R.: Internationale Kapitalbewegungen, Wien 1935, insbesondere S. 103 ff; Meyer, F.W.: Der Ausgleich der Zahlungsbilanz, Jena 1938, insbesondere S. 140 ff.

2) Vgl. Samuelson, P.A.: The Transfer Problem and Transport Costs: The Terms of Trade when Impediments are absent, in: Economic Journal, Bd. 62, 1952, S. 279.

3) Vgl. Besters, H.: Die moderne Transfertheorie, Buchbesprechung zu: Küng, E.: Die Selbstregulierung der Zahlungsbilanz, in: Weltwirtschaftliches Archiv, Bd. 69, 1952, S. 4+.

4) Rose, K.: a.a.O., S. 150.

auf dem Keynesschen Instrumentarium basiert, die Beschäftigungswirkungen von Entwicklungshilfeleistungen im Geberland unter Einbeziehung internationaler Rückwirkungen analysiert werden.

2. Die beschäftigungstheoretisch orientierte Transfertheorie

Die Transfertheorie unter den beschäftigungstheoretischen Prämissen ist vor allem von Metzler[1] und Machlup[2] systematisch entwickelt worden. Weitgehend auf diesen Beiträgen aufbauend, soll im folgenden ein Modell der beschäftigungsorientierten Transfertheorie dargestellt werden.

21. Die Voraussetzungen des Modells

Um die Begrenztheit der Aussagen dieses Modells in aller Schärfe erkennen zu können, sollen die einzelnen Prämissen möglichst vollständig explizit aufgeführt werden.

211. Produktionsbedingungen der Volkswirtschaften

(1.1) Allgemeine Unterbeschäftigung, welche gekennzeichnet ist durch
(a) freistehende unausgenutzte Sachkapazitäten und
(b) in größerem Umfang dazu komplementäre arbeitssuchende Arbeitskräfte.

(1.2) Starre Geldlöhne, d.h. trotz der Arbeitslosigkeit sind die Lohnsätze vor allem nach unten nicht flexibel.

(1.3) Konstante Grenzerträge, konstante Grenzkosten.

(1.4) Wettbewerbsorientierte Industrien.

(1.5) Konstante Lagerhaltung.

Aus den Prämissen (1.1) - (1.5) ergibt sich unmittelbar, daß durch eine Veränderung der monetären Nachfrage nicht die Güterpreise, sondern lediglich die Produktionsmengen variiert werden.[3]

---

1) Metzler, L.A.: The Transfer Problem Reconsidered, in: Journal of Political Economy, Bd.50, 1942, wiederabgedruckt und übersetzt in: Theorie der internationalen Wirtschaftsbeziehungen, hrsg. von K. Rose, Köln 1965, S. 267 ff.

2) Machlup, F.: International Trade and the National Income Multiplier, Philadelphia 1943, insbesondere Kapitel VIII und IX, S. 115 ff.

3) Vgl. Metzler, L.A.: Das Transferproblem, a.a.O., S. 268

212. Monetäre Bedingungen

(2.1) Der Wechselkurs bleibt konstant.

(2.2) Der Zinssatz ist unabhängig von Einkommensänderungen gleichfalls konstant. Dieses setzt voraus, daß sich die Wirtschaft entweder im Bereich der völlig elastischen Liquiditätskurve [1] befindet oder das Bankensystem jederzeit die Geldmenge dem veränderten Einkommen genau so anpaßt, daß die Zinskonstanz erreicht wird.

213. Bedingungen des Güteraustausches

(3.1) Das importierte Kapital wird nicht direkt für Importe aus dem Geberland verwendet.

(3.2) Die Importe beider Länder dienen ausschließlich Konsumzwecken.

(3.3) Aus (3.2) ergibt sich, daß die Exporte keinen Importanteil enthalten, d.h. sie können lediglich über Veränderungen des Einkommens auf den Importwert einwirken.

(3.4) Aus der Prämisse einer unveränderten Lagerhaltung (1.5) folgt, daß alle Exporte aus der laufenden Produktion kommen, d.h. sie werden in voller Höhe unmittelbar zu Einkommen.

214. Bedingungen der marginalen Größen

(4.1) In beiden Ländern sind die marginalen Neigungen (Spar-, Konsum- und Importneigung) konstant, d.h. die Steigungen der entsprechenden Funktionen bleiben unverändert.

---

1) Es handelt sich hier um die sogenannte LL-Kurve, die bestimmt, wo bei gegebener Geld- enge menge das Angebot und die Nachfrage nach Geld bei alternativen Zins- Einkommenskombinationen zur Übereinstimmung kommen, vgl. Schneider, E.: Einführung in die Wirtschaftstheorie, III Teil, a.a.O., S. 193 ff.

(4.2) Die Investitionen sind eine Funktion des absoluten Einkommens. [1] Die Grenzneigung zum Investieren verhält sich wie die übrigen marginalen Neigungen.

(4.3) Während des gesamten Prozesses bleibt die Absorptionsfunktion unverändert, d.h. es treten keine Veränderungen in den Ausgabefunktionen (Konsum, Investition, Import) ein. [2]

215. Anzahl der beteiligten Länder

Im Grundmodell wird von zwei Ländern ausgegangen, einem Kapitalexportland, dem Geberland, und einem Kapitalimportland, dem Nehmerland.

216. Bedingungen einer dynamischen Betrachtung

(6.1) In dynamischer Betrachtung sind Sparen, Konsum, Investieren und Import eine Funktion des Einkommens der Vorperiode, z. B. $S_t = f(Y_{t-1})$.

(6.2) Die Länge der Einkommens- (Multiplikator)periode ist in beiden Ländern gleich.

22. Ablauf des Transfermodells

221. Festlegung der marginalen Größen

Für die quantitative Auswirkungen des Einkommensmechanismus ist neben der Größe des Transferbetrages und seiner Aufbringung und Verwendung die Wahl der Zahlenwerte der marginalen Größen von entscheidender Bedeutung. In bezug auf die Zahlenwerte der marginalen Größen

---

1) Diese Annahme entspricht dem Modell von Metzler. Im Modell von Machlup werden die Investitionen konstant gesetzt, da Machlup eine konstante Investitionsneigung als unrealistisch ansieht und daher die induzierten Investitionen lieber ganz aus dem Modell herausläßt. Die Einführung einer Grenzneigung zum Investieren würde bei Machlup einer Erhöhung der marginalen Konsumneigung entsprechen. Vgl. Machlup, F.: International Trade and the National Income Multiplier, a.a.O., S. 22.

2) Dieses bedingt u.a. eine konstante Einkommensverteilung, welche im Aufschwung mit den tendenziell schneller wachsenden Unternehmergewinnen kaum realistisch ist.

kann eine grundsätzliche Unterscheidung nach dem Stabilitätskriterium vorgenommen werden.[1] Eine geschlossene Wirtschaft befindet sich nur dann in einem stabilen Gleichgewicht, wenn die Summe der marginalen Ausgabeneigungen (Konsum- und Investitionsneigung) kleiner als Eins ist. Entsprechend wird ein Land, in dem die Summe der marginalen Ausgabeneigungen kleiner als Eins ist, als stabil in der Isolierung bezeichnet.[2] Beträgt die Summe der marginalen Ausgabeneigung in einer Volkswirtschaft mehr als Eins, so entfernt sich bei einer Störung des Gleichgewichts das Volkseinkommen kumulativ vom ursprünglichen Gleichgewichtseinkommen. Bei einer derartigen Konstellation der Ausgabegrößen ist das Land gekennzeichnet als instabil in der Isolierung. Für die Stabilität der Weltwirtschaft auf der Basis eines Zweiländerfalles reicht es aus, daß wenigstens ein Land stabil in der Isolierung ist,[3] d. h. in einem Land gilt: $c + m + v < 1$.

Im folgenden werden die marginalen Größen so gewählt werden, daß das Geberland, welches immer stabil in der Isolierung sein soll, einmal die Kapitalübertragung an ein in der Isolierung stabiles Empfängerland und zum anderen an ein in der Isolierung instabiles Empfängerland vornimmt. Bei der Wahl der marginalen Werte werden zunächst die von Metzler verwendeten[4] übernommen, aber außerdem erfolgt die gleiche Betrachtung auf der Basis von höheren marginalen Werten der Ausgabeneigungen. Anschließend können die unterschiedlichen Ergebnisse verglichen werden.

---

1) Vgl. Metzler, L.A.: Das Transferproblem in neuer Sicht, a.a.O., S. 276.
2) Ebenda, S. 278.
3) Vgl. Metzler, L.A.: a.a.O., S. 278; daneben müssen für ein weltwirtschaftliches Gleichgewicht die Bedingungen erfüllt sein, daß die Summe aus Grenzkonsumneigung heimischer Güter (c) und Grenzneigung zum Investieren (v) in beiden Ländern (A und B) kleiner als eins ist; $c_A + v_A < 1$, $c_B + v_B < 1$; sowie $(v_A + c_A - 1)(v_B + c_B - 1) - m_A \cdot m_B > 0$, wobei m die Grenzkonsumneigung ausländischer Güter in beiden Ländern ausdrückt, ebenda, S. 282 u. S. 283, Anmerkung 10.
4) Ebenda, S. 271 und S. 275.

Im einzelnen werden folgende Werte verwendet, wobei die selbst gewählten Werte in Klammern gesetzt werden.

	Beide Länder stabil:		Empfängerland instabil:	
	Geberland (A)	Empfängerland (B)	Geberland (A)	Empfängerland (B)
Grenzneigung zum Konsum einheimischer Güter	$c_A = 0{,}2$ (0,3)	$c_B = 0{,}3$ (0,3)	$c_A = 0{,}1$ (0,3)	$c_B = 0{,}1$ (0,5)
Grenzneigung zum Konsum ausländischer Güter (Importe)	$m_A = 0{,}2$ (0,3)	$m_B = 0{,}1$ (0,3)	$m_A = 0{,}1$ (0,3)	$m_B = 0{,}8$ (0,4)
Grenzneigung zum Investieren	$v_A = 0{,}1$ (0,2)	$v_B = 0{,}1$ (0,2)	$v_A = 0{,}1$ (0,2)	$v_B = 0{,}3$ (0,2)
Grenzneigung zum Sparen [1]	$s_A = 0{,}5$ (0,2)	$s_B = 0{,}5$ (0,2)	$s_A = 0{,}7$ (0,2)	$s_B = -0{,}2$ (-0,1)

Auf den theoretischen Fall, daß das Geberland instabil in der Isolierung ist, kann verzichtet werden, da er für die Beziehungen zwischen Industrie- und Entwicklungsländern zu unrealistisch erscheint.

222. Einkommenswirkungen, beide Länder stabil in der Isolierung

Zunächst sollen die Einkommenswirkungen durch den Transfer für den Fall untersucht werden, daß beide Länder stabil in der Isolierung sind. Dabei lassen sich grundsätzlich Unterfälle nach den unterschiedlichen primären Aufbringungs- und Verwendungseffekten bilden.

---

1) Hier wird Sparen nicht im Sinne von Konsumverzicht, sondern im Sinne von Horten als Sickerverlust verwendet. Die Sparneigung im Sinne von Konsumverzicht ist um die Grenzneigung zum Investieren v_A größer als s_A.

222.1. Volle primäre Einkommenswirkung in beiden Ländern

Die Aufbringung des Transferbetrages soll im Geberland in voller Höhe zu einem primären Einkommensausfall in Form verminderter Investitionsausgaben führen. Im Empfängerland wird der gesamte Transferbetrag für zusätzliche Investitionen verwendet. Unter diesen Bedingungen ergeben sich bei einem Transferbetrag von 100 Multiplikatorprozesse, wie sie aus den Tabellen 1a. und 1b. hervorgehen.

Die Endwerte der Einkommensänderung in den Tabellen 1a. und 1b. lassen sich entsprechend der von Metzler entwickelten Formel ermitteln.[1] Die Endwerte aller anderen Größen werden unter Berücksichtigung der einzelnen marginalen Werte aus der Einkommensänderung abgeleitet.

ΔT = transferierter Kapitalbetrag

(1)
$$\Delta Y_{A_{n \Rightarrow \infty}} = - \frac{1 - v_B - c_B - m_B}{(c_A + v_A - 1)(c_B + v_B - 1) - m_A \cdot m_B} \Delta T$$

bzw.

(2)
$$\Delta Y_{B_{n \Rightarrow \infty}} = \frac{1 - v_A - c_A - m_A}{(c_A + v_A - 1)(c_B + v_B - 1) - m_A \cdot m_B} \Delta T$$

1) Vgl. Metzler, L.A.: a.a.O., S. 282, wobei jedoch die Symbole entsprechend der bisherigen Verwendung verändert wurden.

Tabelle 1 a

Transferwirkungen durch eine Kapitalübertragung von 100 Einheiten bei vollen primären Einkommenswirkungen in beiden Ländern, die stabil in der Isolierung sind und relativ kleine Ausgabeneigungen haben.

Geberland A:

Periode n	ΔC[1] $c_A=0,2$ (1)	ΔM $m_A=0,2$ (2)	ΔX = (9) (3)	$\Delta X-\Delta M$ (3)-(2) (4)	ΔI $v_A=0,1$ (5)	ΔS[2] $s_A=0,5$ (6)	ΔY (1)+(3)+(5) (7)
1.	-	-	-	-	-100,0	-	-100,0
2.	-20,0	-20,0	+10,0	+30,0	- 10,0	-50,0	- 20,0
3.	- 4,0	- 4,0	+ 2,0	+ 6,0	- 2,0	-10,0	- 4,0
4.	- 0,8	- 0,8	+ 0,4	+ 1,2	- 0,4	- 2,0	- 0,8
"	"	"	"	"	"	"	"
"	"	"	"	"	"	"	"
"	"	"	"	"	"	"	"
$\sum_{n=1}^{\infty}\Delta$[3]	-25,0	-25,0	+12,5	+37,5	-112,5	-62,5	-125,0

Empfängerland B:

Periode n	ΔC[1] $c_B=0,3$ (8)	ΔM $m_B=0,1$ (9)	ΔX = (2) (10)	$\Delta X-\Delta M$ (10)-(9) (11)	ΔI $v_B=0,1$ (12)	ΔS[2] $s_B=0,5$ (13)	ΔY (8)+(10)+(12) (14)
1.	-	-	-	-	+100,0	-	+100,0
2.	+30,0	+10,0	-20,0	-30,0	+ 10,0	+50,0	+ 20,0
3.	+ 6,0	+ 2,0	- 4,0	- 6,0	+ 2,0	+10,0	+ 4,0
4.	+ 1,2	+ 0,4	- 0,8	- 1,2	+ 0,4	+ 2,0	+ 0,8
"	"	"	"	"	"	"	"
"	"	"	"	"	"	"	"
"	"	"	"	"	"	"	"
$\sum_{n=1}^{\infty}\Delta$[3]	+37,5	+12,5	-25,0	-37,5	+112,5	+62,5	+125,0

1) Nur Veränderung des Konsums inländischer Güter, dieses gilt in gleicher Weise für die folgenden Modelle.
2) Veränderung der Horte, gilt ebenfalls für die folgenden Modelle.
3) Diese Summe der Veränderungen in den Perioden 1 bis ∞ infolge einer einmaligen Transferzahlung ist identisch mit den Veränderungen nach unendlich vielen Perioden ($n=\infty$) gegenüber den Ausgangswerten bei kontinuierlich wiederkehrenden Transferzahlungen z.B.
$$\sum_{n=1}^{\infty}\Delta Y = \Delta Y_{n\to\infty}.$$
Dieses gilt entsprechend für alle anderen Größen, auch in den folgenden Tabellen.

Tabelle 1b.

Gleiche Bedingungen wie in Tabelle 1a., jedoch mit relativ großen Ausgabeneigungen in beiden Ländern.

Geberland A:

Periode n	ΔC c_A=o,3 (1)	ΔM m_A=o,3 (2)	ΔX = (9) (3)	ΔX-ΔM (3)-(2) (4)	ΔI v_A=o,2 (5)	ΔS s_A=o,2 (6)	ΔY (1)+(3)+(5) (7)
1.	-	-	-	-	-1oo,o	-	-1oo,o
2.	-3o,o	-3o,o	+3o,o	+6o,o	- 2o,o	-2o,o	- 2o,o
3.	- 6,o	- 6,o	+ 6,o	+12,o	- 4,o	- 4,o	- 4,o
4.	- 1,2	- 1,2	+ 1,2	+ 2,4	- o,8	- o,8	- o,8
"	"	"	"	"	"	"	"
"	"	"	"	"	"	"	"
"	"	"	"	"	"	"	"
$\sum_{n=1}^{\infty}\Delta$	-37,5	-37,5	+37,5	+75,o	-125,o	-25,o	-125,o

Empfängerland B:

Periode n	ΔC c_B=o,3 (8)	ΔM m_B=o,3 (9)	ΔX = (2) (1o)	ΔX-ΔM (1o)-(9) (11)	ΔI v_B=o,2 (12)	ΔS s_B=o,2 (13)	ΔY (8)+(1o)+(12) (14)
1.	-	-	-	-	+1oo,o	-	+1oo,o
2.	+3o,o	+3o,o	-3o,o	-6o,o	+ 2o,o	+2o,o	+ 2o,o
3.	+ 6,o	+ 6,o	- 6,o	-12,o	+ 4,o	+ 4,o	+ 4,o
4.	+ 1,2	+ 1,2	- 1,2	- 2,4	+ o,8	+ o,8	+ o,8
"	"	"	"	"	"	"	"
"	"	"	"	"	"	"	"
"	"	"	"	"	"	"	"
$\sum_{n=1}^{\infty}\Delta$	+37,5	+37,5	-37,5	-75,o	+125,o	+25,o	+125,o

Die Endwerte der Einkommensänderung können aber ebenso nach den von Machlup entwickelten Formeln bestimmt werden. Diese lauten: [1)]

(1a)

$$\Delta Y_{A_{n \Rightarrow \infty}} = - \frac{s_B{}^{2)}}{(s_A + m_A)(s_B + m_B) - m_A \cdot m_B} \Delta T$$

$$= - \frac{1}{s_A + m_A + s_A \frac{m_B}{s_B}} \Delta T$$

bzw.

(2a)

$$\Delta Y_{B_{n \Rightarrow \infty}} = \frac{s_A}{(s_A + m_A)(s_B + m_B) - m_A \cdot m_B} \Delta T$$

$$= \frac{1}{s_B + m_B + s_B \frac{m_A}{s_A}} \Delta T$$

Die Gleichungen (1) und (1 a) und (2) und (2 a) sind identisch. [3)] Es zeigt sich, daß der Unterschied zwischen den Modellen von Metzler und Machlup lediglich formeller Natur ist und auf die zusätzliche Grenzneigung zum Investieren bei Metzler beschränkt ist. Weiterhin zeigt sich, daß der Multiplikator bei einem Transfer mit vollen primären Einkommenswirkungen in beiden Ländern dem Außenhandelsmultiplikator im Zwei-Länderfall mit internationalen Rückwirkungen entspricht. [4)]

---

1) Vgl. Machlup, F.: International Trade and the National Income Multiplier, a.a.O., S.175f, wobei die Symbole teilweise verändert wurden.
2) Im Sinne von Neigung zum Horten.
3) Da das Einkommen definitionsgemäß nur konsumiert, investiert oder gehortet werden kann, gilt immer tautologisch: $c + m + v + s = 1$. Daraus folgt für den Zähler in Gleichung (1):

$$1 - v_B - c_B - m_B = s_B$$

und für den Nenner in (1):

$c_A + v_A - 1 = - (s_A + m_A)$ und $c_B + v_B - 1 = - (s_B + m_B)$

also: $(c_A + v_A - 1)(c_B + v_B - 1) - m_A \cdot m_B = (s_A + m_A)(s_B + m_B) - m_A \cdot m_B$

Somit stimmen die Gleichungen (1) und (1a) im Zähler und Nenner überein und sind identisch. Entsprechendes gilt auch für die Gleichungen (2) und (2a)
4) Allerdings ist die Einkommensentwicklung entgegengesetzt gerichtet, da der entsprechende Multiplikand (ΔT) das gegenteilige Vorzeichen gegenüber dem beim Außenhandelsmultikator (ΔX) aufweist, vgl. auch Machlup, F.: a.a.O., S. 176.

Die Analyse der Einkommensentwicklung nach erfolgtem Transfer kann in zwei Problemkreise getrennt werden:[1]

(1) Betrachtung von Zeitreihen im Anschluß an eine einmalige oder auch mehrmalige Transferzahlung. Es handelt sich dann um eine dynamische Analyse der Einkommensentwicklung.

(2) Vergleich des Einkommens im ursprünglichen Gleichgewicht mit dem Einkommen im neuen Gleichgewicht bei regelmäßig wiederkehrenden Transferzahlungen. In diesem Fall liegt eine komparativ-statische Analyse vor.

Der dynamische Verlauf bei einmaliger Transferzahlung ist aus den vorliegenden Tabellen unmittelbar zu entnehmen. Der dynamische Verlauf bei periodisch wiederkehrenden Transferzahlungen läßt sich in der Weise aus den Tabellen entnehmen, daß für die Periode n die Veränderungen der Perioden 1 bis n aufaddiert werden. Durch die Addition der Spaltenbeträge bis zu einer bestimmten Periode erhält man die Gesamtänderung der jeweiligen Größen bis zu dieser Periode unter der Bedingung periodisch wiederkehrender gleicher Tranferzahlungen.

Addiert man die Einkommensveränderungen über unendlich viele Perioden, $n \rightarrow \infty$, so ergibt sich die Gesamtheit der Einkommensveränderungen während aller Perioden, die durch einen einmaligen Transfer hervorgerufen werden. Diese Summe der Einkommensänderungen ist gleich der Abweichung des Einkommens im neuen Gleichgewicht - bei periodisch wiederkehrenden Transferzahlungen - von dem Einkommen im alten Gleichgewicht. Die Spaltensummen nach unendlich vielen Perioden bringen sowohl die Gesamtheit der Einkommensänderungen bei einmaliger Transferzahlung als auch die Veränderung des Einkommens infolge der Gleichgewichtsverschiebung zum Ausdruck. Diese Aussage gilt entsprechend für alle anderen Größen in den vorliegenden Tabellen.

Es sollen zunächst die Ergebnisse der komparativ-statischen Analyse anhand der Tabellen 1a. und 1b. interpretiert werden. Bei gleichen periodischen Transferzahlungen sinkt das Gleichgewichtseinkommen im Geberland und steigt im Empfängerland. Der Umfang des Einkommensver-

---

Vgl. Metzler, L.A.: a.a.O., S. 270.

lustes im Geberland ist von dem Wert der marginalen Größen abhängig, wobei folgende Tendenzaussage gemacht werden kann: [1] Der Einkommensverlust im Geberland ist um so geringer, je größer die Spar- und Importneigung im Geberland und die Importneigung im Empfängerland und je kleiner die Sparneigung im Empfängerland sind. Während eine große Spar- und Importneigung dazu führen, daß eine Einkommensminderung sich in erster Linie in der Kürzung von nachfrageneutralen Verwendungen des Einkommens niederschlägt und damit die effektive Nachfrage im Geberland weitgehend erhalten bleibt, sorgt eine niedrige Sparneigung im Empfängerland dafür, daß es hier zu einer relativ starken Einkommensexpansion kommt, die sich durch die Importneigung über zusätzliche Importe auf das Geberland überträgt.

Zwar ist in beiden Tabellen die Einkommensminderung im Land A größer als der Transfer, doch kann bei einer anderen Wahl der Grenzneigungen, die ebenso realistisch ist, die Einkommensminderung kleiner als der Transfer ausfallen. [2]

Obwohl die Einkommensentwicklung des Geberlandes A in beiden Tabellen gleich ist, hat das Geberland unter Zugrundelegung der marginalen Werte von Tabelle 1a. beim kontinuierlichen Transfer einen dauernden Devisenabfluß in Höhe von 62,5 % des Transferbetrages, während bei den marginalen Werten von Tabelle 1b. der dauernde Devisenabfluß nur 25 % des Transferbetrages ausmacht. Dieses ergibt sich sowohl aus den höheren Importneigungen als auch aus den kleineren Sparneigungen der Tabelle 1b. Hohe Importneigungen senken die Importe und erhöhen die Exporte des Geberlandes, und niedrige Sparneigungen fördern den eingeleiteten Einkommensprozeß. [3]

---

1) Vgl. dazu Formel (1a): $$\Delta Y_{A_{n \to \infty}} = - \frac{1}{s_A + m_A + s_A \frac{m_B}{s_B}} \Delta T$$

2) z.B. bei: $s_A = 0{,}2$, $m_A = 0{,}3$, $s_B = 0{,}1$, $m_B = 0{,}45$, $\Delta Y_{A_{n \to \infty}} = -71$, vgl. Machlup, F.: a.a.O., S. 70.

3) Zur exakten formelmäßigen Bestimmung des Exportüberschusses vgl. Metzler, L.A.: a.a.O., S. 281, entsprechend der Bedingung $c + m + v + s = 1$ ergibt sich für den Exportüberschuß, wenn der Transfer in beiden Ländern in voller Höhe primäre Einkommenswirkungen hervorruft:
$$(\Delta X - \Delta M)_{A,\infty} = \left(1 - \frac{s_A \cdot s_B}{(s_A + m_A)(s_B + m_B) - m_A \cdot m_B}\right) \Delta T$$

Es soll anschließend der dynamische Verlauf der Einkommensentwicklung infolge des Kapitaltransfers beschrieben werden. In der ersten Periode verringert sich das Einkommen im Geberland A um den Transferbetrag (ΔT) von 100 und erhöht sich im Empfängerland um den gleichen Betrag. In der zweiten Periode treten in beiden Ländern entsprechend den marginalen Größen induzierte Ausgabeänderungen ein. Im Geberland wird in der zweiten Periode ein weiterer Einkommensverlust [1] hervorgerufen durch einen Rückgang der Konsumausgaben für inländische Produkte in Höhe von - 20 und der Investitionsausgaben in Höhe von - 10. Dieser Einkommensverlust wird allerdings teilweise kompensiert durch eine Exportsteigerung von + 10 in das Land B, so daß bei einer einmaligen Transferzahlung der Einkommensverlust in der zweiten Periode nur noch - 20 beträgt. Neben dem Sparen (Horten) (- 50) nehmen auch die Importausgaben um - 20 ab.

Im Empfängerland steigen in der zweiten Periode sowohl die Konsumausgaben für inländische Produkte (+ 30) als auch die Investitionausgaben (+ 10). Diese positive Einkommensexpansion wird jedoch teilweise durch die verminderten Exporte nach Land A (- 20) gebremst, so daß bei einer einmaligen Transferzahlung die Einkommenssteigerung am Ende der zweiten Periode nur noch + 20 gegenüber dem Ausgangsgleichgewicht beträgt. Importe (+ 10) und Horten (+ 50) nehmen in der zweiten Periode zu.

In entsprechender Weise verläuft die konträre Einkommensentwicklung in den beiden Ländern in der dritten und den folgenden Perioden. Hierbei ist in den beiden Tabellen 1a. und 1b. besonders auffällig, daß von der fünften Periode an keine nennenswerten Einkommensänderungen in beiden Ländern mehr auftreten. Dieses bedeutet bei einmaliger Transferzahlung, daß bereits in der fünften Periode das alte Gleichgewichtseinkommen nahezu wieder hergestellt ist, bzw. bei einer kontinuierlich gleichen Transferzahlung, daß nach fünf Perioden das neue Gleichgewichtseinkommen ($\Delta Y = - 125$) in etwa erreicht wird.

Unter beschäftigungspolitischer und konjunkturstabilisierender Betrachtung ist der Endwert einer Einkommensentwicklung auf Grund einer ökonomischen Aktion nicht völlig ohne Wert, das Hauptinteresse gilt aber der Frage, welche Einkommens- und Beschäftigungsentwicklung durch eine bestimmte ökonomische Aktion in einer bestimmten Zeit zu erwarten ist. Bei einem

1) Vgl. dazu Tabelle 1a, entsprechendes gilt auch für Tabelle 1b., in welcher jedoch die unterschiedlichen Grenzneigungen berücksichtigt werden müssen.

bekannten Endwert der Einkommensänderung lautet die beschäftigungspolitisch wichtige Frage: In welchem Zeitraum wird die Einkommensänderung einen bestimmten Prozentsatz des Endwertes, z. B. 90 % erreichen ? [1] Je kürzer dieser Zeitraum ist, um so brauchbarer ist ceteris paribus eine ökonomische Aktivität zur Steuerung der Konjunktur.

Betrachtet man die Zeitreihen in den Tabellen 1a. und 1b. unter diesem Aspekt, so erkennt man, daß bei diesen Beispielen bereits am Ende der zweiten Periode weit über 90 % der Gesamtheit der Einkommensänderungen sich vollzogen haben. [2] Dieses darf jedoch nicht zu der generellen Annahme verleiten, daß bei einem Kapitaltransfer die wesentlichen Einkommensänderungen innerhalb der ersten drei Perioden erfolgen. Machlup hat bei alternativer Wahl der marginalen Größen in sechs verschiedenen Modellen gezeigt, daß je nach dem Wert der marginalen Größen 90 % der gesamten Einkommensänderung nach 2 bis 13 Perioden im Geberland erreicht wurden. [3] Verläuft die Einkommensentwicklung im Geberland anfänglich wellenförmig, so kann der 90 %-Wert zwar unter Umständen bereits in der zweiten Periode erreicht werden, geht dann aber auf einen kleineren Wert zurück, und erst nach mehreren Perioden wird der 90 %-Wert erneut überschritten. Wellenförmige Verläufe der Einkommensentwicklung im Geberland entstehen dadurch, daß bei einer bestimmten Wahl der Grenzneigungen trotz insgesamt negativer Einkommensentwicklung in einzelnen Perioden die Einkommenseinbußen infolge der induzierten Kürzung von Inlandskonsum- und Investitionsausgaben durch zusätzliche Exporte nach Land B - auf Grund der dortigen Einkommensexpansion - zeitweise überkompensiert werden.

Zwar ist es möglich, die Änderung des Einkommens in einer bestimmten Periode algebraisch in einer determinierten Funktion der marginalen Größen zu erfassen, [4] doch ist es unmöglich,

---

1) Vgl. Machlup, F.: International Trade and the National Income Multiplier, a.a.O., S. 50 f. und S. 89 f.

2) Z.B. bei der Kombination: $s_A = 0,2$, $m_A = 0,3$, $s_B = 0,1$, $m_B = 0,15$, vgl. Machlup, F.: a.a.O., S. 65.

3) Vgl. Machlup , F.: a.a.O., S. 64 ff; Machlup untersucht zwar die Einkommensänderung eines autonomen Exportüberschusses unter Berücksichtigung internationaler Rückwirkungen, dieses entspricht, wenn auch mit umgekehrten Vorzeichen, der Einkommensentwicklung infolge eines Transfers, durch den in beiden Ländern in voller Höhe primäre Einkommenswirkungen eintreten.

4) Vgl. Machlup, F.: a.a.O., S. 223.

eine allgemeine Formel zu entwickeln, aus der hervorgeht, nach wievielen Perioden bei alternativen marginalen Größen 90 % des Endwertes erreicht werden.[1)]

Zusammenfassend läßt sich über die Wirkung eines Kapitaltransfers - unter den in diesem Abschnitt vorliegenden Bedingungen [2)] - auf die Einkommensentwicklung im Geberland folgendes sagen: Auf jeden Fall sinkt das Einkommen im Geberland. Der endgültige Rückgang des Einkommens kann bei einem kontinuierlich gleichen Kapitaltransfer sowohl größer als auch kleiner als der Betrag des Kapitaltransfers sein. Die wesentlichen Einkommensänderungen können in vielen Fällen bereits nach nur wenigen Einkommensperioden erfolgt sein, in anderen Fällen beträgt dagegen nach zehn und mehr Perioden die Einkommensänderung noch nicht 90 % des Endwertes der Einkommensänderung.

222.2. Volle primäre Einkommenswirkung im Empfängerland, keine Einkommenswirkung im Geberland

In dem hier zu untersuchenden Fall wird gegenüber dem vorigen nur eine Änderung vorgenommen. Im Geberland sollen mit der Aufbringung des Transfers keine primären Einkommenswirkungen verbunden sein, z. B. bei einer Finanzierung des Transferbetrages durch zusätzliche Geldschöpfung der Zentralnotenbank. Nach erfolgtem monetären Transfer wird wie im vorigen Modell der Transferbetrag in voller Höhe im Empfängerland wirksam, z.B. durch zusätzliche Investitionen. Unter Zugrundelegung von zwei alternativen Kombinationen von marginalen Werten, die den Tabellen 1a. und 1b. entsprechen, ergeben sich die in den Tabellen 2a. und 2b. dargestellten multiplikativen Prozesse.

---

1) "Unfortunately, this task appears to be insoluble. One can, by purely arithmetic means and the use of tabulated values of exponentials, work out tables of the t's of the ninety-percent-full multiples for various sets of values of the propensities. But a general formula giving the t as a determinate function of the propensities cannot be obtained algebraically." Machlup, F.: a.a.O., S. 89.

2) Primäre konträre Einkommenswirkung in beiden Ländern in Höhe des Transferbetrages sowie Stabilität in der Isolierung in beiden Ländern.

Tabelle 2 a.

Transferwirkungen durch eine Kapitalübertragung von 100 Einheiten bei ausschließlich primären Einkommenswirkungen im Empfängerland in Höhe des Transferbetrages. Beide Länder sind stabil in der Isolierung und weisen relativ kleine Ausgabeneigungen auf.

Geberland A:

Periode n	ΔC c_A=o,2 (1)	ΔM m_A=o,2 (2)	ΔX = (9) (3)	ΔX-ΔM (3)-(2) (4)	ΔI v_A=o,1 (5)	ΔS s_A=o,5 (6)	ΔY (1)+(3)+(5) (7)
1.	-	-	-	-	-	-	-
2.	-	-	+1o,o	+1o,o	-	-	+1o,o
3.	+ 2,o	+ 2,o	+ 4,o	+ 2,o	+ 1,o	+ 5,o	+ 7,o
4.	+ 1,4	+ 1,4	+ 1,8	+ o,4	+ o,7	+ 3,5	+ 3,9
5.	+ o,8	+ o,8	+ o,9	+ o,1	+ o,4	+ 2,o	+ 2,o
6.	+ o,4	+ o,4	+ o,4	+ o,o	+ o,2	+ 1,o	+ 1,o
"	"	"	"	"	"	"	"
"	"	"	"	"	"	"	"
"	"	"	"	"	"	"	"
$\sum_{n=1}^{\infty} \Delta$	+ 5,o	+ 5,o	+17,5	+12,5	+ 2,5	+12,5	+25,o

Empfängerland B:

Periode n	ΔC c_B=o,3 (8)	ΔM m_B=o,1 (9)	ΔX = (2) (1o)	ΔX-ΔM (1o)-(9) (11)	ΔI v_B=o,1 (12)	ΔS s_B=o,5 (13)	ΔY (8)+(1o)+(12) (14)
1.	-	-	-	-	+1oo,o	-	+1oo,o
2.	+3o,o	+1o,o	-	-1o,o	+ 1o,o	+5o,o	+ 4o,o
3.	+12,o	+ 4,o	+ 2,o	- 2,o	+ 4,o	+2o,o	+ 18,o
4.	+ 5,4	+ 1,8	+ 1,4	- o,4	+ 1,8	+ 9,o	+ 8,6
5.	+ 2,6	+ o,9	+ o,8	- o,1	+ o,9	+ 4,3	+ 4,2
6.	+ 1,3	+ o,4	+ o,4	- o,o	+ o,4	+ 2,1	+ 2,1
"	"	"	"	"	"	"	"
"	"	"	"	"	"	"	"
"	"	"	"	"	"	"	"
$\sum_{n=1}^{\infty} \Delta$	+52,5	+17,5	+ 5,o	-12,5	+117,5	+87,5	+175,o

Tabelle 2 b.

Gleiche Bedingungen wie in Tabelle 2a., jedoch mit relativ großen Ausgabeneigungen in beiden Ländern.

Geberland A:

Periode n	ΔC $c_A=0,3$ (1)	ΔM $m_A=0,3$ (2)	ΔX = (9) (3)	$\Delta X-\Delta M$ (3)-(2) (4)	ΔI $v_A=0,2$ (5)	ΔS $s_A=0,2$ (6)	ΔY (1)+(3)+(5) (7)
1.	-	-	-	-	-	-	-
2.	-	-	+3o,o	+3o,o	-	-	+ 3o,o
3.	+ 9,o	+ 9,o	+15,o	+ 6,o	+ 6,o	+ 6,o	+ 3o,o
4.	+ 9,o	+ 9,o	+1o,2	+ 1,2	+ 6,o	+ 6,o	+ 25,2
5.	+ 7,6	+ 7,6	+ 7,8	+ o,2	+ 5,o	+ 5,o	+ 2o,4
6.	+ 6,1	+ 6,1	+ 6,2	+ o,1	+ 4,1	+ 4,1	+ 16,4
"	"	"	"	"	"	"	"
"	"	"	"	"	"	"	"
"	"	"	"	"	"	"	"
$\sum_{n=1}^{\infty}\Delta$	+56,3	+56,3	+93,8	+37,5	+37,5	+37,5	+187,5

Empfängerland B:

Periode n	ΔC $c_B=0,3$ (8)	ΔM $m_B=0,3$ (9)	ΔX = (2) (1o)	$\Delta X-\Delta M$ (1o)-(9) (11)	ΔI $v_B=0,2$ (12)	ΔS $s_B=0,2$ (13)	ΔY (8)+(1o)+(12) (14)
1.	-	-	-	-	+1oo,o	-	+1oo,o
2.	+3o,o	+3o,o	-	-3o,o	+ 2o,o	+2o,o	+ 5o,o
3.	+15,o	+15,o	+ 9,o	- 6,o	+ 1o,o	+1o,o	+ 34,o
4.	+1o,2	+1o,2	+ 9,o	- 1,2	+ 6,8	+ 6,8	+ 26,o
5.	+ 7,8	+ 7,8	+ 7,6	- o,2	+ 5,2	+ 5,2	+ 2o,6
6.	+ 6,2	+ 6,2	+ 6,1	- o,1	+ 4,1	+ 4,1	+ 16,4
"	"	"	"	"	"	"	"
"	"	"	"	"	"	"	"
"	"	"	"	"	"	"	"
$\sum_{n=1}^{\infty}\Delta$	+93,8	+93,8	+56,3	-37,5	+162,5	+62,5	+312,5

Die Endwerte der Einkommensänderung in den Tabellen 2a. und 2b. werden aus den von Metzler und Machlup entwickelten Formeln für einseitige primäre Einkommenswirkungen im Empfängerland ermittelt.[1)]

(3) $$\Delta Y_{A_{n\to\infty}} = \frac{m_B}{(v_A + c_A - 1)(v_B + c_B - 1) - m_A \cdot m_B} \cdot \Delta T$$

(3a) $$\Delta Y_{A_{n\to\infty}} = \frac{m_B}{(s_A + m_A)(s_B + m_B) - m_A \cdot m_B} \cdot \Delta T$$

(4) $$\Delta Y_{B_{n\to\infty}} = \frac{1 - v_A - c_A}{(v_A + c_A - 1)(v_B + c_B - 1) - m_A \cdot m_B} \cdot \Delta T$$

(4a) $$\Delta Y_{B_{n\to\infty}} = \frac{s_A + m_A}{(s_A + m_A)(s_B + m_B) - m_A \cdot m_B} \cdot \Delta T$$

Zunächst sollen die Ergebnisse der komparativ-statischen Analyse interpretiert werden, wie sie sich in den Tabellen 2a. und 2b. zeigen. Unabhängig von der Wahl der marginalen Werte steigt bei einem dauernden Kapitaltransfer das Einkommen in beiden Ländern. Die Einkommensexpansion in Land B wird hervorgerufen durch zusätzliche Investitionen infolge des monetären Transfers. In Land A liegt die Ursache der Einkommensexpansion in den gestiegenen Exporten nach Land B, die durch dortige Einkommenssteigerungen induziert werden. Damit ergibt sich gegenüber dem Fall, daß in beiden Ländern konträre primäre Einkommenswirkungen eintreten, ein grundlegender Unterschied. Während hier das Einkommen des Landes steigt, das den Kapitaltransfer vornimmt, sinkt das Einkommen des transferierenden Landes, wenn gleichzeitig in Höhe des Transfers primäre Aufbringungswirkungen eintreten. Die Ergebnisse der Einkommensänderung in den Tabellen 2a. und 2b. weichen in ihrer Größenordnung erheblich voneinander ab. Während bei den marginalen Werten der Tabelle 2a. der Einkommenszuwachs im Geberland nur einen Bruchteil des Transferbetrages ausmacht, erreicht er bei den marginalen Werten der Tabelle 2b. nahezu das Doppelte des Transferbetrages. Dieses ergibt sich im wesentlichen daraus, daß neben einer hohen marginalen Konsum- und Investitionsneigung in beiden Ländern auch

---

1) Vgl. Metzler, L.A.: a.a.O., S. 281 f; Machlup F.: a.a.O., S. 175 ff. Die Gleichungen (3) und (4) entsprechen der Formulierung von Metzler, die Gleichungen (3a) und (4a) der von Machlup. Unter Berücksichtigung der Bedingung $c + m + v + s = 1$ sind die sich entsprechenden Gleichungen identisch.

eine hohe marginale Importneigung des Empfängerlandes positiv auf eine starke Einkommensexpansion im Geberland wirkt.[1)]

In bezug auf die Entwicklung der Zahlungsbilanz zeigt sich keine grundsätzliche Änderung gegenüber dem Fall, wenn im Geberland primäre Aufbringungswirkungen eintreten. In beiden Fällen ist der Exportüberschuß im Geberland kleiner als der Transferbetrag, so daß bei andauerndem Transfer erhebliche Devisenschwierigkeiten eintreten können. Tendenziell ist jedoch der Exportüberschuß in bezug auf den Transferbetrag relativ kleiner, wenn das Geberland keine Aufbringungswirkungen aufweist, da dann die Wirkungen der Exportsteigerungen nicht durch Importverringerungen unterstützt, sondern durch Importsteigerungen teilweise kompensiert werden. Das Devisenproblem wird im vorliegenden Fall gegenüber dem ersten noch verschärft.

Bei der Betrachtung des dynamischen Verlaufs der Einkommensentwicklung in den Tabellen 2a. und 2b. kann man auf eine ins einzelne gehende Beschreibung des Einkommensprozesses verzichten, da diese im Prinzip derjenigen im Anschluß an die Tabellen 1a. und 1b entspricht. Es sollen daher nur bestimmte Charakteristika der Einkommensentwicklung herausgestellt werden. Bei den marginalen Werten der Tabelle 2a. laufen die Einkommensänderungen im Geberland schon nach wenigen Perioden bis auf einen kleinen Rest aus. Nach vier Perioden sind bereits mehr als 80 % der endgültigen Einkommensänderung erreicht, und am Ende der fünften Periode ist der 90 %-Wert überschritten. Zwar wird im Vergleich mit der Einkommensentwicklung unter der Annahme von Aufbringungswirkungen (vgl. Tabelle 1a.) mehr als doppelt soviel Zeit benötigt, bis 90 % der Gesamtheit der Einkommensänderung vonstatten gegangen sind, doch erfolgt der Großteil der Einkommensänderungen bereits nach kurzer Zeit.

In der Tabelle 2b., die durch höhere marginale Ausgabegrößen gekennzeichnet ist, ziehen sich wesentliche Einkommensänderungen über erheblich mehr Perioden hin als in der Tabelle 2a. Nach vier Perioden beträgt die Einkommensänderung erst etwa 45 % der endgültigen Einkommensänderung, und nach fünf Perioden erhöht sich der Wert auf etwa 55 %. Aber nicht nur gegenüber den Zeitreihen der Tabelle 2a., sondern noch stärker gegenüber den Zeitreihen der Tabelle 1b., bei denen Aufbringungswirkungen unterstellt waren, kommt es zu einer erheblichen

---

1) Vgl. dazu Formel (3a), wo dieses unmittelbar ersichtlich wird. Auch eine Anhebung von m_B wirkt sich positiv auf Y_A aus. Der Zähler wird dadurch stärker erhöht als der Nenner.

zeitlichen Verzögerung bis etwa 90 % der Gesamtheit der Einkommensänderungen eingetreten sind. Der Unterschied in der Einkommensentwicklung gegenüber Tabelle 2a. ergibt sich aus den höheren marginalen Ausgabegrößen im Modell der Tabelle 2b., wodurch nicht nur der Endwert der Einkommensänderung vergrößert wird, sondern dadurch, daß der Einkommensprozeß langsamer abflacht, dauert es eine längere Zeit bis 90 % der endgültigen Einkommensänderung realisiert sind.

Sind beide Länder stabil in der Isolierung und machen sich im kapitaltransferierenden Land keine negativen Aufbringungswirkungen bemerkbar, so kann über die Einkommensentwicklung im Kapitalexportland folgendes gesagt werden: Das Einkommen im Geberland steigt immer, wobei das Ausmaß der Steigerung größer oder kleiner als der Transferbetrag sein kann, je nachdem ob die marginalen Konsum- und Investitionsneigungen in beiden Ländern und die marginale Importneigung des Empfängerlandes relativ groß oder relativ klein ausfallen. Tendenziell werden nur dann 90 % des Endwertes der Einkommensänderung innerhalb von wenigen Perioden erreicht, wenn die marginalen Ausgabegrößen in beiden Ländern klein sind.

222.3. Keine primäre Einkommenswirkung im Empfängerland, volle primäre negative Einkommenswirkung im Geberland

Im folgenden wird unterstellt, daß sich die Aufbringung des Transferbetrages in einer unmittelbaren Verminderung des Einkommens im Geberland niederschlägt, z.B. in einer Kürzung von inländischen Investitionen. Im Empfängerland sollen sich keine primären Einkommensänderungen ergeben, wie z.B. bei einer Verwendung des Transfers zur Erhöhung der Devisenreserven. Wie bisher werden die Endwerte nach den von Metzler und Machlup entwickelten Formeln bestimmt.[1)]

---

1) Vgl. Metzler, L.A.: a.a.O., S. 281 f; Machlup, F.: a.a.O., S. 175 ff. Die Gleichungen (5) und (5a) entsprechen den Gleichungen (4) und (4a), lediglich sind die Indizes A anstelle der Indizes B gesetzt, und der Gesamtausdruck wird negativ. Dieses ergibt sich daraus, daß der Einkommensprozeß spiegelbildlich gegenüber dem im Abschnitt B I 222.2. verläuft. Entsprechendes gilt für die Beziehungen der Gleichungen (6) und (6a) zu (3) und (3a)

$$(5)\quad \Delta Y_{A_{n \Rightarrow \infty}} = - \frac{1-v_B-c_B}{(v_A+c_A-1)(v_B+c_B-1)-m_A \cdot m_B} \cdot \Delta T$$

$$(5a)\quad \Delta Y_{A_{n \Rightarrow \infty}} = - \frac{s_B+m_B}{(s_A+m_A)(s_B+m_B)-m_A \cdot m_B} \cdot \Delta T$$

$$(6)\quad \Delta Y_{B_{n \Rightarrow \infty}} = - \frac{m_A}{(v_A+c_A-1)(v_B+c_B-1)-m_A \cdot m_B} \cdot \Delta T$$

$$(6a)\quad \Delta Y_{B_{n \Rightarrow \infty}} = - \frac{m_A}{(s_A+m_A)(s_B+m_B)-m_A \cdot m_B} \cdot \Delta T$$

Die komparativ-statische Analyse zeigt, daß bei einem dauernden Transfer, der nur primäre negative Einkommenswirkungen im Kapitalexportland hervorruft, das Gleichgewichtseinkommen in beiden Ländern sinkt. Während im Geberland die Einkommenskontraktion durch eine autonome Ausgabenverminderung infolge der Aufbringung des Transferbetrages verursacht wird, entsteht im Empfängerland die negative Einkommensentwicklung durch die Abnahme der Exporte nach dem Geberland infolge des dort schrumpfenden Einkommens. Im Geberland ist die Einkommenskontraktion stärker als in dem Fall, wo der Transferbetrag im Empfängerland einkommenswirksam verausgabt wurde, [1] da hier ein positiver Effekt durch eine Steigerung der Ausfuhr entfällt. Im übrigen verläuft die Einkommensentwicklung bei gleichen marginalen Werten in beiden Ländern genau spiegelbildlich (vgl. Tabelle 3b. und 2b.) und bei leicht abweichenden marginalen Werten tendenziell spiegelbildlich (vgl. Tabelle 3a. und 2a.) zu der Einkommensentwicklung bei ausschließlich primären Einkommenswirkungen im Empfängerland.

Daher ist auch das Ausmaß der Einkommenskontraktion bei den in Tabelle 3b. unterstellten höheren marginalen Ausgabewerten in beiden Ländern erheblich schärfer als bei den in Tabelle 3a. angenommenen niedrigeren marginalen Ausgabewerten, wie ein Vergleich der Einkommensänderungsendwerte in Tabelle 3a. und 3b. zeigt. Auch in dem vorliegenden Fall ist der Exportüberschuß kleiner als der Transferbetrag, so daß bei andauerndem Transfer Devisenprobleme für das Geberland entstehen können.

---

1) Vgl. Tabellen 1a und 1b.

Tabelle 3 a.

Transferwirkungen durch eine Kapitalübertragung von 100 Einheiten bei primären Aufbringungswirkungen im Geberland in Höhe des Transferbetrages, keine primären Einkommenswirkungen im Empfängerland. Beide Länder sind stabil in der Isolierung und weisen relativ kleine Ausgabeneigungen auf.

Geberland A:

Periode n	ΔC c_A=o,2 (1)	ΔM m_A=o,2 (2)	ΔX = (9) (3)	ΔX-ΔM (3)-(2) (4)	ΔI v_A=o,1 (5)	ΔS s_A=o,5 (6)	ΔY (1)+(3)+(5) (7)
1.	-	-	-	-	-1oo,o	-	-1oo,o
2.	-2o,o	-2o,o	-	+2o,o	- 1o,o	-5o,o	- 3o,o
3.	- 6,o	- 6,o	- 2,o	+ 4,o	- 3,o	-15,o	- 11,o
4.	- 2,2	- 2,2	- 1,4	+ o,8	- 1,1	- 5,5	- 4,7
5.	- o,9	- o,9	- o,8	+ o,2	- o,5	- 2,4	- 2,2
6.	- o,4	- o,4	- o,4	+ o,o	- o,2	- 1,1	- 1,1
"	"	"	"	"	"	"	"
"	"	"	"	"	"	"	"
"	"	"	"	"	"	"	"
$\sum_{n=1}^{\infty} \Delta$	-3o,o	-3o,o	- 5,o	+25,o	-115,o	-75,o	-15o,o

Empfängerland B:

Periode n	ΔC c_B=o,3 (8)	ΔM m_B=o,1 (9)	ΔX = (2) (1o)	ΔX-ΔM (1o)-(9) (11)	ΔI v_B=o,1 (12)	ΔS s_B=o,5 (13)	ΔY (8)+(1o)+(12) (14)
1.	-	-	-	-	-	-	-
2.	-	-	-2o,o	-2o,o	-	-	- 2o,o
3.	- 6,o	- 2,o	- 6,o	- 4,o	- 2,o	-1o,o	- 14,o
4.	- 4,2	- 1,4	- 2,2	- o,8	- 1,4	- 7,o	- 7,8
5.	- 2,3	- o,8	- o,9	- o,2	- o,8	- 3,9	- 4,1
6.	- 1,2	- o,4	- o,4	- o,o	- o,4	- 2,o	- 2,1
"	"	"	"	"	"	"	"
"	"	"	"	"	"	"	"
"	"	"	"	"	"	"	"
$\sum_{n=1}^{\infty} \Delta$	-15,o	- 5,o	-3o,o	-25,o	- 5,o	-25,o	- 5o,o

Tabelle 3b.

Gleiche Bedingungen wie in Tabelle 3a., jedoch mit relativ großen Ausgabeneigungen in beiden Ländern.

Geberland A:

Periode n	ΔC c_A=o,3 (1)	ΔM m_A=o,3 (2)	ΔX = (9) (3)	ΔX-ΔM (3)-(2) (4)	ΔI v_A=o,2 (5)	ΔS s_A=o,2 (6)	ΔY (1)+(3)+(5) (7)
1.	-	-	-	-	-1oo,o	-	-1oo,o
2.	-3o,o	-3o,o	-	+3o,o	- 2o,o	-2o,o	- 5o,o
3.	-15,o	-15,o	- 9,o	+ 6,o	- 1o,o	-1o,o	- 34,o
4.	-1o,2	-1o,2	- 9,o	+ 1,2	- 6,8	- 6,8	- 26,o
5.	- 7,8	- 7,8	- 7,6	+ o,2	- 5,2	- 5,2	- 2o,6
6.	- 6,2	- 6,2	- 6,1	+ o,1	- 4,1	- 4,1	- 16,4
"	"	"	"	"	"	"	"
"	"	"	"	"	"	"	"
"	"	"	"	"	"	"	"
$\sum_{n=1}^{\infty}\Delta$	-93,8	-93,8	-56,3	+37,5	-162,5	-62,5	-312,5

Empfängerland B:

Periode n	ΔC c_B=o,3 (8)	ΔM m_B=o,3 (9)	ΔX = (2) (1o)	ΔX-ΔM (1o)-(9) (11)	ΔI v_B=o,2 (12)	ΔS s_B=o,2 (13)	ΔY (8)+(1o)+(12) (14)
1.	-	-	-	-	-	-	-
2.	-	-	-3o,o	-3o,o	-	-	- 3o,o
3.	- 9,o	- 9,o	-15,o	- 6,o	- 6,o	- 6,o	- 3o,o
4.	- 9,o	- 9,o	-1o,2	- 1,2	- 6,o	- 6,o	- 25,2
5.	- 7,6	- 7,6	- 7,8	- o,2	- 5,o	- 5,o	- 2o,4
6.	- 6,1	- 6,1	- 6,2	- o,1	- 4,1	- 4,1	- 16,4
"	"	"	"	"	"	"	"
"	"	"	"	"	"	"	"
"	"	"	"	"	"	"	"
$\sum_{n=1}^{\infty}\Delta$	-56,3	-56,3	-93,8	-37,5	-37,5	-37,5	-187,5

Die dynamische Analyse entspricht derjenigen, wie sie im vorigen Abschnitt beschrieben wurde, lediglich ist der Einkommensprozeß negativ. Es sei jedoch noch einmal darauf hingewiesen, daß der Einkommensprozeß für seinen wesentlichen Bereich (z. B. zur Erreichung von 90 % des Endwertes der Einkommensänderung) bei hohen marginalen Ausgabewerten erheblich mehr Perioden benötigt als bei niedrigen marginalen Ausgabewerten.

223. Einkommenswirkungen, Geberland stabil, Empfängerland instabil in der Isolierung

Den bisher abgehandelten Fällen war gemeinsam, daß der Transfer zwischen Ländern erfolgte, die stabil in der Isolierung waren, d.h. die Summe der marginalen Ausgabeneigungen blieb in beiden Ländern unter eins. In den anschließend folgenden Fällen wird unterstellt, daß die Summe der marginalen Ausgabeneigungen im Empfängerland eins überschreitet und daß die Bedingungen für ein weltwirtschaftliches Gleichgewicht erfüllt sind.[1] Dieses ist ohne weiteres mit den unterstellten Prämissen vereinbar, da über das erzielte Einkommen hinaus ohne Schwierigkeiten Geldbeträge für zusätzliche Ausgaben beschafft werden können. Im übrigen gelten die Voraussetzungen des Abschnittes B I 222., dementsprechend sich auch wieder die nachfolgenden Unterfälle bilden lassen. Die Beschreibung der Unterfälle soll auf die Abweichungen in der Einkommensentwicklung beschränkt bleiben, die sich durch die neue Prämisse des in der Isolierung instabilen Empfängerlandes ergeben.

223.1. Volle primäre Einkommenswirkung in beiden Ländern

Die Endwerte der Einkommensveränderung in den Tabellen werden durch die Formeln (1) bzw. (1a) und (2) bzw. (2a) ermittelt.

Eine komparativ-statische Analyse zeigt folgende Abweichungen gegenüber dem gleichen Fall unter der Bedingung eines in der Isolierung stabilen Empfängerlandes.[2] Im Gegensatz zu den

---

1) Vgl. dazu S. 102 Es sei hier insbesondere auf die Bedingung $c_B + v_B < 1$ bzw. $c_B + v_B - 1 < 0$ verwiesen, die in Verbindung mit $c_B + v_B + m_B + s_B = 1$ bzw. $c_B + v_B - 1 = - s_B - m_B$ erfordert, daß immer gilt: $s_B > - m_B$.

2) Vgl. die Tabellen 1a. und 1b., sowie den Abschnitt B II 222.1.

bisherigen Modellen steigt auch bei einem Kapitaltransfer, der von primären Einkommenswirkungen in beiden Ländern begleitet ist, das Einkommen im Geberland. Ein Vergleich der Tabellen 4a. und 4b. zeigt, daß das Einkommen im Geberland um so stärker expandiert, je größer die marginalen Konsum- und Investitionsneigungen in den beiden Ländern sind. [1] Die Einkommensexpansion kann sowohl kleiner als auch erheblich größer als der Transferbetrag sein. Der Ursprung der positiven Einkommensexpansion ist darin zu sehen, daß die Exportsteigerungen den Einkommensrückgang durch verminderte Konsum- und Investitionsausgaben infolge der Aufbringungswirkungen insgesamt überkompensieren.

Ebenfalls im Gegensatz zu dem entsprechenden Fall mit dem in der Isolierung stabilen Empfängerland übersteigt der Exportüberschuß des Geberlandes den Transferbetrag, d.h. der induzierte reale Transfer ist größer als der ursprüngliche monetäre Transfer. [2] Bei einem sich andauernd wiederholenden Transfer treten zwar beim Geberland keine Devisenprobleme mehr auf, das gleiche Problem verlagert sich jedoch nun auf das Empfängerland, dessen Devisenbestand durch einen fortwährenden Devisenabfluß bedroht wird.

Die dynamische Analyse der beiden hier vorliegenden Fälle läßt erneut erkennen, daß der Prozentsatz der Gesamtheit der Einkommensänderung, der nach einer bestimmten Anzahl von Perioden erreicht wird, sehr unterschiedlich sein kann. Während in Tabelle 4a. nach sechs Perioden bereits 75 - 80 % des Endwertes der Einkommensänderung eingetreten sind, weist in Tabelle 4b. die bis dahin erfolgte Einkommensänderung noch einen negativen Wert auf, während der Endwert einen positiven Wert ergibt, der mehr als dreimal so groß wie der Transferbetrag ist. Dieser Unterschied im zeitlichen Verlauf der Einkommensentwicklung resultiert vor allem aus höheren marginalen Ausgabeneigungen im Geberland und aus der wesentlich niedrigeren Importneigung des Empfängerlandes. Während es unter den Bedingungen von Tabelle 4a. schon kurzfristig zu einer Steigerung des Einkommens im Geberland kommt, sinkt unter den Bedingungen von Tabelle 4b. das Einkommen im Geberland zunächst kurzfristig.

---

1) Dieses läßt sich auch unmittelbar aus den Formeln (1a) und (2a) entnehmen.

2) Vgl. Metzler, L.A.: a.a.O., S. 273, sowie die von ihm entwickelte, aber hier abgewandelte Formel für den Exportüberschuß:

$$(\Delta X - \Delta M)_{A,\infty} = 1 - \frac{s_A \cdot s_B}{(s_A + m_A)(s_B + m_B) - m_A \cdot m_B} . \Delta T.$$

Wenn s_B negativ wird, übersteigt der Exportüberschuß den Transferbetrag.

Tabelle 4a.

Transferwirkungen durch eine Kapitalübertragung von 100 Einheiten bei primären Einkommenswirkungen in beiden Ländern in Höhe des Transferbetrages, Geberland stabil, Empfängerland instabil in der Isolierung, relativ niedrige marginale Ausgabeneigungen im Geberland.

Geberland A:

Periode n	ΔC c_A=o,1 (1)	ΔM m_A=o,1 (2)	ΔX = (9) (3)	ΔX-ΔM (3)-(2) (4)	ΔI v_A=o,1 (5)	ΔS s_A=o,7 (6)	ΔY (1)+(3)+(5) (7)
1.	-	-	-	-	-1oo,o	-	-1oo,o
2.	-1o,o	- 1o,o	+ 8o,o	+ 9o,o	- 1o,o	-7o,o	+ 6o,o
3.	+ 6,o	+ 6,o	+ 24,o	+ 18,o	+ 6,o	+42,o	+ 36,o
4.	+ 3,6	+ 3,6	+ 14,4	+ 1o,8	+ 3,6	+25,2	+ 21,6
5.	+ 2,2	+ 2,2	+ 8,6	+ 6,4	+ 2,2	+15,1	+ 13,o
6.	+ 1,3	+ 1,3	+ 5,2	+ 3,9	+ 1,3	+ 9,1	+ 7,8
"	"	"	"	"	"	"	"
"	"	"	"	"	"	"	"
"	"	"	"	"	"	"	"
$\sum_{n=1}^{\infty} \Delta$	+ 5,o	+ 5,o	+14o,o	+135,o	- 95,o	+35,o	+ 5o,o

Empfängerland B:

Periode n	ΔC c_B=o,1 (8)	ΔM m_B=o,8 (9)	ΔX = (2) (1o)	ΔX-ΔM (1o)-(9) (11)	ΔI v_B=o,3 (12)	ΔS s_B=-o,2 (13)	ΔY (8)+(1o)+(12) (14)
1.	-	-	-	-	+1oo,o	-	+1oo,o
2.	+1o,o	+ 8o,o	- 1o,o	- 9o,o	+ 3o,o	-2o,o	+ 3o,o
3.	+ 3,o	+ 24,o	+ 6,o	- 18,o	+ 9,o	- 6,o	+ 18,o
4.	+ 1,8	+ 14,4	+ 3,6	- 1o,8	+ 5,4	- 3,6	+ 1o,8
5.	+ 1,1	+ 8,6	+ 2,2	- 6,4	+ 3,2	- 2,2	+ 6,5
6.	+ o,7	+ 5,2	+ 1,3	- 3,9	+ 1,9	- 1,3	+ 3,9
"	"	"	"	"	"	"	"
"	"	"	"	"	"	"	"
"	"	"	"	"	"	"	"
$\sum_{n=1}^{\infty} \Delta$	+17,5	+14o,o	+ 5,o	-135,o	+152,5	-35,o	+175,o

Tabelle 4 b.

Gleiche Bedingungen wie in Tabelle 4a., aber höhere Ausgabeneignungen im Geberland.

Geberland A:

Periode n	ΔC c_A=o,3 (1)	ΔM m_A=o,3 (2)	ΔX = (9) (3)	ΔX-ΔM (3)-(2) (4)	ΔI v_A=o,2 (5)	ΔS s_A= o,2 (6)	ΔY (1)+(3)+(5) (7)
1.	-	-	-	-	-1oo,o	-	-1oo,o
2.	- 3o,o	- 3o,o	+ 4o,o	+ 7o,o	- 2o,o	-2o,o	- 1o,o
3.	- 3,o	- 3,o	+ 16,o	+ 19,o	- 2,o	- 2,o	+ 11,o
4.	+ 3,3	+ 3,3	+ 1o,o	+ 6,7	+ 2,2	+ 2,2	+ 15,5
5.	+ 4,7	+ 4,7	+ 8,3	+ 3,7	+ 3,1	+ 3,1	+ 16,1
6.	+ 4,8	+ 4,8	+ 7,7	+ 2,9	+ 3,2	+ 3,2	+ 15,7
"	"	"	"	"	"	"	"
"	"	"	"	"	"	"	"
"	"	"	"	"	"	"	"
$\sum_{n=1}^{\infty}\Delta$	+1oo,o	+1oo,o	+266,7	+166,7	- 33,3	+66,7	+333,3

Empfängerland B:

Periode n	ΔC c_B=o,5 (8)	ΔM m_B=o,4 (9)	ΔX = (2) (1o)	ΔX-ΔM (1o)-(9) (11)	ΔI v_B=o,2 (12)	ΔS s_B= -o,1 (13)	ΔY (8)+(1o)+(12) (14)
1.	-	-	-	-	+1oo,o	-	+1oo,o
2.	+ 5o,o	+ 4o,o	- 3o,o	- 7o,o	+ 2o,o	-1o,o	+ 4o,o
3.	+ 2o,o	+ 16,o	- 3,o	- 19,o	+ 8,o	- 4,o	+ 25,o
4.	+ 12,5	+ 1o,o	+ 3,3	- 6,7	+ 5,o	- 2,5	+ 2o,8
5.	+ 1o,4	+ 8,3	+ 4,7	- 3,7	+ 4,2	- 2,1	+ 19,2
6.	+ 9,6	+ 7,7	+ 4,8	- 2,9	+ 3,8	- 1,9	+ 18,3
"	"	"	"	"	"	"	"
"	"	"	"	"	"	"	"
"	"	"	"	"	"	"	"
$\sum_{n=1}^{\infty}\Delta$	+333,3	+266,7	+1oo,o	-166,7	+233,3	-66,7	+666,7

Tabelle 5 a.

Transferwirkungen durch eine Kapitalübertragung von 100 Einheiten bei ausschließlich primären Einkommenswirkungen im Empfängerland in Höhe des Transferbetrages. Das Empfängerland ist instabil in der Isolierung, das Geberland weist relativ niedrige Ausgabeneigungen auf.

Geberland A:

Periode n	ΔC c_A=o,1 (1)	ΔM m_A=o,1 (2)	ΔX = (9) (3)	ΔX-ΔM (3)-(2) (4)	ΔI v_A=o,1 (5)	ΔS s_A= o,7 (6)	ΔY (1)+(3)+(5) (7)
1.	-	-	-	-	-	-	-
2.	-	-	+ 8o,o	+ 8o,o	-	-	+ 8o,o
3.	+ 8,o	+ 8,o	+ 32,o	+ 24,o	+ 8,o	+ 56,o	+ 48,o
4.	+ 4,8	+ 4,8	+ 19,2	+ 14,4	+ 4,8	+ 33,6	+ 28,8
5.	+ 2,9	+ 2,9	+ 11,5	+ 8,6	+ 2,9	+ 2o,2	+ 17,3
6.	+ 1,7	+ 1,7	+ 6,9	+ 5,2	+ 1,7	+ 12,1	+ 1o,4
"	"	"	"	"	"	"	"
"	"	"	"	"	"	"	"
"	"	"	"	"	"	"	"
$\sum_{n=1}^{\infty} \Delta$	+2o,o	+ 2o,o	+16o,o	+14o,o	+ 2o,o	+14o,o	+2oo,o

Empfängerland B:

Periode n	ΔC c_B=o,1 (8)	ΔM m_B=o,8 (9)	ΔX = (2) (1o)	ΔX-ΔM (1o)-(9) (11)	ΔI v_B=o,3 (12)	ΔS s_B=-o,2 (13)	ΔY (8)+(1o)+(12 (14)
1.	-	-	-	-	+1oo,o	-	+1oo,o
2.	+1o,o	+ 8o,o	-	- 8o,o	+ 3o,o	- 2o,o	+ 4o,o
3.	+ 4,o	+ 32,o	+ 8,o	- 24,o	+ 12,o	- 8,o	+ 24,o
4.	+ 2,4	+ 19,2	+ 4,8	- 14,4	+ 7,2	- 4,8	+ 14,4
5.	+ 1,4	+ 11,5	+ 2,9	- 8,6	+ 4,3	- 2,9	+ 8,6
6.	+ o,9	+ 6,9	+ 1,7	- 5,2	+ 2,6	- 1,7	+ 5,2
"	"	"	"	"	"	"	"
"	"	"	"	"	"	"	"
"	"	"	"	"	"	"	"
$\sum_{n=1}^{\infty} \Delta$	+2o,o	+16o,o	+ 2o,o	-14o,o	+16o,o	- 4o,o	+2oo,o

Tabelle 5b.

Gleiche Bedingungen wie in Tabelle 5a., aber mit höheren Ausgabeneigungen im Geberland.

Geberland A:

Periode n	ΔC c_A=o,3 (1)	ΔM m_A=o,3 (2)	ΔX = (9) (3)	ΔX-ΔM (3)-(2) (4)	ΔI v_A=o,2 (5)	ΔS s_A=o,2 (6)	ΔY (1)+(3)+(5) (7)
1.	—	-	-	-	-	-	-
2.	-	-	+ 4o,o	+ 4o,o	-	-	+ 4o,o
3.	+ 12,o	+ 12,o	+ 28,o	+ 16,o	+ 8,o	+ 8,o	+ 48,o
4.	+ 14,4	+ 14,4	+ 24,4	+ 1o,o	+ 9,6	+ 9,6	+ 48,4
5.	+ 14,5	+ 14,5	+ 22,8	+ 8,3	+ 9,7	+ 9,7	+ 47,o
6.	+ 14,1	+ 14,1	+ 21,8	+ 7,7	+ 9,4	+ 9,4	+ 45,3
"	"	"	"	"	"	"	"
"	"	"	"	"	"	"	"
"	"	"	"	"	"	"	"
$\sum_{n=1}^{\infty} \Delta$	+4oo,o	+4oo,o	+666,7	+266,7	+266,7	+266,7	+1333,3

Empfängerland B:

Periode n	ΔC c_B=o,5 (8)	ΔM m_B=o,4 (9)	ΔX = (2) (1o)	ΔX-ΔM (1o)-(9) (11)	ΔI v_B=o,2 (12)	ΔS s_B=-o,1 (13)	ΔY (8)+(1o)+(12) (14)
1.	-	-	-	-	+1oo,o	-	+ 1oo,o
2.	+ 5o,o	+ 4o,o	-	- 4o,o	+ 2o,o	- 1o,o	+ 7o,o
3.	+ 35,o	+ 28,o	+ 12,o	- 16,o	+ 14,o	- 7,o	+ 61,o
4.	+ 3o,5	+ 24,4	+ 14,4	- 1o,o	+ 12,2	- 6,1	+ 57,1
5.	+ 28,6	+ 22,8	+ 14,5	- 8,3	+ 11,4	- 5,7	+ 54,5
6.	+ 27,3	+ 21,8	+ 14,1	- 7,7	+ 1o,9	- 5,5	+ 52,3
"	"	"	"	"	"	"	"
"	"	"	"	"	"	"	"
"	"	"	"	"	"	"	"
$\sum_{n=1}^{\infty} \Delta$	+833,3	+666,7	+4oo,o	-266,7	+433,3	-166,7	+1 666,7

223.2. Volle primäre Einkommenswirkung im Empfängerland, keine Einkommenswirkung im Geberland

Unter diesen Bedingungen lassen sich die Endwerte der Einkommensentwicklung mit Hilfe der Formeln (3) bzw. (3a) und (4) bzw. (4a) bestimmen.

Bei komparativ-statischer Analyse ergeben sich in bezug auf die Einkommensentwicklung im Geberland gegenüber dem Fall mit dem in der Isolierung stabilen Empfängerland [1] keine grundsätzlichen Unterschiede, da in den vorliegenden Fällen durch den Transfer das Einkommen im Geberland steigt. Quantitativ besteht insofern allerdings ein nennenswerter Unterschied, als die Einkommenssteigerung bei den hier unterstellten Werten für ein in der Isolierung instabiles Empfängerland um ein Vielfaches größer ist. Die Entwicklung der Zahlungsbilanz im Geberland weist jedoch grundsätzliche Unterschiede auf, da im vorliegenden Fall der Exportüberschuß den Transferbetrag überschreitet.

Ebenso wie in dem vorangegangenen Fall mit den kontraktiven Aufbringungswirkungen besteht für das Geberland kein Devisenproblem, sondern dieses verlagert sich auf das Empfängerland. Quantitativ wirkt sich das Devisenproblem unter den in diesem Abschnitt vorliegenden Bedingungen noch schärfer aus.

Eine dynamische Analyse läßt erkennen, daß auch unter den hier angenommenen Prämissen je nach der Wahl der marginalen Werte im Geberland schon nach einigen oder aber erst nach sehr vielen Perioden 90 % des Endwertes der Einkommensänderung überschritten sind. In Tabelle 5a. mit niedrigen marginalen Konsum- und Investitionsneigungen gehen nach sechs Perioden über 90 % der Gesamtheit der Einkommensänderungen vonstatten, während in Tabelle 5b. mit den höheren marginalen Konsum- und Investitionsneigungen nach sechs Perioden erst ein Prozentsatz von weniger als 20 % erreicht wird.

223.3. Keine primäre Einkommenswirkung im Empfängerland, volle primäre negative Einkommenswirkung im Geberland

Aus den Formeln (5) bzw. (5a) und (6) bzw. (6a) ergeben sich die Endwerte der Einkommensentwicklung.

---

1) Vgl. Abschnitt B II 222.2.

Tabelle 6a.

Transferwirkungen durch eine Kapitalübertragung von 100 Einheiten bei primären Aufbringungswirkungen im Geberland in Höhe des Transferbetrages, keine primären Einkommenswirkungen im Empfängerland. Das Empfängerland ist instabil in der Isolierung, das Geberland weist relativ kleine Ausgabeneigungen auf.

Geberland A:

Periode n	ΔC c_A=o,1 (1)	ΔM m_A=o,1 (2)	ΔX = (9) (3)	ΔX-ΔM (3)-(2) (4)	ΔI v_A=o,1 (5)	ΔS s_A=o,7 (6)	ΔY (1)+(3)+(5) (7)
1.	-	-	-	-	-1oo,o	-	-1oo,o
2.	-1o,o	-1o,o	-	+1o,o	- 1o,o	- 7o,o	- 2o,o
3.	- 2,o	- 2,o	- 8,o	- 6,o	- 2,o	- 14,o	- 12,o
4.	- 1,2	- 1,2	- 4,8	- 3,6	- 1,2	- 8,4	- 7,2
5.	- o,7	- o,7	- 2,9	- 2,2	- o,7	- 5,o	- 4,3
6.	- o,4	- o,4	- 1,7	- 1,3	- o,4	- 3,o	- 2,6
"	"	"	"	"	"	"	"
"	"	"	"	"	"	"	"
"	"	"	"	"	"	"	"
$\sum_{n=1}^{\infty}\Delta$	-15,o	-15,o	-2o,o	- 5,o	-115,o	-1o5,o	-15o,o

Empfängerland B:

Periode n	ΔC c_B=o,1 (8)	ΔM m_B=o,8 (9)	ΔX = (2) (1o)	ΔX-ΔM (1o)-(9) (11)	ΔI v_B=o,3 (12)	ΔS s_B=-o,2 (13)	ΔY (8)+(1o)+(12) (14)
1.	-	-	-	-	-	-	-
2.	-	-	-1o,o	-1o,o	-	-	- 1o,o
3.	- 1,o	- 8,o	- 2,o	+ 6,o	- 3,o	+ 2,o	- 6,o
4.	- o,6	- 4,8	- 1,2	+ 3,6	- 1,8	+ 1,2	- 3,6
5.	- o,4	- 2,9	- o,7	+ 2,2	- 1,1	+ o,7	- 2,2
6.	- o,2	- 1,7	- o,4	+ 1,3	- o,7	+ o,4	- 1,3
"	"	"	"	"	"	"	"
"	"	"	"	"	"	"	"
"	"	"	"	"	"	"	"
$\sum_{n=1}^{\infty}\Delta$	- 2,5	-2o,o	-15,o	+ 5,o	- 7,5	+ 5,o	- 25,o

Tabelle 6b.

Gleiche Bedingungen wie in Tabelle 6a., aber mit höheren Ausgabeneigungen im Geberland.

Geberland A:

Periode n	ΔC c_A=o,3 (1)	ΔM m_A=o,3 (2)	ΔX = (9) (3)	ΔX-ΔM (3)-(2) (4)	ΔI v_A=o,2 (5)	ΔS s_A=o,2 (6)	ΔY (1)+(3)+(5) (7)
1.	-	-	-	-	-1oo,o	-	- 1oo,o
2.	- 3o,o	- 3o,o	-	+ 3o,o	- 2o,o	- 2o,o	- 5o,o
3.	- 15,o	- 15,o	- 12,o	+ 3,o	- 1o,o	- 1o,o	- 37,o
4.	- 11,1	- 11,1	- 14,4	- 3,3	- 7,4	- 7,4	- 32,9
5.	- 9,9	- 9,9	- 14,5	- 4,7	- 6,6	- 6,6	- 31,o
6.	- 9,3	- 9,3	- 14,1	- 4,8	- 6,2	- 6,2	- 29,6
"	"	"	"	"	"	"	"
"	"	"	"	"	"	"	"
"	"	"	"	"	"	"	"
$\sum_{n=1}^{\infty} \Delta$	-3oo,o	-3oo,o	-4oo,o	-1oo,o	-3oo,o	-2oo,o	-1ooo,o

Empfängerland B:

Periode n	ΔC c_B=o,5 (8)	ΔM m_B=o,4 (9)	ΔX = (2) (1o)	ΔX-ΔM (1o)-(9) (11)	ΔI v_B=o,2 (12)	ΔS s_B=-o,1 (13)	ΔY (8)+(1o)+(12) (14)
1.	-	-	-	-	-	-	-
2.	-	-	- 3o,o	- 3o,o	-	-	- 3o,o
3.	- 15,o	- 12,o	- 15,o	- 3,o	- 6,o	+ 3,o	- 36,o
4.	- 18,o	- 14,4	- 11,1	+ 3,3	- 7,2	+ 3,6	- 36,3
5.	- 18,2	- 14,5	- 9,9	+ 4,7	- 7,3	+ 3,6	- 35,3
6.	- 17,6	- 14,1	- 9,3	+ 4,8	- 7,1	+ 3,5	- 34,o
"	"	"	"	"	"	"	"
"	"	"	"	"	"	"	"
"	"	"	"	"	"	"	"
$\sum_{n=1}^{\infty} \Delta$	-5oo,o	-4oo,o	-3oo,o	+1oo,o	-2oo,o	+1oo,o	-1ooo,o

Die komparativ-statische Analyse zeigt, daß unter den Bedingungen der Tabellen 6a. und 6b. der Kapitaltransfer zu einer starken Einkommenskontraktion in beiden Ländern führt. Im Vergleich zu den Modellen mit in der Isolierung stabilem Empfängerland und sonst gleichen Bedingungen ist die Einkommenskontraktion noch ausgeprägter. Im Gegensatz zu allen bisher dargestellten Fällen verschlechtert sich die Handelsbilanz des Geberlandes durch die Transferzahlung, da der Export stärker als der Import zurückgeht. Der Devisenabfluß übersteigt also den Transferbetrag.

Bei der dynamischen Analyse fällt wiederum auf, daß bei relativ hohen marginalen Konsum- und Investitionsneigungen im Geberland der Prozeß von wesentlichen Einkommensänderungen länger anhält als bei relativ niedrigen marginalen Werten.

23. Zusammenfassung der Ergebnisse der dargestellten Transfermodelle

Soweit die Ergebnisse der dargestellten Transfermodelle sich auf die komparativ-statische Analyse beziehen, lassen sie sich am zweckmäßigsten in der von Metzler gewählten Form darstellen.[1]

Untersucht man die einzelnen Transfermodelle auf der Basis der von Metzler gewählten marginalen Werte, so werden immer zwischen der zweiten und sechsten Einkommensperiode 90 % der Gesamtheit der Einkommensänderungen erreicht, und außerdem treten keine wellenförmigen Einkommensänderungen auf. Wie am Beispiel von anderen marginalen Werten aufgezeigt wurde, ist es falsch, hieraus den allgemeinen Schluß zu ziehen, daß sich die Gesamtheit der Einkommensänderungen in wenigen Perioden abspielt. Insbesondere bei den Fällen mit gleichzeitigen Aufbringungs- und Verwendungswirkungen muß bei verschiedenen Kombinationen von marginalen Werten mit einem wellenförmigen Verlauf der Einkommensänderung gerechnet werden, wodurch sich das Einkommen zeitweilig vom Endwert wieder entfernt.[2] Tendenziell konnte man bei den untersuchten Fällen feststellen, daß die wesentlichen Einkommensänderungen um so schneller ablaufen, je niedriger die Konsum- und Investitionsneigungen sind. Damit er-

---

1) Vgl. Metzler, L.A.: a.a.O., S. 280
2) Vgl. z. B. ΔY_A in der Periode 2. in Tabelle 4b.

Zusammenfassung der Transferwirkungen

	Gleiche primäre Einkommenswirkungen in beiden Ländern	Primäre Einkommenswirkungen nur im Empfängerland	Primäre Einkommenswirkungen nur im Geberland
Beide Länder stabil in der Isolierung	(B II 222.1.) (a) Y fällt im Geberland und steigt im Empfängerland.	(B II 222.2.) (a) Y steigt in beiden Ländern.	(B II 222.3.) (a) Y fällt in beiden Ländern, im Geberland stärker als bei B II 222.1.
	(b) (X - M) bessert sich für das Geberland, aber nur um weniger als ΔT, Devisenproblem in Geberland.	(b) (X - M) verbessert sich für das Geberland, aber um weniger als ΔT, Devisenproblem im Geberland noch größer als bei B II 222.1.	(b) (x - M) ververbessert sich für das Geberland, aber um weniger als ΔT, Devisenproblem im Geberland in etwa wie bei B II 222.2.
Geberland stabil, Empfängerland instabil in der Isolierung	(B II 223.1) (a) Y steigt in beiden Ländern.	(B II 223.2.) (a) Y steigt in beiden Ländern noch stärker als bei B II 223.1. und B II 222.2.	(B II 223.3.) (a) Y fällt in beiden Ländern noch stärker als bei B II 222.1. und B II 222.3.
	(b) (X - M) verbessert sich für das Geberland um mehr als ΔT, Devisenproblem im Empfängerland.	(b) (X - M) verbessert sich für das Geberland um mehr als ΔT, Devisenproblem im Empfängerland.	(b) (X - M) verschlechtert sich für das Geberland, Devisenproblem im Geberland.

gibt sich, daß für eine kurzfristige Betrachtung von Einkommens- und Beschäftigungswirkungen im Geberland auf Grund eines Kapitaltransfers der Gesamtwert (bzw. Endwert) der Einkommensänderung um so weniger Bedeutung hat, je größer die Konsum- und Investitionsneigungen eines Landes sind. Will man den kurzfristigen Einkommenseffekt eines Kapitaltransfers einigermaßen genau abschätzen, so muß für jeden Einzelfall eine gesonderte dynamische Analyse durchgeführt werden. Eine Orientierung an den Endwerten der Einkommensänderung ist unzureichend.

24. Einkommenswirkungen von Transfers mit nur teilweiser und unterschiedlicher primärer Einkommenswirkung in beiden Ländern

Die bisher abgehandelten Transfermodelle stellen insofern Extremfälle dar, als entweder der Transferbetrag in beiden Ländern oder nur in einem der Länder in voller Höhe primär einkommenswirksam wird. In typischen Fällen wird aber wahrscheinlich der Transfer in unterschiedlichem Ausmaß teilweise in beiden Ländern primär einkommenswirksam. Um die entstehenden Einkommensänderungen erfassen zu können, ist es nicht notwendig, eine völlig neue Analyse durchzuführen. Die beiden Extremfälle "nur Einkommenswirkung im Geberland" und "nur Einkommenswirkung im Empfängerland" lassen sich kombinieren. Entsprechend wird die Einkommensentwicklung im Geberland bei asymmetrischen Einkommenswirkungen in den beiden Ländern durch Addition der Formeln (3a) und (5a) und durch Gewichtung des einkommenswirksamen Teiles des Transferbetrages ermittelt.[1)]

$$(7)\quad \Delta Y_{A_{n\Rightarrow\infty}} =$$

$$\frac{m_B}{(s_A+m_A)(s_B+m_B)-m_A\cdot m_B}\cdot\Delta T\cdot k_B-\frac{s_B+m_B}{(s_A+m_A)(s_B+m_B)-m_A\cdot m_B}\cdot\Delta T\cdot k_A=$$

$$\frac{k_B\cdot m_B-k_A(s_B+m_B)}{(s_A+m_A)(s_B+m_B)-m_A\cdot m_B}\cdot\Delta T$$

1) In gleicher Weise läßt die Einkommensänderung im Empfängerland durch die Addition der Formeln (4a) und (6a) bestimmen.

k_B = Prozentsatz des Transferbetrages, der im Empfängerland primär positiv einkommens-wirksam wird.

k_A = Prozentsatz des Transferbetrages, der im Geberland zu primären Einkommensrückgängen führt.

Aus dieser Beziehung kann auch abgeleitet werden, wie groß das Verhältnis vom primären negativen Aufbringungseffekt zum primären positiven Verwendungseffekt höchstens sein darf, damit das Geberland keine insgesamt negativen Einkommenswirkungen aufweist, d. h., $\Delta Y_{A_{n \Rightarrow \infty}}$ ist null.

Dann gilt die Beziehung:

(8) $\Delta T \cdot k_B \cdot m_B = (m_B + s_B)\, \Delta T \cdot k_A$

$$\frac{\Delta T \cdot k_B}{\Delta T \cdot k_A} = \frac{m_B + s_B}{m_B} = 1 + \frac{s_B}{m_B}$$

Im Geberland werden keine insgesamt negativen Einkommenswirkungen durch einen Kapitaltransfer hervorgerufen, wenn das Verhältnis von primären positiven Verwendungswirkungen im Empfängerland zu primären negativen Aufbringungswirkungen im Geberland mindestens so groß ist wie der Faktor 1 plus dem Quotienten aus marginaler Spar- und Importneigung des Empfängerlandes. Bei einem in der Isolierung stabilen Empfängerland ($s_B > o$) muß die primäre Verwendungswirkung größer als die primäre Aufbringungswirkung sein, damit ein insgesamt positiver Einkommenseffekt eintritt. Wenn das Empfängerland instabil in der Isolierung ist ($s_B < o$), können positive Einkommenseffekte im Geberland u.U. auch eintreten, wenn die primäre Aufbringungswirkung ($\Delta T \cdot k_A$) größer als die primäre Verwendungswirkung ($\Delta T \cdot k_B$) ist.

Selbst bei Vorliegen der Bedingung (8) entstehen u.U. im Geberland, wie eine dynamische Analyse zeigen würde, während einzelner Perioden Einkommensverluste, die allerdings im Zeitablauf durch Einkommenszuwächse wieder ausgeglichen werden. Insbesondere kurzfristig ist u.U. im Geberland mit einer Einkommensminderung zu rechnen, da der Einkommensverlust infolge des negativen Aufbringungseffektes erst allmählich durch steigende Exporte ausgeglichen werden kann. Bei gegebener Importneigung des Empfängerlandes fällt der Einkommensverlust in den ersten Perioden im Geberland um so geringer aus, je kleiner die marginalen Konsum- und Investitionsneigungen im Geberland sind.

25. Aussagen der dargestellten Transfermodelle in bezug auf den Zusammenhang von Entwicklungshilfe, Beschäftigung und Konjunktur

Zunächst muß noch einmal auf die sehr restriktiven Prämissen des dargestellten Transfermodells hingewiesen werden.[1] Auf Grund dessen sind speziell die quantitativen Zusammenhänge nur unter sehr eng begrenzten Bedingungen gültig. Doch soll hier versucht werden, einige tendenziellen Aussagen des Transfermodells hervorzuheben, die für die Auswirkungen von Entwicklungshilfeleistungen auf Beschäftigung und Konjunktur im Geberland von Bedeutung sein können. Da die Transfertheorie grundsätzlich davon ausgeht, daß der Transferbetrag ohne Verwendungsauflagen gegeben wird, lassen sich zunächst nur die Auswirkungen von solchen Entwicklungshilfeleistungen unter Zugrundelegung der Transfertheorie beurteilen, bei denen keine Lieferbindung von Seiten des Geberlandes besteht.

Das Transfermodell hat klar zum Ausdruck gebracht, daß nicht jeder Kapitalexport einen positiven Nachfrageeffekt im Geberland bewirkt, sondern es hängt entscheidend von der Kombination der Aufbringungs- und Verwendungswirkungen ab, ob ein positiver oder negativer Einkommenseffekt im Geberland eintritt. Werden Entwicklungshilfeleistungen durch eine Senkung von Staatsausgaben, durch eine Erhöhung der Steuern oder durch eine Kürzung von privaten Inlandsinvestitionen finanziert, so besteht auf Grund des primären negativen Aufbringungseffektes bei einer Entwicklungshilfe ohne Warenbindung durchaus die Möglichkeit, daß die zusätzliche Exportnachfrage nicht ausreicht, um den negativen Einkommenseffekt zu kompensieren. Sollen die Entwicklungshilfeleistungen eine nennenswerte Steigerung von Einkommen und Beschäftigung im Geberland bewirken, so müssen Finanzierungsformen gewählt werden, die keinen oder nur einen geringen negativen primären Aufbringungseffekt aufweisen, also z. B. öffentliche und private Anleihen, zusätzliche Geschäftsbankkredite, Abbau von überflüssigen

---

1) Vgl. insbesondere den Abschnitt B II 21.

Liquiditätsreserven, Auslandsgewinne und Kreditausweitung der Notenbank. Bei der Verwendung der Entwicklungshilfebeträge gilt als notwendige Voraussetzung für eine positive Einkommenswirkung im Geberland, daß die Gesamtausgaben des Empfängerlandes steigen. Je größer tendenziell die Gesamtausgabeneigung des Empfängerlandes ist (im Extremfall handelt es sich dabei um ein in der Isolierung instabiles Land), desto größer wird der zu erwartende positive Effekt der Einkommensverwendung.

Mit diesen Aussagen ist bereits nahezu die Grenze dessen erreicht, was mit Hilfe des dargestellten Transfermodells im Rahmen einer komparativ-statischen Analyse über den Wirkungszusammenhang von Entwicklungshilfe und Beschäftigung im Geberland allgemein gesagt werden kann, ohne die sehr restriktiven Prämissen mit in die Betrachtung einzubeziehen. Es ergeben sich aber bereits eine Reihe von Ansatzpunkten zur Veränderung der bisherigen Prämissen, wenn der Problemkreis Entwicklungshilfe und Beschäftigung im Geberland in einem sachgerechten Modell erfaßt werden soll. Bei den Aufbringungseffekten müssen neben den primären negativen Einkommenswirkungen, die in das Transfermodell als Multiplikand eingehen, auch die indirekten Auswirkungen infolge einer möglichen Zinssteigerung und Kreditrestriktion Berücksichtigung finden. Ebenso muß die Untersuchung der Verwendungswirkungen im Geberland neben den direkten positiven Einkommenswirkungen durch die Exportsteigerung auch mögliche weitere positive Einkommenseffekte durch die gleichzeitig mit dem Exporterlös eintretende Geldmengenvergrößerung einschließen. Wie bereits in der gesonderten Darstellung der Einkommens- und Verwendungswirkungen herausgestellt wurde, ist mit diesen indirekten Wirkungen der Entwicklungshilfe - bei entsprechender Geldpolitik - hauptsächlich in Zeiten einer Vollbeschäftigung zu rechnen. Damit muß das Transfermodell um den Fall der Vollbeschäftigung, bzw. der weitgehenden Vollbeschäftigung, ergänzt werden, wobei neben den Geldmengenwirkungen auch Preiswirkungen zunehmend an Bedeutung gewinnen. Aber auch der Fall der Unterbeschäftigung ist insoweit noch erweiterungsbedürftig, als steigende Exporte nicht unbedingt zu einer multiplikativen Einkommenssteigerung und zu einem Beschäftigungsanstieg führen müssen, sondern wenigstens teilweise einen Abbau der Läger herbeiführen und somit lediglich die Kassenhaltung der Exporteure erhöhen.

Neben der konjunkturellen Situation des Geberlandes müssen auch die Prämissen in bezug auf das Empfängerland überprüft werden, damit sie in etwa der in Abschnitt B I 2 dargestellten Situation eines Entwicklungslandes entsprechen. Das gilt sowohl für die ökonomischen Gegebenheiten als auch für die Verwendungsart der Entwicklungshilfe, die, soweit es zu Importen kommt, vor allem im Bezug von Investitionsgütern besteht. Darüber hinaus sollen die zusätzlichen Probleme eines Mehrländerfalles aufgezeigt werden.

Für den Aspekt der Entwicklungshilfe als Instrument zur Stabilisierung der Konjunktur zeigt das Transfermodell die Schwierigkeiten auf, die eine zeitliche und quantitative Vorherbestimmung des Einkommenseffektes von ungebundenen Entwicklungshilfeleistungen selbst unter den vereinfachenden Prämissen bereitet. Die zeitliche Vorherbestimmung des Einkommenseffektes ist aber eine wichtige Voraussetzung für ein brauchbares Instrument zur Konjunktursteuerung.

Wenn mit der Entwicklungshilfe primäre Aufbringungswirkungen verbunden sind, kann selbst dann, wenn gleichzeitig die Verausgabung im Empfängerland erfolgt, in den ersten Perioden eine negative Einkommenswirkung eintreten, obwohl die Gesamtheit der Einkommenswirkungen letztlich stark positiv ist.

Die für die komparativ-statische Betrachtung ausgesprochen notwendige Variation der Prämissen, um ein realitätsbezogenes Modell zu erhalten, ist ebenfalls für die dynamische Betrachtung wichtig. Darüber hinaus interessiert zusätzlich für die dynamische Analyse, insbesondere unter konjunkturellen Gesichtspunkten, die zeitliche Diskrepanz zwischen Einkommens- und Verwendungswirkungen im Geberland sowie eine unterschiedliche Länge der Einkommensperioden in den beteiligten Ländern.

3. Modifikationen des Transfermodells in Hinblick auf die besonderen Gegebenheiten der finanziellen Entwicklungshilfeleistungen

Wie der letzte Teil des vorhergehenden Hauptabschnittes gezeigt hat, ist das dargestellte Transfermodell auf Grund seiner Prämissen nur sehr bedingt für die Beurteilung der Wirkungszusammenhänge zwischen finanziellen Entwicklungshilfeleistungen und Beschäftigung und Konjunktur im Geberland brauchbar. Im folgenden soll versucht werden, durch die Einführung von realitätsnäheren Prämissen den besonderen Gegebenheiten der finanziellen Entwicklungshilfeleistungen stärker gerecht zu werden. Dabei soll es weniger darum gehen, auf Grund der geänderten Prämissen neue Formeln für die genaue quantitative Änderung der Einkommensentwicklung im Geberland zu entwickeln, sondern es sollen Tendenzaussagen über die Zusammenhänge der ökonomischen Größen gemacht werden. Nur soweit eine ökonomische Interpretation dadurch erleichtert wird, sollen auch mathematische Funktionen verwendet werden.

31. Modifikationen des Transfermodells, die unabhängig von der Konjunkturphase des Geberlandes zweckmäßig erscheinen

311. Mehrländerfall

Das bisherige Zweiländermodell war insoweit sehr vereinfachend, als Veränderungen des Imports und des Exports des einen Landes gleichzeitig Veränderungen des Exportes und des Imports des anderen Landes darstellten. Meistens sind jedoch in der Realität Empfänger- und Geberland in Handelsbeziehungen mit einer Vielzahl von Drittländern eingebettet, wodurch die bisher angenommene direkte Interdependenz der Außenhandelsänderungen in den am Kapitaltransfer beteiligten Ländern weitgehend entfällt. Man könnte das Transfermodell in der Weise erweitern, daß z. B. ein drittes Land C, in welchem keine direkten Aufbringungs- und Verwendungswirkungen eintreten, Handelsbeziehungen mit den am Transfer direkt beteiligten Ländern unterhält. Da Einkommensveränderungen in den Ländern A und B auch zu Änderungen in den Handelsbeziehungen zu Land C führen, ergeben sich in den drei Ländern interdependente Änderungen der Volkseinkommen. Entsprechend lassen sich weitere Länder in das Modell einbeziehen. Dadurch sind auch weiterhin sehr allgemeine Aussagen möglich, z. B. daß auch in einem Mehrländerfall, wenn in allen Ländern die Gesamtausgabeneigung kleiner als eins ist, bei allen symmetrischen primären Aufbringungs- und Verwendungseffekten wie im Zweiländerfall das Einkommen im Geberland sinkt. Der primäre negative Aufbringungseffekt kann nicht durch den induzierten Exportüberschuß kompensiert werden.[1] Aber bereits bei drei Ländern sind die Formeln zur Berechnung der Einkommensendwerte ziemlich kompliziert, und weitere einschränkende Annahmen über die Intensität der gegenseitigen Handelsbeziehungen der beteiligten Länder sind notwendig.[2] Eindeutige Resultate ergeben sich nur durch eine fortschreitende Abstraktion, wodurch das Gegenteil einer größeren Realitätsbezogen-

---

1) Zum arithmetischen Beweis siehe: Metzler, L.A.: A Multiple-Country Theory of Income Transfers, in: Journal of Political Economy, Bd. 59, 1951, S. 18 ff.

2) Ein Drei-Länder-Modell mit gleichintensiven Handelsbeziehungen zwischen den Ländern wird dargestellt von: Machlup, F.: International Trade, a.a.O., S. 110 ff.

heit erreicht wird. Daher sollen nur einige für die vorliegende Themenstellung bedeutsame Unterschiede eines Mehrländerfalles gegenüber einem Zweiländerfall herausgestellt werden.

311.1. Keine internationalen Rückwirkungen von A nach B

Nimmt man an, wie es den Handelsbeziehungen der Industrieländer und der Entwicklungsländer meistens entspricht, daß der Import des Geberlandes aus dem Empfängerland nur einen kleinen Bruchteil der Gesamtimporte des Geberlandes ausmacht, so wirken sich induzierte Importänderungen des Geberlandes nur minimal auf die Exporte des Empfängerlandes aus und können daher vernachlässigt werden. Das Empfängerland ist damit unbeeinflußt von den Einkommensänderungen des Geberlandes. Außerdem wird angenommen, daß sich die Importänderungen aus der Gesamtheit der Drittländer auf eine Vielzahl von Ländern verteilen, so daß ein einzelnes Land dadurch nur unmerklich beeinflußt wird und die Exporte in die Drittländer unverändert bleiben. Unter sonst gleichen Bedingungen, insbesondere der, daß die induzierten Importe des Empfängerlandes aus dem Geberland kommen, treten folgende Einkommenswirkungen im Geberland ein:

$$(9) \quad \Delta Y_{A_{n \Rightarrow \infty}} = \frac{m_B \, \Delta N_B + (s_B + m_B)\, \Delta N_A}{(s_A + m_A)(s_B + m_B)} \quad {}^{1)}$$

ΔN_A = Primäre Änderung der effektiven Nachfrage nach Gütern des Landes A infolge des Transfers.

ΔN_B = Primäre Änderung der effektiven Nachfrage nach Gütern des Landes B infolge des Transfers.

$\Delta N_B = \Delta Tk_B ; \; \Delta N_A = - \Delta Tk_A$ [2)]

Vergleicht man die Formel (9) mit der Formel (7), der allgemeinen Einkommensformel des Geberlandes im Metzler-Machlup-Modell, so stellt man fest, daß die Formel (9) nur im Nenner um den Faktor $- m_A \cdot m_B$ abweicht. Es lassen sich keine eindeutigen Aussagen in bezug auf die Richtung der Einkommensänderung im Geberland durch die Vernachlässigung der internationalen induzierten Rückwirkungen von A nach B machen. Ist der Gesamtausdruck

---

1) Siehe mathematisches Ergänzungsblatt 1.
2) Vgl. Formel (7).

$\Delta Y_{A_{n \to \infty}}$ negativ, so bewirkt ein Wegfall des Rückwirkungsfaktors $(-m_A \cdot m_B)$ ein geringeres Absinken des Einkommens in A, ist der Gesamtausdruck positiv, so steigt das Einkommen in A weniger stark als mit Rückwirkungen von A nach B. Je nach der Intensität der Aufbringungs- und Verwendungswirkungen ΔN_A und ΔN_B bewirkt eine Vernachlässigung der Rückwirkung von A nach B ceteris paribus einen positiven oder negativen Einkommenseffekt im Geberland.

Wie sich die Einkommensentwicklung im Geberland unter der vorliegenden Prämisse des Mehrländerfalles verändert, soll an den Grundfällen des Transfermodells, primäre Einkommenswirkungen in beiden Ländern in gleicher Höhe ($\Delta N_B = - \Delta N_A$), nur im Empfängerland ($\Delta N_A = 0$) und nur im Geberland ($\Delta N_B = 0$), aufgezeigt werden.

Aus der allgemeinen Gleichung (9) ergibt sich unmittelbar die Einkommensänderung im Geberland.

$\underline{\Delta N_B = - \Delta N_A}$

$$(9a)\quad \Delta Y_{A_{n \to \infty}} = \frac{s_B}{(s_A + m_A)(s_B + m_B)} \cdot \Delta N_A = - \frac{s_B}{(s_A + m_A)(s_B + m_B)} \cdot \Delta T \cdot k_A$$

$\underline{\Delta N_A = 0}$

$$(9b)\quad \Delta Y_{A_{n \to \infty}} = \frac{m_B}{(s_A + m_A)(s_B + m_B)} \cdot \Delta N_B = \frac{m_B}{(s_A + m_A)(s_B + m_B)} \Delta T \cdot k_B$$

$\underline{\Delta N_B = 0}$

$$(9c)\quad \Delta Y_{A_{n \to \infty}} = \frac{s_B + m_B}{(s_A + m_A)(s_B + m_B)} \cdot \Delta N_A = - \frac{1}{s_A + m_A} \cdot \Delta T k_A$$

(9a), (9b) und (9c) entsprechen den Formeln (1a), (3a) und (5a) für die Einkommensentwicklung des Geberlandes im ursprünglichen Transfermodell, wobei allerdings in letzteren der Nenner um den Rückwirkungsfaktor $(-m_A \cdot m_B)$ kleiner ist.

Können die induzierten Rückwirkungen von A nach B vernachlässigt werden, da B nur einen geringen Anteil an den Importen von A aufweist, so fällt die Einkommenskontraktion im Geberland bei gleich starken primären Aufbringungs- und Verwendungseffekten und bei ausschließlichen

Aufbringungseffekten im Geberland kleiner aus als im ursprünglichen Transfermodell. Bei ausschließlichen primären Verwendungswirkungen im Nehmerland ist aber auch die Einkommensexpansion im Geberland kleiner als mit Rückwirkungen von A nach B. Diese Aussage gilt auch für den Fall, daß bei gleich starken primären Aufbringungs- und Verwendungseffekten in beiden Ländern der Einkommenseffekt im Geberland infolge eines in der Isolierung instabilen Empfängerlandes ($s_B < 0$) insgesamt positiv ist.

Wirkt das Vorhandensein einer Vielzahl von Ländern in der Weise, daß sich Importänderungen des Geberlandes nicht im Empfängerland als Exportänderungen auswirken, so wird sowohl ein insgesamt negativer als auch ein insgesamt positiver Gesamteinkommenseffekt im Geberland abgeschwächt. Dieses ergibt sich daraus, daß ein Importrückgang des Geberlandes infolge einer Einkommenskontraktion nicht negativ auf die Einkommensentwicklung im Empfängerland wirkt, wodurch die Exporte des Geberlandes ins Empfängerland beeinträchtigt worden wären und damit den Kontraktionseffekt im Geberland verstärkt hätten. Tritt anderseits eine Einkommensexpansion im Geberland ein, so können beim Fehlen von Rückwirkungen auf das Empfängerland die induzierten Importe nicht expansiv auf das Einkommen im Empfängerland wirken. Dadurch entfällt eine zusätzliche Steigerung der induzierten Exporte des Geberlandes in das Empfängerland, und infolgedessen steigt das Einkommen im Geberland geringer als bei dem Vorhandensein von Rückwirkungen im Land B.

Geht man davon aus, daß die Entwicklungshilfe, wenn sie einen positiven Beitrag zur Beschäftigungssteigerung im Geberland leisten soll, so ausgestaltet ist, daß der positive Einkommenseffekt überwiegt, bewirkt die Annahme eines Mehrländerfalles unter der vorliegenden Bedingung einen geringeren Anstieg von Einkommen und Beschäftigung im Geberland, als es der Zweiländerfall zum Ausdruck brachte.

Für eine dynamische Analyse treten im Mehrländerfall insoweit Abweichungen auf, als sich die periodischen Einkommensbewegungen an die veränderten Endwerte anpassen müssen. In bezug auf den Zeitraum, in dem etwa 90 % der Gesamtheit der Einkommensänderung realisiert werden, ändert sich gegenüber dem ursprünglichen Transfermodell nichts Wesentliches. Da auch unter den hier gesetzten Prämissen des Mehrländerfalles wellenförmige Einkommensbewegungen eintreten können, wenn z. B. in den ersten Perioden die Einkommenskontraktion durch verminderte Inlandsausgaben weiter verstärkt und erst in späteren Perioden durch steigende Exporte teilweise wieder rückgängig gemacht wird, bleibt auch hier die Ungewißheit über den kurzfristigen Einkommenseffekt bestehen, selbst wenn der endgültige Einkommenseffekt bekannt ist.

311.2. Induzierte Importe des Empfängerlandes teilweise aus einer Vielzahl von Drittländern

Erhält ein Entwicklungsland ungebundene finanzielle Leistungen, die zu einem Anstieg der Inlandsausgaben und damit zu einer Einkommenssteigerung im Entwicklungsland führen, so werden sich in den meisten Fällen die induzierten Importe nicht nur auf das Geberland, sondern auch auf Drittländer erstrecken, mit denen das Empfängerland Handelsbeziehungen unterhält. Dadurch ist nur ein Teil des durch die Entwicklungshilfeleistungen hervorgerufenen Mehrimports des Empfängerlandes gleichzeitig Mehrexport des Geberlandes. Weiterhin wird unterstellt, daß sich die Importe auf eine Vielzahl von Drittländern verteilen bzw. daß diese Drittländer mit dem Geberland nur geringe Handelsbeziehungen haben, so daß die gestiegenen Importe des Empfängerlandes auch nicht indirekt zu einem Anstieg der Exporte des Geberlandes in die Drittländer führen. Läßt man die Annahme bestehen, daß sich induzierte Importänderungen des Geberlandes nicht im Empfängerland auswirken, so werden die Endwerte der Einkommensentwicklung im Geberland durch geringe Modifizierung der Gleichung (9) bestimmt.

$$(1o) \qquad \Delta Y_{A_{n \to \infty}} = \frac{m_{B,A} \Delta N_B + (s_B + m_{B,A} + m_{B,R}) \Delta N_A}{(s_A + m_A)(s_B + m_{B,A} + m_{B,R})} \quad 1)$$

Die Importneigung des Empfängerlandes wird unterteilt in:

$m_{B,A}$ = Grenzneigung zum Import aus dem Geberland A
$m_{B,R}$ = Grenzneigung zum Import aus dem Rest der Welt
m_B = $m_{B,A} + m_{B,R}$

Bei einer Einkommenssteigerung im Empfängerland von ΔN_B ist für die Einkommensentwicklung im Geberland A nur noch der Teil $m_{B,A}$ der Importneigung von Bedeutung.

---

1) Siehe mathematisches Ergänzungsblatt 2.

Entsprechendes ergibt sich für die Unterfälle der Gleichungen (9a) bis (9c)

$\Delta N_B = -\Delta N_A \qquad \Delta N_A = -\Delta T \cdot k_A \qquad \Delta N_B = \Delta T \cdot k_B$

$$(10a) \quad \Delta Y_{A_{n \to \infty}} = - \frac{s_B + m_{B,R}}{(s_A + m_A)(s_B + m_B)} \Delta T k_A \overset{1)}{>} (9a) \quad \text{da: } s_B + m_{B,R} > s_B$$

$\Delta N_A = 0$

$$(10b) \quad \Delta Y_{A_{n \to \infty}} = \frac{m_{B,A}}{(s_A + m_A)(s_B + m_B)} \Delta T k_B < (9b) \quad \text{da: } m_{B,A} < m_B$$

$\Delta N_B = 0$

$$(10c) \quad \Delta Y_{A_{n \to \infty}} = - \frac{1}{s_A + m_A} \Delta T k_A \quad = \quad (9c)$$

Bei gleich starken direkten Aufbringungs- und Verwendungswirkungen in den beiden Ländern wird die Einkommenskontraktion im Geberland entsprechend der marginalen Neigung des Empfängerlandes zum Import aus Drittländern ($m_{B,R}$) verschärft. Treten im Geberland keine Aufbringungseffekte ein, so wird die Einkommensexpansion im Geberland durch die Importe des Empfängerlandes aus den Drittländern verringert. Weist nur das Geberland negative Aufbringungswirkungen auf, so entspricht die Einkommenskontraktion unverändert gegenüber (9c) dem negativen Investitionsmultiplikator ohne internationale Rückwirkungen. Eine Veränderung gegenüber dem Fall, daß A der alleinige Exporteur nach B ist, ergibt sich deshalb nicht, da das Einkommen in B durch den Transfer überhaupt nicht berührt wird und daher die Neigung von Land B zum Import aus A für die Einkommensentwicklung in Land A keine Bedeutung hat.

Diese Variante eines Mehrländerfalles zeigt deutlich, daß die Einkommensentwicklung im Geberland auf Grund von Entwicklungshilfeleistungen schon dann wesentlich schwächer ausfallen kann als im Zweiländermodell angegeben, wenn nur eine größere Zahl von Ländern unterstellt wird. Je geringer der Anteil des Geberlandes an den Importen des Entwicklungslandes ist, desto weniger macht sich der induzierte positive Einkommenseffekt im Geberland bemerkbar,

---

1) Im Sinne der absoluten Veränderung des Einkommens.

der durch die Verwendung im Entwicklungsland über verstärkte Exporte bewirkt wird. Bezieht im Extremfall das Empfängerland seine induzierten Importe nur aus Drittländern ($m_{B,A} = 0$), so reduziert sich die Gesamtheit der Einkommenswirkungen auf die primären Aufbringungswirkungen, multipliziert mit dem einfachen Investitionsmultiplikator einer offenen Volkswirtschaft.[1] Im günstigsten Fall bleibt also dann im Geberland das Einkommen unverändert. In der Realität können ungebundene Entwicklungshilfeleistungen nur dann zu Einkommens- und Beschäftigungssteigerungen führen, wenn neben einer Verausgabung im Entwicklungsland auch gewährleistet ist, daß das Geberland einen bedeutenden Anteil an den Importen des Entwicklungslandes hat.

Für die dynamische Betrachtung unter konjunkturellem Aspekt treten gegenüber den bisher behandelten Fällen keine grundlegenden Änderungen auf.

311.3. Induzierte Importe des Empfängerlandes, teilweise von einem Haupthandelspartner des Geberlandes

In einer Welt der multilateralen Wirtschaftsbeziehungen ist die Annahme des vorhergehenden Abschnitts (B II 311.2.) nur bedingt realistisch, daß sich Importsteigerungen des Empfängerlandes aus Drittländern nicht positiv auf die Exporte des Geberlandes nach Drittländern auswirken. So muß auch dann mit positiven Einkommenseffekten im Geberland gerechnet werden, wenn das Empfängerland den größten Teil seiner induzierten Importe aus einem Drittland C bezieht, das Haupthandelspartner des Geberlandes A ist. Das Drittland C hat dann eine relativ große Grenzneigung zum Import aus dem Land A ($m_{C,A}$).

Es ist nun festzustellen, welche Einkommenswirkungen sich im Geberland im Vergleich zu den vorhergehenden Abschnitten 311.1 und 311.2. ergeben. Dabei soll jedoch auf die mathematischen Ableitungen eines Drei- oder Vierländermodells (A, B, C und Rest der Welt) verzichtet werden, da diese wegen ihrer Kompliziertheit tendenziellen verbalen Darstellungen in bezug auf einen realitätsbezogenen Aussagewert nicht überlegen sind. Wie im Abschnitt 311.2. bewirken Importsteigerungen des Empfängerlandes, die sich auf Drittländer erstrecken, nicht

---

1) Vgl. dazu Gleichung (10), die sich bei

$m_{B,A} = 0$ zu $- \frac{1}{s_A + m_A} \cdot \Delta T \cdot k_A$ vereinfacht.

einen gleichzeitigen Exportanstieg im Geberland. Anderseits sind aber zusätzliche Importe des Landes B aus dem Land C für die Einkommensexpansion im Geberland A nicht völlig verloren. Die gestiegenen Exporte des Drittlandes C lassen hier das Volkseinkommen steigen, woraus sich eine Steigerung der Exporte des Geberlandes A in Höhe von $m_{C,A} \cdot \Delta Y_C$ ergibt. Dadurch wirken auch die zusätzlichen Importe des Empfängerlandes B, die aus dem Haupthandelspartner C des Geberlandes kommen, indirekt in Richtung auf eine Einkommens- und Beschäftigungssteigerung im Geberland A. Insgesamt wird daher die Intensität des positiven Einkommenseffektes, der durch die Verausgabung der Entwicklungshilfeleistungen im Empfängerland verursacht wird, zwar niedriger ausfallen als im Fall eines Alleinimportes aus Land A in Land B, aber doch höher, als wenn das Empfängerland seine Importe aus Ländern beziehen würde, die nur eine geringe Neigung zum Import von Gütern aus dem Land A aufweisen. Welchem Fall die Einkommensentwicklung unter den Bedingungen dieses Abschnittes näherkommt, hängt weitgehend von der Intensität der wirtschaftlichen Verflechtung des Drittlandes mit dem Geberland ab. Wenn das Drittland C relativ klein [1] und außerdem mit dem Geberland in einer Wirtschaftsunion zusammengeschlossen ist ($m_{C,A}$ relativ groß), so werden die Importsteigerungen des Empfängerlandes, die das Land C betreffen, in nennenswertem Umfang auch zu positiven Einkommens- und Beschäftigungswirkungen im Geberland führen.

Für eine dynamische Betrachtung ist die Annahme einer Exportsteigerung nach einem Drittland - verursacht durch die Gewährung von Entwicklungshilfe - ein weiterer Unsicherheitsfaktor in bezug auf die Realisierung eines quantitativen Einkommenseffektes innerhalb einer bestimmten Zeit. Nimmt z. B. im Extremfall die Neigung zum Import von Gütern aus Land A im Land C einen Wert von 1 ($m_{C,A} = 1$) an, so erreicht zwar der Endwert der Einkommensentwicklung im Land A die gleiche Größe, als wenn das Empfängerland seine Importe aus dem Geberland bezogen hätte, doch ist in den ersten Perioden die Einkommensentwicklung kleiner, da sich durch die Zwischenschaltung von Land C der Einkommensprozeß im Geberland um eine Periode verzögert. Damit wird die Verwendung der Entwicklungshilfe als Instrument zur Konjunktursteuerung beim Übergang vom Zwei- zum Mehrländerfall weiter erschwert.

Inwieweit die Einbeziehung von mehreren Ländern eine insgesamt positive Einkommenswirkung im Geberland auf Grund von Entwicklungshilfeleistungen negativ beeinflußt, bestimmt sich

---

1) Es wird dabei unterstellt, daß ceteris paribus kleinere Länder eine höhere Importneigung als große Länder haben (m_C ist tendenziell groß).

nach den wirtschaftlichen Verflechtungen des Geberlandes und des Empfängerlandes miteinander und der übrigen Welt. Für die drei Fälle 311.1., 311.2 und 311.3. lassen sich Beispiele aus den Beziehungen zwischen bestimmten Industrie- und Entwicklungsländern aufzeigen. Tendenziell würde eine Entwicklungshilfeleistung [1] Frankreichs an die französischen Überseegebiete dem Fall 311.1., eine Entwicklungshilfe der BRD an Nordvietnam dem Fall 311.2. und eine Entwicklungshilfe der BRD an Algerien dem Fall 311.3. entsprechen.

Für den Anteil des Geberlandes an den induzierten Importen des Empfängerlandes in einem Mehrländerfall sind neben der bisherigen wirtschaftlichen Verflechtung auch die Lieferfähigkeit des Geberlandes sowie dessen augenblickliche Wettbewerbsstärke und nicht zuletzt auch politische Verbindungen von großer Wichtigkeit.

312. Ökonomische Gegebenheiten der Empfängerländer

In diesem Abschnitt werden die bisher gemachten Annahmen über die ökonomischen Gegebenheiten der Empfängerländer an diejenigen der Entwicklungsländer angenähert. Dieses betrifft sowohl das Land der direkten Verausgabung und die Art der bezogenen Güter als auch die Wirkung von zusätzlichen Ausgaben im Einkommenskreislauf eines Entwicklungslandes. Dabei sollen weitgehend die Ergebnisse des Abschnitts B I 212. und B I 221. Berücksichtigung finden.

312.1. Teilweise direkte Verausgabung der Entwicklungshilfe im Geberland

Bei einer realistischen Beurteilung einer Verwendung von Entwicklungshilfeleistungen durch das Empfängerland muß man davon ausgehen, daß wenigstens ein Teil des Entwicklungshilfebetrages direkt für Importe aus dem Geberland verwendet wird. Es macht keinen Unterschied, ob die Direktverausgabung für den Import aus dem Geberland auf Grund einer vertraglichen Verpflichtung oder infolge von Wettbewerbsvorteilen des Geberlandes erfolgt. Entscheidend ist, daß, obwohl die Entwicklungshilfe in voller Höhe direkt zur Verausgabung kommt, nur ein Teil im Entwicklungsland einkommenswirksam wird, während der andere Teil im Geberland unmittel-

---

1) Es muß sich hier immer um ungebundene Entwicklungshilfeleistungen handeln, die im Empfängerland direkt verausgabt werden.

bar einen positiven Einkommenseffekt auslöst. Im Geberland stehen sich in diesem Fall zwei gegenläufige Einkommenseffekte in Form der direkten Aufbringungswirkung und der direkten Verwendungswirkung (unmittelbare Exportsteigerungen) gegenüber. Welche Auswirkung eine teilweise direkte Verausgabung der Entwicklungshilfe im Geberland auf die Einkommensentwicklung hat, soll mit Hilfe der Gleichung (9)[1] aufgezeigt werden, die für den Mehrländerfall ohne internationale Rückwirkungen von A nach B gilt.

$$(9) \qquad \Delta Y_{A_{n \to \infty}} = \frac{m_B \Delta N_B + (s_B + m_B)\, \Delta N_A}{(s_A + m_A)(s_B + m_B)}$$

Die Größen ΔN_B und ΔN_A stellen die durch die Aufbringung und gleichzeitige Verwendung der Entwicklungshilfeleistung eintretenden unmittelbaren Nachfrageveränderungen in den beiden Ländern dar. Nur diese beiden Größen werden durch die Annahme von unmittelbaren, zusätzlichen Importausgaben des Empfängerlandes berührt. Bisher war definiert:

$$\Delta N_A = - \; \Delta T \, . \, k_A \qquad\qquad \Delta N_B = \Delta T \, . \, k_B$$

Da k_A und k_B den einkommenswirksamen Teil des Kapitaltransfers im Land A bzw. im Land B darstellen, gilt:

$$k_A = 1 - s'_A - m'_A - m'_B \qquad\qquad k_B = 1 - s'_B - m'_B - m'_B - m'_A$$

Hierbei bedeuten:

s'_A = Teil des Kapitalbetrages ΔT, bei dessen Aufbringung ein unmittelbarer Abbau der Horte eintritt oder zusätzliche Kredite gewährt werden.

m'_A = Teil des Kapitalbetrages ΔT, dessen Aufbringung eine unmittelbare Senkung der Importausgaben mit sich bringt.

s'_B = Teil des Kapitalbetrages ΔT, der im Empfängerland unmittelbar zur Erhöhung der Horte führt, d.h. nicht verausgabt wird.

m'_B = Teil des Kapitalbetrages ΔT, der unmittelbar für zusätzliche Importe aus dem Geberland Verwendung findet.

Der gesamte unmittelbare Einkommenseffekt im Geberland A ist damit $\Delta T(-1 + s'_A + m'_A + m'_B)$

---

1) Vgl. Abschnitt B II 311.1.

Entsprechend ist der gesamte unmittelbare Einkommenseffekt im Empfängerland B $\Delta T\ (1 - s'_B - m'_B - m'_A)$. Da in den bisherigen Betrachtungen von unmittelbaren Veränderungen des Außenhandels bei der Aufbringung und Verwendung abgesehen wurde ($m'_A = 0$, $m'_B = 0$), entsprachen k_A und k_B dem Teil des Transferbetrages, der keine unmittelbare Veränderung der Nettohortung hervorgerufen hatte, d.h. der in beiden Ländern unmittelbar einkommenswirksam war. Wird nun angenommen, daß ein Teil (m'_B) der Entwicklungshilfe direkt für Importe aus dem Geberland verwendet wird, so wird der unmittelbare Einkommensausfall im Geberland N_A um den Betrag $T \cdot m'_B$ teilweise gemildert, während im Empfängerland B der positive unmittelbare Einkommenseffekt N_B um den gleichen Betrag ($T \cdot m'_B$) vermindert wird. Wie sich eine absolut gleich große, entgegengerichtete Veränderung (von $\Delta T \cdot m'_B$) des unmittelbaren Einkommenseffektes in beiden Ländern auf die Gesamtheit der Einkommensänderungen im Geberland auswirkt, läßt sich durch einen Vergleich der beiden Bestandteile des Zählers in Gleichung (9) entnehmen. Eine unmittelbare Verwendung der Entwicklungshilfe zum Import aus dem Geberland wirkt sich dann positiv auf den Gesamteinkommenseffekt im Geberland aus, wenn:

(11) $m_B \cdot \Delta T \cdot m'_B < (s_B + m_B) \cdot \Delta T \cdot m'_B$

(11a) $m_B < s_B + m_B$

In allen Fällen, in denen das Empfängerland stabil in der Isolierung ist, d.h. $s_B > 0$, bewirkt eine direkte Verausgabung der Entwicklungshilfe für Importe aus dem Geberland eine stärkere Expansion des Einkommens im Geberland, als wenn die Entwicklungshilfebeträge direkt im Empfängerland verausgabt werden. Ist dagegen das Empfängerland in der Isolierung instabil, d.h. $s_B < 0$, so steigt das Einkommen im Geberland stärker, wenn die Entwicklungshilfe direkt im Empfängerland verausgabt wird. Diese Aussage gilt jedoch nur, wenn das Empfängerland seine induzierten Importe ausschließlich aus dem Geberland erhält. Bezieht das Empfängerland seine induzierten Importe teilweise auch aus Drittländern, die keine intensiven Handelsbeziehungen zum Geberland haben, so muß die Bedingung für den positiven Einkommenseffekt einer Direktverausgabung der Entwicklungshilfe im Geberland entsprechend der Gleichung (10) [1] modifiziert werden.

(11b) $m_{B,A} < s_B + m_B$

---

1) Vgl. Abschnitt B II 311.2.

Ist die Summe aus Spar- und Importneigung des Empfängerlandes größer als die Grenzneigung zum Import von Gütern aus dem Geberland, so wird das Einkommen im Geberland bei einer direkten Verausgabung der Entwicklungshilfe im Geberland größer sein, als wenn die Entwicklungshilfebeträge im Empfängerland direkt zur Verausgabung kommen. Selbst bei einem in der Isolierung instabilen Empfängerland kann es für die Einkommensentwicklung im Geberland günstiger sein, wenn die Entwicklungshilfe direkt zu zusätzlichen Exporten führt.

Da die Entwicklungsländer in den meisten Fällen ihre Importe aus mehreren Ländern beziehen, ist auch im Fall eines in der Isolierung instabilen Empfängerlandes eine größere Einkommenssteigerung im Geberland zu erwarten, wenn die Entwicklungshilfeleistungen anstelle einer direkten Verausgabung im Empfängerland teilweise direkt zum Import aus dem Geberland verwendet werden. Der Einkommensanstieg wird bei einer direkten Verausgabung im Geberland ceteris paribus vergleichsweise um so höher ausfallen, je größer die Sparneigung im Empfängerland und je kleiner der Anteil des Geberlandes an den induzierten Importen des Empfängerlandes ist.

Auch in einer dynamischen Analyse spielt die Annahme einer direkten Verwendung der Entwicklungshilfe für Importe aus dem Geberland eine wichtige Rolle. Bei einem gleich großen Gesamteinkommenseffekt wird durch die direkte Verausgabung im Geberland bewirkt, daß bereits nach einer geringen Zahl von Einkommensperioden ein bestimmter, hoher Prozentsatz der Gesamtheit der Einkommensänderung erreicht ist. Soweit es zu einer Exportsteigerung durch die direkte Verausgabung kommt, wird ein Teil des positiven Einkommenseffekts infolge der Verausgabung der Entwicklungshilfe bereits in der ersten Periode wirksam, und es entfällt insoweit der zeitraubende Einkommensexpansionsprozeß im Empfängerland, der erst über mehrere Perioden durch steigende induzierte Importe einen positiven Einkommenseffekt im Geberland auslöst.

Dieses läßt sich an einem Extremfall verdeutlichen. Entsteht z. B. ein primärer negativer Aufbringungseffekt in Höhe des Entwicklungshilfebetrages ($- \Delta T$) und wird der Entwicklungshilfebetrag in voller Höhe direkt für einen zusätzlichen Import aus dem Geberland verausgabt ($\Delta X_{A,\, t1} = \Delta T$), so ist der Einkommenseffekt im Geberland insgesamt gleich Null, und die Gesamtheit der Einkommensänderungen vollzieht sich bereits in der ersten Periode. Eine gleich große Summe der Einkommensänderungen ($\Delta Y_{A_{n \Rightarrow \infty}} = 0$) im Geberland ergibt sich bei einem direkten Aufbringungseffekt von $- \Delta T \cdot m_B$ im Geberland und bei einer direkten Verausgabung von $\Delta T (m_B + s_B)$ im Empfängerland.[1] Jedoch sinkt hier kurzfristig infolge des zeitlich früher auftretenden negativen Aufbringungseffektes das Einkommen im Geberland, und erst nach vielen Perioden wird durch den induzierten Exportüberschuß eine Gesamtheit der Einkommensänderungen von Null erreicht. Die Zeitverzögerung des positiven Einkommenseffektes bei der Verwendung der Entwicklungshilfe wird dann durch die Direktverausgabung im Geberland vergleichsweise noch mehr verringert, wenn der induzierte Exportüberschuß des Geberlandes weniger vom Empfängerland, sondern vor allem von einem Drittland ausgeht.

Insgesamt bewirkt eine Direktverausgabung der Entwicklungshilfe im Geberland, daß erstens in den überwiegenden Fällen der Gesamteinkommenseffekt im Geberland höher ausfällt als bei direkter Verausgabung im Empfängerland[2] und daß bei einem insgesamt gleichen Endwert der Einkommensänderung sich die wesentlichen Teile dieser Einkommensänderung in einem erheblich kürzeren Zeitraum vollziehen als bei direkter Verausgabung im Empfängerland.

312.2. Teilweise direkte Verausgabung der Entwicklungshilfe in Drittländern

Werden die Entwicklungshilfebeträge direkt für zusätzliche Importe aus Drittländern verausgabt, so richtet sich die Beurteilung des Einkommenseffektes im Geberland entscheidend nach der Intensität der Handelsbeziehungen zwischen dem Geberland und dem Drittland.[3]

Besteht zwischen dem Geberland A und dem Drittland C keine oder nur eine geringe Handelsbeziehung, so ruft die direkte Verausgabung der Entwicklungshilfe im Drittland C keinen nennenswerten Einkommenseffekt im Geberland A hervor. Weisen das Land A und das Land C mit anderen Drittstaaten, z. B. D und E, intensive Handelsbeziehungen auf, so kann nach mehreren Perioden im Geberland durch mehrgradig indirekt induzierte Exporte in geringerem Umfang ein

---

1) Vgl. dazu Gleichung (9), sowie den Abschnitt B II 24.
2) Dieses entspricht auch der von Johnson entwickelten Formel zur Bestimmung der Einkommensänderungen im Geberland bei teilweiser direkter Veränderung der Außenhandelsgrößen durch Aufbringung und Verwendung des Transfers. Außerdem weist er nach, daß unter diesen Bedingungen ein vollkommener realer Transfer auch dann erfolgen kann, wenn das Empfängerland in der Isolierung stabil ist. Vgl. Johnson, H.G.: The Transfer Problem and Exchange Stability, in: Journal of Political Economy, Bd. 64, 1956, S.212 ff, insbesondere S. 218 f.
3) Vgl. Abschnitt B II 311.

positiver Einkommenseffekt eintreten, der letztlich durch die Verausgabung der Entwicklungshilfe verursacht wurde. Insgesamt ist dieser Effekt nur klein, und eine kurzfristige konjunkturelle Betrachtung kann ihn vernachlässigen. Somit entfällt der Teil der Entwicklungshilfe, der in Drittländern, die mit dem Geberland keine intensiven Handelsbeziehungen aufweisen, direkt verausgabt wird, als Stimulator für die Einkommensentwicklung im Geberland.

Eine andere Situation liegt vor, wenn das Drittland C, in welchem B seine Entwicklungshilfebeträge direkt ausgibt, durch intensive Wirtschaftsbeziehungen mit dem Geberland A verbunden ist. Dann nimmt das Geberland A an der durch die Verausgabung der Entwicklungshilfe in C hervorgerufenen Einkommensexpansion über induzierte Exportsteigerungen teil. Daß dieser Einkommenseffekt kleiner ist, als wenn das Empfängerland die Entwicklungshilfebeträge im Geberland ausgegeben hätte, erscheint unmittelbar einsichtig, da durch die Zwischenschaltung des Landes C sowohl quantitative Sickerverluste als auch zeitliche Verzögerungen eintreten. Ob eine direkte Verausgabung im Drittland C, das mit A wirtschaftlich eng verbunden ist, oder eine direkte Verausgabung im Empfängerland B eine stärkere Einkommensexpansion im Geberland A hervorruft, kann nicht allgemein gesagt werden. Die entscheidenden Faktoren dafür sind die Importneigungen der Länder B und C in bezug auf die Güter des Landes A sowie die Gesamtausgabeneigungen bzw. die induzierten Einkommenssteigerungen in den Ländern B und C. Eine stärkere Einkommensexpansion im Geberland tritt dann ein, wenn die direkte Verausgabung in dem Land erfolgt, wo die kombinierte Wirkung von Importneigung und Einkommensexpansion zu höheren induzierten Exporten des Geberlandes A führt.

Dagegen ist die direkte Verausgabung in einem Drittland C, welches intensive Handelsbeziehunge mit dem Geberland unterhält, für die Einkommensentwicklung im Geberland günstiger, als wenn die Entwicklungshilfe im Empfängerland B verausgabt worden wäre, Land B induzierte Importe ausschließlich von dem Land C bezogen hätte und erst dadurch das Einkommen in C gestiegen wäre.[1] Durch die direkte Verausgabung im Drittland C verringern sich unter diesen Bedingungen die Sickerverluste für die Einkommensexpansion, und der Zeitraum, nach dem die ersten positiven Einkommenseffekte durch die Verwendung der Entwicklungshilfe im Geberland wirksam werden, verkürzt sich um eine Periode.

---

1) Diese Aussage gilt nur bei der Annahme, daß das Empfängerland in der Isolierung stabil ist.

Eine direkte Verausgabung der Entwicklungshilfe in einem Drittland wirkt sich negativ auf die Einkommensentwicklung im Geberland aus, wenn sie mit unmittelbaren oder induzierten Exporten des Geberlandes verglichen wird, sie wirkt sich dagegen aber positiv aus, wenn die Alternative in einer induzierten Exportsteigerung eines Drittlandes besteht.

312.3. Direkte Verausgabung der Entwicklungshilfe für den Import von Investitionsgütern

Bisher war weiterhin wie im ursprünglichen Machlup-Metzler-Modell unterstellt worden, daß es sich bei den durch die Verausgabung des Transfers zusätzlich importierten Gütern um Konsumgüter handelte, die nach dem Import in das Empfängerland unmittelbar verbraucht wurden. Wie aber bereits im Kapitel über die isolierte Betrachtung der Verwendungswirkungen aufgezeigt wurde, [1] kann man bei der direkten Verausgabung der Entwicklungshilfe für zusätzliche Importe annehmen, daß es sich vorwiegend um Investitionsgüter handelt, die Teil eines inländischen Gesamtinvestitionsobjektes sind. [2] Durch den Import von Investitionsgütern bleibt aber die Absorption einheimischer Güter nicht unverändert, sondern erhöht sich um die mit den Importen komplementär verbundenen Inlandsinvestitionsausgaben, die unter den Begriff der "local costs" fallen.

Die autonome inländische Nachfrage im Empfängerland nach Gütern des Empfängerlandes N_B steigt infolge der Importe von Investitionsgütern um den Betrag von $\Delta T m'_B \cdot k_i$ gegenüber den bisherigen Überlegungen. Dabei bedeutet m'_B wie bisher den Teil der Entwicklungshilfeleistungen, der direkt für Importe verausgabt wird und k_i [3] das Verhältnis von zusätzlichen komplementären Inlandsinvestitionen (ΔI_h) und importierten Investitionsgütern ($\Delta M_{inv} = \Delta T \cdot m'_B$). Der Prozentsatz k_B der Entwicklungshilfeleistung (ΔT), der im Empfängerland unmittelbar einkommenswirksam wird, ergibt sich aus der Beziehung:

---

1) Vgl. insbesondere die Abschnitte B I 212.12. und B I 212.15.

2) Auch Nahrungsmittellieferungen können im weiteren Sinne als Investitionsgüter angesehen werden, wenn sie im Zusammenhang mit einem allgemeinen Investitionsprogramm erfolgen. Lediglich Nahrungsmittelhilfen zu humanitären Zwecken haben die ökonomische Bedeutung von reinen Konsumgütern.

3) k_i entspricht dem Koeffizienten $\frac{i_h}{1-i_h}$ in Gleichung (3) des Abschnitts B I 212.15. und ist gleich $\frac{\Delta I_h}{\Delta M_{inv}}$.

$$k_B = 1 - s'_B - m'_B - m'_A + m'_B \cdot k_i$$

Wenn m'_A und s'_B gleich Null sind, ergibt sich:

$$k_B = 1 - m'_B + m'_B \cdot k_i$$

Ist z. B. das Verhältnis von "local costs" und den Devisenkosten (importierte Investitionsgüter) eins ($k_i = 1$),[1] so wird der unmittelbare Absickerverlust durch erhöhte Importe gerade durch die autonome Steigerung der Inlandsausgaben für komplementäre Investitionsgüter kompensiert. Das Einkommen im Empfängerland expandiert ebenso stark, als wenn die Entwicklungshilfeleistungen unmittelbar im Empfängerland verausgabt worden wären. Der positive Einkommenseffekt im Geberland durch die Verausgabung der Entwicklungshilfe setzt sich zusammen aus einer unmittelbaren Exportsteigerung in Höhe des Entwicklungshilfebetrages (wenn $m'_B = 1$) und aus induzierten Exporten nach dem Empfängerland infolge der dort durch die komplementären Investitionsausgaben hervorgerufenen Einkommensexpansion. Insgesamt entspricht der positive Einkommenseffekt im Geberland der Summe der Einkommenseffekte durch die direkte Verausgabung im Geberland und durch die direkte Verausgabung im Empfängerland, während der negative Aufbringungseffekt nur in einfacher Höhe eintritt. Diese Erscheinung der mit den unmittelbaren Importen verbundenen Komplementärinvestitionen kann theoretisch mit allen dargestellten Mehrländerfallkonstellationen[2] und mit der alternativen direkten Verausgabung im Geberland oder in Drittländern[3] kombiniert werden, woran sich dann eine exakte formelmäßige Bestimmung des Gesamteinkommenseffekts im Geberland anschließen läßt. Darauf soll hier jedoch verzichtet werden. Es wird lediglich die Einkommensentwicklung im Geberland unter den Bedingungen eines Mehrländerfalles untersucht, ohne Einkommensrückwirkungen von A nach B sowie vom Drittland C nach dem Geberland A. In gleicher Weise wie der induzierte Import ($m_B = m_{B,A} + m_{B,R}$) verteilt sich auch die unmittelbare Importerhöhung ($m'_B = m'_{B,A} + m'_{B,R}$) teilweise auf das Geberland (A) und den Rest der Welt (R).

---

1) Dieses Verhältnis kann von Projekt zu Projekt sehr verschieden sein. Allgemeine Schätzungen rechnen mit einem Anteil von ΔI_h zwischen 50 und 67 % der durch die Importe bewirkten Gesamtinvestitionen, vgl. Mikesell, R.F.: International Disequilibrium and the Post-War World, in: The American Economic Review, Bd. 39, 1949, S. 630.

2) Vgl. Abschnitt B II 311.

3) Vgl. Abschnitte B II 312.1. und B II 312.2.

$$(10)\quad \Delta Y_{A_{n\Rightarrow\infty}} = \frac{m_{B,A}\,\Delta N_B + (s_B + m_B)\,\Delta N_A}{(s_A + m_A)(s_B + m_B)}$$ [3]

$$= \frac{m_{B,A}\,\Delta T(1 - s'_B - m'_B + m'_B \cdot k_i) + (s_B + m_B)\Delta T(-1 + s'_A + m'_A + m'_{B,A})}{(s_A + m_A)(s_B + m_B)}$$

Durch die Annahme von autonomen, zum unmittelbaren Import komplementären Investitionsausgaben hat sich die Bestimmungsgleichung zur Einkommensentwicklung im Geberland um den Faktor $m'_B \cdot k_i$ verändert. Je größer der Anteil des Geberlandes ($m_{B,A}$) an den induzierten Importen des Empfängerlandes ist, desto stärker wirken sich die komplementären Investitionsausgaben auf die Einkommensentwicklung im Geberland aus.

Bezieht das Empfängerland alle induzierten Importe aus dem Geberland ($m_{B,A} = m_B$), so steigt das Einkommen im Geberland am stärksten, stammen alle induzierten Importe aus Drittländern ($m_{B,A} = 0$), die keine Handelsbeziehungen mit dem Geberland aufweisen, so bewirken die komplementären Investitionen überhaupt keine Einkommenssteigerung im Geberland. Ist das Geberland ein wichtiger Handelspartner des Empfängerlandes, so kann durch die Annahme von autonomen, zu dem unmittelbaren Import komplementären Investitionsausgaben eine zusätzliche wesentliche Einkommenssteigerung im Geberland erwartet werden.[2]

In diesem Modellfall, der für Aussagen über die Beziehung zwischen Industrie- und Entwicklungsländern durchaus eine wichtige Bedeutung hat, zeigt sich, daß auch dann, wenn das Entwicklungsland stabil in der Isolierung ist ($s_B > 0$),[3] der Realtransfer den ursprünglichen

---

1) Bei den hier ausgeschlossenen Rückwirkungen von A nach B und C nach A gilt:

$$\Delta N_B = \Delta T \cdot k_B = \Delta T\,(1 - s'_B - m'_B + m'_B \cdot k_i)$$
$$\Delta N_A = -\Delta T \cdot (k_A) = \Delta T\,(-1 + s'_A + m'_A + m'_{B,A})$$

2) Bei dieser Betrachtung der "local costs" wird unterstellt, daß mit der Finanzierung keine negativen Aufbringungswirkungen auftreten. Soweit Aufbringungswirkungen vorhanden sind, müssen diese von den komplementären Investitionsausgaben abgezogen werden, und nur der Nettobetrag tritt an die Stelle der hier verwendeten gesamten komplementären Investitionsausgaben.

3) Der Unterschied zum Begriff "instabil in der Isolierung" liegt darin, daß hier zwar $s > 0$ gilt, aber die autonomen Gesamtausgaben des Empfängerlands größer sind als der Entwicklungshilfebetrag ($\Delta N_B + \Delta M_B > \Delta T$).

Betrag der Entwicklungshilfe überschreiten wird. Dieses bedeutet, daß bei andauernder Entwicklungshilfe unter diesen Bedingungen im Gegensatz zu dem ursprünglichen Machlup-Metzler-Modell das Geberland einen andauernden Devisenzufluß und das Empfängerland einen andauernden Devisenabfluß aufweisen. Das Empfängerland gerät also durch die Entwicklungshilfe in Zahlungsbilanzschwierigkeiten. Das entspricht der Situation eines Entwicklungslandes, welches Entwicklungshilfe als Devisen in Höhe des Importanteils eines bestimmten Investitionsobjektes erhält. Der auf Grund des Einkommensmechanismus induzierte Import führt dann insgesamt zu einem Devisenverlust.

312.4. Inflatorische Effekte im Empfängerland

Soweit mit der Entwicklungshilfe eine Erhöhung der Nachfrage nach Gütern des Entwicklungslandes verbunden ist, also sowohl im Falle der direkten Verausgabung der Entwicklungshilfebeträge im Entwicklungsland als auch im Falle der komplementären Investitionsausgaben ("local costs"), führt die unelastische Angebotsstruktur dazu, daß die Einkommensprozesse von erheblichen Preissteigerungen begleitet sind. [1] Während nur ein Teil des Einkommensprozesses auch eine Realeinkommenssteigerung ist, stellt der andere Teil des Einkommensprozesses eine inflatorische Aufblähung des Einkommens dar. Im Gegensatz zu der bisherigen Annahme, daß zusätzliche Importe des Empfängerlandes allein durch Realeinkommenssteigerungen induziert werden, muß hier neben der Importwirkung einer Realeinkommenssteigerung die Auswirkung einer Preissteigerung im Empfängerland auf die Importe untersucht werden. Obwohl die ökonomische Situation der Entwicklungsländer nicht der klassischen Prämisse einer vollbeschäftigten Wirtschaft entspricht, kann man hier dennoch bei der Betrachtung des Zusammenhanges von Verausgabung der Entwicklungshilfe und Importentwicklung des Entwicklungslandes auf die Grundlagen der neoklassischen Transfertheorie zurückgreifen. Dabei wird das Gesamtpreisniveau des Entwicklungslandes unterteilt in die Teilpreisniveaus für reine Inlandsgüter, für Importgüter und für Exportgüter. [2]

Stellen die durch Entwicklungshilfeleistungen verursachten Inlandsausgaben vorwiegend Lohn-

---

1) Vgl. Abschnitt B I 22.
2) Die Unterteilung entspricht dem Vorgehen von Viner, vgl. Viner, J.: Canada's Balance of International Indebtedness 1900 - 1913, Cambridge (Mass.), 1924, insbesondere S. 253 ff.

ausgaben für wenig qualifizierte Arbeitskräfte dar, so konzentriert sich die zusätzliche Nachfrage auf Konsumgüter des grundlegenden menschlichen Bedarfs, z. B. Grundnahrungsmittel und einfache Bekleidungsgegenstände. Wegen des unelastischen Angebots bei diesen Gütern kommt es kurzfristig und je nach der Länge der Ausreifungszeit der Investitionen auch längerfristig [1] zu Preissteigerungen bei diesen Inlandsgütern. Diese Preissteigerungen der Inlandsgüter bewirken nur dann einen Anstieg der Importe, wenn zwischen den Inlandsgütern und den Importgütern eine Substitutionsbeziehung besteht, die z. B. durch einen Quotienten aus relativer Mengenänderung der Importgüter und relativer Preisänderung der Inlandsgüter gemessen werden könnte.

Als typische Importe der Entwicklungsländer aus den Industrieländern gelten einerseits Investitionsgüter und zum anderen hochwertige Konsumgüter. Es ist realistisch, anzunehmen, daß die importierten Investitionsgüter überhaupt keine Substitutionsbeziehung zu den Konsumgütern des grundlegenden menschlichen Bedarfs aufweisen. Auch die Nachfrage nach hochwertigen Konsumgütern hängt in erster Linie von Realeinkommenssteigerungen und weniger von der Höhe der Konsumgüterpreise des grundlegenden menschlichen Bedarfs ab, d.h. auch hier kann eine Substitutionsbeziehung zwischen den Grundkonsumgütern und den Importen weitgehend vernachlässigt werden. Nur wenn ein Entwicklungsland Grundkonsumgüter auch importiert, besteht eine Substitutionsbeziehung zwischen inländischen Grundkonsumgütern und Importen, d.h., bei Preissteigerungen im Inland nehmen die Importe erheblich zu. Erst in diesem Fall tritt die Wirkungsweise des erwarteten Geldmengenpreismechanismus [2] ein.

Bei modellmäßiger Betrachtung wirkt sich der Geldmengenpreismechanismus nicht nur auf den Importwert, sondern auch auf den Exportwert eines Landes aus. Da aber in den meisten Fällen die Exportprodukte eines einzelnen Entwicklungslandes auf dem Weltmarkt mit Produkten aus einer Vielzahl anderer Länder konkurrieren, ist die Nachfrage nach den Gütern aus einem bestimmten Land selbst dann noch sehr elastisch, wenn die Nachfrage nach dieser Güterart insgesamt wenig elastisch ist. Außerdem kennzeichnet die Entwicklungsländer überwiegend ein sehr

---

1) Über das zeitliche Eintreten des Kapazitätseffektes vgl. Abschnitt B I 223.
2) Auf Grund der die Preissteigerung verursachenden Einkommensverwendung auch Einkommenspreismechanismus genannt, vgl. Besters, H.: Die moderne Transfertheorie, a.a.O., S. 4+.

starres Angebot bei ihren Exportgütern, u.a. weil sie einerseits auf den Zufluß von Devisen dringend angewiesen sind und weil anderseits die Exportproduktion nicht kurzfristig im inländischen Wirtschaftsablauf verwertet werden kann. Daher bleiben auch die Exporte der Entwicklungsländer weitgehend durch die Preissteigerungen der Grundkonsumgüter unbeeinflußt. [1)]

Aus dem oben Dargelegten läßt sich über die Auswirkung von inflationären Einkommensprozessen in einem Entwicklungsland auf die Beschäftigung in einem industriellen Geberland folgendes schließen: Eine Veränderung der Importe aus dem Entwicklungsland tritt nicht ein, da sich Preis und Angebotsmenge des Entwicklungslandes erstens wenig ändern und zweitens, wenn wider Erwarten eine nennenswerte Änderung eintritt, verteilt sich diese auf eine Vielzahl von Ländern, so daß sie sich auf die Importe des Geberlandes nicht auswirkt. Auf Grund der besonderen Importstruktur der Entwicklungsländer und der speziellen Ausrichtung der zusätzlichen Nachfrage, die vor allem Preissteigerungen bei Grundkonsumgütern hervorruft, braucht es bei inflatorischen Einkommensprozessen wenigstens für einen bestimmten Preisspielraum nicht zu steigenden Importen des Empfängerlandes zu kommen. Tätigt aber das Empfängerland in größerem Maße auch Importe von Grundkonsumgütern oder sind die Preissteigerungen so stark, daß substitutive Importe von Grundkonsumgütern angelockt werden, so führen die Preissteigerungen zu steigenden Importen des Empfängerlandes. Doch da sich die zusätzlichen Importe auf Güter (Grundkonsumgüter der Entwicklungsländer) konzentrieren, die nicht von einem Industrieland angeboten werden, bedeutet der Importanstieg nicht gleichzeitig einen Mehrexport der Industriestaaten und erst recht nicht einen Mehrexport des industriellen Geberlandes. Soweit es zu Mehrexporten von benachbarten Entwicklungsländern kommt, läßt sich grundsätzlich eine mehrfach indirekte Einkommenswirkung im Geberland nicht ausschließen, doch dürfte diese sowohl zeitlich als auch quantitativ so unbestimmt sein, daß sie praktisch vernachlässigt werden kann.

Führen eine direkte Verausgabung der Entwicklungshilfe oder zusätzliche komplementäre Investitionsausgaben zu einem inflatorischen Einkommensprozeß, so kann man eine Einkommensübertragung auf das Geberland im Sinne des neoklassischen Transfermechanismus um so weniger erwarten, je niedriger der Entwicklungsstand eines Entwicklungslandes ist, da hier die Importe

1) Wird jedoch eine starke, anhaltende Inlandsinflation zu einer unerträglichen Belastung der Exportindustrie, so greifen die Entwicklungsländer in vielen Fällen zu dem Instrument der Abwertung.

aus den Industrieländern nur in geringerem Maße mit den heimischen Gütern in Substitutionsbeziehung stehen. Besteht zwischen den im Preis gestiegenen Inlandsgütern und den Importen aus dem Industrieland keine Substitutionsbeziehung, so fällt der Teil der Einkommensentwicklung im Empfängerland, der inflatorischer Natur ist, für induzierte Exporte des Geberlandes aus.

Konzentrieren sich dagegen bei höher entwickelten Empfängerländern die Preissteigerungen auf einheimische Güter, die in starker Konkurrenzbeziehung mit Importen aus Industrieländern stehen, so tritt der Geldmengenpreismechanismus in Form einer starken Importausweitung in Erscheinung. Je nach der Stärke der Substitutionsbeziehung kann der preisinduzierte Importanstieg größer oder kleiner als ein entsprechender realeinkommensinduzierter Importanstieg ausfallen. Unter diesen Bedingungen kann der Anstieg der Exporte des Geberlandes bei einem inflationären Einkommensprozeß größer sein als bei einem Realeinkommensprozeß. Hier müssen jedoch wie beim Einkommensmechanismus die Kompliziertheit und die teilweise Indeterminiertheit des in der Realität gegebenen Mehrländerfalles berücksichtigt werden.

Welchem der Einkommenseffekte, dem inflatorischen oder dem realen, infolge zusätzlicher inländischer Investitionsausgaben auf Grund von Entwicklungshilfeleistungen eine größere Bedeutung zukommt, hängt von den speziellen Gegebenheiten des Entwicklungslandes ab. Je starrer das Produktionsangebot ist und je später das Kapazitätseffekt eintritt, desto größere Bedeutung hat der inflatorische Einkommenseffekt. Bei der Betrachtung des Kapazitätseffektes muß zu dem Kapazitätseffekt der in inländischen Investitionsausgaben auch der Kapazitätseffekt der importierten Investitionsgüter hinzugerechnet werden, so daß insbesondere bei Engpaßinvestitionen schon mittelfristig ein beachtlicher Kapazitätseffekt eintreten kann.[1)]

312. 5. Veränderungen der marginalen Größen

In den Modellen zur Ableitung von Einkommenswirkungen unterstellt man im allgemeinen konstante Grenzneigungen. Diese Modelle haben nur so lange einen Prognosewert, wie die marginalen Werte konstant oder die Gesetze ihrer Veränderungen bekannt sind.[2)] Da die Theorie der inter-

---

1) Vgl. insbesondere Abschnitt B I 212.14.
2) Vgl. Machlup, F.: International Trade and the National Income Multiplier, a.a.O., S. 20

nationalen Einkommensübertragungen ihrer Natur nach kurzfristig ist, scheint einiges für die Verwendung von konstanten marginalen Werten zu sprechen. Anderseits erscheint es aber realistisch, anzunehmen, daß die marginalen Größen -bei den einzelnen Größen in unterschiedlichem Maße - auch kurzfristig Veränderungen unterliegen. Da diese Arbeit auch die Einkommenswirkung einer ständig wiederkehrenden Entwicklungshilfeleistung untersucht, sind auch Überlegungen, die sich auf eine Veränderung der marginalen Größen in einem längeren Zeitablauf erstrecken, mit in die Betrachtung einzubeziehen. Dabei soll sich dieser Abschnitt auf die Veränderungen der marginalen Größen im Empfängerland beschränken.

312.51. Veränderungen der marginalen Konsumneigung

Veränderungen in der globalen marginalen Konsumneigung eines Entwicklungslandes können auf Grund von Entwicklungshilfeleistungen sowohl durch Realeinkommensänderungen als auch durch Preissteigerungen hervorgerufen werden. Dabei macht es eine dualistische Wirtschaft erforderlich, die beiden Sektoren, den fortschrittlichen und den traditionellen, gesondert zu betrachten.

Im traditionellen Sektor liegt die marginale Konsumneigung solange nahe bei eins, wie bestimmte menschliche Grundbedürfnisse noch nicht ausreichend befriedigt werden können. Wenn die auf dem Hintergrund eines bestimmten Kultursystems bestehenden Konsumbedürfnisse durch eine Realeinkommenssteigerung zufriedenstellend zu realisieren sind, so kann sich der Wert der marginalen Konsumneigung grundlegend ändern. Die "Konsumgewohnheiten sind ziemlich starr, und demzufolge kann bei gleichzeitiger hoher Durchschnittsneigung die Grenzneigung zum Konsum sehr niedrig sein. Auf Grund dieser Beobachtungen wird es klar, daß eine Einkommenssteigerung im Hinterland nicht zu einer entsprechenden Erhöhung des Konsumniveaus führen muß." [1] Diese Erscheinung stellt einen wichtigen Grund für die Enge der Märkte in Entwicklungsländern dar, wodurch viele Investitionen eine unbefriedigende Rentabilität aufweisen. Erst wenn es gelingt, die kulturelle Begrenztheit der Konsumbedürfnisse durch intensive Kontakte mit dem fortschrittlichen Sektor ("interregionaler Demonstrationseffekt")[2] zu durchbrechen, nimmt bei weiteren

1) Chiang, A.C.: Der "Demonstrationseffekt" in einer gespaltenen Wirtschaft, a.a.O., S.315.
2) Ebenda, S. 315.

Realeinkommenssteigerungen die Grenzneigung zum Konsum im traditionellen Sektor wieder einen hohen Wert an.

Die marginale Konsumneigung kann im traditionellen Sektor durch Preissteigerungen nur dann wesentlich verändert werden, wenn sie nicht schon vorher nahe bei eins gelegen hat. Preissteigerungen erhöhen die marginale Konsumneigung, wenn das Einkommen die Ausgaben für die starren Konsumbedürfnisse übersteigt. Die Preissteigerungen führen dann zu einem Abbau der überschüssigen Kassen zugunsten von nominell höheren Konsumausgaben.

Im fortschrittlichen Bereich kann man bei den breiten Massen ebenfalls mit einer hohen marginalen Konsumneigung rechnen. Steigt das Realeinkommen, so besteht im Gegensatz zum traditionellen Bereich keine kulturell bedingte Konsumgrenze, da das traditionelle Kultursystem durch die tägliche Konfrontation mit dem industriellen Bereich weitgehend durchbrochen ist. Werden aber in den Entwicklungsländern mit steigendem Einkommen nicht gleichzeitig Konsumgüter des gehobenen Bedarfs produziert, so geht die Grenzneigung zum Konsum einheimischer Güter zurück. Es bleibt dann nur die Alternative des Zwangssparens in Form von steigenden Kassenbeständen oder - soweit möglich - der Kauf von importierten Konsumgütern. Dieses gilt insbesondere für die mittlere und höhere Schicht der Einkommensbezieher im fortschrittlichen Sektor. Eine Realeinkommenssteigerung kann unter diesen Bedingungen zu einem Sinken der marginalen Neigung zum Konsum heimischer Güter im fortschrittlichen Sektor führen.

Zwar können Preissteigerungen auch im fortschrittlichen Sektor die marginale Neigung zum Konsum heimischer Güter erhöhen, anderseits kann aber auch eine spekulative Flucht in die Sachwerte - insbesondere im Bereich des Handels - eintreten, wodurch der Anstieg der Konsumneigung wieder gebremst wird.[1)]

Aggregiert man die Grenzneigungen zum Konsum einheimischer Güter in den beiden Sektoren, so erscheint es durchaus möglich, daß bei einer Realeinkommenssteigerung auf Grund einer ständig wiederkehrenden Entwicklungshilfeleistung die Grenzneigung zum Konsum einheimischer Güter zunächst sinkt und später nach Überwindung der kulturellen Konsumgrenze im traditionellen Bereich und der Produktion von gehobenen Konsumgütern im fortschrittlichen Bereich wieder steigt.

---

1) Das gilt allerdings nur für die Spekulanten.

312.52. Veränderungen der marginalen Investitionsneigung

Eine konstante marginale Investitionsneigung muß bereits im Rahmen einer kurzfristigen Analyse als unrealistisch angesehen werden. [1] Daher wird statt der im Transfermodell von Metzler verwendeten Investitionsfunktion von $I_t = f(Y_{t-1})$ in der ökonomischen Theorie oft mit einer Investitionsfunktion in Form des Akzeleratorprinzips gearbeitet: $I_t = \beta \cdot \Delta C_t$. Dieses setzt allerdings u.a. eine ganz bestimmte Beschäftigungsstruktur - Vollbeschäftigung in der Konsumgüterindustrie und Unterbeschäftigung in der Investitionsgüterindustrie - sowie eine sehr enge interindustrielle Verflechtung voraus. Diese beiden Faktoren sind in Entwicklungsländern nicht gegeben, so daß das Akzeleratorprinzip als Erklärungsmodell für Veränderungen der marginalen Investitionsneigung in Entwicklungsländern entfällt.

Soweit die Investitionen in Entwicklungsländern vom Staat durchgeführt werden, lassen sich Veränderungen ihres Volumens nicht durch ökonomische Faktoren eindeutig erklären. Durch eine andauernd wiederkehrende Entwicklungshilfeleistung erfolgt von zwei Seiten her eine Verbesserung der Investitionsvoraussetzungen für private Unternehmer. Einmal werden durch Primärinvestitionen, z. B. Infrastrukturinvestitionen oder Investitionen in vor- und nachgelagerten Bereichen, "external economies" geschaffen [2], und zum anderen bauen Realeinkommenssteigerungen die Enge des Marktes als ein entscheidendes Investitionshemmnis [3] wenigstens teilweise ab. Wird der Prozeß der Einkommenssteigerung von einer Stabilität der wirtschaftlichen und politischen Ordnung begleitet, so ist mit einem Anstieg der Investitionsneigung zu rechnen.

Treten in Verbindung mit der Entwicklungshilfe inflatorische Einkommensprozesse auf, so entfallen teilweise die oben beschriebenen Verbesserungen der Investitionsmöglichkeiten. Zwar können auch von einer schleichenden Inflation Investitionsanreize ausgehen, solange die Kosten langsamer steigen als die Preise, je größer aber die Infaltionsrate wird, desto stärker beschränken sich die Unternehmer auf kurzfristige, spekulative Investitionen, die nur wenig zu einem Realeinkommensprozeß beitragen.

---

1) Vgl. Machlup, F.: International Trade and the Income Multiplier, a.a.O., S. 22.
2) Vgl. Abschnitt B I 222.
3) Vgl. Chiang, A.C.: Der "Demonstrationseffekt" in einer gespaltenen Wirtschaft, a.a.O., S. 316.

312.53. Veränderungen der marginalen Importneigung

Der Zusammenhang zwischen Einkommenssteigerungen und Veränderungen in der Importneigung ist bereits eingehend im Abschnitt B I 212.2. untersucht worden. Man kann erwarten, daß die Importneigung in einzelnen Entwicklungsphasen eines Landes Schwankungen unterliegt. So wird die Importneigung beim Aufbau einer importsubstituierenden Industrie zunächst noch steigen, während nach der Produktionsaufnahme dieser Industrie die Importneigung infolge der neuen importkonkurrierenden Güter wieder zurückgeht. Eine anschließende Realeinkommenssteigerung und die weitere Industrialisierung können die Importneigung erneut ansteigen lassen. Theoretisch lassen sich zwar Veränderungen in der Struktur der Importe infolge einer Einkommenssteigerung, verbunden mit einer Industrialisierung, aufzeigen, eine generelle Aussage über die Entwicklung der marginalen Importneigung ($\Delta M / \Delta Y$) dürfte vor nahezu unüberwindlichen Hindernissen stehen. Nicht nur der spezielle Aufbau der Produktionsstruktur, pro- oder anti-trade-biased, sondern auch die Größe eines Landes können den Wert der marginalen Importneigung bei gleich großer Realeinkommenssteigerung unterschiedlich beeinflussen. Ist zum Beispiel ein Land sehr groß und gelingt es, infolge der Entwicklung eine starke interindustrielle Verflechtung zu erreichen und das Land zu einem weitgehend geschlossenen Wirtschaftsraum zu machen, so nimmt die marginale Importneigung tendenziell ab, während umgekehrt bei der wirtschaftlichen Entwicklung eines kleinen Landes die marginale Importneigung zunehmen kann. Ohne eine ökonomische Gesetzmäßigkeit annehmen zu wollen, scheint es für große Entwicklungsländer plausibel, daß die Grenzneigung zum Import zunächst steigt und später wieder sinkt. Eine empirische Überprüfung stößt deshalb auf außerordentliche Schwierigkeiten, da es zwar möglich ist, die Einkommenssteigerungen zu erfassen, doch können nur die tatsächlich vollzogenen Importe berücksichtigt werden, die aber bei einer Erschwerung der Importe nur bedingt der marginalen Importneigung entsprechen.[1] Tendenziell werden zwar Preissteigerungen im Entwicklungsland die Neigung zum Import verstärken, doch kann unter den bestimmten Bedingungen eines Entwicklungslandes dieser Effekt nur gering sein und unter Umständen vernachlässigt werden.[2]

---

1) Empirische Untersuchungen zur Importneigung vgl. Hesse, H.: Industrialisierung der Entwicklungsländer und internationaler Handel, a.a.O., S. 357 f. und Chang, T.C.: Cyclical Movements in the Balance of Payments, Cambridge 1957, S. 37 f.

2) Vgl. Abschnitt B II 312.4.

312.54. Bedeutung der Veränderungen der marginalen Größen für das Einkommen im Geberland

Verändern sich die marginalen Größen im Empfängerland, so ergeben sich damit auch Veränderungen im Umfang der induzierten Importe auf Grund der Entwicklungshilfeleistung bzw. der durch Entwicklungshilfe induzierten Exporte des Geberlandes. Eine Entwicklungshilfeleistung kann dann trotz gleicher primärer Aufbringungs- und Verwendungswirkungen einen unterschiedlichen Einkommens- und Beschäftigungseffekt im Geberland haben. Soll mit einer kontinuierlichen Entwicklungshilfeleistung ein bestimmter Beschäftigungseffekt im Geberland hervorgerufen werden, so muß bei einer Veränderung der marginalen Größen im Entwicklungsland eine Veränderung der Nettoleistungen erfolgen.

Anderseits können sich Veränderungen in den marginalen Größen des Empfängerlandes untereinander, in bezug auf den gesamten Einkommenseffekt im Geberland, kompensieren. Steigen z. B. die Konsum- und die Investitionsneigung bei gleichzeitigem Sinken der Importneigung, so kann der positive Einkommenseffekt aus der Verwendung der Entwicklungshilfe für das Geberland unverändert bleiben.[1] Bei einer dynamischen Analyse tritt aber insofern eine wesentliche Veränderung ein, als der Prozeß der Einkommensübertragung bei einer niedrigeren Importneigung des Empfängerlandes und einer gleichzeitig niedrigeren Sparneigung eine längere Zeit benötigt, bis ein bestimmter Prozentsatz der Gesamtheit der Einkommensänderung im Geberland erreicht ist.

Verändert sich die Struktur der Importgüter, so wird auch der Anteil ($m_{B,A}$) des Geberlandes A an den zusätzlich induzierten Importen des Empfängerlandes B verschoben, wodurch sich die Größe und die zeitliche Wirksamkeit des Einkommenseffektes im Geberland verändert. Da aber mit zunehmender Realeinkommenssteigerung die Importe mehr und mehr aus industriellen Investitionsgütern und aus hochwertigen technischen Konsumgütern bestehen, ist ceteris paribus nicht zu erwarten, daß der Anteil eines hochindustriellen Geberlandes an den Importen des Nehmerlandes durch eine Realeinkommenssteigerung im Nehmerland zurückgeht.

---

1) Theoretisch mögliche Veränderungen im Exportwert des Empfängerlandes infolge eines negativen Aufbringungseffektes im Geberland sollen auf dem Hintergrund eines Mehrländerfalles vernachlässigt werden.

312.6. Devisenproblem der Entwicklungsländer

Wenn die Summe aus autonomen Importsteigerungen (durch die direkte Verausgabung im Ausland) und induzierten Importen (auf Grund der eingetretenen Einkommenssteigerung) den Gesamtbetrag der Entwicklungshilfeleistung nicht überschreitet, so entsteht für das Empfängerland kein Devisenproblem.[1)] Der für den positiven Einkommenseffekt im Geberland entscheidende Exportüberschuß würde im günstigsten Fall, wenn alle zusätzlichen Importe des Empfängerlandes aus dem Geberland bezogen würden, dem Betrag der Entwicklungshilfeleistung gleichkommen. Wie aber in den vorhergehenden Abschnitten ausgeführt wurde, ist es in einer Reihe von Fällen denkbar, daß die Summe der zusätzlichen Importe den ursprünglichen Entwicklungshilfebetrag übersteigen kann. Diese Erscheinung kann eintreten, wenn die Gesamtausgabeneigung des Empfängerlandes über eins liegt. Dieses ist wenigstens für einzelne Entwicklungsphasen nicht auszuschließen, wenn Komplementärausgaben mit der direkten Verausgabung verbunden sind oder wenn sich ein extremer Anstieg der Importe infolge von Preissteigerungen ergibt. In allen diesen Fällen würde zwar der Einkommenseffekt im Geberland noch erheblich vergrößert, aber es erscheint zweifelhaft, ob die hier vorliegenden Einkommens- und Preismechanismen auf Grund der Devisenreserven der Empfängerländer überhaupt zur Auswirkung kommen können.

Ceteris paribus nehmen in diesen Fällen die Devisenreserven des Empfängerlandes ab. Dieses ist bei dem chronischen Devisenmangel der Entwicklungsländer nur tragbar, wenn zusätzliche Devisenquellen zur Verfügung stehen, z.B. ungebundene Devisenhilfen von Drittländern, zusätzliche Exporterlöse oder weitere Entwicklungshilfekredite des ursprünglichen Geberlandes. Kurzfristig erscheint es möglich, daß zusätzliche Importe aus dem Geberland durch eine Devisenhilfe aus einem Drittland finanziert werden. Für einen längeren Zeitraum muß dieses jedoch als unrealistisch angesehen werden, da das Drittland - insbesondere wenn es auch unter anderem ein beschäftigungspolitisches Ziel verfolgt - sich veranlaßt sähe, seine Devisenhilfe mit einer Lieferbindung zu versehen. Zusätzliche Exporterlöse ließen sich durch den Ausbau der Exportindustrie erzielen, wenn die Mehrproduktion ohne Preisverfall im Ausland verkauft werden könnte. Dieses scheitert oft an der Bereitschaft der potentiellen Abnehmerländer, ins-

---

1) Theoretisch mögliche Veränderungen im Exportwert des Empfängerlandes infolge eines negativen Aufbringungseffektes im Geberland sollen auf dem Hintergrund eines Mehrländerfalles vernachlässigt werden.

besondere der Industrieländer, die Einfuhr aus den Entwicklungsländern zu liberalisieren. Eine Erhöhung der Entwicklungshilfeleistung des ursprünglichen Geberlandes ist zwar durchaus möglich, führt aber nur zum Ausgang der Überlegung zurück, daß die Summe der Importe infolge von Entwicklungshilfeleistungen unabhängig von einer möglichen Wirkungsweise der Einkommens- oder Preismechanismen ihre Obergrenze wegen des Devisenmangels in der Höhe der Entwicklungshilfeleistung findet. Praktisch wird der Abfluß von Devisen in der Regel durch eine staatliche Devisenbewirtschaftung eingeschränkt, indem Devisen nur nach einem politisch und wirtschaftlich begründeten Dringlichkeitssystem zugeteilt werden.

Unter Berücksichtigung der Devisenlage der Entwicklungsländer muß der Betrag der Entwicklungshilfeleistung langfristig als Obergrenze für einen durch Entwicklungshilfe hervorgerufenen Exportüberschuß des Geberlandes angesetzt werden, es sei denn, das Empfängerland kann seine Exporte steigern, z. B. auch in das Geberland. Ebenso wie steigende Importe der Entwicklungsländer nicht unbedingt negativ auf deren Beschäftigung zu wirken brauchen, [1] führen auch steigende Importe eines industriellen Landes aus Entwicklungsländern nicht unbedingt zu Einkommens- und Beschäftigungsrückgängen in diesem industriellen Land. [2] Selbst wenn zusätzliche Importe aus einem Entwicklungsland negative Beschäftigungswirkungen im ursprünglichen Geberland haben, kann der zusätzliche Exportüberschuß, der durch die gestiegene Importkapazität des Entwicklungslandes ermöglicht wird, den Beschäftigungsrückgang überkompensieren. In diesem Fall kann die Handelshilfe, z.B. in Form der Einfuhrliberalisierung, einer Verstärkung des positiven Einkommenseffektes der finanziellen Entwicklungshilfe dienen.

313. Konjunkturunabhängige ökonomische Gegebenheiten des Geberlandes

313.1. Exporte enthalten auch Importanteile

Der bisher beschriebenen Einkommensentwicklung im Geberland lag die Annahme zugrunde, daß die Importe des Geberlandes ausschließlich Konsumzwecken dienten. Damit war gleichzeitig unterstellt, daß die Exporte keine Importbestandteile enthalten und somit kein direkter

---

1) Vgl. die Abschnitte B I 212.14. und B I 212.15.

2) Vgl. Rettig, R.: Über den Einfluß des Außenhandels auf Beschäftigung, Einkommenskreislauf und Preisniveau im Inland, a.a.O., S. 138 ff.

Zusammenhang zwischen Exporten und Importen besteht. [1] In der Realität muß aber damit gerechnet werden, daß die Exporte eines Landes Importbestandteile haben. Dabei kann unterschieden werden zwischen solchen Importen, z.B. Rohmaterialien oder Fertiggütern, die ohne nennenswerte Weiterverarbeitung wieder exportiert werden und solchen Importen, vor allem Rohstoffen, die erst nach einer wesentlichen Verarbeitung in den Export kommen. Während im ersten Fall der Export nur geringe Einkommenseffekte im Exportland hervorruft, sind die Einkommenseffekte im zweiten Fall entsprechend der inländischen Wertschöpfung relativ groß. Zwar wird die inländische Wertschöpfung bei den Exporten von hochentwickelten Ländern in Entwicklungsländer tendenziell hoch sein, doch auf Grund der Rohstoffabhängigkeit und der zunehmenden internationalen Verflechtung in der Zulieferindustrie muß der Importanteil der Exporte bei der Beurteilung des Einflusses einer Exportsteigerung auf das Einkommen und die Beschäftigung im Exportland Berücksichtigung finden.

Einen geeigneten Weg, die unterschiedliche Einkommenswirksamkeit von zusätzlichen Exporten zu berücksichtigen, zeigen Holzmann und Zellner auf. [2] Sie lassen den üblichen Einkommensmultiplikator unverändert und verkleinern den Multiplikanden entsprechend der Einkommenswirksamkeit der Exporte, die auf folgende Weise ermittelt werden kann: [3] Zunächst wird die globale Exportänderung in eine beliebige Zahl von Exportarten (1 bis n) zerlegt, die mit ihrem Anteil an der Gesamtveränderung gewichtet werden.

$$\Delta X = (g_1 + g_2 + g_3 + \dots g_n) \quad \Delta X$$

Hierbei sind g_1 bis g_n die verschiedenen Gewichte der Exportarten 1 bis n. Entsprechend dem einkommenschaffenden Anteil bei jeder einzelnen Exportart multipliziert man die zugehörenden Gewichte (g) mit einem Einkommenskoeffizienten (e). Durch die Addition der Produkte aus den Gewichten und den Einkommenskoeffizienten der einzelnen Exportarten ermittelt sich der Anteil ($\bar{e}$), der von den gesamten zusätzlichen Exporten einkommenswirksam wird.

$$\bar{e} = e_1 g_1 + e_2 g_2 + e_3 g_3 + \dots e_n g_n$$

---

1) Vgl. dazu die Prämissen des Transfermodells, insbesondere Abschnitt B II 213.
2) Vgl. Holzmann, F.D. und Zellner, A.: The Foreign-Trade and Balanced-Budget Multipliers, in: The American Economic Review, Bd. 48, 1958, S. 73 ff.
3) Vgl. Rettig, R.: Über den Einfluß des Außenhandels auf Beschäftigung ..., a.a.O., S. 56 f.

Der höchste Wert, den $\bar{e}$ erreichen kann, beträgt eins. Sobald nur eine Exportart nicht voll im Inland einkommenswirksam ($e_i < 1$) wird, sinkt auch der gesamte direkte Einkommenseffekt aller Exporte ($\bar{e}$) unter eins. Bei einem Exportmultiplikator ohne Berücksichtigung internationaler Rückwirkungen ergibt sich folgender Einkommenseffekt:

$$\Delta Y = \frac{1}{s + m} \cdot \bar{e} \cdot \Delta X \text{ [1]}$$

Nur wenn $\bar{e}$ gleich eins ist, entspricht diese Beziehung dem traditionellen einfachen Exportmultiplikator.[2]

Es kann verschiedene Ursachen dafür geben, daß eine Exportsteigerung nicht in voller Höhe einkommenswirksam im Inland wird. In der hier vorgenommenen Betrachtung soll jedoch der Ausdruck $(1 - \bar{e})$ den Importanteil der zusätzlichen Exporte darstellen. Der primäre Einkommensanstieg ist $\bar{e} \cdot \Delta X$.[3]

Da in einem Mehrländerfall die internationalen Rückwirkungen tendenziell abnehmen, soll die Einkommensentwicklung im Geberland unter der neuen Prämisse eines Importanteils der Exporte an Hand des vereinfachten Transfermodells ohne Rückwirkungen von A nach B oder nach Drittländern aufgezeigt werden.[4] Da es hier lediglich auf die Modifizierung des positiven Einkommenseffektes infolge der Verwendung der Entwicklungshilfe ankommt, kann zur Vereinfachung der Aufbringungseffekt unberücksichtigt bleiben ($\Delta N_A = 0$).

Entsprechend der obigen Gleichung gilt dann für die Einkommensentwicklung im Geberland:

$$Y_{A_{n \Rightarrow \infty}} = \frac{1}{s_A + m_A} \cdot \bar{e} \quad X$$

$$\Delta X = \Delta Y_{B_{n \Rightarrow \infty}} \cdot m_{B,A}$$

---

1) $\bar{e}$ entspricht dem Koeffizienten t bei Holzmann und Zellner, a.a.O., S. 76.

2) Eine Ableitung der entsprechenden Formel für den Exportmultiplikator unter Berücksichtigung internationaler Rückwirkungen im "Zwei-Länder-Fall" vgl. Rettig, R.: a.a.O., S. 59

3) Der Importanteil der zusätzlichen Exporte wird üblicherweise als einkommensinduzierter Import gedeutet und ist somit in $m = \Delta M : \Delta Y$ eingeschlossen. Hier wird dagegen zwischen direkt exportverbundenen Importen ($\Delta M_x = (1 - e) \Delta X$) und einkommensinduzierten Importen (durch m bestimmten) unterschieden. Als primäre Einkommenssteigerung wird daher nicht ΔX, sondern nur $\Delta X - \Delta M_x = \bar{e} X$ angesehen, so daß auch ΔM_x nicht in m enthalten ist.

4) Vgl. die Abschnitte B II 311.1. und B II 311.2.

Wie bisher ist $\Delta Y_{B_{n \to \infty}}$ die Gesamtheit der Einkommensänderungen im Empfängerland und $m_{B,A}$ die Neigung des Empfängerlandes zum Import von Gütern aus dem Geberland.

Unter den vorliegenden Bedingungen erreicht die Einkommensentwicklung im Empfängerland:

$$\Delta Y_{B_{n \to \infty}} = \frac{1}{(s_B + m_B)} \cdot \Delta N_B$$

Durch Einsetzen in die Gleichung für $\Delta Y_{A_{n \to \infty}}$ ergibt sich:

$$(11) \quad \Delta Y_{A_{n \to \infty}} = \frac{m_{B,A}}{(s_A + m_A)(s_B + m_B)} \cdot \Delta N_B \cdot \bar{e}$$

Nur wenn $\bar{e}$ gleich eins ist, entspricht der positive Einkommenseffekt durch die Verwendung der Entwicklungshilfe demjenigen, wie er bereits im Mehrländerfall unter Einbeziehung von induzierten Importen auch aus Drittländern abgeleitet wurde.[1] Aus Gleichung (11) kann man unmittelbar erkennen, wie stark der positive Einkommenseffekt von dem Anteil der inländischen Wertschöpfung an dem Exportwert abhängt, indem eine direkte proportionale Beziehung zwischen ΔY_A und $\bar{e}$ besteht. Beträgt die inländische Wertschöpfung z. B. nur 50 % ($\bar{e}$ = 0,5), so ist der positive Einkommenseffekt nur halb so groß im Vergleich zu dem Einkommenseffekt bei Vernachlässigung des Importanteils der Exporte.

Bei allen bisher dargestellten Modellen läßt sich die Prämisse eines Importanteils von Exporten berücksichtigen. Das Grundsätzliche dürfte aber mit dem vorliegenden Fall aufgezeigt worden sein, so daß auf eine weitere Ableitung von Einkommensgleichungen verzichtet werden kann. Der stark negative Effekt eines hohen Importanteils der Exporte kann jedoch teilweise gemildert werden, wenn die Importe des Geberlandes sich auf ein Land konzentrieren, mit dem eine enge wirtschaftliche Verflechtung besteht. Dann können im Endeffekt zusätzliche, indirekt induzierte Exportsteigerungen in dieses Drittland den hohen Importanteil der zusätzlichen Exporte in das Empfängerland teilweise kompensieren. Für eine kurzfristige dynamische Betrachtung der Einkommensentwicklung werden mögliche induzierte Exportsteigerungen in das Drittland

---

1) Vgl. Abschnitt B II 311.2., Gleichung (10b).

wegen der weiteren Zeitverzögerung weniger von Bedeutung sein.

313.2. Nach dem Akzelerationsprinzip induzierte Investitionen

In den bisherigen Darstellungen wurden induzierte Investitionen im Geberland nur in der Weise berücksichtigt, daß eine konstante Investitionsneigung angenommen wurde. Diese fand in den Gleichungen zur Einkommensbestimmung keinen expliziten Ausdruck, implizit kommt sie aber dadurch zur Geltung, daß ceteris paribus die Sparneigung (Horteneigung) um die Investitionsneigung kleiner wird, als sie bei der gegebenen Konsumneigung gewesen wäre.

Eine konstante Neigung zum Investieren widerspricht dem typischen Merkmal der hochindustrialisierten, kapitalistischen Volkswirtschaft, die durch stark fluktuierende Investitionen gekennzeichnet ist. Durch eine Kombination von Multiplikator und Akzelerator haben mehrere Autoren versucht, [1] die Schwankungen der Investitionen und ihre Auswirkungen in Konjunkturschwankungen zu erklären. Im folgenden soll ein Überblick darüber gegeben werden, wie sich die Einkommensentwicklung im Geberland verändert, wenn die Investitionsfunktion nach dem Akzeleratorprinzip bestimmt wird.

Beim Akzeleratorprinzip sind die induzierten Investitionen nicht mehr eine Funktion der absoluten Veränderung des Einkommens, sondern eine Funktion der relativen Veränderung des Einkommens einer Periode gegenüber der Veränderung in der Vorperiode. Bei der exakten funktionalen Beziehung werden die Investitionen entweder direkt in Abhängigkeit zur Einkommensänderung gesetzt

$$I_{t\ ind} = \beta_Y (Y_{t-1} - Y_{t-2})^{1)}$$

oder wie in den meisten Fällen in direkte Abhängigkeit zur Konsumänderung.

$$I_{t\ ind} = \beta_C (C_t - C_{t-1})^{2)}$$

---

1) Vgl. insbesondere die grundlegenden Abhandlungen von: Hicks, J.R.: A Contribution to the Theory of Trade Cycle, Oxford 1950; und Samuelson, P.A.: Interactions between the Multiplier Analysis and the Principle of Acceleration, in: Review of Economic Statistics, Bd. 21, 1939, S. 75 ff.

2) Vgl. Hicks, J.R.: A Contribution, ..., a.a.O., S. 68 ff.

3) Vgl. Samuelson, P.A.: Interactions, ... a.a.O., S. 76

Da $C_t = c \cdot Y_{t-1}$ und $C_{t-1} = c \cdot Y_{t-2}$, gilt:

$$I_{t\ ind} = \beta_C (C_t - C_{t-1}) = c \cdot \beta_Y (Y_{t-1} - Y_{t-2})$$

Die einkommensinduzierten Investitionen sind identisch mit konsuminduzierten Investitionen, wenn der einkommensbezogene Akzelerator um den Prozentsatz der Sparneigung (1 - c) kleiner ist als der konsumbezogene Akzelerator.

Da vermutet werden kann, daß das Theorem der induzierten Investitionen nur bei einer am Anfang positiven Einkommensänderung gilt, [1] soll das Akzelerationsprinzip bei den Einkommenswirkungen im Geberland nur im Rahmen des positiven Einkommenseffektes, der durch zusätzliche Exporte infolge der Verwendung der Entwicklungshilfe eintritt, berücksichtigt werden. Das Akzelerationsprinzip kommt dann am stärksten zur Geltung, wenn kurzfristig starke Änderungen des Einkommens bzw. des Konsums vorliegen. Dieses ist im vorliegenden Problemkreis dann der Fall, wenn die Entwicklungshilfe direkt im Geberland zur Verausgabung kommt, d.h. bereits in der ersten Periode findet eine autonome Exporterhöhung des Geberlandes statt. Zur Vereinfachung wird unterstellt, daß durch die Verwendung der Entwicklungshilfe keine weiteren Exportsteigerungen des Geberlandes eintreten und daß sich der induzierte Importanstieg des Geberlandes auf eine Vielzahl von Ländern verteilt, so daß auch von daher kein induzierter Anstieg der Exporte berücksichtigt zu werden braucht. Im folgenden wird die Einkommensentwicklung des Geberlandes auf Grund einer autonomen Exportsteigerung ohne internationale Rückwirkungen, aber unter Einbeziehung des Akzelerationsprinzips dargestellt. Einkommensinduzierte Importe werden vernachlässigt.

Ein Vergleich der Tabelle 7a. mit den Tabellen 7b. und 7c. läßt deutlich den Einfluß des Akzelerators auf die Einkommensentwicklung erkennen. Während der Gesamtwert der Einkommensänderung unverändert bleibt, bewirkt der Akzelerator in den ersten Perioden eine erhebliche Beschleunigung der Einkommensentwicklung, die bei einem ΔY-bezogenen Akzelerator - mit gleichem numerischen Wert - noch stärker als bei einem ΔC-bezogenen Akzelerator ausfällt. Letzteres folgt aus den oben beschriebenen Zusammenhängen.

---

1) Vgl. Rettig, R.: Über den Einfluß des Außenhandels ..., a.a.O., S. 67.

Durch die Verbindung von Multiplikator und Akzelerator sind vier verschiedene, grundsätzliche Arten von Einkommensverläufen möglich, die durch bestimmte mathematische Beziehungen zwischen den Werten des Akzelerators und der Sparneigung determiniert werden.[1)]

(1) Das Einkommen steigt zunehmend während der ersten paar Perioden, nimmt dann aber bald wieder ab, und zwar in der Weise, daß es stetig sinkt, bis es das Gleichgewicht wieder erreicht hat, $\beta_Y < (1-\sqrt{s})^2$.

(2) In den ersten Perioden kommt es wiederum zu einem erheblichen Anstieg des Einkommens, der aber stärker ist als im Fall (1). Anschließend erfolgt eine Annäherung an das Gleichgewicht in Form gedämpfter Schwingungen, $(1 - \sqrt{s})^2 < \beta_Y < 1$.

(3) Der Anstieg in den ersten Perioden verläuft noch ausgeprägter als im Fall (2). Daran schliessen sich Schwingungen um das Gleichgewicht mit größer werdenden Amplituden an, so daß es nicht zu einer Annäherung an das Gleichgewicht kommt, $(1 < \beta_Y < (1 + \sqrt{s})^2)$.

(4) Es kommt zu einer ständigen Aufwärtsbewegung $(\beta_Y > (1 + \sqrt{s})^2)$.

Unter Berücksichtigung induzierter Investitionen wird sich der Gesamtwert der Einkommensänderungen in der Mehrzahl der praktisch relevanten Fälle nicht grundsätzlich von dem Multiplikatorwert unterscheiden. Dieses gilt besonders für relativ kleine Werte von β.[2)] Der Akzelerator bewirkt jedoch in den ersten Perioden einen erheblich stärkeren Einkommenszuwachs als bei einer alleinigen Wirkungsweise des Multiplikators. Wird das Akzelerationsprinzip im Geberland wirksam, so zeigt eine kurzfristige dynamische Analyse, daß eine Exportsteigerung bereits kurzfristig eine stärkere Einkommenssteigerung möglich macht, als es dem Endwert der Einkommenssteigerung entspricht.[3)] Je größer der Akzelerator, um so brauchbarer ist eine Exportsteigerung zur kurzfristigen Erhöhung des Volkseinkommens.

Obwohl Hicks in seinem Konjunkturmodell dem Akzelerationsprinzip eine entscheidende Rolle zugewiesen hat und relativ große Werte von β_Y unterstellt $(\beta Y > 1)$,[4)] ist die Bedeutung

---

1) Vgl. Hicks, J.R.: A Contribution ..., a.a.O., S. 69 f.
2) Vgl. Rettig, R.: Über den Einfluß des Außenhandels ...., a.a.O., S. 77.
3) Vgl. dazu auch Tabelle 7c.
4) Vgl. Hicks, J.R.: A Contribution ..., a.a.O., S. 91 f.

des Akzelerationsprinzips für die Wirtschaft umstritten. Insbesondere Wessels hat auf die sehr restriktiven Annahmen des Akzelerationsprinzips hingewiesen.[1)]

Es erscheint möglich, daß sich das Investitionsverhalten der Unternehmer nicht an den Zuwachsraten der Nachfrage, sondern an dem absoluten Niveau der Nachfrage orientiert. Dann wäre der Einbau einer marginalen Investitionsneigung in das Multiplikatormodell geeigneter als das Akzelerationsprinzip.

Das Akzelerationsprinzip setzt voraus, daß die Zunahme der Nachfrage als dauerhaft angesehen wird. Lassen aber zyklisch orientierte, pessimistische Unternehmererwartungen die Nachfrageänderung nur als vorübergehend erscheinen, so entfallen die auf dem Akzelerator basierenden induzierten Investitionen.

Der Akzelerator setzt einen strukturell unterschiedlichen Beschäftigungsgrad der Volkswirtschaft voraus. So wird bei einem Nachfrageanstieg die Konsumgüterindustrie ihre Investitionen nur dann erhöhen, wenn die Kapazitäten bisher voll ausgenutzt waren. Anderseits kann aber die Investitionsgüterindustrie diese Güter nur liefern, wenn sie noch nicht vollbeschäftigt ist. Diese Voraussetzungen sind aber nur in einer sehr speziellen konjunkturellen Situation erfüllt.

Kommt es mit zunehmender Vollbeschäftigung zu Preissteigerungen bei den Produktionsmitteln, so wird die Investitionsneigung der Unternehmer gebremst, wenn sie damit rechnen müssen, daß sie diese Preissteigerungen, z.B. bei einer auf Geldwertstabilität ausgerichteten Wirtschafts- und Währungspolitik, nicht voll auf ihre Preise überwälzen können.

Die nach dem Akzelerationsprinzip erfolgenden Investitionen müssen finanziert werden. Dieses setzt voraus, daß die Notenbank keine restriktive Kreditpolitik verfolgt und daß sich die Unternehmer bereit finden - soweit eine Selbstfinanzierung nicht möglich ist - das Risiko einer höheren Verschuldung auf sich zu nehmen.

Alle diese Einwände gegen das Akzelerationsprinzip lassen erkennen, daß der Akzelerator zwar in allen Konjunkturphasen mit Ausnahme der Depression als monetäre Investitionsfunktion denkbar ist, er verliert aber als Maßgröße für eine Realeinkommenssteigerung um so mehr an Bedeutung, je mehr sich die Wirtschaft der Vollbeschäftigung nähert. Eine Wirkungsweise

---

1) Vgl. Wessels, T.: Akzelerator, in: Staatslexikon, Bd. 1, 6. Aufl. 1957, S. 221 f.

Tabelle 7

Periode	7a Ohne Akzelerator $\Delta Y_t = \Delta C_t$[1] $+ \Delta X_t$				7b ΔC-bezogener Akzelerator $\Delta Y_t = \Delta C_t$[1] $+ \beta_C(\Delta C_t - \Delta C_{t-1}) + \Delta X_t$					7c ΔY-bezogener Akzelerator $\Delta Y_t = \Delta C_t$[1] $+ \beta_Y(\Delta Y_{t-1} - \Delta Y_{t-2}) + \Delta X_t$				
	ΔC c_A=o,5	ΔX	ΔY	$\Sigma\Delta Y$	ΔC c_A=o,5	ΔI_{ind} β=o,5	ΔX	ΔY	$\Sigma\Delta Y$	ΔC c_A=o,5	ΔI_{ind} β=o,5	ΔX	ΔY	$\Sigma\Delta Y$
1.		1oo	1oo,o	1oo,o			1oo	1oo,o	1oo,o			1oo	1oo,o	1oo,o
2.	5o,o		5o,o	15o,o	5o,o	25,o		75,o	175,o	5o,o	5o,o		1oo,o	2oo,o
3.	25,o		25,o	175,o	37,5	- 6,3		31,2	2o6,2	5o,o	-		5o,o	25o,o
4.	12,5		12,5	187,5	15,6	-11,o		4,6	21o,8	25,o	-25,o		-	25o,o
5.	6,3		6,3	193,8	2,3	- 6,7		- 4,4	2o6,4	-	-25,o		- 25,o	225,o
6.	3,1		3,1	196,9	- 2,2	- 2,2		- 4,4	2o2,o	-12,5	-12,5		- 25,o	2oo,o
7.	1,6		1,6	198,5	- 2,2	-		- 2,2	199,8	-12,5	-		- 12,5	187,5
8.	o,8		o,8	199,3	- 1,1	o,6		- o,5	199,3	- 6,3	6,3		-	187,5
9.	o,4		o,4	199,7	- o,3	o,4		o,1	199,4	-	6,3		6,3	193,8
1o.	o,2		o,2	199,9	o,1	o,2		o,3	199,7	3,2	3,1		6,3	2oo,1

1) $\Delta C_t = c_A \cdot \Delta Y_{t-1}$

des Akzelerators im negativen Bereich (Desinvestition) ist sehr begrenzt, da die Untergrenze in der völligen Unterlassung von Ersatzinvestitionen liegt. Statistische Untersuchungen scheinen zwar das Akzelerationsprinzip bei der Lagerbildung zu bestätigen, doch im Bereich der Anlageinvestitionen konnte bisher ein wirksamer Akzelerator nicht nachgewiesen werden.[1]

In diesem speziellen Fall, in dem die Entwicklungshilfe unmittelbar zu einer Exportsteigerung des Geberlandes führt, erscheint es gerechtfertigt, einen Akzelerator mit in die Betrachtung einzubeziehen, wenn eine kurzfristige dynamische Einkommensanalyse im Geberland vorgenommen wird. In den für die eigentliche Transfertheorie typischen Fällen, bei welchen die Exportsteigerung des Geberlandes erst allmählich über induzierte Exporte erfolgt,[2] können Akzeleratorwirkungen weitgehend vernachlässigt werden.

32. Modifikationen des Transfermodells bei Unterbeschäftigung im Geberland

Befindet sich die Wirtschaft des Geberlandes in der konjunkturellen Phase der Unterbeschäftigung, so sind die konjunkturellen Bedingungen des ursprünglichen Transfermodells weitgehend erfüllt. Insbesondere kann man davon ausgehen, daß die durch die Aufbringung und die Verwendung der Entwicklungshilfeleistungen hervorgerufenen negativen und positiven Veränderungen der Liquidität im Geberland[3] wegen der vollkommenen Elastizität der Liquiditätskurve keine wesentlichen Nachfrageänderungen hervorrufen können. Bewirkt die Verwendung der Entwicklungshilfe Nachfrageänderungen im Geberland, so unterstellt das ursprüngliche Transfermodell, daß diese Nachfrageänderungen auch sofort einkommenswirksam werden.[4] Dieses kann für eine Wirtschaft, die sich in der Phase der Unterbeschäftigung befindet und mit unfreiwilligen Lagerinvestitionen ausgestattet ist, nicht ohne weiteres unterstellt werden.

In dieser Konjunkturphase streben die Unternehmer bei einer Nachfragesteigerung zunächst danach, ihre unfreiwilligen Lagerinvestitionen abzubauen und verzichten auf eine Produktionsausdehnung. Es findet lediglich eine Vermögensumschichtung von Sach- in Geldvermögen statt, d.h., die Kassenhaltung der Exporteure steigt. Statt die Kassenhaltung zu erhöhen, kön-

---

1) Vgl. Schilcher, R.: Multiplikator und Akzelerator, in: Handwörterbuch der Sozialwissenschaften, Bd. 7, Tübingen 1961, S. 476.
2) Vgl. insbesondere die Tabellen 2a., 2b. und 5a., 5b.
3) Vgl. dazu die Zusammenfassung im Abschnitt B I 3.
4) Vgl. Abschnitt B II 211., Prämisse (1.5).

nen auch zusätzliche Schuldentilgungen erfolgen. Erst wenn die Nachfragesteigerung die unfreiwilligen Lagerinvestitionen überschreitet, kommt es zu einer Produktionssteigerung, die allein einen Einkommensanstieg hervorruft.[1] Je ausgeprägter die Unterbeschäftigung ist, um so größer wird der Absickerverlust durch den Lagerabbau nach einer Exportsteigerung sein. Nur ein Teil der Exporte wird somit einkommenswirksam.

Bei der formelmäßigen Bestimmung der Einkommensentwicklung im Geberland läßt sich diese Erscheinung des einkommensneutralen Lagerabbaus ebenso wie der Importanteil von Exporten nach der von Holzmann und Zellner vorgeschlagenen Methode berücksichtigen.[2] Der zusätzliche Exportwert (ΔX) wird mit einem Koeffizienten ($\bar{e}$) multipliziert, der dem Prozentsatz des direkten Einkommenseffektes der Exporte entspricht. Der Koeffizient kann sich schnell verändern und erreicht dann einen Wert nahe 1, wenn die ungeplanten Lagerinvestitionen abgebaut sind.[3]

Insgesamt fällt die Einkommenswirkung einer Exportsteigerung auf Grund von Entwicklungshilfeleistungen unter Berücksichtigung des Lagerabbaus in der Konjunkturphase der Unterbeschäftigung kleiner aus, als es dem traditionellen Multiplikator entspricht.

33. Modifikationen des Transfermodells bei tendenzieller Vollbeschäftigung im Geberland

331. Zinsänderungen und zinsabhängige Investitionen

Im Metzler-Machlup-Modell wurde die Annahme gemacht, daß trotz der Kapitalübertragung und der sich daraus ergebenden Einkommensänderungen der Zins in beiden Ländern unverändert blieb. Bei der Aufbringung und Verwendung der Kapitalübertragungen ergeben sich jedoch in beiden Ländern Veränderungen in der Geldmenge, dem Geldangebot und in der Nachfrage nach Geld. In einer extremen Unterbeschäftigung mit niedrigem Zins ist es zwar grundsätz-

---

1) Vgl. Machlup, F.: International Trade ..., a.a.O., S. 31.
2) Vgl. dazu Abschnitt B II 313.1.
3) Der Begriff der "ungeplanten" Lagerinvestitionen ist subjektiver Natur, bei optimistischen Erwartungen beginnen die Unternehmer schon bei einem großen Lager mit Produktionssteigerungen, bei pessimistischen Erwartungen, z. B. wenn sie die Nachfragesteigerung nur als vorübergehend betrachten, werden erst Produktionssteigerungen bei weitgehendem Lagerabbau vorgenommen.

lich möglich, daß Veränderungen im Angebot und in der Nachfrage nach Geld sich nicht in Zinsänderungen auswirken, wenn eine vollkommen elastische Liquiditätsfunktion vorliegt.[1] Dieses setzt allerdings eine völlig elastische Nachfrage nach Spekulationskasse voraus. Ohne Eingreifen des Bankensystems kommt es in den Transfermodellen, in denen der Exportüberschuß kleiner als der ursprüngliche Kapitaltransfer ist, bei einem ständig wiederkehrenden Kapitalexport zu einer andauernden Verminderung der Geldmenge, die nach vielen Perioden selbst in einer Unterbeschäftigung Zinssteigerungen hervorrufen müßte.

Wird die Annahme einer völlig elastischen Nachfrage nach Spekulationskasse ausgeschlossen,[2] so kann der Zins nur dann konstant gehalten werden, wenn die Geldmenge M durch das Bankensystem ständig an die veränderte Nachfrage nach Liquidität angepaßt wird. Entsprechend interpretiert Timm[3] die Annahme des konstanten Zinses im Machlup-Modell dahingehend, daß ein völlig flexibles Bankensystem die Geldmenge in dem Maße der geänderten Nachfrage nach Transaktionskasse (L_T) variiert. Sobald man ein anderes Bankenverhalten annimmt, ergeben sich durch die Kapitalübertragung Zinsveränderungen, die sich über induzierte Investitionsveränderungen auf das Einkommen auswirken. Zu jeder speziellen Annahme über das Bankenverhalten ergeben sich unterschiedliche Werte der Einkommens- und Zahlungsbilanzentwicklung der am Transfer beteiligten Länder.[4] Die nachfolgenden Ausführungen sollen sich auf einige grundsätzliche Überlegungen im Zusammenhang mit den Geldmengenveränderungen im Geberland auf Grund von Entwicklungshilfeleistungen beschränken. Da sich Geldmengenänderungen vorwiegend in Phasen gesteigerter wirtschaftlicher Aktivität auch in Einkommensänderungen niederschlagen können, erscheint es gerechtfertigt, diesen Problemkreis in Hinblick auf eine tendenzielle Vollbeschäftigung im Geberland abzuhandeln. Um die Wirkung von Geldmengenänderungen auf die Einkommensentwicklung im Geberland zu isolieren, sollen mögliche Preis-

---

1) Vgl. Schneider, E.: Einführung in die Wirtschaftstheorie, III. Teil, a.a.O., S. 87 f.
2) Timm sieht z.B. in der Annahme eines konstanten Zinses und dem Vorhandensein einer Spekulationskasse bereits einen Widerspruch, da das Spekulationsmotiv ausschließlich auf Zinsänderungen basiert. Vgl. Timm, H.: Der Zahlungsbilanzausgleich bei beweglichem Zins, in: Weltwirtschaftliches Archiv, Bd. 74, 1955, S. 169.
3) Ebenda, S. 169 f.
4) Eine ausführliche Darstellung der Zahlungsbilanzentwicklung bei alternativen Verhaltensweisen der Banken siehe: Timm, H.: Der Zahlungsbilanzausgleich ..., a.a.O., S. 159 ff.

steigerungen unberücksichtigt bleiben.

331.1. Neutrale Bankpolitik

Entsprechend Timm [1] soll zunächst eine neutrale Bankpolitik unterstellt werden, die dadurch gekennzeichnet ist, daß das Bankensystem sein Verhalten nicht von der Zahlungsbilanzentwicklung und der Aufbringung der Entwicklungshilfeleistungen beeinflussen läßt. Im Ausgangspunkt wird das Geldangebot für Inlandsinvestitionen gerade so bemessen, daß die Geldvernichtung durch Umwandlung von Giro- in Spardepositen oder durch Schuldentilgung gerade ausgeglichen wird. Dieses Geldangebot bleibt trotz der Veränderung in der Zahlungsbilanz konstant.

Unter diesen Annahmen tritt im Geberland mit der Aufbringung und dem Export [2] des Kapitals eine Geldmengenverringerung in Höhe des Entwicklungshilfebetrages ΔT ein, [3] die zum Teil durch zusätzliche Exportüberschüsse ($\Delta X - \Delta M$) kompensiert wird. Das Geldmengenangebot (G) ändert sich bei einer ständig wiederkehrenden Entwicklungshilfeleistung um:

$$(12) \quad \Delta G_t = - \Delta T_t + (\Delta X - \Delta M)_t$$

Die Entwicklung der Geldnachfrage aus dem Transaktionsmotiv entspricht der Veränderung des Volkseinkommens und wird auf den Ausgangszustand bezogen durch ΔY_t, auf die Vorperiode bezogen durch die Differenz $\Delta Y_t - \Delta Y_{t-1}$ dargestellt. [4]

$$(13') \quad \Delta L_{T_t} = \Delta Y_t - \Delta Y_{t-1} = - \Delta T_t \cdot k_A + (\Delta X - \Delta M)_t - \Delta S_t.$$

Dabei bedeutet k_A wie bisher den Prozentsatz des Entwicklungshilfebetrages, der im Geberland zu primären Einkommensrückgängen führt. Es wird hier eine unmittelbare Veränderung des Außenhandels bei der Aufbringung und Verwendung ausgeschlossen ($m'_A = 0$, $m'_B = 0$), [5]

---

1) Vgl. Timm, H.: Der Zahlungsbilanzausgleich ..., a.a.O., S. 175.
2) Bzw. der vorläufigen Stillegung auf einem Konto bei der Notenbank
3) Vgl. dazu auch die Aufstellung über die direkte Liquiditätswirkung bei der Aufbringung der Entwicklungshilfe. Eine Finanzierung durch zusätzliche Notenbankkredite entfällt auf Grund der Annahme eines "neutralen" Geldangebotes des gesamten Bankensystems.
4) Timm, H.: a.a.O., S. 176.
5) Vgl. Abschnitt B II 311.2.

so daß $k_A = 1 - s'_A$ ist. (s'_A = unmittelbare Veränderung der Nettohortung). Die Abweichung in der Veränderung zwischen dem Geldangebot (ΔG) und der Geldnachfrage zu Transaktionszwecken (ΔL_T) entspricht damit:

$$(14)\quad \Delta G_t - \Delta L_{T_t} = - \Delta T_t \,(1-k_A) + \Delta S_t$$

$$\text{wenn } k_A = 1 : \quad (14a)\quad \Delta G_t - \Delta L_{T_t} = \Delta S_t$$

$$\text{wenn } k_A = 0 : \quad (14b)\quad \Delta G_t - \Delta L_{T_t} = - \Delta T_t + \Delta S_t$$

Es sollen nun die Auswirkungen einer unterschiedlichen Veränderung von Geldmengenangebot und -nachfrage in den beiden Extremfällen aufgezeigt werden, in denen eine volle und in denen überhaupt keine primäre negative Aufbringungswirkung im Geberland eintritt. Zunächst wird der erstere Fall dargestellt. Bei einer vollen negativen primären Aufbringungswirkung im Geberland, $k_A = 1$, weicht die Veränderung des Geldangebotes um ΔS von der Veränderung der Geldnachfrage aus dem Transaktionsmotiv ab. Wenn der Exportüberschuß kleiner als der primäre negative Aufbringungseffekt (ΔT) ist, so wird die Einkommensentwicklung im Geberland negativ, und es kommt zu einem Rückgang des Sparens (- ΔS). Damit vermindert sich das Geldangebot um ΔS stärker als die Nachfrage nach Transaktionskasse. Der Fehlbetrag der Transaktionskasse in Höhe von ΔS kann über eine Zinserhöhung entweder durch eine Einschränkung der Spekulationskasse oder durch eine Kürzung der Investitionsausgaben beseitigt werden. "Der Zins wird so weit steigen, bis er über eine Verminderung von L_S und / oder I stets M = L macht." [1)]

Übertrifft anderseits der Exportüberschuß den primären negativen Aufbringungseffekt (ΔT) - welches ja unter einigen besonderen Umständen möglich ist - so entwickelt sich das Einkommen im Geberland positiv, und auch das Sparen (+ ΔS) nimmt zu. In diesem Fall steigt das Geldangebot um ΔS stärker als die Nachfrage nach Transaktionskasse. Der Überschuß der Transaktionskasse wird über eine Zinssenkung durch eine Erhöhung der Spekulationskasse (ΔL_S) und / oder durch eine Erhöhung der Kasse für zusätzliche Investitionen (ΔI_i) abgebaut.

---

1) Timm, H.: a.a.O., S. 177.

Treten überhaupt keine primären negativen Aufbringungswirkungen im Geberland ein ($k_A = 0$), so weicht die Veränderung des Geldangebotes um $- \Delta T + \Delta S$ von der Veränderung der Geldnachfrage aus dem Transaktionsmotiv ab (Vgl. die Formel (3b)). In diesem Fall entwickelt sich das Einkommen im Geberland immer positiv, so daß auch ΔS nur einen positiven Wert annehmen kann. Sieht man von dem gleichzeitigen Zusammentreffen einer sehr hohen Sparneigung und eines den Transferbetrag übersteigenden Exportüberschusses ab, so wird das zusätzliche Sparen (ΔS) kleiner als der Transferbetrag ΔT sein. Damit nimmt das Geldangebot langsamer zu als die Nachfrage nach Transaktionskasse. Der Fehlbetrag der Transaktionskasse führt auch hier wieder über eine Zinserhöhung zu einer Verminderung der Spekulationskasse ($- \Delta L_S$) und / oder der Kasse für zusätzliche Investitionen ($- \Delta I_i$), bis schließlich die Gleichgewichtsbedingung $G = L$ wieder erfüllt ist.

Für die Einkommensentwicklung im Geberland muß als entscheidend angesehen werden, in welchem Ausmaß die durch Überschüsse oder Defizite in der Transaktionskasse hervorgerufenen Zinsänderungen zu Veränderungen der zinsinduzierten Investitionen (ΔI_i) führen. Die Höhe der zinsinduzierten Investitionen wird von Timm [1] nach folgender Formel abgeleitet:

$$(15)\ \Delta I_i = \frac{1}{1+\frac{\Delta L_S}{\Delta i} : \frac{\Delta I}{\Delta i}} \cdot (\Delta G - \Delta L_T) = h \cdot (\Delta G - \Delta L_T)$$

Wenn $k_A = 1$, so gilt: $(\Delta G - \Delta L_T) = \Delta S$ [1]

$$(15a)\ \Delta I_i = \frac{1}{1+\frac{\Delta L_S}{\Delta i} : \frac{\Delta I}{\Delta i}} \cdot \Delta S = h \cdot \Delta S$$

Dabei stellt ΔS in diesem Fall den Überschuß bzw. das Defizit der Transaktionskasse dar; h [3] gibt an, wieviel Prozent des Überschusses bzw. Defizites der Transaktionskasse sich in einer Veränderung der Investitionen niederschlagen. Der Koeffizient h enthält als wesentliche Größen $\frac{\Delta L_S}{\Delta i}$, die marginale zinsabhängige Neigung zum Horten, und $\frac{\Delta I}{\Delta i}$, die marginale zinsabhängige Investitionsneigung. Von dem Verhältnis dieser beiden marginalen Nei-

---

1) Timm, H.: a.a.O., S. 179
2) Vgl. Gleichung (14) und (14a)
3) Entspricht bei Timm dem Koeffizienten k. Das Symbol konnte nicht übernommen werden, da es bereits in einer anderen Bedeutung verwendet wurde.

gungen hängt es ab, wie sich der Überschuß bzw. das Defizit der Transaktionskasse (hier ΔS) auf die Spekulationskasse (ΔL_S) und die Investitionen (ΔI_i) aufteilen. Je nach dem Verhältnis der Größen kann ΔI_i zwischen ΔS (h = 1) und 0 (h = 0) liegen.

Der Wert von h = 1 setzt voraus, daß entweder $\frac{\Delta L_S}{\Delta i} = 0$ oder $\frac{\Delta I}{\Delta i} = \infty$ ist. [1] $\frac{\Delta L_S}{\Delta i} = 0$ bedeutet, daß die Nachfrage nach Spekulationskasse zinsunabhängig ist. Dieses widerspricht der Theorie der Spekulationskasse, die in den Zinserwartungen den entscheidenden Bestimmungsfaktor für den Umfang der Spekulationskasse sieht. In einer tendenziell vollbeschäftigten Wirtschaft mit hohem Zins ist jedoch die Zinselastizität der Nachfrage nach Spekulationskasse nur gering. [2] $\frac{\Delta I}{\Delta i} = \infty$, die völlige Zinselastizität [3] von Investitionen, steht im Widerspruch zu der Erkenntnis, daß längst nicht alle Investitionen wesentlich vom Marktzins beeinflußt werden und nur bei langfristigen, kapitalintensiven Investitionen sowie bei Lagerinvestitionen eine stärkere Zinsabhängigkeit festzustellen ist. [4] In einer tendenziell vollbeschäftigten Wirtschaft, die noch keine Überbeschäftigung erreicht hat, dürfte insgesamt eine gewisse Zinselastizität der Investitionen gegeben sein. Damit ist h = 1, bzw. $\Delta I_i = \Delta S$ ein nur selten realisierter Extremfall.

Der Wert von h wird 0, wenn $\frac{\Delta L_S}{\Delta i} = \infty$ oder $\frac{\Delta I}{\Delta i} = 0$ ist. Zwar kann die erste Bedingung, eine unendlich elastische Nachfrage nach Spekulationskasse, bei extremer Unterbeschäftigung mit niedrigem Zins erfüllt sein, jedoch in einer tendenziell vollbeschäftigten Wirtschaft erscheint dieses sehr unrealistisch. Anderseits sind aber die Investitionen nicht völlig zinsunelastisch, so daß h unter den vorliegenden Bedingungen nicht den Wert 0 annehmen kann.

Der Wert von h wird in der Regel zwischen 0 und 1 liegen, jedoch bei einer tendenziell vollbeschäftigten Wirtschaft näher bei 1 als bei 0. Im Fall eines andauernden Geldabflusses ($\Delta T > (\Delta X - \Delta M)$) kann bei einem stetig steigenden Zins ein Punkt erreicht werden, in dem die Spekulationskasse abgebaut ist und der Mangel an Transaktionskasse zu einer Einschränkung der Investitionen führt. [5] Von diesem Punkt ab ist h = 1, d.h. das gesamte Defizit in der Transaktionskasse schlägt sich in einer Verringerung der Investitionen nieder.

---

1) Vgl. auch Wirth, D.: Einseitige Kapitalübertragungen, Stuttgart 1960, S. 31.
2) Vgl. Schneider, E.: Einführung in die Wirtschaftstheorie, III. Teil, a.a.O., S. 88.
3) Im Sinne einer Steigungselastizität.
4) Vgl. Abschnitt B I 112.23.
5) Vgl. Timm, H.: a.a.O., S. 184.

Die Annahme eines variablen Zinssatzes bewirkt, daß das Sparen ΔS im Sinne von Horten in jeder Periode um die zinsinduzierten Investitionen ΔI_i vermindert wird. Bei neutraler Bankpolitik sind die zinsinduzierten Investitionen allgemein bestimmt durch:[1)]

$$(16)\quad \Delta I_i = (-\Delta T\,(1 - k_A) + \Delta S) \cdot h$$

wenn $k_A = 1$:

$$(16a)\quad \Delta I_i = \Delta S \cdot h \quad = (15a)$$

wenn $k_A = 0$:

$$(16b)\quad \Delta I_i = (-\Delta T + \Delta S) \cdot h$$

Die Nettohortung ΔS^+ beträgt dann:

$$\Delta S^+ = \Delta S - \Delta I_i = \Delta S - \left(-\Delta T(1-k_A) + \Delta S \right) \cdot h$$

$$\Delta S^+ = \Delta Y \cdot s + \Delta T(1-k_A) \cdot h - \Delta Y \cdot s \cdot h$$

s = Grenzneigung zum Sparen.

$$(17)\quad \Delta S^+ = \Delta Y \cdot s\left(1 + \left(\frac{\Delta T(1-k_A)}{\Delta S} - 1\right) h\right)$$

wenn $k_A = 1$:

$$(17a)\quad \Delta S^+ = \Delta Y \cdot s\,(1-h)$$

wenn $k_A = 0$:

$$(17b)\quad \Delta S^+ = \Delta Y \cdot s\left(1 + \left(\frac{\Delta T}{\Delta S} - 1\right) h\right)$$

Eine arithmetische Bestimmung der Einkommensentwicklung kann unter der Annahme zinsinduzierter Investitionen und neutraler Bankpolitik in der Weise erfolgen, daß die Sparneigung s um die entsprechenden Koeffizienten modifiziert wird und in die bereits bisher verwendeten Formeln zur Einkommensbestimmung im Geberland eingesetzt wird.[2)] Eine derart entwickelte

---

1) Vgl. dazu die Formeln (14) und (15).
2) Z.B. in die Formeln (9) und (10).

Einkommensbestimmungsgleichung weist jedoch insoweit ein erhebliches Maß an ökonomischer Unbestimmtheit auf, als die Größen h und $\frac{\Delta T}{\Delta S}$ im Einkommensprozeß nicht konstant bleiben und die Bestimmungsgrößen ihrer Veränderung nicht in der Gleichung enthalten sind. Daher erscheint es zweckmäßig, auf die Darstellung der so bestimmten Einkommensgleichung zu verzichten und lediglich einige durch die neutrale Bankpolitik und die zinsinduzierten Investitionen hervorgerufene Tendenzen in der Einkommensentwicklung des Geberlandes aufzuzeigen, wobei auf die oben stehenden Formeln (17), (17a) und (17b) Bezug genommen wird.

Liegt eine volle primäre Aufbringungswirkung vor ($k_A = 1$), so vermindert sich die Neigung zum Horten um (1 - h). Bei einem negativen Einkommensprozeß, wenn die negative Aufbringungswirkung den zusätzlichen Exportüberschuß übertrifft, bewirken die hervorgerufenen Zinssteigerungen, daß die zinsabhängigen Investitionen zurückgehen und somit der Kontraktionseffekt im Geberland noch verstärkt wird. Bei einem positiven Einkommensprozeß im Geberland, wenn der zusätzliche Exportüberschuß größer als der negative Aufbringungseffekt ist, kommt es zu Zinssenkungen, die durch ein Ansteigen der zinsabhängigen Investitionen den Expansionseffekt noch verstärken.

Treten keine primären Aufbringungswirkungen ein ($k = 0$), so nimmt in dem wahrscheinlichen Fall, in dem $\Delta T > \Delta S$ ist, die Neigung zum Horten zu. Dieses ergibt sich daraus, daß, wenn $\Delta T > \Delta S$ ist, die Transaktionskasse ein Defizit aufweist, wodurch Zinserhöhungen hervorgerufen und die zinsabhängigen Investitionen verringert werden. In diesem Fall bewirkt die Prämisse einer neutralen Bankpolitik und zinsabhängiger Investitionen eine Abschwächung des Expansionseffektes im Geberland.

Unterstellt man, daß tendenziell durch die Art der Aufbringung und Verwendung der Entwicklungshilfe ein positiver Einkommensprozeß im Geberland hervorgerufen wird, so bewirkt die Annahme einer neutralen Bankpolitik und zinsabhängiger Investitionen, daß eine Bremsung des Expansionseffektes um so wahrscheinlicher wird, je geringer der negative Aufbringunseffekt und je kleiner die Sparneigung sind. Die Richtung der Wirkungsweise wird unter den vorliegenden Annahmen bestimmt durch das Verhältnis von $\Delta T\ (1 - k_A)$ und ΔS und damit in erster Linie von der Art der Finanzierung der Entwicklungshilfe, von der k_A abhängt. Wenn $\Delta T\ (1 - k_A) > \Delta S$ ist, wird der Expansionsprozeß gebremst, wenn $\Delta T\ (1 - k_A) > \Delta S$ ist, wird er verstärkt.[1] Die Intensität dieses Effektes wird darüber hinaus zusätzlich von der Größe h bestimmt; je größer h ist, desto größer wird der aufgezeigte Effekt. h wird um so näher bei 1 liegen, je vollbeschäftigter die Wirtschaft und je höher der Zinssatz ist, da dann die Spekulationskasse weitgehend abgebaut ist und jedes Defizit in der Transaktionskasse nur durch verminderte zusätzliche Investitionen ausgeglichen werden kann. Anderseits wird jeder Überschuß in der Transaktionskasse auf Grund der hohen Zinsen und der günstigen Erwartungen weitgehend für zusätzliche Investitionen zur Verfügung gestellt. Durch die Annahme von zinsinduzierten Investitionen und einer neutralen Bankpolitik wird die Einkommensentwicklung im Geberland in einer Hochkonjunktur zusätzlich durch zinsabhängige Investitionen beeinflußt, die tendenziell mit steigender Konjunkturüberhitzung dem Wert $- \Delta T (1 - k_A) + \Delta S$ zustreben.

331.2. Nicht-neutrale Bankpolitik

Es gibt eine Vielzahl von Gesichtspunkten, nach denen die Zentralnotenbank ihre Politik bestimmt. Durch einen Zufluß von Devisen auf Grund eines Zahlungsbilanzüberschusses kann sich die Zentralnotenbank sowohl zu einer Politik der Expansionsförderung als auch der Expansionshemmung veranlaßt sehen. Ebenso ist sie bei einem Abfluß von Devisen infolge eines Zahlungsbilanzdefizites - zumindestens kurzfristig - nicht gezwungen, eine Kontraktionspolitik einzuleiten. Soll aber aufgezeigt werden, wie die Konjunktur und Beschäftigung im Geberland durch Entwicklungshilfeleistungen beeinflußt werden, so erscheint es zweckmäßig, ein Verhalten der Zentralnotenbank zu unterstellen, das sich zumindestens einer Expansions- bzw. Kontraktionspolitik des Geschäftsbankensystems nicht widersetzt, wenn diese Politik durch eine Devisenbewegung infolge der Aufbringung und Verwendung der Entwicklungshilfe hervorgerufen wird. Dieses setzt voraus, daß die Entwicklung in die konjunkturpolitisch erwünschte Richtung geht. Wenn die Entwicklungshilfeleistungen vom Nichtbankensektor[2] oder vom Geschäftsbankensektor aufgebracht werden, so verliert das Geschäftsbankensystem Reserven in Höhe von ΔT. Anderseits erhält das Geschäftsbankensystem einen Zufluß von neuen Re-

---

1) Vgl. dazu Formel (16).
2) Dabei soll ein möglicher Bargeldanteil vernachlässigt werden.

serven in Höhe des zusätzlichen Exportüberschusses ($\Delta X - \Delta M$). Der Nettoabfluß bzw. -zufluß an Reserven (ΔZ) im Geschäftsbankensystem beträgt demnach in jeder Periode:

$$\Delta Z = - \Delta T + (\Delta X - \Delta M)$$

Dieses entsprach der Veränderung des Geldmengenangebotes bei neutraler Bankpolitik. Durch die Veränderung der Überschußreserven wird das Kreditpotential der Geschäftsbanken entsprechend dem zugrunde gelegten Geldschöpfungsmultiplikator, der größer als eins ist, noch stärker verändert. [1] Bei der Finanzierung durch eine Anleihe ergeben sich je nach dem Anleihezeichner und den Refinanzierungsmöglichkeiten unterschiedliche Geldschöpfungsmultiplikatoren, die bei der Aufbringung (ΔT) und bei den zusätzlichen Exporterlösen ($\Delta X - \Delta M$) verschieden sein können. Wird zur Vereinfachung unterstellt, daß die Aufbringung der Entwicklungshilfe durch den Nichtbankensektor erfolgt und der zusätzliche Exportüberschuß dem gleichen Bereich zugute kommt und daß weder durch die Aufbringung noch durch die zusätzlichen Exporterlöse die Barreserven des Nichtbankensektors unmittelbar berührt werden, so wird die Geldschöpfungskapazität (ΔK) des Geschäftsbankensystems verändert um: [2]

$$(18) \qquad \Delta K = \frac{1 - r}{r + b\,(1 - r)}\Big(-\Delta T + (\Delta X - \Delta M)\Big)$$

Hierin sind r der Mindestreservesatz und b die Bargeldneigung des Publikums.

Das Verhalten der Zentralnotenbank kann durch zwei weitere Koeffizienten in den Geldschöpfungsmultiplikator mit einbezogen werden. [3]

$$(19) \qquad \Delta K = \frac{\alpha\,(1 - r \cdot \beta)}{r \cdot \beta + b\,(1 - r \cdot \beta)}\Big(- \Delta T + (\Delta X - \Delta M)\Big)$$

Ist $\alpha > 1$, so verstärkt die Notenbank durch Käufe bzw. Verkäufe von Bankaktiva die durch die Zahlungsbilanz hervorgerufene Veränderung der Reserven des Geschäftsbankensystems. Eine entsprechende Gegensteuerung zum Liquiditätseffekt der Zahlungsbilanzentwicklung kommt durch $\alpha < 1$ zum Ausdruck. Die gleichen Ziele kann die Notenbank auch über eine Variation der Mindestreservesätze auf die Veränderung der Einlagen erreichen. $\beta < 1$ entspricht einer Senkung, $\beta > 1$ einer Erhöhung der Mindestreservesätze auf die Veränderung

1) Vgl. den zusammenfassenden Überblick am Ende des Abschnitts B I 112.21.
2) Vgl. Abschnitt B I 112.21., Formel (3), wobei der Nenner von 1 - (1-r) (1-b) in r+b (1-r) umgeformt wurde.
3) Vgl. Timm, H.: a.a.O., S. 192 f.

der Einlagen. Bezeichnet man diesen Geldschöpfungsmultiplikator verkürzt mit g, so ergibt sich durch die Aufbringung und Verwendung der Entwicklungshilfe folgende potentielle Veränderung des Geldmengenangebotes:[1]

(19a) $\Delta K = g\,(-\ \Delta T + (\ \Delta X - \ \Delta M))$

Befindet sich die Wirtschaft des Geberlandes in der Phase einer Vollbeschäftigung, so wird diese potentielle Veränderung des Geldangebotes auch tendenziell zu einer aktuellen Veränderung des Geldangebotes ΔG führen.

$$\Delta K = g\ (\ \Delta T + (\ \Delta X - \ \Delta M)) \longrightarrow \Delta G$$

Gegenüber dem Fall einer neutralen Bankpolitik ist hier, da $g > 1$ ist, die Veränderung des Geldmengenangebotes größer. Daraus ergeben sich für die Auswirkungen einer nicht-neutralen Bankpolitik auf die Einkommensentwicklung im Geberland im Vergleich zu einer neutralen Bankpolitik folgende Schlußfolgerungen: Wenn der unmittelbare Liquiditätsentzug ($-\ \Delta T$) bei der Aufbringung von Entwicklungshilfeleistungen den Liquiditätszufluß durch einen zusätzlichen Exportüberschuß übersteigt, so ist unter der Annahme von zinsabhängigen Investitionen das Einkommen im Geberland kleiner als bei neutraler Bankpolitik. Tritt mit der Aufbringung und Verwendung der Entwicklungshilfe insgesamt ein Liquiditätszufluß ein ($\Delta T < (\ \Delta X - \ \Delta M)$), so wird bei nicht neutraler Bankpolitik in größerem Maße eine Zinssenkung hervorgerufen als bei neutraler Bankpolitik, wodurch das Einkommen im Geberland durch verstärkte zinsabhängige Investitionen zunehmen wird.[2]

332. Variable Preise

Bei allen bisherigen Überlegungen zu den Auswirkungen von Entwicklungshilfeleistungen auf die Konjunktur und Beschäftigung im Geberland war von konstanten Preisen ausgegangen worden. In einer Hochkonjunktur werden sich Veränderungen in der Nachfrage, unabhängig davon, wo-

---

1) Dieser Wert der potentiellen Veränderung des Geldangebotes wird jedoch erst nach Ablauf der Multiplikatorprozesse erreicht, d.h. theoretisch nach unendlich vielen Perioden.

2) In einer Hochkonjunktur braucht sich dieser Effekt nicht in einer Zinssenkung auszuwirken, sondern wird sich lediglich in einem weniger starken Zinsanstieg niederschlagen. Die Folgerungen für die zinsinduzierten Investitionen werden dadurch jedoch nicht wesentlich berührt.

durch diese Veränderungen hervorgerufen sind, weniger in der Veränderung realer Größen als vielmehr in Preisveränderungen niederschlagen. In diesem Zusammenhang muß man untersuchen, ob sich auch bei einer Hochkonjunktur im Geberland die bisher dargestellten Einkommenssteigerungen in voller Höhe einstellen und damit durch verstärkte Preissteigerungstendenzen die Konjunktur erheblich verschärfen oder ob es Faktoren gibt, die bei einer Hochkonjunktur im Geberland mit Preissteigerungen die nominellen Einkommenssteigerungen auf Grund von Entwicklungshilfe geringer werden lassen als in der Unterbeschäftigung mit konstanten Preisen, wodurch die konjunkturverstärkende Wirkung der Entwicklungshilfe gemildert würde.

Die klassische und neoklassische Theorie macht die durch Aufbringung und Verwendung eines Kapitaltransfers hervorgerufenen Preisverschiebungen zu dem zentralen Motor des Transfermechanismus.[1] Wie weiter oben eingehend dargelegt wurde,[2] können weder Veränderungen des Preisniveaus noch Verschiebungen in dem Verhältnis einzelner Teilpreisniveaus durch die Entwicklungshilfe als entscheidendes Kriterium für zusätzliche Importe der Empfängerländer angesehen werden. Für die konjunkturellen Auswirkungen der Entwicklungshilfeleistungen im Geberland erscheint jedoch bei einer vollbeschäftigten Wirtschaft das neoklassische Vorgehen einer Analyse von Teilpreisniveaus geeignet.

332.1. Voraussetzungen von Preisveränderungen

In welcher Richtung und in welchem Ausmaß Preisveränderungen durch die Vergabe von Entwicklungshilfeleistungen hervorgerufen werden, hängt ab von dem Verhältnis der im Geberland wirksamen Aufbringungswirkungen und der Verwendungswirkungen auf Grund von zusätzlichen Exporten. Bei einer globalen Betrachtung kann durch die Vergabe von Entwicklungshilfe eine Tendenz zur Preissteigerung nur dann verstärkt werden, wenn der expansive Verwendungseffekt den kontraktiven Aufbringungseffekt überkompensiert, welches auf Grund der vorstehenden Analyse nicht als selbstverständlich anzusehen ist. Im einzelnen ergeben sich folgende Zusammenhänge.
Durch die Aufbringung der Entwicklungshilfeleistungen wird Kaufkraft im Geberland abgeschöpft, wenn man von einer Kreditschöpfung bei der Zentralnotenbank absieht. Auch wenn die Aufbringung keine primäre Ausgabenänderung hervorruft, z.B. bei der Finanzierung über eine An-

---

1) Vgl. Abschnitt B II 1.
2) Vgl. Abschnitt B II 312.4.

leihe, braucht die sich letztlich ergebende Ausgabenverringerung wegen der geringen Elastizität des Kreditapparates in der Hochkonjunktur nicht kleiner zu sein, als wenn mit der Aufbringung der Anleihe eine primäre Ausgabenminderung in Form einer Konsum- oder Investitionseinschränkung verbunden gewesen wäre. Inwieweit dieser Nachfrageausfall dämpfend auf die Preisentwicklung im Geberland wirkt, hängt davon ab, ob dadurch vorwiegend heimische Güter oder Importe betroffen werden. Welcher Bereich der inländischen Volkswirtschaft, der Investitions- oder Konsumgüterbereich, zunächst berührt wird, ergibt sich aus der Art der Aufbringung. Z.B. dürfte der überwiegende Teil des Nachfrageausfalls bei einer Umsatzsteuererhöhung in der Konsumgüterindustrie und bei einer Kürzung der Abschreibungsmöglichkeiten in der Investitionsgüterindustrie eintreten.

Die durch die Verausgabung der Entwicklungshilfe gestiegene Exportnachfrage konzentriert sich auf die exportorientierte Investitionsgüterindustrie, die die für den Entwicklungsprozeß dringend benötigten Güter produziert. Anderseits kann die Nachfrage der Entwicklungsländer durch eine Warenbindung auf von Strukturkrisen bedrohte Wirtschaftsbereiche gelenkt werden, wie es vor allem in der umfangreichen Nahrungsmittelhilfe der USA aus der landwirtschaftlichen Überschußproduktion zum Ausdruck kommt.

Von der Entwicklungshilfe gehen in der Hochkonjunktur keine Tendenzen zu Preisveränderungen aus, wenn an die Stelle des Nachfrageausfalls nach einheimischen Gütern eine zusätzliche Exportnachfrage in gleichem Umfang und gleicher struktureller Zusammensetzung tritt. Die Güter, die infolge des negativen Aufbringungseffekts das Inland nicht mehr nachfragt, werden ins Empfängerland exportiert. Dieses ist jedoch nur ein theoretischer Idealfall, der in einem marktwirtschaftlichen System nicht realisiert werden kann. Erstens läßt sich der quantitative Aufbringungseffekt nicht exakt im voraus bestimmen, weil er zum großen Teil von den Verhaltensweisen der betroffenen Wirtschaftssubjekte abhängig ist, und zweitens erscheint eine strukturelle Übereinstimmung der Nachfrage der Entwicklungsländer und der Nachfrage in den Geberländern auf Grund der unterschiedlichen Wirtschaftsstruktur unrealistisch. Außerdem sind nicht alle im Empfängerland nachgefragten Güter Außenhandelsgüter. Daher wird in der Regel die inländische Nachfrageschrumpfung und die Nachfrageexpansion nach Exportgütern nicht übereinstimmen, und es kommt durch die Entwicklungshilfe in der Hochkonjunktur zu einer Verschiebung der relativen Preise und unter Umständen zu einer Veränderung des inländischen Preisniveaus.

Macht sich der Nachfrageausfall infolge der Aufbringung der Entwicklungshilfe besonders stark in der Investitionsgüterindustrie bemerkbar und konzentriert sich auch die zusätzliche Nachfrage der Entwicklungsländer auf die Investitionsgüterindustrie, so werden sich die gegenläufigen Nachfrageeffekte teilweise kompensieren. Übersteigt die zusätzliche Exportnachfrage den ursprünglichen Nachfrageausfall, so verstärken sich in der Investitionsgüterindustrie die Preisauftriebstendenzen. Das Ausmaß dieses zusätzlichen Preisanstieges hängt von der Elastizität des Angebotes der Investitionsgüterindustrie ab. Zwar ist das Angebot der Investitionsgüterindustrie in der Hochkonjunktur weitgehend unelastisch, doch besteht auch in der Hochkonjunktur für einzelne Teilbereiche der Wirtschaft die Möglichkeit, durch Abzug von Produktionsfaktoren aus anderen Sektoren eine gewisse Angebotselastizität beizubehalten. Dennoch wird ein zusätzlicher Nachfrageüberschuß, wenn er an der Gesamtnachfrage in der Investitionsgüterindustrie einen nennenswerten Anteil hat, die Preissteigerungstendenzen in der Investitionsgüterindustrie verstärken, die sich von dort in der gesamten Wirtschaft fortsetzen. Das Preisniveau im Geberland steigt.

Übersteigt anderseits der Aufbringungseffekt die zusätzlichen Exporte wesentlich, so kann von der Investitionsgüterindustrie ein Preisdämpfungseffekt ausgehen. Auf Grund der Einfuhrbedürfnisse der Entwicklungsländer und der Handhabung der Entwicklungshilfe durch die Geberländer erscheint dieser Fall wenig realistisch.

Konzentriert sich der Nachfrageausfall durch die Aufbringung der Entwicklungshilfe auf den Konsum und entfällt die zusätzliche Nachfrage der Entwicklungsländer, wie bisher angenommen wurde, auf Investitionsgüter, so entstehen zusätzliche Probleme dadurch, daß neben dem quantitativen Verhältnis von Nachfragerückgang und Nachfrageexpansion auch strukturelle Divergenzen in der konträren Nachfrageentwicklung in Erscheinung treten. Durch den Nachfrageausfall in der Konsumgüterindustrie kommt es hier zu einer Dämpfung der Preissteigerungstendenzen. In der Investitionsgüterindustrie, die nicht wesentlich von den negativen Aufbringungswirkungen betroffen war, kommt es dagegen zu einer Verstärkung der Preissteigerungstendenzen. Bei gleicher zusätzlicher Nachfrage der Entwicklungsländer und gleicher Angebotselastizität werden die Preissteigerungen in der Exportindustrie stärker sein, als wenn durch die Aufbringungseffekte die Nachfrage in der Investitionsgüterindustrie wesentlich verringert worden wäre. Es kommt durch die Entwicklungshilfeleistungen zu einer Verschiebung des Preisverhältnisses der Exportgüter und der inländischen Konsumgüter. Wie stark der Preisdämpfungseffekt in der Konsumgüterindustrie ausfällt, hängt nicht nur von dem Nachfragerückgang, sondern auch von dem Monopolisierungsgrad der Wirtschaft ab sowie von den Erwartungen der Anbieter, ob der Nachfragerückgang nur vorübergehend ist oder nicht. Wenn der inländische Nachfrageausfall kleiner als die zusätzliche Exportnachfrage ist, muß mit einer Erhöhung des Preisniveaus gerechnet werden. Aber selbst wenn der Nachfrageausfall gleich oder größer als die zusätzliche Exportnachfrage ist, können die zusätzlichen Preissteigerungen in der Exportindustrie größer sein als die Preisabschwächungen in der Konsumgüterindustrie, so daß auch dann das Preisniveau steigen kann.

Wird die Nachfrage der Entwicklungsländer auf Wirtschaftssektoren gelenkt, die auch in der Hochkonjunktur noch eine Überschußproduktion aufweisen, z. B. die Landwirtschaft in den USA, so kommt es hier wegen des völlig elastischen Angebots auch durch die zusätzliche Nachfrage nicht zu einem Preisanstieg. Wenn anderseits ein Aufbringungseffekt vorliegt, z.B. auf Grund von Steuererhöhungen, so bewirkt die Entwicklungshilfe insgesamt tendenziell eine Dämpfung des Preisanstiegs.

Der zuletzt beschriebene Sonderfall kann jedoch nicht darüber hinwegtäuschen, daß in der Regel, wenn die Aufbringungseffekte kleiner als die zusätzliche Exportnachfrage sind, in der Hochkonjunktur von der Entwicklungshilfe insgesamt positive Einkommenseffekte ausgehen, die sich wegen des unelastischen Angebotes vorwiegend in Preissteigerungen niederschlagen. Dieses gilt um so mehr, wenn die Entwicklungshilfeleistungen teilweise durch Kreditschöpfung der Notenbank finanziert werden.

Die grundsätzlichen Zusammenhänge zwischen einer zusätzlichen Nachfrage und der Preisentwicklung lassen sich in einer einfachen algebraischen Ableitung darstellen. [1] Das nominelle Volkseinkommen Y entspricht dem Produkt aus Preisniveau P und der mit Basispreisen bewerteten Menge aller Güter und Dienstleistungen Y_r.

(20) $$Y = P \cdot Y_r$$

Durch Differenzierung in bezug auf Preisveränderungen ergibt sich:

(21) $$\frac{dY}{dP} = Y_r + P\frac{dY_r}{dP} = Y_r + Y_r\frac{P \cdot dY_r}{Y_r \cdot dP}$$

Der Ausdruck $\frac{P \cdot dY_r}{Y_r \cdot dP}$ gibt die Elastizität des Realeinkommens in bezug auf Preissteige-

---

1) Vgl. Rettig, R.: Über den Einfluß des Außenhandels ..., a.a.O., S. 127 f.

rungen wieder und stellt damit die gesamtwirtschaftliche Angebotselastizität dar. Er wird im folgenden mit e_A bezeichnet.

(22) $$\frac{dY}{dP} = Y_r \, (1 + e_A)$$

Der Einkommenseffekt einer zusätzlichen Nachfrage d N beträgt:

(23) $$dY = k' \cdot dN$$

Setzt man d Y in die vorstehende Formel (22) ein, so erhält man durch Umformung den Ausdruck:

(24) $$\frac{dP}{dN} = \frac{k'}{Y_r} \cdot \frac{1}{1 + e_A}$$

Damit ist die Wirkung einer bestimmten zusätzlichen Nachfrage in bezug auf Preissteigerungen um so stärker, je größer der Multiplikator k' und je kleiner das ursprüngliche Realeinkommen und die Elastizität des Angebotes sind. Diese Beziehungen entsprechen den vorhergehenden Darlegungen, in denen darauf hingewiesen wurde, daß selbst in einer Hochkonjunktur mit tendenziell unelastischem Angebot nur dann eine wesentliche Konjunkturverschärfung in Form von Preissteigerungen durch Entwicklungshilfeleistungen zu erwarten ist, wenn die dadurch hervorgerufene Nachfrage einschließlich der sekundären Nachfragesteigerung (k') im Verhältnis zur Gesamtproduktion (Y_r) eine nennenswerte Größe erreicht.

332.2. Einfluß von Preissteigerungen auf den Einkommensmultiplikator

Durch die verstärkten Preissteigerungen infolge der zusätzlichen Nachfrage werden der Einkommensmultiplikator bzw. die ihm zugrunde liegenden marginalen Größen verändert. Marginale Konsum- und Importneigungen in Abhängigkeit von Preisveränderungen sind von Shinohara [1] im Zusammenhang mit der Entwicklung eines preisempfindlichen Multiplikators eingeführt worden. Hier soll jedoch auf die Wiedergabe der algebraischen Ableitung eines preisempfindlichen Multiplikators verzichtet und nur auf bestimmte Tendenzen in der Veränderung der marginalen Größen infolge von Preissteigerungen hingewiesen werden.

1) Shinohara, M.: The Multiplier and the Marginal Propensity to Import, in: American Economic Review, Vol. 47, 1957, S. 608 ff.

332.21. Veränderung der marginalen Importneigung

Die marginale Importneigung kann vor allem durch eine Veränderung der Preisrelation zwischen Inlandsgütern und Importgütern verändert werden. Durch inländische Preissteigerungen werden die Importgüter im Vergleich zu den Binnenmarktgütern relativ billiger. Soweit es sich nicht um bestimmte Rohstoffe handelt, die im Inland nicht produziert werden können, stehen die meisten Importgüter der großen Industrieländer zu den inländischen Produkten in einem substitutiven Verhältnis. Daher wird sich die zusätzliche Nachfrage auf Importgüter richten. Ist das Angebot des Auslands im Gegensatz zum Inland relativ elastisch, so wird es infolge des starren inländischen Angebots und der damit verbundenen Preissteigerungen zu einer starken Zunahme der Importe kommen. Giersch weist nach, "daß das Volumen der durch Engpässe induzierten Importe nicht nur eine zunehmende Funktion des Volkseinkommens, sondern auch eine positive Funktion der Zuwachsraten des Volkseinkommens in der Zeit ist."[1] Dieses gilt insbesondere auch für den Fall allgemeiner Engpässe in der Hochkonjunktur. Mit steigendem Beschäftigungsgrad nimmt die Importneigung zu, und zwar um so stärker, je schneller die konjunkturelle Erhöhung des Beschäftigungsgrades erfolgt. Im Extremfall kann eine zusätzliche Nachfrage in der Hochkonjunktur in voller Höhe zu zusätzlichen Importen führen, so daß die marginale Importneigung eins wäre.

Insgesamt kann also erwartet werden, daß die Importneigung in der Hochkonjunktur höher ist als in der Unterbeschäftigung. Befinden sich allerdings die Hauptimportländer in einer parallelen und unter Umständen noch ausgeprägteren Konjunkturentwicklung, d.h. die Angebotselastizität der Importe ist gleichfalls starr, so läßt sich diese tendenzielle Aussage nicht mehr aufrechterhalten.

332.22. Veränderung der marginalen Konsumneigung

Nimmt man an, daß das Realkonsum bei nur nominellen Einkommenssteigerungen gleichbleibt,[2]

---

1) Giersch, H.: Akzelerationsprinzip und Importneigung, in: Weltwirtschaftliches Archiv, Bd.70, 1953 I, S. 264 ff.

2) Dafür würden z.B. die Aussagen von Duesenberry sprechen, nach denen die Wirtschaftssubjekte bestrebt sind, ein erreichtes Versorgungsniveau beizubehalten, obwohl Duesenberry nicht mit Preisveränderungen arbeitet. Vgl. Duesenberry, J.S.: Income-Consumption Relations and their Implications, in: Income, Employment and Public Policy, New York 1948, S. 54 ff.

so müßten die Konsumausgaben um den gleichen Prozentsatz steigen wie das Nominaleinkommen. Die marginale Konsumneigung, die bei Realeinkommenssteigerungen im allgemeinen kleiner als die durchschnittliche Konsumneigung angenommen wird, erhöht sich infolge der Preissteigerungen und fällt mit der durchschnittlichen Konsumneigung zusammen.[1)]
Aus psychologischer Sicht können zwei gegenläufige Faktoren auf die marginale Konsumneigung einwirken. Preissteigerungen rufen die Furcht vor weiteren Preissteigerungen hervor, veranlassen eine Vorwegnahme von Konsum und erhöhen damit die marginale Konsumneigung zusätzlich. Anderseits können die Wirtschaftssubjekte auch bei Nominaleinkommenssteigerungen von einer Geldillusion befangen sein und ihre Konsumausgaben nur in dem Ausmaß erhöhen, als ob es wenigstens teilweise Realeinkommenssteigerungen wären.

Ein weiterer Faktor für die marginale Konsumneigung ist die Einkommensverteilung. Im Verlauf einer inflatorischen Einkommensexpansion bei Vollbeschäftigung verändert sich im allgemeinen die Einkommensverteilung. Bleiben die Löhne hinter den Gewinnen zurück, so wird die Konsumneigung tendenziell verringert, sind die Gewerkschaften wegen des extremen Arbeitskräftemangels in der Lage, überproportionale Lohnsteigerungen durchzusetzen, so erhöht sich die Konsumneigung tendenziell.

Insgesamt scheint es realistisch, anzunehmen, daß die marginale Konsumneigung in der Spätphase der Hochkonjunktur größer ist als bei Unterbeschäftigung.

332.23. Der "Supermultiplikator" in der Hochkonjunktur

Der einfache Multiplikator einer offenen Wirtschaft lautet $k' = \frac{1}{1-c+m} = \frac{1}{s+m}$. Dabei unterstellt man, daß der gesparte Teil des neu geschaffenen Einkommens dem Wirtschaftskreislauf entzogen wird. Diese Annahme mag für die Unterbeschäftigung realistisch sein, in Konjunkturphasen mit einer höheren wirtschaftlichen Aktivität wird jedoch nicht der gesamte zusätzliche Sparbetrag gehortet, sondern wenigstens teilweise zur Finanzierung weiterer Investitionen verwendet. Diese Erkenntnis wird von Kurihara[2)] in der Weise berücksichtigt, daß er

---

1) Dies entspricht auch der Annahme von Shinohara für den Fall der Vollbeschäftigung, vgl. dazu auch: Watter, W.: Entwicklung, Stand und ungelöste Probleme der Theorie des Außenhandelsmultiplikators, Berlin 1961, S. 70.
2) Kurihara, K.K.: Introduction to Keynesian Dynamics, New York 1956, S. 88.

eine Grenzneigung zum Investieren im Multiplikator berücksichtigt, welche lautet:

$$i = \frac{\Delta I}{\Delta Y}$$

i stellt den gesparten und wiederinvestierten Teil des zusätzlichen Einkommens dar. Dem Wirtschaftskreislauf werden durch das Sparen nicht mehr Einkommensteile in Höhe von s, sondern nur noch in Höhe von s - i entzogen. Der hierauf basierende Multiplikator wird als "Supermultiplikator" bezeichnet.[1] In einer Hochkonjunktur ist zu erwarten, daß ein großer Teil der Ersparnisse, die aus dem neuen Einkommen gebildet werden, wieder zur Investition kommen, so daß in dieser Konjunkturphase mit einem sehr hohen Supermultiplikator zu rechnen ist.[2] Werden die zusätzlichen Ersparnisse vollständig für zusätzliche Investitionen verwendet (s = i) und sieht man von der marginalen Importneigung ab, so erhöht sich das Volkseinkommen in jeder Einkommensperiode um die ursprüngliche zusätzliche Nachfrage. Der Einkommenseffekt innerhalb eines Jahres entspräche dann dieser zusätzlichen Nachfrage multipliziert mit der marginalen Kreislaufgeschwindigkeit des aktiven Geldes.[3]

Mit der Annahme, daß der Faktor i in der Hochkonjunktur tendenziell größer ist als in der Unterbeschäftigung, führt eine Berücksichtigung des "Supermultiplikators" zu dem Ergebnis, daß eine bestimmte Nachfragesteigerung in der Hochkonjunktur wesentlich stärkere sekundäre Einkommenssteigerungen hervorruft als bei Unterbeschäftigung.

Ob der nominelle Multiplikator in einer offenen Wirtschaft insgesamt bei einer vollbeschäftigten Wirtschaft größer oder kleiner als bei Unterbeschäftigung ist, läßt sich wegen der gegenläufigen Entwicklung der einheimischen Faktoren (c und i) und des außenwirtschaftlichen Faktors (m) nicht a priori beurteilen. Wenn allerdings die Hauptimportländer einen parallelen Konjunkturverlauf aufweisen, wird der nominelle Einkommensexpansionsprozeß im Geberland in Zeiten der Hochkonjunktur stärker sein als bei Unterbeschäftigung. Die konjunkturelle Situation wird dann im Geberland in einem noch stärkeren Maße verschärft, als die nominelle Einkommensentwicklung auf der Basis des Multiplikators bei Unterbeschäftigung ergeben hätte.

---

1) Kurihara, K.K.: Introduction to Keynesian Dynamics, New York 1956, S. 88.
2) Vgl. Baumberger, H.B.: Möglichkeiten eines inflationsfreien Wirtschaftswachstums in Entwicklungsländern, St. Gallen 1968, S. 157.
3) Ebenda, S. 158.

332.3. Einfluß von Preissteigerungen auf die zusätzlichen Exporte

Die inflatorischen Gefahren der Entwicklungshilfeleistungen, die nur einen relativ geringen Aufbringungseffekt haben, können während einer Hochkonjunktur im Geberland dann als geringer angesehen werden, wenn sich die zusätzliche Nachfrage der Entwicklungsländer nicht auf die Exportindustrie des Geberlandes ausrichtet. Besteht für die erfolgten Entwicklungshilfeleistungen keine Lieferbindung, so wird die zusätzliche Exportnachfrage im Geberland unter anderem von der internationalen Konkurrenzfähigkeit der Exportindustrie abhängig sein, die durch Preise und Lieferfristen gekennzeichnet ist. Wenn die Konjunkturentwicklung nicht in allen konkurrierenden Industrieländern parallel mit gleicher Intensität erfolgt, so wird die internationale Konkurrenzfähigkeit der Exportindustrie des Geberlandes auch von dem Beschäftigungsgrad und der Konjunkturphase bestimmt. Bei einer Unterbeschäftigung ist die Exportindustrie auch an zusätzlichen Auslandsaufträgen interessiert, wenn die Preise international gesehen relativ niedrig liegen. Außerdem bestehen kurze Lieferzeiten. Befindet sich die Wirtschaft des Geberlandes in einer Hochkonjunktur, so liegen die Preise der Exportindustrie international relativ hoch. Weiterhin weist die Exportindustrie wegen des Nachfrageüberhangs extrem lange Lieferzeiten auf. Tendenziell wird daher die internationale Konkurrenzfähigkeit der Exportindustrie in Zeiten der Hochkonjunktur geringer als bei Unterbeschäftigung sein, so daß die zusätzliche Exportnachfrage infolge von ungebundener Entwicklungshilfe in der Hochkonjunktur kleiner als in der Unterbeschäftigung sein wird. Der Anteil des Geberlandes an den zusätzlichen Importen des Empfängerlandes fällt geringer aus.

Die durch Entwicklungshilfe hervorgerufene Einkommenssteigerung im Geberland ist bei einer Hochkonjunktur dadurch gekennzeichnet, daß der Multiplikand, die zusätzliche Exportnachfrage, tendenziell kleiner und der Multiplikator, die induzierten Einkommenssteigerungen, tendenziell größer als bei Unterbeschäftigung sind. Je nachdem, welcher Faktor sich stärker auswirkt, expandiert das nominelle Einkommen mehr oder weniger, als es dem erweiterten Transfermodell entspricht, das ja Unterbeschäftigung zur Voraussetzung hat. Wenn es im Extremfall gelingt, die zusätzliche Nachfrage der Entwicklungsländer für die Zeit der Hochkonjunktur im Geberland in dem Maße auf andere Industrieländer zu lenken, daß die zusätzliche Nachfrage dem negativen Aufbringungseffekt entspricht, so entfällt weitgehend die inflatorische Wirkung der Entwicklungshilfe.

4. Besondere Probleme einer kurzfristigen dynamischen Analyse

Soll die Entwicklungshilfe dazu beitragen, eine nur vorübergehend konjunkturell bedingte, unbefriedigende Beschäftigung zu überwinden, so interessiert weniger ein Wert des Multiplikators, der die Einkommenssteigerung einer dauernd wiederkehrenden Entwicklungshilfe angibt, sondern entscheidend ist die zusätzliche Einkommenssteigerung, die auf Grund einer Entwicklungshilfeleistung z.B. in einem halben Jahr oder in einem Jahr erreicht werden kann. Unabhängig von der Bestimmung des Multiplikators werden dadurch zwei zusätzliche Probleme angesprochen, erstens die Länge der für den Multiplikator relevanten Einkommensperiode und zweitens ein eventuelles zeitliches Auseinanderfallen von Aufbringungs- und Verwendungseffekten im Geberland.

41. Die für den Multiplikator relevante Einkommensperiode

Die gesamtwirtschaftliche durchschnittliche Einkommensperiode gibt den Zeitraum an, den durchschnittlich das Geld (aktive und inaktive Bestände) braucht, um in einem vollständigen Kreislauf von Einkommensempfänger zu Einkommensempfänger zu gelangen. Sie entspricht dem Verhältnis des existierenden Geldvolumens zu der Gesamtsumme der Nettogeldeinkommen.[1)] Diese durchschnittliche Einkommensperiode ist jedoch für den Multiplikator nicht relevant. "Die für den Umlauf neugeschaffener oder neuerlich aktivierter Beträge relevante Einkommensperiode muß die Existenz von Beständen mit einer Umlaufsgeschwindigkeit von Null vernachlässigen. Die Möglichkeit, daß Splitter des neuen Geldstroms inaktiv werden, weil sie von den aufeinanderfolgenden Einkommensempfängern gehortet werden, ist in der Multiplikatortheorie durch die Annahme einer abnehmenden Reihe von abgeleiteten Einkommen berücksichtigt."[2)] Aber auch die durchschnittliche Kreislaufgeschwindigkeit der aktiven Geldmenge ist für den Multiplikator nicht maßgebend, sondern die marginale Kreislaufgeschwindigkeit der aktiven Geldmenge, die größer oder auch kleiner als die durchschnittliche sein kann.

---

1) Machlup, F.: Period Analysis and Multiplier Theory, in: The Quarterly Journal of Economics, Bd. 52, 1939, wiederabgedruckt und übersetzt in: Konjunktur- und Beschäftigungstheorie, hrsg. v. W. Weber, Köln 1967, S. 145.

2) Ebenda, S. 149 f.

Ackley [1] zeigt auf, daß die marginale Kreislaufgeschwindigkeit in starkem Ausmaß von dem speziellen Verhalten der Wirtschaftssubjekte, der Elastizität des Angebotes und der Aktivität des Staates abhängig ist. Daraus ergibt sich, daß eine generelle Aussage über den numerischen Wert der marginalen Kreislaufgeschwindigkeit der aktiven Geldmenge nicht gemacht werden kann. Machlup schätzt die durchschnittliche Kreislaufgeschwindigkeit der aktiven Geldmenge für die USA auf drei Monate. [2] Nimmt man diesen Zeitraum aus Mangel an einem geeigneteren Schätzwert als für den Multiplikator relevante Einkommensperiode an, so ist die Einkommenssteigerung in einem Jahr auf Grund zusätzlicher Nachfrage gleich der Summe der Einkommenszuwächse, die innerhalb der ersten vier Multiplikatorperioden anfallen. Wird das gesamte zusätzliche Einkommen wieder ausgegeben (c = 1), so beträgt die Einkommenssteigerung nach einem Jahr das Vierfache der ursprünglichen Nachfragesteigerung. [3] Wenn das zusätzliche Einkommen in voller Höhe gehortet (c = 0) wird, so erreicht die Einkommenssteigerung nach einem Jahr die Höhe der ursprünglichen Nachfragesteigerung. Obwohl die Multiplikatorwerte (unendlich und eins) extreme Unterschiede aufweisen, sind die Einkommensunterschiede bei einer kurzfristigen dynamischen Analyse zwar noch erheblich, halten sich aber in einem vergleichsweise engen Rahmen. Für eine kurzfristige Betrachtung verlieren Unterschiede in der marginalen Konsumneigung für die Einkommensentwicklung die dominierende Stellung, die ihnen bei der Bestimmung des Multiplikatorwertes zukommt. [4] Weiter wird deutlich, daß bei kleinen Multiplikatorwerten die Einkommenssteigerung nach einem Jahr bereits im wesentlichen dem Multiplikatorwert entspricht. [5]

42. Zeitliche Diskrepanz von Aufbringungs- und Verwendungswirkungen

Das Transfermodell und die auf seinem Hintergrund vorgetragene Argumentation gehen davon aus, daß die Aufbringung und die Verausgabung der Entwicklungshilfe in etwa gleichzeitig

1) Ackley, G.: The Multiplier Time Period: Money, Inventories, and Flexibility, in: American Economic Review, Bd. 41, 1951, S. 350 ff.
2) Machlup, F.: Periodenanalyse und ..., a.a.O., S. 150.
3) Zur Vereinfachung soll die Importneigung unberücksichtigt bleiben.
4) Vgl. Machlup, F.: Periodenanalyse und ... a.a.O., S. 155.
5) Hat z.B. der Multiplikator den Wert 3, so werden nach vier Multiplikatorperioden 80 % des gesamten Einkommenseffektes erreicht $(1 + 2/3 + (2/3)^2 + (2/3)^3 = 2{,}4 = 0{,}8 \cdot 3)$.

erfolgen. Ohne bei dieser theoretischen Betrachtung auf spezielle Formen der Entwicklungshilfeleistungen eingehen zu müssen, kann gesagt werden, daß die Verausgabung der Entwicklungshilfeleistung teilweise erst im Anschluß an einen zeitraubenden Bewilligungs- und Prüfungsvorgang erfolgen kann, in dem sowohl die Zielvorstellungen des Geberlandes als auch des Empfängerlandes in abgewogener Weise berücksichtigt werden müssen. Die Aufbringung der Mittel wird tendenziell kurzfristiger erfolgen können, obwohl auch hier bei den einzelnen Arten, z.B. Anleihen oder Steuererhöhungen, der Zeitraum bis zum Eintreffen der Gelder durch die Schwerfälligkeit des institutionellen Apparates, insbesondere wenn die Legislative hinzugezogen werden muß, sehr lang sein kann. Erfolgt die Aufbringung der Mittel, bevor eine Verwendungsmöglichkeit besteht, so werden die Mittel, wenn der Staat der Träger der Entwicklungshilfe ist, unter Umständen vorübergehend bei der Notenbank stillgelegt. Solange wie die Verausgabung der Mittel nicht vorgenommen werden kann, tritt kurzfristig eine einseitig kontraktive Wirkung im Geberland ein, obwohl der längerfristige Gesamteffekt stark expansiv sein kann. Sollte mit der Entwicklungshilfe gerade eine kurzfristige Anhebung des Beschäftigungsgrades bewirkt werden, so tritt das Gegenteil des angestrebten Zieles ein. Anderseits wird eine inflatorische Wirkung der Entwicklungshilfe gemildert, wenn die in der Hochkonjunktur aufgebrachten Mittel erst nach größerer zeitlicher Verzögerung wieder zur Verausgabung kommen. Wird dagegen die Verausgabung der Mittel durch eine Zwischenfinanzierung in Form einer Verschuldung bei der Notenbank ermöglicht und erst dann eine kontraktive Aufbringungsform, z.B. Steuererhöhung, eingeleitet, so wirkt die Entwicklungshilfe kurzfristig expansiver als bei gleichzeitiger Aufbringungs- und Verwendungswirkung.

Soweit die zeitliche Diskrepanz von Aufbringungs- und Verwendungswirkungen einer Planung zugänglich ist, kann diese neben der Art und Ausgestaltung der Aufbringung und Verwendung in die konjunkturpolitischen Überlegungen des Geberlandes einbezogen werden.

III Rückzahlungen als Konjunktur- und Beschäftigungsproblem

Wie im vorangegangenen Hauptabschnitt dargestellt wurde, kann eine kontinuierlich wiederkehrende Entwicklungshilfeleistung eine andauernde Erhöhung des Beschäftigungsgrades bewirken. Dabei ist das Ausmaß der Beschäftigungssteigerung von dem Verhältnis des negativen Aufbringungs- und des im Geberland wirksam werdenden positiven Verwendungseffektes abhängig. Damit leisten Entwicklungshilfebeträge, soweit sie eine Vergrößerung des Exportüberschusses hervorrufen, einen ähnlichen Beitrag zur Steigerung der effektiven Nachfrage und der Beschäftigung im Geberland, wie er von zusätzlichen Inlandsinvestitionen ausgeht. [1] Werden Entwicklungshilfeleistungen in Form von Krediten gegeben, so setzt nach einiger Zeit ein Rückstrom von Zins- und Amortisationsbeträgen ein, wodurch die Importkapazität der Empfängerländer abnimmt. Dieses hat zur Folge, daß der Exportüberschuß des Geberlandes allmählich abgebaut wird und damit dessen positive Wirkung auf den Beschäftigungsgrad entfällt. Das Geberland entwickelt sich von einem jungen Gläubigerland mit Exportüberschüssen zu einem reifen Gläubigerland mit Importüberschüssen. [2] Diese traditionelle Position wurde weitgehend in der amerikanischen Nachkriegsdiskussion in Zusammenhang mit der umfangreichen amerikanischen Kapitalhilfe vertreten. [3] Aus dieser Sicht erscheint es kurzfristig möglich, durch Entwicklungshilfeleistungen, die auf Kredit vergeben werden, eine Beschäftigungssteigerung im Geberland zu erreichen. Aber ein langfristiger Beitrag der Entwicklungshilfe zur Erhöhung der effektiven Nachfrage im Geberland muß in Anbetracht der Amortisations- und Zinszahlungen als sehr zweifelhaft angesehen werden.

1. Gegenüberstellung von absoluten Größen des Kapitalexports und des Exportüberschusses im Zeitablauf (Hinshaw)

Die erste Berechnung über den Zusammenhang von Kapitalexport und zusätzlichem Güterexport unter Berücksichtigung von Zins- und Amortisationszahlungen hat Hinshaw durchgeführt. [4] Hinshaw berechnete, wie groß ein Kapitalexport auf Kreditbasis sein muß, damit ein jährlicher Exportüberschuß von einer Milliarde Dollar gewährleistet ist. Der jährliche Exportüberschuß von einer Milliarde Dollar gilt als gesichert, wenn die Summe des neuen Kapitalexports die Summe

---

1) Vgl. Preiser, E.: Kapitalexport und Vollbeschäftigung, in: Jahrbücher für Nationalökonomie und Statistik, Bd. 62, 1950, wiederabgedruckt in: Theorie der internationalen Wirtschaftsbeziehungen, hrsg. von K. Rose, Köln 1965, S. 291.
2) Vgl. Domar, E.D.: The Effects of Foreign Investment on the Balance of Payments, in: The American Economic Review, Bd. 40, 1950, S. 806.
3) Vgl. Hinshaw, R.: Foreign Investment and American Employment, in: The American Economic Review, Papers and Proceedings, Bd. 36, 1946, S. 661 ff; Lary, H.B.: The Domestic Effects of Foreign Investment, ebenda, S. 672 ff; Buchanan, N.S.: International Investment and Domestic Welfare, New York 1945, S. 166 - 180 und 206 - 239; Buchanan, N.S. und Lutz, F.A.: Rebuilding the World Economy, New York 1947, S. 210 ff.
4) Hinshaw, R.: Foreign Investment and American Employment, a.a.O., S. 661 ff.

von Zins- und Amortisationszahlungen in jedem Jahr um eine Milliarde Dollar übersteigt. Seine Berechnungen gehen davon aus, daß die Summe aus Zins- und Amortisationszahlungen bei jeder einzelnen Anleihe in gleichen Raten gezahlt wird (gleiche Annuitäten). Bei alternativen Zinssätzen ergeben sich folgende Werte für den in jedem Jahr notwendigen neuen Kapitalexport in Anleiheform.[1)]

Tabelle 8

Jährlicher Betrag einer Anleihe mit einer Laufzeit von 20 Jahren (bzw. ohne Rückzahlung),[2)] der notwendig ist, um einen jährlichen Exportüberschuß von einer Milliarde Dollar aufrechtzuerhalten (in Milliarden $).

Jahr	Zins 2 %	3 %	4 %	5 %	6 %
5. Jahr	1,35	1,38	1,43	1,47	1,52
	(1,10)	(1,16)	(1,22)	(1,28)	(1,34)
10. Jahr	1,81	1,92	2,03	2,16	2,31
	(1,22)	(1,34)	(1,48)	(1,63)	(1,79)
15. Jahr	2,44	2,65	2,90	3,18	3,50
	(1,35)	(1,56)	(1,80)	(2,08)	(2,40)
20. Jahr	3,28	3,67	4,14	4,68	5,32
	(1,49)	(1,81)	(2,19)	(2,65)	(3,21)
25. Jahr	4,41	5,08	5,90	6,88	8,09
	(1,64)	(2,09)	(2,67)	(3,39)	(4,29)

Aus der Tabelle 8 wird deutlich, daß der jährlich neue Kapitalexport, der erforderlich ist, um einen bestimmten Exportüberschuß zu erzielen, Jahr um Jahr erheblich ansteigen muß. Diese Tendenz kann beträchtlich abgeschwächt werden, wenn anstelle eines hohen Zinssatzes ein niedriger gewählt wird. So braucht z.B. der neue Kapitalexport nach 25 Jahren bei einem Zinssatz von 2 % "nur" 4,4 Milliarden $ zu betragen, während bei 6 % 8,1 Milliarden be-

1) Ebenda, S. 666 f.
2) Die Beträge ohne Rückzahlung entsprechen den Klammerwerten in der Tabelle 8.

nötigt werden, um den gleichen Exportüberschuß im Geberland zu erreichen. Weiterhin hat die Laufzeit der Anleihe einen starken Einfluß auf die Größe des notwendigen Kapitalexportes. Dieses läßt sich in der Tabelle 8 aus dem Vergleich der Werte mit den zu ihnen gehörenden Klammerwerten entnehmen. So ist z.B. bei einem Zins von 6 % der benötigte Kapitalexport bei einer Anleihe mit einer Laufzeit von unendlich (keine Rückzahlung) nach 25 Jahren nur gut halb so groß wie bei einer Anleihe mit einer Laufzeit von 20 Jahren. Obwohl der starke Anstieg des Kapitalexportes, der für einen Exportüberschuß von einer Milliarde $ erforderlich ist, durch niedrige Zinssätze und lange Laufzeiten relativ verringert werden kann, so steht der Kapitalexport auch bei typischen durchschnittlichen Entwicklungshilfekonditionen mit einem Zinssatz von 3 % und einer Laufzeit von 25 Jahren [1] in keinem zufriedenstellenden Verhältnis (5 : 1) zu dem zusätzlichen Exportüberschuß.

2. Das Rückzahlungsproblem unter Einbeziehung eines Wachstums im Geberland (Domar)

Die von Hinshaw vorgenommenen Berechnungen sind unter den zugrunde gelegten Annahmen unanfechtbar. Der Mangel des von Hinshaw dargestellten Modells liegt in dem statischen Ansatz begründet, wodurch der Kapitalexport nach 20 und mehr Jahren eine phantastische Höhe erreichen muß. Domar weist darauf hin, daß auch die absoluten Größen der öffentlichen und privaten Investitionen selbst bei einer geringen Wachstumsrate nach einigen Jahrzehnten im Vergleich zu dem Ausgangswert phantastisch hoch erscheinen müssen. Bei einer dynamischen Betrachtung, die das Wachstum des Sozialprodukts mit berücksichtigt, sind weniger die absoluten Steigerungen gegenüber der Ausgangsgröße, sondern die Veränderungen des Wertes im Verhältnis zum Sozialprodukt bedeutsam. Im Zusammenhang mit den Rückzahlungen kann zwar der Wert des Kapitalexportes, der einen bestimmten Güterexport ermöglicht, nach einer Anzahl von Jahren ein Mehrfaches des ursprünglichen Kapitalexportes betragen, der Anteil des Kapitalexportes am Volkseinkommen kann aber dennoch unverändert bleiben.

Auf diesem Hintergrund untersucht Domar, ob ein Exportüberschuß, hervorgerufen durch einen mit konstanten Raten wachsenden Kapitalexport, infolge von Zins- und Amortisationszahlungen immer kleiner wird und - wenn die jährlichen Rückzahlungen den neuen Kapitalexport über-

1) Vgl. OECD: Entwicklungshilfe, Politik und Leistungen, Jahresprüfung 1967, S. 108.

schreiten - nach einer Anzahl von Jahren c.p. in einen Importüberschuß umschlägt.[1] Wie die Entwicklung der Leistungsbilanz schließlich verlaufen wird, kann unter den vorliegenden Bedingungen aus dem Verhältnis von Kapitalrückfluß zu Kapitalexport nach unendlich vielen Perioden abgelesen werden. Ist dieses Verhältnis kleiner als eins, so bleibt die Leistungsbilanz positiv, ist es größer als eins, so treten von einem gewissen Zeitpunkt ab Importüberschüsse auf. Ob ein Wert von größer als eins erreicht wird, d.h. ob es zu Importüberschüssen kommt, bestimmt Domar ausschließlich durch das Verhältnis der Wachstumsrate des Kapitalexports zu dem Zinssatz des exportierten Kapitals.[2]

Im einzelnen werden von Domar folgende Dymbole verwandt.[3]

A = jährliche Amortisationssumme

G = jährlicher Neu- oder Bruttokapitalexport

I = jährliche Zinssumme

R = $\frac{A + I}{G}$ Verhältnis von rückströmendem Kapital zu neuem Kapitalexport

R_L = Grenzwert von R, wenn die Zeit gegen unendlich strebt

a = jährlicher Amortisationssatz

i = jährlicher Zinssatz, berechnet auf die ausstehende Schuld

r = relative (prozentuale) jährliche Wachstumsrate des Kapitalexports (G)

Alle diese Größen sind mit Ausnahme des Amortisationssatzes a eindeutig definiert und bedürfen keiner weiteren Erklärung. Für den Amortisationssatz können drei verschiedene Bezugsgrößen gewählt werden.

(a) Die Amortisation ist ein konstanter Bruchteil der ausstehenden Nettoschuld (Nettowert-Methode).

(b) Die Amortisation ist ein konstanter Bruchteil des Originalwertes jeder einzelnen Anleihe (Originalwert-Methode)

(c) Die Amortisation wird so gewählt, daß die Summe aus Amortisation und Zins für jede einzelne Anleihe gleiche Annuitäten ergibt (Gleiche Annuitäten-Methode).

---

1) Vgl. Domar, E.D.: The Effect of Foreign Investment on the Balance of Payments, a.a.O., S.805 ff.

2) Ebenda, S. 807 ff.

3) Ebenda, S. 810.

Domar geht auf alle drei Methoden ein. Die Nettowert-Methode, bei der die Amortisation auf die Restschuld bezogen wird, hat den Nachteil, daß die Anleihe zu einem kleinen Teil nie zurückgezahlt wird. Daher wird sie auch in der Praxis nicht angewandt. Anderseits hat diese Methode aber den großen analytischen Vorteil, daß der jährliche Amortisationssatz a und der jährliche Zinssatz i auf die gleiche Größe, die Nettoschuld, bezogen und damit addiert werden können. Da die Ergebnisse der Nettowert-Methode bei den Grenzwerten von R eine hinreichende Annäherung an die Ergebnisse der übrigen Methoden erreichen, was insbesondere für die Gesamtheit des Kapitalexports eines Landes gilt, sollen lediglich die wesentlichen Ergebnisse der Nettowert-Methode wiedergegeben werden.

Wird unter den aufgezeigten Bedingungen eine Anleihe gewährt, so steigt das Verhältnis R, Rückfluß zu neuem Kapitalexport ständig und strebt allmählich einem Grenzwert zu, der bestimmt ist durch:

(25) $$R_L = \frac{A + I}{G} \qquad L = \frac{a + i}{a + r}$$ [1]

Im einzelnen werden dazu von Domar folgende Erklärungen gegeben: [2] Daß i im Zähler steht, ist ohne weiteres einsichtig, da der Grenzwert R_L um so größer sein muß, je höher der Zinssatz ist. Warum die Wachstumsrate r im Nenner steht, bedarf einer Erklärung. A und I, die eine Funktion der ausstehenden Schuld sind, hängen nicht nur von dem laufenden Kapitalexport, sondern auch von der Summe aller vorhergehenden Kapitalexporte ab. Wenn G schnell wächst (großes r), dann ist der laufende Wert von G gegenüber der Gesamtsumme der bisherigen Kapitalexporte relativ groß. Daher entspricht ein großes r einem kleinen R_L. Der Amortisationssatz a erscheint im Zähler und im Nenner und spielt damit eine doppelte Rolle: Einerseits steigt mit einem größeren a auch A und damit auch R_L, anderseits wird durch ein größeres a die ausstehende Schuld kleiner, und damit nehmen auch A und I ab. Welchen Effekt a letztlich auf R_L ausübt, hängt von den relativen Größen i und r ab.

Der Einfluß von r und i auf den Wert von R_L läßt sich auf Grund der Beziehung

$$R_L = \frac{a + i}{a + r}$$

---

1) Vgl. Domar, E.D.: The Effects of Foreign Investment of the Balance of Payments, a.a.O., S. 812, zur mathematischen Ableitung vgl. den Anhang bei Domar, S.820 f.

2) Ebenda, S. 812.

leicht erkennen. R_L ist größer als 1, wenn $i > r$ ist, und kleiner als 1, wenn $i < r$ ist. Das heißt, es kommt nur dann bei einem Kapitalexport letztlich zu einer Umkehrung der Leistungsbilanz des Geberlandes, wenn der Zinssatz der Anleihe (i) die Wachstumsrate des Kapitalexportes (r) übersteigt. Ist der Zinssatz kleiner als die Wachstumsrate des Kapitalexportes, wird das Geberland immer einen Exportüberschuß behalten.

Der Einfluß von a auf den Wert von R_L sei an einem Zahlenbeispiel erläutert.[1)]

Tabelle 9

(in Prozent)

a	20 %	10 %	5 %	2 %	1 %	0
(a) r = i r = 4% i = 4%	100	100	100	100	100	100
(b) r > i r = 4% i = 2%	92	86	78	67	60	50
(c) r < i r = 2% i = 6%	118	133	157	200	233	300

(a) $r = i$; R_L ist unabhängig von a immer gleich 100 %. (Vgl. Teil (a) der Tabelle 9).

(b) $r > i$; R_L liegt hier immer unter 100 %. Da a im Zähler und im Nenner zu i bzw. r addiert wird, bedeutet das, - wenn $r > i$ - daß der Nenner prozentual in geringerem Maße erhöht wird als der Zähler. Damit wird der Wert von R_L um so größer, je höher a ist. Der Wert von R_L liegt je nach dem Wert von a zwischen i/r, bei a = O, und kurz unter 100 % bei a nahe 100 %. (Vgl. Teil (b) der Tabelle 9).

(c) $r < i$; R_L liegt immer über 100 %. In diesem Fall - wenn $r < i$ - läßt a den Nenner prozentual stärker steigen als den Zähler. Der Wert von R_L wird im Gegensatz zu (b) prozentual stärker erhöht als der Zähler. Der Wert von R_L nimmt mit steigendem a ab. R_L liegt zwischen, etwas über 100 % (bei a nahe 100 %) und i/r (bei a = 0). (Vgl. Teil (c) der Tabelle 9).

1) Domar, E.D.: a.a.O., S. 813.

Wird ein relativ niedriger Wert von R_L im Geberland gewünscht, so muß die Amortisation (a) bei der Konstellation $r > i$ möglichst klein, bei der Konstellation $r < i$ aber möglichst groß sein.

Damit vom Kapitalexport ein dauernder Beschäftigungseffekt ausgehen kann, muß $r > i$ sein. Bei einer Konstellation $r < i$ ist von Interesse, wie lange von dem Kapitalexport ein Exportüberschuß und damit eine Beschäftigungssteigerung ausgeht, d.h. nach wievielen Jahren R den Wert von 100 % erreicht. Auch bei längerfristiger Betrachtung ist nicht nur der Endwert (R_L), sondern auch das Verhältnis von Kapitalrückstrom und Kapitalexport im Zeitverlauf für die Beschäftigungswirkung im Geberland von Bedeutung, da R am Anfang nur kleine Werte erreicht.

Tabelle 10

Anzahl der Jahre, nach welchen R 1oo % erreicht, wenn r = 0 ist.[1)]

a \ i	0	1	2	3	4	6
2o	∞	15	12	1o	9	7
1o	∞	24	18	15	13	1o
5	∞	36	25	2o	16	12
2	∞	55	35	26	2o	14
1	∞	69	41	29	22	15
0	unmög-lich	1oo	5o	33	25	17

Die Tabelle zeigt, daß auch in vielen Fällen, in denen $r < i$ ist, der Umschwung der Handelsbilanz des Geberlandes erst nach 20 - 30 Jahren erfolgt und der Kapitalexport über mehrere Jahrzehnte einen positiven Beitrag zur Beschäftigung leistet.

Die Kombinationen in der Tabelle 10 entsprechen dem allgemeinen Fall $r < i$,[2)] bei welchem einem hohen a ein niedriger R_L - Wert entspricht. Dem scheinen die Ergebnisse der Tabelle 10

1) Domar, E.D.: a.a.O., S. 814.
2) Mit Ausnahme der ersten Spalte.

jedoch zu widersprechen, da R den Wert von 100 % um so schneller erreicht, je höher a ist, d.h. der Exportüberschuß des Geberlandes verschwindet um so schneller, je höher die Amortisationen sind. Um dieses näher zu untersuchen, soll die Entwicklung von R im Zeitablauf verfolgt werden.

Zunächst seien die beiden Fälle (a) und (b) der Zeichnung 4 betrachtet, die in die generelle Kategorie r > i fallen. Die Entwicklung von R im Zeitablauf entspricht im wesentlichen dem bisher Gesagten. Es fällt lediglich auf, daß die Kurve (a), die einen höheren Amortisationssatz hat als Kurve (b), zu Beginn eine stärkere Krümmung aufweist als die Kurve (b). Das bedeutet, daß bei großen Werten von a ein bestimmter Prozentsatz des Endwertes R_L schneller erreicht wird als bei kleinen Werten von a. Große Werte von a bewirken einen relativ schnellen Rückgang des Exportüberschusses.

Zeichnung 4

Entwicklung von R im Zeitablauf bei alternativen Werten von a, r und i.[1]

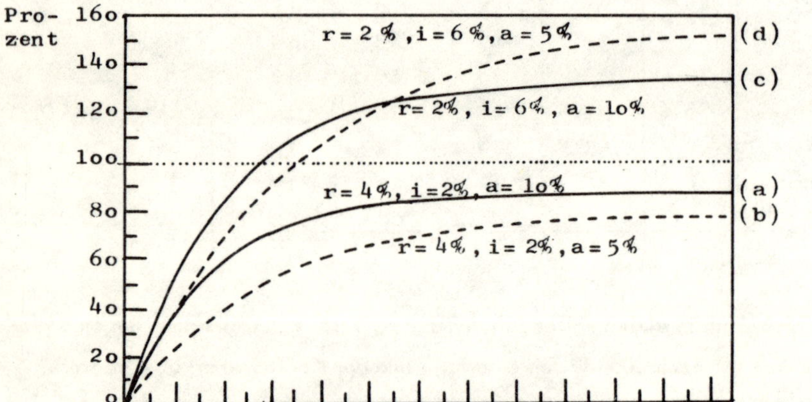

1) Domar, E.D.: a.a.O., S. 814.

Zu den Fällen (c) und (d), die die Bedingung r < i gemeinsam haben, kann folgendes festgestellt werden. Wie weiter oben gesagt wurde, bewirkt unter den vorliegenden Bedingungen ein hoher Wert von a einen niedrigen Wert von R_L, der im Extremfall bis nahe 100 % gedrückt werden kann. So überschreitet der Endwert von (d), a = 5 %, den von (c), a = 10 %. In den Anfangsjahren liegt jedoch die (d)-Kurve unter der (c)-Kurve, d.h., kleine Werte von a ziehen zwar in den Anfangsjahren niedrige Werte von R nach sich, aber später wird der Wert von R um so größer. Damit klärt sich der scheinbare Widerspruch der Tabelle 10 zu den vorhergehenden Ausführungen auf. Außerdem ist das traditionelle Mittel zur Reduzierung von R bzw. zur Aufrechterhaltung eines Exportüberschusses, das in einem möglichst niedrigen Amortisationssatz (a) gesehen wird, in seiner Zweischneidigkeit aufgedeckt worden. Während dieses Mittel für die ersten Jahre, unter Umständen für ein Jahrzehnt und mehr auch sein Ziel erreicht, wirkt es später dem angestrebten Ziel genau entgegen.

Nimmt man an, daß das Sozialprodukt des Geberlandes jährlich mit einer bestimmten Rate wächst, so wird die Wirtschaft des Gläubigerlandes relativ durch den steigenden Kapitalexport nicht stärker belastet, wenn die Wachstumsrate des Kapitalexports r die Wachstumsrate des Sozialprodukts nicht übersteigt. Die vorangegangenen Beispiele haben gezeigt, daß schon bei Werten von r, die einer realistischen Wachstumsrate des Sozialproduktes entsprechen, z.B. 4 - 6 %, auch längerfristige Exportüberschüsse bestehenbleiben können. Das setzt allerdings relativ niedrige, aber doch gebräuchliche Zinssätze von 2 - 4 % für den Kredit voraus.

3. Zusammenfassende Beurteilung des Rückzahlungsproblems

Die Amortisations- und Zinszahlungen bewirken eine erhebliche Dämpfung des Exportüberschusses und damit des Beschäftigungseffektes, der durch den Kapitalexport hervorgerufen wird. Selbst bei sehr günstiger Konstellation, z.B. r = 4 %, i = 2 % und a = 5 %, erreicht R nach 8 Jahren bereits einen Wert von 40 %.[1] Damit stehen zu diesem Zeitpunkt nur noch 60 % des neuen Kapitalexportes für zusätzliche Exporte zur Verfügung. Zwar werden die phantastisch hohen Werte des Kapitalexportes, die nach Hinshaw notwendig sind, um einen bestimmten Exportüberschuß aufrechtzuerhalten, durch die Darlegungen Domars wesentlich in ihrer gesamtwirtschaftlichen Bedeutung gemildert, es bleibt aber die Erkenntnis, daß langfristig auch unter günstigen

1) Vgl. dazu die vorhergehende Zeichnung 4.

Bedingungen über die Hälfte des neuen Kapitalexports auf laufende Zins- und Amortisationszahlungen entfallen. Zum Beispiel kann bei einer Wachstumsrate von 6 % und einem Zinssatz von 3 % durch eine äußerst niedrige Bemessung von a der für einen Exportüberschuß frei bleibende Teil des neuen Kapitalexports bis in die Nähe von 50 % angehoben werden.[1)]

Das Rückzahlungsproblem läßt sich unter beschäftigungspolitischen Gesichtspunkten des Geberlandes dadurch entschärfen, daß neben niedrigen Amortisationssätzen, d.h. langen Laufzeiten, auch niedrige Zinsen und hohe Zuwachsraten des Kapitalexportes gewählt werden. Die Endkonsequenz wäre, daß der Kapitalexport als Geschenk erfolgte, wodurch jegliches Rückzahlungsproblem sich erübrigen würde. Eine weitere Möglichkeit, beschäftigungsmindernde Rückzahlungen zu umgehen, besteht darin, zwar nicht auf Zinsen und Amortisation zu verzichten, diese aber sofort wieder im Kapitalimportland zu reinvestieren.[2)]

An der Konzeption von Hinshaw und Domar kann kritisiert werden, daß sie auf dem Bruttokapitalexport aufbaut. Unter dem Aspekt einer eventuellen Aufbringungsbelastung des Geberlandes ist jedoch nicht der Brutto-, sondern nur der Nettokapitalexport von Bedeutung. Der Nettokapitalexport entspricht unter den vorliegenden Bedingungen dem zusätzlichen Exportüberschuß und damit der primären Beschäftigungssteigerung. Da die Vergabe von Entwicklungshilfeleistungen, soweit diese nicht auf revolvierenden Fonds basiert, im allgemeinen unabhängig von den Rückflüssen nach bestimmten Zielvorstellungen des Geberlandes erfolgt, sind die Bruttoleistungen der eigentliche Entscheidungsparameter, während die Nettoleistungen[3)] sich als Restgröße auf Grund der Rückflüsse ergeben. Es ist das besondere Verdienst von Hinshaw und Domar, auf den beschäftigungspolitisch bedeutsamen Automatismus dieser Rückflüsse hingewiesen zu haben, der eine ständige Steigerung des Entscheidungsparameters, der Bruttokapitalexporte, notwendig macht.

Der dargestellte Zusammenhang zwischen Bruttokapitalexport, Rückflüssen und Beschäftigungssteigerung im Geberland beruht auf der Annahme eines sustentativen Kapitalexportes,[4)] d.h. das exportierte Kapital kann im Geberland keine Verwendung finden, es liegt dort brach. Ein

---

1) Vgl. Formel (25)
2) Vgl. Preiser, E.: Kapitalexport und Vollbeschäftigung, a.a.O., S. 292 f.
3) Entgegen der DAC-Definition müssen auch die Zinszahlungen abgezogen werden.
4) Vgl. Preiser, E.: Kapitalexport und Vollbeschäftigung, a.a.O., S. 286.

Aufbringungseffekt entfällt, so daß auch kein negativer Beschäftigungseffekt eintritt. Entsprechend sammeln sich die Rückflüsse im Geberland als neues brachliegendes Kapital an, das die inländische Nachfrage unbeeinflußt läßt. Hinshaw weist jedoch darauf hin, daß die Kapitalrückflüsse auch im Inland beschäftigungssteigernd wirken können, z.B. in Form zusätzlicher Investitions- oder Konsumausgaben, wodurch der Rückgang des Exportüberschusses durch steigende Inlandsausgaben kompensiert werden kann. [1] Fallen die Rückzahlungen in eine Hochkonjunkturphase des Geberlandes, so bewirken sie, wenn keine Stillegung bei der Zentralbank erfolgt, nicht nur eine Expansion des Kreditpotentials der Geschäftsbanken, sondern auch eine Erhöhung der Geldmenge und der effektiven inländischen Nachfrage. Durch den Kapitalexport bzw. durch die Entwicklungshilfeleistung wird unter diesen außergewöhnlichen Umständen ein zweifacher Nachfrageeffekt im Geberland hervorgerufen. Der Kapitalexport führt erstens in voller Höhe zu einer Steigerung der Exporte, die später erfolgenden Rückzahlungen bewirken zweitens eine nochmalige Expansion der Nachfrage im Geberland. Die Ergebnisse des Hauptabschnittes B II basieren auf der vereinfachenden Annahme von Nettoleistungen. Unter Berücksichtigung von Rückflüssen (einschließlich Zinszahlungen) müßten die negativen Aufbringungswirkungen der Bruttoleistungen ermittelt und davon die kompensatorischen der Rückflüsse abgezogen werden. Das Ergebnis wäre die Aufbringungswirkung der Nettoleistungen. Bei dieser gesonderten Betrachtung der Rückflüsse können im Extremfall die Aufbringungswirkungen der Nettoleistungen auch positiv sein, z.B. wenn die Bruttoleistungen durch Geldschöpfung der Notenbank finanziert werden, d.h. keinen Aufbringungseffekt haben, und die Rückflüsse an Private erfolgen, z.B. an die Inhaber von Weltbankanleihen, wodurch ein tendenziell positiver Nachfrageeffekt eintritt. Werden anderseits die Rückflüsse bei der Zentralnotenbank stillgelegt und die Bruttoleistungen durch Ausgabenkürzung oder über den Kapitalmarkt finanziert, entsprechen die Aufbringungswirkungen der Nettoleistungen denjenigen der Bruttoleistungen.

Rückflüsse können aber nur eintreten, wenn das Kapitalimportland auch in der Lage ist, seine Schuldendienstverpflichtungen zu erfüllen. Dieses erscheint bei Ländern, die Entwicklungshilfeleistungen empfangen, nicht selbstverständlich. Sind die Entwicklungshilfebeträge für zusätzliche Importe des Empfängerlandes verausgabt, so können Schuldendienstverpflichtungen nur er-

---

1) Vgl. Hinshaw, R.: International Investment ..., a.a.O., S. 669.

füllt werden, wenn sich durch die Entwicklungshilfe zusätzliche Devisenbestände erwirtschaften lassen. Dieses kann sowohl durch eine Steigerung der Devisenerlöse als auch durch eine Einsparung der Devisenausgaben erfolgen. Daraus ergibt sich die Konsequenz, daß Entwicklungshilfeleistungen, die auf Kredit vergeben werden, nur für Investitionen verwendet werden dürfen, die produktiv sind und sowohl die Kapazität als auch die Ertragskraft der Wirtschaft des Empfängerlandes erhöhen. Dabei kommt der Ausbau der Exportindustrie und einer importsubstituierenden Industrie in Betracht. Entscheidend ist jedoch, daß die Schuldendienstverpflichtungen mit dem Ausreifungsgrad der Investitionen abgestimmt werden.[1] Dabei darf nicht das einzelne Investitionsobjekt isoliert betrachtet werden, sondern es muß auch die gesamte wirtschaftliche Situation des Landes Berücksichtigung finden. So bringen zusätzliche induzierte Importe einen erhöhten Devisenbedarf mit sich. Anderseits können aber auch zusätzliche induzierte Investitionen, die aus Inlandsersparnissen finanziert werden, Devisen einsparen.

Insgesamt wird deutlich, daß das Rückzahlungsproblem, unter Beachtung der notwendigen Bedingung einer produktiven Investition, nur in engem Zusammenhang mit den Handelsbeziehungen der Partnerländer bzw. Drittstaaten gelöst werden kann. Sollen die Importe der Empfängerländer nicht vermindert werden, was aus entwicklungspolitischen Gründen nicht zweckmäßig ist, so bleiben zur Finanzierung der Schuldendienstverpflichtungen nur erhöhte Exporte in die Geberländer übrig. Eine Importsteigerung der Geberländer bei unverändertem Export führt im Geberland zu einem entsprechenden Einkommensverlust, wenn die Gesamtabsorption gleichbleibt. Diese Annahme ist jedoch auch für die Industrieländer unrealistisch. In Zeiten einer Hochkonjunktur mit Preissteigerungen können steigende Importe durch eine wachsende Absorption begleitet werden, so daß das Realeinkommen und die Beschäftigung nicht vermindert werden. Herrscht jedoch keine extreme Hochkonjunktur, so werden zusätzliche Importe aus Entwicklungsländern zu einem mehr oder weniger großen Teil einkommens- und beschäftigungsmindernd im Geberland wirken. Diese negativen Einkommenswirkungen müßten von den positiven Verwendungswirkungen bei der Verausgabung der Entwicklungshilfe abgezogen werden. Erst dann wäre der gesamte Einkommens- und Beschäftigungseffekt infolge der

---

1) Zum Rückzahlungsproblem unter dem Gesichtspunkt der Wirtschaften von Entwicklungsländern vgl. Guth, W.: Zum Rückzahlungsproblem der Entwicklungsländer, in: Jahrbücher für Nationalökonomie und Statistik, Bd. 178, 1965, S. 161.

Leistungsbilanzveränderung durch die Entwicklungshilfe ermittelt. Bei quantitativen Untersuchungen wird es jedoch kaum möglich sein, Importe der Geberländer auf Grund von Rückzahlungsverpflichtungen der Entwicklungsländer von sonstigen Importen aus Entwicklungsländern zu trennen. Lediglich wenn die Rückzahlungen in Form von zusätzlichen Warenlieferungen vereinbart sind, entfällt diese Schwierigkeit. In der Realität besteht jedoch auch hier die Gefahr, daß auf indirektem Wege eine Minderung der anderen Importe eintreten kann.

Befindet sich die Wirtschaft des Geberlandes tendenziell in einer Vollbeschäftigung, so werden die Schuldendienstzahlungen ihres langfristig beschäftigungsmindernden Charakters im Geberland weitgehend beraubt, da diese Mittel im Inland teilweise ausgabewirksam werden.

Da die Schuldendienstzahlungen bei den Vertragsverhandlungen über die Entwicklungshilfeleistungen langfristig festgelegt werden, lassen sie sich nicht nachträglich an die konjunkturelle Situation des Geberlandes anpassen. Eine Vorverlegung der Schuldendienstzahlungen verbietet schon allein die Interessenlage des Empfängerlandes. Eine zeitweilige Aussetzung von Schuldendienstzahlungen aus konjunkturellen Gründen des Geberlandes ist zwar politisch möglich, mindert jedoch die Zahlungsmoral des Empfängerlandes und erscheint daher wenig zweckmäßig. Ein Aufschub von Schuldendienstzahlungen ist allerdings unter bestimmten Umständen erforderlich, die ihre Ursache in der wirtschaftlichen Situation des Empfängerlandes haben.[1] Damit scheidet eine Variation der Schuldendienstzahlungen als Instrument der kurzfristigen Konjunkturstabilisierung aus.

---

1) Vgl. Guth, W.: Zum Rückzahlungsproblem der Entwicklungsländer, a.a.O., S. 163 ff.

C. Konjunktur- und Beschäftigungseffekte der Entwicklungshilfeleistungen der BRD

I. Die finanziellen Entwicklungshilfeleistungen der BRD

1. Umfang und Struktur der Entwicklungshilfeleistungen

Es wird zunächst ein globaler Überblick über die Entwicklungshilfeleistungen der BRD gegeben. Während die Leistungen für den Zeitraum 1950 - 1959 zeitlich zusammengefaßt werden, erfolgt für den Zeitraum 1960 - 1968 eine Aufschlüsselung für die einzelnen Jahre. Der Aussagewert der Zahlenangaben vor 1961 ist nur beschränkt, da die Entwicklungshilfeleistungen im öffentlichen Bereich von verschiedenen Bundesministerien durchgeführt wurden. Bei der Zusammenstellung der Entwicklungshilfestatistik durch das neu gegründete Bundesministerium für wirtschaftliche Zusammenarbeit wurde ein Teil der Leistungen vor 1961 erst nachträglich zur Entwicklungshilfe gerechnet. Eine jährliche Aufschlüsselung erscheint daher für den Zeitraum vor 1961 wenig brauchbar.

Um die Struktur der Entwicklungshilfeleistungen zunächst in groben Zügen wiederzugeben, können die Entwicklungshilfeleistungen gemäß den allgemeinen Kategorien öffentlich - privat und bilateral - multilateral unterteilt werden.

Öffentliche Mittel sind nach der Definition der OECD "alle Mittel, welche die Zentralregierung, die zentralen monetären Institutionen, die Gebietskörperschaften sowie Organe der Zentralregierung und der Gebietskörperschaften der Geberländer den Entwicklungsländern und multilateralen Stellen für die wirtschaftliche und soziale Entwicklung, als Soforthilfe sowie für die soziale Fürsorge und ähnliche Zwecke entweder direkt oder für deren Rechnung zur Verfügung stellen." [1] Zu den privaten Entwicklungshilfeleistungen zählen nach den Richtlinien der OECD "Direktinvestitionen, Investitionen in marktgängigen Wertpapieren, langfristige Finanzierungskredite und Handelskredite (mit einer Laufzeit über ein Jahr) sowie verschiedene andere Investitionen des Privatsektors der Geberländer in den Entwicklungsländern und der Erwerb von Schuldenverschreibungen, Anleihen und Beteiligungen multilateraler Stellen durch Private." [2]

---

1) OECD: Finanzielle Leistungen an Entwicklungsländer 1961 - 1965, Paris 1967, S. 179.
2) OECD: Finanzielle Leistungen an Entwicklungsländer 1961 - 1965, Paris 1967, S. 180.

Die Klassifizierung in öffentliche und private Leistungen erfolgt in erster Linie nach dem Charakter der Institution, die die Transaktion ausführt. Es können aber eine Reihe von Grenzfällen auftreten, von denen die Exportkredite der Kreditanstalt für Wiederaufbau (KW) ein Beispiel sind. Das Grundkapital der KW befindet sich in Händen des Bundes, und außerdem sind ihr verschiedene öffentliche Aufgaben, z.B. bei der Kapitalhilfe, übertragen. Anderseits verhält sich die KW bei der Prüfung von Anträgen für Exportkredite wie eine Privatbank. In dieser Arbeit werden die Exportkredite der KW zu den öffentlichen Entwicklungshilfeleistungen gerechnet.

Bilaterale Leistungen liegen vor, wenn die Transaktionen unmittelbar zwischen Geberland und Empfängerland erfolgen. Bei multilateralen Leistungen werden die Mittel zunächst internationalen Organisationen übertragen, die von diesen an die Empfängerländer nach eigenen Kriterien weitergeleitet werden. Je nachdem wer die Leistungen zur Verfügung stellt, kann hier wieder zwischen öffentlicher und privater bi- und multilateraler Entwicklungshilfe unterschieden werden.

Untergliedert nach diesen Kriterien, ergibt sich für den Zeitraum 1950 - 1968 folgendes Bild der Entwicklungshilfeleistungen.

Die Gesamtleistungen der BRD betrugen 1950 - 1968 etwa 43 Mrd. DM. Die durchschnittliche jährliche Leistung war im Zeitraum 1960 - 1968 etwa dreimal so groß wie im Zeitraum 1950 - 1959. Zwischen 1960 und 1965 veränderten sich die Gesamtleistungen mit Ausnahme des vorübergehenden starken Anstiegs 1961 nur wenig. Von 1965 bis 1968 weisen die Gesamtleistungen einen außerordentlichen Zuwachs auf, so daß sie sich in diesem Zeitraum mehr als verdoppelten.

An den gesamten Nettoleistungen des Zeitraums von 1950 - 1968 haben die öffentlichen Leistungen mit 54 % einen größeren Anteil als die privaten mit 46 %. Das Verhältnis von öffentlichen zu privaten Leistungen ist von Jahr zu Jahr starken Schwankungen unterworfen, es schwankt zwischen 3 : 1 im Jahre 1962 und etwa 1 : 2 im Jahre 1968. Zwischen 1962 und 1966 sind die Veränderungen der öffentlichen Leistungen nur gering, 1967 und 1968 stiegen sie jeweils um etwa 10 % gegenüber dem Vorjahr. Von 1962 bis 1968 ist ein Trend in Richtung auf einen relativen Rückgang der öffentlichen Leistungen feststellbar.

Das Verhältnis von bi- zu multilateralen Leistungen beträgt im öffentlichen Bereich knapp 3 : 1. In den einzelnen Jahren ist dieses Verhältnis sehr starken Schwankungen unterworfen.

Tabelle 11 Gesamtübersicht über den Umfang und die Struktur der Entwicklungshilfeleistungen der BRD, Nettoleistungen in Mio DM.[1)]

	Bil.öffentl. Leistungen (1)	Multil.öffentl. Leistungen (2)	Öffentl. Leistungen insgesamt (1) + (2)	Bil.priv. Leistungen (3)	Multil.priv. Leistungen (4)	Priv. Leistungen insgesamt (3) + (4)	Gesamte Nettoleistungen (1)+(2)+(3)+(4)
1950 - 59 absolut	3465	2137	5602	6196	262	6457	12060
in %	28,7	17,7	46,4	51,4	2,2	53,6	100
1960 absolut	1054	424	1478	1146	15	1161	2638
in %	40,0	16,0	56,0	43,4	0,6	44,0	100
1961 absolut	1330	1143	2473	927	- 11	916	3388
in %	39,2	33,8	73,0	27,3	-0,3	27,0	100
1962 absolut	1456	409	1865	574	- 2	572	2437
in %	59,8	16,8	76,6	23,5	-0,1	23,4	100
1963 absolut	1638	101	1739	698	45	744	2483
in %	66,0	4,1	70,1	28,1	1,8	29,9	100
1964 absolut	1653	39	1692	906	229	1134	2826
in %	58,5	1,4	59,9	32,0	8,1	40,1	100
1965 absolut	1729	155	1884	710	302	1012	2896
in %	59,8	5,3	65,1	24,5	10,4	34,9	100
1966 absolut	1798	145	1944	1210	- 24	1186	3129
in %	57,5	4,6	62,1	38,7	-0,8	37,9	100
1967 absolut	1922	266	2187	2396	- 21	2375	4563
in %	42,0	5,8	47,8	52,7	-0,5	52,2	100
1968 absolut	1941	440	2381	3096	1177	4273	6654
in %	29,1	6,6	35,7	46,6	17,7	64,3	100
1950 - 68 absolut	17985	5260	23244	17858	1972	19830	43074
in %	41,7	12,2	53,9	41,5	4,6	46,1	100

1) Vgl. BMZ-II A/6-02095-161/69, kleine Differenzen bei den Summen ergeben sich durch Abrundungen.

Die multilateralen Leistungen übersteigen jedoch in keinem Jahr die bilateralen. Obwohl der Anteil der multilateralen öffentlichen Leistungen 12,2 % der gesamten Entwicklungshilfe ausmacht, konnte er seit 1963 nicht mehr 7 % erreichen. Bis 1962 hatten die öffentlichen multilateralen Leistungen eine wesentlich größere Bedeutung in bezug auf die Gesamtleistungen.

Bei den privaten Leistungen dominieren eindeutig die bilateralen Leistungen. Sie machen 41,5 % der gesamten Entwicklungshilfeleistungen von 1950 - 1968 aus, während der entsprechende Wert der multilateralen privaten Leistungen nur 4,6 % beträgt. Während die bilateralen Leistungen zwischen 1961 und 1965 zwischen 900 und 600 Mill. DM schwankten, haben sie sich von 1965 bis 1968 mehr als vervierfacht. Die multilateralen privaten Nettoleistungen sind nur sporadisch von Bedeutung. Allein der Betrag von 1968 macht 60 % der gesamten multilateralen privaten Leistungen aus, darüber hinaus wurde nur 1964 und 1965 ein nennenswerter Umfang erreicht.

Dieser allgemeine Überblick zum Umfang und zur Struktur der deutschen Entwicklungshilfeleistungen hat gezeigt, daß für wesentliche quantitative konjunkturelle Auswirkungen der Entwicklungshilfe auf die Wirtschaft der BRD in erster Linie die bilateralen Leistungen in Frage kommen. Die Untersuchung der konjunkturellen Auswirkungen der multilateralen Leistungen hat nur eine grundsätzliche Bedeutung, ohne quantitativ beachtlich zu sein.

Die bisher vorgenommene Unterteilung der Entwicklungshilfeleistungen ist jedoch noch nicht detailliert genug, um in bezug auf Aufbringungs- und Verwendungswirkungen genügend homogene ökonomische Größen hervorzubringen. Zu diesem Zweck schließen sich im folgenden weitere Unterteilungen an.

2. Die bilateralen Entwicklungshilfeleistungen der BRD

21. Die bilateralen öffentlichen Leistungen

Die bilateralen öffentlichen Leistungen lassen sich nach den finanziellen Bedingungen in Kredite und Zuschüsse untergliedern. Die Hauptarten der bilateralen öffentlichen Kredite der BRD sind erstens Entwicklungskredite, das ist die Kapitalhilfe, die von der KW im Auftrage des Bundes abgewickelt wird, und zusätzlich die geringen Beträge, die durch die Deutsche Entwicklungshilfe Gesellschaft (DEG) ausgeliehen werden, zweitens die Exportkredite der KW, drittens die ungebundenen Finanzkredite der KW sowie viertens die vom Bundesfinanzministerium vergebenen Refinanzierungskredite. Die Hauptarten der Zuschüsse sind die Technische Hilfe im weiteren Sinne und die Wiedergutmachungszahlungen.

Von den gesamten bilateralen öffentlichen Leistungen entfallen im Zeitraum 1950 - 1968 knapp zwei Drittel auf Kredite und gut ein Drittel auf Zuschüsse. Die Entwicklungskredite machen insgesamt fast drei Viertel der öffentlichen Kredite aus und erreichen einen Prozentsatz von etwa 19 % der bisher gegebenen gesamten Nettoleistungen. Die Entwicklungskredite stiegen bis 1964 kontinuierlich an und blieben von da ab bis 1968 auf etwa dem gleichen Niveau. Die zweitgrößte Kreditart sind die Exportkredite der KW, die etwa 11 % der bilateralen öffentlichen Kredite ausmachen bzw. einen Anteil von 2,8 % an den gesamten Nettoleistungen erreichen. Quantitativ sind die ungebundenen Finanzkredite und die Refinanzierungskredite von noch geringerer Bedeutung. Die Nettobeträge der ungebundenen Finanzkredite weisen ab 1964 im wesentlichen nur negative Werte auf. Die Nettobeträge der Refinanzierungskredite haben lediglich vor 1961 eine größere Bedeutung gehabt.

Die gesamten Zuschüsse seit 1950 verteilen sich etwa je zur Hälfte auf die Technische Hilfe und die Wiedergutmachungszahlungen. Seitdem die Wiedergutmachungszahlungen 1965 ausgelaufen sind, können die Zuschüsse im wesentlichen der Technischen Hilfe zugerechnet werden. Die Leistungen im Rahmen der Technischen Hilfe im weiteren Sinne haben seit 1960 kontinuierlich zugenommen und erreichten 1968 etwa die Hälfte des Umfangs der Kapitalhilfe. Ihr Anteil an den gesamten Nettoleistungen von 1950 - 1968 beträgt etwa 7 %.

Für eine Beurteilung der konjunkturellen Auswirkungen der bilateralen öffentlichen Entwicklungshilfeleistungen kommt in erster Linie eine Analyse der Kapitalhilfe in Frage. Aber auch die Technische Hilfe und mit gewissem Abstand auch die Exportkredite der KW sind für eine quantitative Betrachtung noch von Interesse. Für die Vergangenheit müssen schließlich auch die Wiedergutmachungszahlungen berücksichtigt werden. Obwohl die ungebundenen Finanzkredite der KW und die Refinanzierungskredite quantitativ nicht ins Gewicht fallen, ist ihre konjunkturelle Wirksamkeit dennoch von theoretischem Interesse.

211. Bilaterale öffentliche Kredite

211.1. Entwicklungskredite

Die konjunkturellen Auswirkungen der Entwicklungskredite lassen sich nicht global ohne detaillierte Analyse beurteilen, da die Mittel aus verschiedenen Finanzierungsquellen kommen und

Tabelle 12 Zusammensetzung der bilateralen öffentlichen Entwicklungshilfeleistungen der BRD, Nettoleistungen in Mio DM.[1)]

Jahr	Entwicklungskredite (Kapitalhilfe + DEG)[2)] (1)	Exportkredite der KW (2)	Ungebundene Finanzkredite der KW (3)	Refinanzierungskredite (BMF) (4)	Sonstige Kredite[3)] (5)	Bil.öffentl. Kredite insgesamt Summe (1) - (5)	Technische Hilfe i.w. Sinne (6)	Wiedergutmachungszahlungen (7)	Sonstige Zuschüsse (8)	Bil. öffentl. Zuschüsse insgesamt (6)+(7)+(8)
1950 - 59	101	92	437	383	444	1457	122	1886	-	2008
1960	319	36	269	155	- 52	727	67	259	1	327
1961	705	- 10	315	- 35	- 88	887	117	320	6	443
1962	696	106	177	24	- 50	953	204	280	19	503
1963	829	132	54	67	- 52	1030	306	278	24	608
1964	1116	16	-106	76	- 70	1032	343	250	28	621
1965	971	207	- 51	- 57	- 45	1025	374	300	29	703
1966	1041	322	- 97	82	- 1	1347	423	-	28	451
1967	1205	94	5	77	-	1381	504	-	36	540
1968	1154	220	- 55	- 12	-	1307	585	-	48	633
1950 - 68 absolut	8137	1215	948	760	86	11146	3044	3573	221	6838
in %[4)]	18,9	2,8	2,2	1,8	0,2	25,9	7,1	8,2	0,5	15,8

1) Aufschlüsselung der öffentlichen Kredite nach Angaben des BMZ, Aufschlüsselung der Zuschüsse nach BMZ II A/6 - 02095-161/69, Jahresberichte des BMZ und OECD. Finanzielle Leistungen an Entwicklungsländer 1961 - 1965, Paris 1967, S. 248 f.
2) Einschließlich der Nettoleistungen der DEG, die von 1964 bis 1968 zwischen 10 und 15 Millionen DM betragen.
3) Diese setzen sich im wesentlichen zusammen aus Krediten des Bundesfinanzministeriums und der Bundesbank, die in erster Linie vor 1961 gegeben worden waren. Ab 1962 handelt es sich ausschließlich um Rückzahlungen.
4) In % der gesamten öffentlichen und privaten Nettoleistungen.

sich bei den einzelnen Arten der Entwicklungskredite unterschiedliche Verwendungswirkungen ergeben. Die von der Deutschen Entwicklungsgesellschaft (DEG) vergebenen Mittel, welche in den Beträgen der Entwicklungskredite in Tabelle 12, Spalte (1), enthalten sind, werden in den weiteren Überlegungen nicht berücksichtigt, da sie von 1964 bis 1968 nur etwa 1 % der Entwicklungskredite ausmachten.[1] Die Untersuchungen dieses Abschnittes sollen sich also auf die Aufbringungs- und Verwendungswirkungen der von der KW im Auftrage der Bundesregierung abgewickelten Kapitalhilfe beschränken.

211.11. Die Aufbringungswirkungen der Kapitalhilfe

Eine Beurteilung der Aufbringungswirkungen der Kapitalhilfe macht es erforderlich, die Finanzierungsquellen der Kapitalhilfe zu analysieren. Im einzelnen verteilen sich die Auszahlungen der Kapitalhilfe auf folgende Finanzierungsquellen.

Tabelle 12 a Finanzierung der Auszahlungen der bilateralen Kapitalhilfe der BRD bis einschließlich 1968[2]

Finanzierungsmittel		Betrag (in Mio DM)	
(1) Haushaltsmittel des Bundes		6295,9	72 %
Davon Entwicklungsanleihe der deutschen Wirtschaft von 1961[3]	1176,2		
(2) Ländermittel		5oo,o	6 %
(3) ERP-Sondervermögen		12o2,9	14 %
(4) KW - Mittel		753,2	8 %
Insgesamt:[4]		8752,o	1oo %

1) Unter Zugrundelegung der Unterlagen des BMZ.
2) Nach einer unveröffentlichten Zusammenstellung des BMZ.
3) Vgl. KW: 13. Jahresbericht der Kreditanstalt für Wiederaufbau, 1961, Frankfurt a. M. 1962, S. 46.
4) Es handelt sich hier um Bruttoauszahlungen, daher ist dieser Betrag größer als die Summe der Entwicklungskredite in Tabelle 12, Spalte (1), in welcher nur Nettobeträge enthalten sind.

Der überwiegende Teil der bilateralen Kapitalhilfe wird aus Bundesmitteln finanziert. Auf Grund des Nonaffektationsprinzips der Staatseinnahmen ist es außerordentlich schwierig, die speziellen Aufbringungswirkungen von Staatseinnahmen zur Finanzierung bestimmter Ausgaben zu ermitteln. In dem hier zu betrachtenden Zeitraum ist im Bundeshaushaltsplan die Unterteilung von ordentlichem und außerordentlichem Haushaltsplan gemacht worden, wobei die außerordentlichen Haushaltspläne im wesentlichen Einnahmen aus der Aufnahme von Kapitalmarktanleihen enthielten. Mit Ausnahme des Jahres 1966 sind in der Zeit von 1961 bis 1968 die aus Bundesmitteln bereitgestellten Kapitalhilfebeträge zu nahezu 100 % über den außerordentlichen Haushalt gelaufen. [1] Nur im Jahre 1966 kommen auf Grund der schlechten Kapitalmarktverfassung nur 40 % der Kapitalhilfemittel des Bundes aus dem außerordentlichen Haushalt und die restlichen 60 % aus dem ordentlichen Haushalt. Obwohl gewisse Bedenken bestehen, daß der Bund entsprechend weniger Mittel am Kapitalmarkt aufgenommen hätte, wenn für ihn keine Ausgaben zur Finanzierung der Kapitalhilfe angefallen wären, kann doch auf Grund des engen Zusammenhanges von Kapitalhilfemitteln und außerordentlichem Haushalt vermutet werden, daß die Kapitalhilfeausgaben eine verstärkte Verschuldung des Bundes am Kapitalmarkt nach sich gezogen haben. Will man beurteilen, welchen Aufbringungseffekt die Mittel für die Kapitalhilfe haben, soweit sie aus dem Bundeshaushalt finanziert wurden, kann man mit einem gewissen Recht unterstellen, daß diese Mittel tendenziell den gleichen Aufbringungseffekt verursachen wie die zusätzliche Ausgabe von Staatsanleihen. Inwieweit die Ausgabe einer Staatsanleihe kontraktive Effekte in Form einer Verminderung der effektiven Gesamtnachfrage hervorruft, ist je nach der konjunkturellen Lage starken Schwankungen unterworfen. [2] Bei grober Vereinfachung kann erwartet werden, daß eine Staatsanleihe unter normalen Bedingungen in Zeiten der Rezession einen tendenziell geringen, während der Hochkonjunktur aber einen tendenziell stärkeren Liquiditätsentzugseffekt mit sich bringt, der sich indirekt bis auf eine Verminderung der effektiven Nachfrage auswirkt. Man könnte von einem antizyklischen Aufbringungseffekt von Staatsanleihen sprechen. Diese Aussage gilt jedoch nur generell und vereinfacht, da für den einzelnen Fall einer Staatsanleihe unter anderem auch zinsinduzierte außenwirtschaftliche Liquiditätszuflüsse einen geringeren Aufbringungseffekt bewirken können.

---

1) Vgl. die Bundeshaushaltspläne 1961 bis 1968.
2) Vgl. dazu die ausführlichen Darlegungen im Abschnitt B I 112.2., insbesondere den Unterabschnitt B I 112.23.

Eine Sonderstellung bei der Finanzierung der Kapitalhilfe aus Bundesmitteln nimmt die Entwicklungsanleihe der deutschen Wirtschaft ein, die 1961 zu Beginn der eigentlichen Kapitalhilfe aufgelegt wurde. Bei dieser Anleihe besteht zweifelsfrei ein unmittelbarer Zusammenhang zwischen den Einnahmen aus dem außerordentlichen Haushalt und den zusätzlichen Ausgaben des Bundes für Kapitalhilfe. Der Beginn des Jahres 1961 war noch weitgehend durch die Überhitzungserscheinungen einer Hochkonjunktur gekennzeichnet. [1] Zu diesem Zeitpunkt begab die Bundesregierung die Entwicklungsanleihe, um der teilweise stark liquiden deutschen Wirtschaft Liquidität zu entziehen, damit diese Liquidität nicht in der überschäumenden Hochkonjunktur nachfragewirksam werden konnte. Die organisierte deutsche Industrie hatte sich bereit erklärt, diese Anleihe zu kaufen, um von sich aus freiwillig auf einen Teil der Liquidität zu verzichten. Gleichzeitig wurde diese Anleihe von einem Teil der Industrie als "Aufwertungsersatz" [2] verstanden. Damit ein möglichst großer Liquiditätsentzug gewährleistet war, mußten die Anleihegläubiger eine Verfügungsbeschränkung hinnehmen, die erst in den Jahren 1962 bis 1964 schrittweise wieder aufgehoben wurde. [3] Bis zu ihrer Verwendung in den Jahren 1961 bis 1964 [4] wurden die Erlöse der Entwicklungsanleihe in Treasury-Bills des amerikanischen Schatzamtes angelegt. [5] Die Bundesregierung hatte die Entwicklungsanleihe bewußt als Mittel zur Konjunkturdämpfung eingesetzt. Es muß angenommen werden, daß von der Entwicklungsanleihe insbesondere wegen ihrer speziellen Konditionen 1961 erhebliche kontraktive Wirkungen ausgegangen sind. [5]

Die in der Tabelle 12 a aufgeführten Ländermittel sind 1961 zu Beginn der Kapitalhilfe von den Ländern der KW in Form eines Darlehens für Zwecke der Kapitalhilfe zugesagt worden. Der größte Teil dieses Betrages wurde auch bereits 1961 [7], ein weiterer Teil 1962 [8] und ein kleiner

---

1) Vgl. KW: 13. Jahresbericht, Geschäftsjahr 1961, Frankfurt a.M. 1962, S. 27, es wird hier gesprochen von "der überbordenden Konjunktur - deren Entspannungssymptome im Frühjahr noch kaum sichtbar waren ...".
2) Rittershausen, H.: Die Zentralnotenbank, Frankfurt a. M. 1962, S. 151.
3) Vgl. Baumann, W.: Die Entwicklungsanleihe der deutschen Wirtschaft, in: Entwicklungsländer, 1962, Heft 6, S. 186.
4) Vgl. KW: 16. Jahresbericht, Geschäftsjahr 1964, Frankfurt a.M. 1965, S. 56.
5) Vgl. KW: 13. Jahresbericht, Geschäftsjahr 1961, Frankfurt a. M. 1962, S. 46.
6) Vgl. Rittershausen, H.: Die Zentralnotenbank, a.a.O., S. 738.
7) Vgl. KW: 13. Jahresbericht, Geschäftsjahr 1961, a.a.O., S. 68.
8) Vgl. KW: 14. Jahresbericht, Geschäftsjahr 1962, a.a.O., S. 70.

Rest 1963 [1] geleistet. Es handelt sich um einen einmaligen Beitrag der Länder zur Kapitalhilfe, der bereits am 31. 12. 1969 in Höhe von etwa 143 Mio DM getilgt war. [2] Ohne im einzelnen zu überprüfen, wie die Länder ihren Anteil aufgebracht haben, kann man erwarten, daß von dem Länderbeitrag bis zur endgültigen Verausgabung geringere kontraktive Wirkungen ausgingen als von der Entwicklungsanleihe, da die der KW von den Ländern zur Verfügung gestellten Darlehnsmittel nicht sofort zu einer Verminderung der inländischen Liquidität führten.

Das ERP-Sondervermögen ist im Zusammenhang mit dem Marshallplan entstanden. [3] Durch die Marshallplanmittel konnten wichtige Importgüter vorwiegend aus den USA bezogen werden. Die DM - Gegenwerte dieser Importe wurden in einen besonderen DM - Gegenwertfonds eingebracht, wodurch es zur Bildung des ERP-Sondervermögens kam. Die ERP-Mittel dienten zunächst in Form von Krediten ausschließlich dem Wiederaufbau und der Förderung der deutschen Wirtschaft.

Mit Beginn der Entwicklungshilfe Anfang der sechziger Jahre wurden die ERP-Mittel auch für Zwecke der Entwicklungshilfe, insbesondere der Kapitalhilfe, zur Verfügung gestellt. Das ERP-Sondervermögen ist ein revolvierender Fonds, weshalb nur so viele Mittel neu bereitgestellt werden können, wie früher ausgeliehene Mittel zurückgeströmt sind. Geht man davon aus, daß sich zinsgünstige ERP-Mittel grundsätzlich auch im Inland, insbesondere für Strukturmaßnahmen, einsetzen lassen, so bedeutet der alternative Einsatz der ERP-Mittel für die Kapitalhilfe, daß inländische Investitionen - abgesehen von einer starken Rezession - in entsprechender Höhe unterbleiben müssen. Unter dieser Annahme hat die Bereitstellung von Entwicklungshilfebeträgen aus ERP-Mitteln die gleiche negative Aufbringungswirkung wie die Kürzung von Investitionsausgaben.

Soweit die Kapitalhilfe aus ERP-Mitteln finanziert wird, die aus dem Ausland zurückgeflossen sind, entsteht kein wesentlicher Aufbringungseffekt.

Die in Tabelle 12 a. unter (4) ausgewiesenen KW-Mittel dienen überwiegend der Zwischen-

1) Vgl. KW: 15. Jahresbericht, Geschäftsjahr 1963, a.a.O., S. 79.
2) Vgl. KW: 21. Jahresbericht, Geschäftsjahr 1969, a.a.O., S. 124.
3) Vgl. Möller, H. und Heinemann, H.-J.: Marshallplan, in: Staatslexikon, Bd. 5, 6. Aufl., Freiburg 1960, S. 579 f.

finanzierung bei der Kapitalhilfe und waren Ende 1969 weitgehend abgebaut.[1] "Zu den KW-Mitteln rechnen die Eigenmittel sowie alle bei Kapitalsammelstellen und durch Emissionen beschafften Mittel."[2] Die Aufbringungswirkungen der am Kapitalmarkt beschafften KW-Mittel dürften tendenziell denjenigen einer öffentlichen Verschuldung am Kapitalmarkt entsprechen. Ein starker kontraktiver Aufbringungseffekt tritt nur ein, wenn in der Volkswirtschaft eine angespannte Liquiditätslage vorherrscht, welches überwiegend in der Phase der Hochkonjunktur der Fall ist.

Bis einschließlich 1965 wurden die Zusagen für die Kapitalhilfedarlehen in Hinblick auf die verschiedenen Refinanzierungsquellen gegeben, d.h. jede Zusage konnte einer bestimmten Refinanzierungsquelle zugerechnet werden. Ab 1. 1. 1966 ist die Abwicklung der Kapitalhilfe zwischen der BRD und der KW im "Vertrag zur Durchführung der bilateralen Kapitalhilfe an Entwicklungsländer - Generalvertrag" neu geregelt worden. Danach sagt der Bund der KW grundsätzlich die Finanzierung aller Kapitalhilfedarlehen zu. Die Verpflichtung des Bundes vermindert sich jedoch insoweit, als Mittel aus anderen Finanzierungsquellen zur Verfügung stehen. Die anderen Mittel wären in erster Linie ERP-Mittel, Tilgungseingänge aus früher gewährten Kapitalhilfedarlehen und eigene oder am Kapitalmarkt beschaffte Mittel der KW für Zwischenfinanzierungen. "Außerdem hat die KW wie bisher die Möglichkeit, bestimmte Kapitalhilfedarlehen, die bankmäßigen Ansprüchen genügen, mit eigenen oder von ihr beschafften Mitteln zu finanzieren."[3]

Es läßt sich demnach nicht mehr genau im voraus bestimmen, in welchem Umfang der Bund aus den gegebenen Zusagen in Anspruch genommen wird. Die voraussichtliche Höhe der Leistungen des Bundes für das nächste Rechnungsjahr werden in der Weise ermittelt, daß von dem Mittelbedarf, der sich für das entsprechende Jahr auf Grund der gewährten und zu gewährenden Kapitalhilfe ergibt, der zu erwartende Mittelbestand aus den anderen Finanzierungsquellen abgezogen wird.[4] Die so errechnete Differenz wird als Baransatz für Kapitalhilfe in den jeweiligen Bundeshaushalt einbezogen.

---

1) Nach Aussage des zuständigen Referenten im BMZ.
2) KW: 17. Jahresbericht, Geschäftsjahr 1965, Frankfurt a.M. 1966, S. 65.
3) KW: 18. Jahresbericht, Geschäftsjahr 1966, a.a.O., S. 70.
4) Vgl. § 4 des Generalvertrages.

Neben den Baransätzen werden auch "Verpflichtungsermächtigungen" in die Bundeshaushaltspläne aufgenommen. Die "Verpflichtungsermächtigungen" legen fest, in welchem Umfang neue Kreditverträge abgeschlossen werden können, die infolge der langfristigen Abwicklung der Kapitalhilfe nicht die laufenden, sondern zukünftige Haushaltsmittel binden. Durch die "Verpflichtungsermächtigungen" ist gewährleistet, daß die für Entwicklungshilfedarlehen benötigten Mittel auch in späteren Jahren bereitgestellt werden, ohne vom Zeitpunkt der Zusage ab Kassenmittel des Bundes über Jahre hinaus zu blockieren.[1]

Zusammenfassend läßt sich sagen, daß die Mittel für die Kapitalhilfe vorwiegend über den Kapitalmarkt finanziert werden,[2] wobei der größte Teil durch Bundesanleihen und ein kleinerer Teil durch Schuldverschreibungen der KW beschafft wird. Wie der Bundeshaushaltsplan 1966 aber zeigt, werden die Mittel für Kapitalhilfe nicht gekürzt, wenn diese Mittel zeitweise auf Grund der schlechten Kapitalmarktverfassung nicht am Kapitalmarkt aufgenommen werden können. Eine Kürzung der Mittel kommt auch allein schon wegen der durch "Bindungsermächtigungen" bestehenden Verpflichtungen nicht in Frage. Gegebenenfalls müssen dann Mittel des ordentlichen Haushalts, vorwiegend Steuern, für die Kapitalhilfe bereitgestellt werden, wie es z.B. im Jahre 1966 geschehen ist.[3]

Da die Tilgungseingänge aus früher vergebenen Kapitalhilfedarlehen wieder für neue fällige Auszahlungen Verwendung finden, wird die Liquidität der Wirtschaft nur in Höhe der Nettoleistungen bei der Aufbringung der Kapitalhilfemittel belastet. Sieht man von den stärkeren Aufbringungswirkungen bei der Entwicklungsanleihe ab und unterstellt man, daß die ERP-Mittel entsprechend ihren Rückflüssen wieder neu vergeben werden, so entspricht die Aufbringungswirkung der Nettokapitalhilfe tendenziell derjenigen einer Staatsanleihe in gleicher Höhe.

Bei der Entwicklungsanleihe lag zwischen Aufbringung der Mittel ein großer Zeitraum. Von den im Januar und im Mai 1961 eingegangenen Mitteln befanden sich Ende 1963 noch über

---

1) KW: 18. Jahresbericht, a.a.O., S. 64 f.
2) Dieses gilt nur unter der umstrittenen Annahme, daß die Einnahmen im außerordentlichen Haushalt wenigstens zum größten Teil durch die Ausgaben des außerordentlichen Haushalts bedingt sind.
3) Vgl. Bundeshaushalt 1966, Kapitel 2302, Titel 570, S. 2355, hier werden 604000 DM für Kapitalhilfe ausgewiesen, welches einem Anteil von etwa 60 % der gesamten Mittel für Kapitalhilfe 1966 entspricht, vgl. auch Kapitel A 2302, Titel 570, S. 2362, wo 42600 DM Kapitalhilfe aufgeführt sind.

260 Mio DM in der vorläufigen Anlage als Treasury-Bills des amerikanischen Schatzamtes.[1] Durch die Einbeziehung von Baransätzen und Bindungsermächtigungen in den Bundeshaushalt wird erreicht, daß für die Kapitalhilfe nur soviel Mittel aufgebracht werden, wie in dem kommenden Rechnungsjahr an Ausgaben für Kapitalhilfe zu erwarten sind. Zwar können auf Grund der bankmäßigen Abwicklung der Kapitalhilfe für die tatsächlichen Ausgaben kleiner oder auch größer als die erwarteten Ausgaben sein. Insgesamt besteht aber im Gegensatz zur Entwicklungsanleihe kein großer zeitlicher Abstand mehr zwischen Aufbringung und Verausgabung der Mittel für Kapitalhilfe.

211.12. Die Verwendungswirkungen der Kapitalhilfe

Bei der Kapitalhilfe unterscheidet man projekt-gebundene, nicht-projekt-gebundene Kredite und ab 1967 Kredite an Entwicklungsbanken, die in den Jahren zuvor unter den projekt-gebundenen Krediten aufgeführt wurden.[2]

Den größten Anteil machen die projekt-gebundenen Kredite aus, auf die bis Ende 1966 rund 75 % der gesamten Zusagen für Kapitalhilfe entfielen. Die restlichen 25 % sind bis zu diesem Zeitpunkt für nicht-projekt-gebundene Kapitalhilfe zugesagt worden. Berücksichtigt man die nach Abschluß der Darlehnsverträge bis Ende 1966 vorgenommenen Umschuldungen, so vermindert sich der Anteil der projekt-gebundenen Kapitalhilfe auf 60 % und entsprechend erhöht sich der Anteil der nicht-projekt-gebundenen Kapitalhilfe auf 40 %.[3] In den Jahren 1967 bis 1969 erhöhte sich der Anteil der nicht-projekt-gebundenen Kapitalhilfe bereits bei den Zusagen auf durchschnittlich etwa 35 %. Der durchschnittliche Anteil an den Zusagen von 1967 bis 1969 beträgt für die projekt-gebundene Kapitalhilfe 55 % und für die Kredite an Entwicklungsbanken etwa 10 %.[4] Für den gleichen Zeitraum ergibt sich folgender durchschnitt-

---

1) Vgl. KW: 15. Jahresbericht, Geschäftsjahr 1963, a.a.O., Bilanz zum 31. 12. 1963, Aktiva, 4 c. "ausländische Wertpapiere." In der Bilanz zum 31. 12. 1964 ist dieser Posten nicht mehr aufgeführt, vgl. KW: 16. Jahresbericht, Geschäftsjahr 1964, a.a.O., letzte Seite.

2) KW: 19. Jahresbericht, Geschäftsjahr 1967, a.a.O., S. 88.

3) Hankel, W.: Erfahrungen mit der deutschen Kapitalhilfe, in: Aktuelle Fragen der Weltwirtschaft, hrsg. von A. Predöhl, Hamburg 1967, S. 13.

4) Vgl. KW: 20. Jahresbericht, Geschäftsjahr 1968, a.a.O., S. 97 und KW: 21. Jahresbericht, Geschäftsjahr 1969, a.a.O., S. 88.

licher Anteil an den Auszahlungen der Kapitalhilfe: Projekt-gebundene Kapitalhilfe gut 62 %, Kredite an Entwicklungsbanken etwa 8 % und nicht-projekt-gebundene Kredite knapp 30 %. [1] Da die Auszahlungen den Zusagen mit einer Zeitverzögerung folgen, läßt ein Vergleich mit den Anteilen an den Zusagen erkennen, daß die nicht-projekt-gebundenen Kredite relativ stärker an Bedeutung gewinnen.

Bei der projekt-gebundenen Kapitalhilfe werden im Darlehensvertrag die Mittel an die Verwendung für ein ganz bestimmtes Projekt gebunden. Das Projekt wird vor Darlehensabschluß von der KW detailliert geprüft. Der Abruf der Mittel erfolgt gemäß dem Projektfortschritt. Die Mittel werden überwiegend im Akkreditiv- oder im Direktzahlungsverfahren ausgezahlt, so daß sie direkt an den Lieferanten gehen. [2] Grundsätzlich wird die deutsche projekt-gebundene Kapitalhilfe lieferungebunden vergeben, d.h., die Entwicklungsländer können die Projekte international ausschreiben. Vom Grundsatz der Lieferungebundenheit kann abgegangen werden, wenn vor allem folgende Gründe vorliegen: [3]

(1) Demonstrationsprojekte, an denen die spezifisch deutsche Leistung herausgestellt werden soll.

(2) Wettbewerbsnachteile deutscher Unternehmen in Entwicklungsländern, die aus einer Lieferbindung oder anderen wettbewerbsverzerrenden Maßnahmen konkurrierender Geberländer resultieren.

(3) In Schwierigkeiten geratene Wirtschaftszweige, die von der Bundesregierung als förderungswürdig anerkannt sind.

Wird eine Lieferbindung ausgesprochen, so darf die Kapitalhilfe nur für Güter verwendet werden, die ihren Ursprung in der BRD haben. Westliche Länder bleiben jedoch nicht von der Zulieferung ausgeschlossen. Der de jure liefergebundene Anteil an der projekt-gebundenen Kapitalhilfe ist nur sehr niedrig, liegt im allgemeinen unter 10 % und schwankt von Jahr zu Jahr. Die Kapitalhilfekredite sollen in erster Linie die Finanzierung von Devisenausgaben ermöglichen, zu einem kleinen Teil werden jedoch auch "local costs" durch die projekt-gebunde-

---

1) Ebenda.
2) Vgl. Engler, K.: Richtlinien für die staatliche Kapitalhilfe an Entwicklungsländer, Reihe über Probleme der Entwicklungsländer, Bd. 3, Köln 1965, S. 53 ff.
3) Müller, P.: Zum Problem der Mittelbindung in der Entwicklungshilfe, in: Aktuelle Fragen der Weltwirtschaft, hrsg. von A. Predöhl, Hamburg 1969, S. 15.

ne Kapitalhilfe finanziert.

Die Kredite an Entwicklungsbanken sind für eine Vielzahl von Vorhaben kleiner und mittlerer gewerblicher Betriebe in Entwicklungsländern bestimmt. Die Entwicklungsbanken erhalten zunächst Rahmenkredite, die durch Kreditanträge für spezielle Vorhaben ausgefüllt werden.[1] Die Auszahlungen auf die Kredite erfolgen ebenso wie bei der projekt-gebundenen Kapitalhilfe entsprechend dem Projektfortschritt im Akkreditivverfahren. Obwohl die Darlehen an Entwicklungshilfebanken nicht mit einer Lieferbindung versehen sind, wurden knapp 90 % für den Kauf von Gütern aus der BRD, vorwiegend Anlagegüter, verwendet.[2]

Die nicht-projekt-gebundene Kapitalhilfe kann man in zwei Hauptarten unterteilen, die Stand-by-Kredite und die Maintenance Support- und Commodity Aid-Kredite.[3] Die Stand-by-Kredite sind relativ kurzfristige Finanzierungshilfen, meistens mit Laufzeiten von 3 - 4 Jahren, die dazu bestimmt sind, temporäre Zahlungsbilanzdefizite zu überbrücken. Sie wurden vielfach zusammen mit dem IMF gewährt. Diese Stand-by-Kredite sind ungeeignet für Länder mit chronischen Zahlungsbilanzdefiziten, wie sie die meisten Entwicklungsländer haben, und kommen nur für einige wirtschaftlich fortgeschrittene Entwicklungsländer in Frage. Bis 1963 machten die Stand-by-Kredite den größten Teil der Zusagen für nicht-projekt-gebundene Kapitalhilfe aus. Ab 1964 haben sie jedoch keine nennenswerte Bedeutung mehr.[4]

Maintenance Support- und Commodity Aid-Kredite dienen der Finanzierung von Importen, die vor allem aus dem Konsolidierungsbedürfnis der Entwicklungsländer resultieren. Voraussetzung für die Gewährung dieser Art der Kapitalhilfe ist die schwache Zahlungsbilanzverfassung, die den eingeleiteten Entwicklungsprozeß gefährdet. Maintenance Support-Kredite können für den Bezug von Rohstoff- und Ersatzteilbeschaffung verwandt werden, um die Ausnutzung der vorhandenen Kapazitäten zu gewährleisten. Eine Projektbindung entfällt.

Der Begriff Maintenance Support hat sich jedoch als zu eng erwiesen. Insbesondere durch den mit der Projekthilfe verbundenen Wachstumsprozeß ist eine zusätzliche induzierte Nachfrage nach Gütern des allgemeinen Bedarfs aufgetreten, die auf Grund des unzureichenden heimi-

---

1) KW: 19. Jahresbericht, Geschäftsjahr 1967, a.a.O., S. 88 f.
2) KW: 21. Jahresbericht, Geschäftsjahr 1968, a.a.O., S. 102.
3) KW: 19. Jahresbericht, Geschäftsjahr 1967, a.a.O., S. 34 ff.
4) KW: 19. Jahresbericht, Geschäftsjahr 1967, a.a.O., S. 36.

schen Güterangebots einen allgemeinen Einfuhrbedarf hervorruft. Um ein einigermaßen gleichgewichtiges Wachstum zu ermöglichen, müssen zusätzliche Devisen für den dringlichen allgemeinen Einfuhrbedarf zur Verfügung gestellt werden. Zu diesem Zweck wird Kapitalhilfe als Commodity Aid vergeben.

Die nicht-projekt-gebundene Kapitalhilfe in Form des Maintenance Support und der Commodity Aid wird im allgemeinen liefergebunden vergeben. [1] Vor Abschluß des Darlehensvertrages wird zwischen der Bundesregierung und dem jeweiligen Entwicklungsland eine detaillierte Warenliste zusammengestellt, in der alle Güter enthalten sind, die aus der BRD mit der Kapitalhilfe bezogen werden können. Die De-jure-Lieferbindung wird in einzelnen Fällen gelockert, z.B. bei dem Kredit an Indien 1968, der zu einem Drittel auch für Lieferungen aus anderen Ländern verwendet werden konnte. [2] De facto kann man davon ausgehen, daß insgesamt nahezu 100 % der Maintenance Support- und der Commodity Aid-Kredite zu Lieferungen aus der BRD führen. [3]

Insgesamt gesehen wird der größte Teil der Mittel, die für Kapitalhilfe bereitgestellt werden, wieder in der BRD verausgabt. Läßt man die Auszahlungen an nicht feststellbare Lieferländer unberücksichtigt, so entfallen von den bis zum 31. 12. 1969 vorgenommenen Gesamtauszahlungen auf Kapitalhilfedarlehen für Lieferungen aus der BRD fast 81 %. [4] Da die "local costs" weitere 11 % ausmachen, gehen nur etwa 8 % der Auszahlungen, soweit die Lieferländer feststellbar sind, in Drittländer, insbesondere nach EWG-Ländern, Großbritannien, USA und Japan. Die Auszahlungen in den letzten vier Jahren von 1966 bis 1969 entsprechen im wesentlichen den oben angegebenen Durchschnittswerten, nur die "local-costs" Anteile haben sich geringfügig auf Kosten der Ausgaben für Lieferungen aus der BRD erhöht.

Die Auszahlungen an nicht feststellbare Lieferländer sind mit einem Anteil von 25 % [5] an den Gesamtauszahlungen auf Kapitalhilfe relativ hoch. Sie ergeben sich in der Hauptsache aus nicht-projekt-gebundenen Darlehen, vermutlich offenen Stand-by-Krediten, vor 1966. Ihr Anteil betrug in den Jahren 1966 - 1969 durchschnittlich nur etwa 15 %. Es spricht aber nichts

---

1) Vgl. KW: 20. Jahresbericht, Geschäftsjahr 1968, a.a.O., S. 104.
2) Ebenda.
3) Nach Angabe des Referenten für Kapitalhilfe im BMZ.
4) Diese und die nachfolgenden Zahlenangaben basieren auf Unterlagen des BMZ.
5) Stand zum 31. 12. 1969.

dagegen, daß von den Auszahlungen, die für Lieferungen erfolgten, deren Ursprungsland nicht feststellbar ist, auch erhebliche Teile in die BRD geflossen sind.

Stellt man primäre Aufbringungs- und primäre Verwendungswirkungen der bilateralen Kapitalhilfe gegenüber, so übersteigen vor allem in Zeiten geringerer wirtschaftlicher Aktivität die primären positiven Verwendungswirkungen die negativen primären Aufbringungswirkungen erheblich. Aber auch in Zeiten der Hochkonjunktur kann bei der gegenwärtigen Ausgestaltung von der Kapitalhilfe ein leicht expansiver Gesamteffekt ausgehen.

211.2. Exportkredite der KW

Die Exportkredite der KW dienen der Finanzierung deutscher Exporte in Entwicklungsländer. Es handelt sich dabei um wesentlichen um Investitionsgüter einschließlich kompletter Industrieanlagen. [1] Die Risikoabsicherung erfolgt bei der im Auftrag des Bundes arbeitenden Hermes-Kreditversicherungs-AG in Zusammenarbeit mit der Deutschen Revisions- und Treuhand-AG. Ein Teil der Darlehen werden als Anschlußkredite an Vorfinanzierungen anderer Stellen, vor allem der Ausfuhr-Kredit-AG (AKA), [2] vergeben. [3] In den letzten Jahren sind in verstärktem Maße Exportkredite der KW als Bestandteil von Mischfinanzierungen angeboten worden. "Bei diesen stellen die Exportfinanzierungskredite eine Ergänzung der offiziellen Kapitalhilfe durch andere Mittel dar." [4] Durch die Kombination von niedrig verzinslichen Kapitalhilfemitteln und höher verzinslichen Exportkrediten läßt sich eine relativ günstige Zinsbelastung des Gesamtobjektes erzielen.

Die Exportkredite der KW werden in erster Linie aus eigenen Mitteln vergeben, die vorwiegend durch Schuldverschreibungen am inländischen Kapitalmarkt beschafft werden. Ergänzt werden die eigenen Mittel durch niedrig verzinsliche Fonds aus dem ERP-Sondervermögen. Aus diesem Grunde können die Exportkredite der KW zu einem Zinssatz angeboten werden, der etwas unter dem Marktzins liegt.

---

1) Vgl. dazu die Beschreibung der einzelnen Kredite in den Geschäftsberichten der KW.
2) Ab 16. 3. 1966 umbenannt in Ausfuhrkredit-Gesellschaft m.b.H.
3) Vgl. KW: 20. Jahresbericht, Geschäftsjahr 1968, a.a.O., S. 106.
4) Ebenda, S. 105.

Da die Exportkredite der KW in voller Höhe primär eine zusätzliche Nachfrage hervorrufen und da durch die Art der Refinanzierung nicht in voller Höhe ein negativer primärer Aufbringungseffekt zu erwarten ist, wirken die Exportkredite der KW unabhängig von der Konjunkturlage in der BRD expansiv. Die Intensität der expansiven Wirkung variiert je nach Konjunkturlage mit dem Ausmaß des kontraktiven Aufbringungseffektes, der tendenziell um so größer ausfällt, je angespannter die Liquiditätslage der Volkswirtschaft ist.

211.3. Ungebundene Finanzkredite der KW

Die ungebundenen Finanzkredite charakterisiert die KW in folgender Weise. "Unter dieser Bezeichnung werden von uns (KW) Kredite an ausländische Schuldner aufgeführt, die weder aus Kapitalhilfemitteln finanziert werden, noch an deutsche Lieferungen gebunden sind. Im wesentlichen handelt es sich dabei um Darlehen zur Erschließung ausländischer Rohstoff- und Energiequellen für die deutsche Wirtschaft sowie um Zahlungsbilanz- und Stabilisierungskredite." [1)]

Die ungebundenen Exportkredite werden von der KW als Eigendarlehen ausgereicht, die Finanzierung erfolgt "überwiegend aus kongruenten Kapitalmitteln." [2)] So beteiligte sich z.B. die KW 1965 für eine Gruppe deutscher Kreditinstitute an einem europäischen Bankenkonsortium, das Brasilien in Zusammenarbeit mit dem IMF einen Devisenkredit zur Unterstützung eines Stabilisierungsprogramms gewährte. [3)] Die Aufbringung der Mittel für die ungebundenen Finanzkredite der KW erfolgt also im wesentlichen am deutschen Kapitalmarkt oder auch bei deutschen Geschäftsbanken.

Da die ungebundenen Finanzkredite de jure lieferungebunden vergeben werden und da bei ungebundenen Zahlungsbilanzkrediten die Länder, in denen die Devisen direkt zur Verausgabung kommen, zum großen Teil nicht feststellbar sind, erscheint es schwierig, zu beurteilen, wieviel Prozent der ungebundenen Finanzkredite direkt für Lieferungen aus der BRD verwendet werden. Es lassen sich aber gewisse Anhaltspunkte aus den Geschäftsberichten der KW entneh-

---

1) KW: 19. Jahresbericht, Geschäftsjahr 1967, a.a.O., S. 95
2) KW: 17. Jahresbereicht, Geschäftsjahr 1965, a.a.O., S. 62.
3) Ebenda, S. 82.

men. 1962 wurde Indien ein kleiner ungebundener Finanzkredit für die Gehälter deutscher Fachkräfte gewährt. [1] 1968 wurde der größte ungebundene Finanzkredit Peru gewährt, "um diesem Lande im Rahmen seiner Stabilisierungsgemühungen die Erfüllung von Verbindlichkeiten gegenüber d e u t s c h e n Exporteuren zu erleichtern." [2] Schließlich weist die KW auf die große Bedeutung der ungebundenen Finanzkredite "für den dringenden Einfuhrbedarf (der Entwicklungsländer) an wichtigen Investitionsgütern aus " D e u t s c h l a n d " hin.

Wenn die ungebundenen Finanzkredite zur Erschließung ausländischer Rohstoff- und Energiequellen bestimmt sind, wird der Absatz dieser neu errichteten oder ausgebauten Unternehmen oft durch langfristige Lieferverträge mit deutschen Unternehmen gesichert. [3] Diese enge geschäftliche Zusammenarbeit läßt vermuten, daß für den Aufbau der Anlagen in den Entwicklungsländern wenigstens teilweise auch Güter aus der BRD bezogen werden.

Auf Grund dieser Anhaltspunkte ist zu erwarten, daß der größte Teil der ungebundenen Finanzkredite direkt für Lieferungen aus der BRD verausgabt wird. Der primäre Aufbringungseffekt dürfte in etwa demjenigen der Exportkredite der KW entsprechen, während der primäre Verwendungseffekt, die unmittelbare Steigerung der deutschen Exportnachfrage, schätzungsweise etwas geringer als bei der Kapitalhilfe ausfällt. Es trifft auch bei den ungebundenen Finanzkrediten der KW ein insgesamt positiver primärer Gesamteffekt ein, der expansiv auf Einkommen und Beschäftigung in der BRD wirkt.

211.4. Refinanzierungskredite des Bundesfinanzministeriums

Die deutschen Exporteure können den größten Teil ihres Risikos bei der im Auftrage des Bundes arbeitenden Hermes-Kreditversicherungs-AG absichern, was gleichzeitig die Voraussetzung für die wichtigsten Finanzierungsmöglichkeiten ist. [4] Die vom Bundesfinanzministerium (BMF) gegebenen Refinanzierungskredite stellen Vorlagen für Hermes-Garantien dar. Die Aufbringung erfolgt aus Bundesmitteln. Die Auszahlungen gehen an die Exporteure bzw. deren

---

1) KW: 14. Jahresbericht, Geschäftsjahr 1962, a.a.O., S. 55.
2) KW: 20. Jahresbericht, Geschäftsjahr 1968, a.a.O., S. 108.
3) Dieses gilt z.B. für die Erschließung und den Abbau eines reichen Eisenerzvorkommens in Liberia, vgl. KW: 17. Jahresbereicht,Geschäftsjahr 1965, a.a.O., S. 81.
4) Vgl. Unger, F.E.: Außenhandelsfinanzierung, 2. Aufl., Frankfurt 1967, S. 92 ff.

Finanziers. Es tritt faktisch eine Umschuldung in der Finanzierung von Entwicklungshilfeleistungen ein. An die Stelle von privaten Finanzierungsmitteln treten öffentliche Finanzierungsmittel.

Theoretisch könnte grundsätzlich aus diesem Vorgang eine Reihe von Änderungen in den Determinanten von Einkommen und Beschäftigung abgeleitet werden. Der geringe Anteil dieser Kredite an den gesamten Entwicklungshilfeleistungen der BRD [1] läßt es jedoch zweckmäßig erscheinen, auf eingehende Darlegungen zu verzichten. Vereinfachend sollen die Refinanzierungskredite des BMF daher als einkommensneutral in Hinblick auf das Zusammenwirken von Aufbringungs- und Verwendungseffekt angesehen werden.

212. Bilaterale öffentliche Zuschüsse

212.1. Technische Hilfe im weiteren Sinne

Unter dem Begriff Technische Hilfe im weiteren Sinne werden eine Vielzahl von unterschiedlichen Leistungen der BRD für Entwicklungsländer zusammengefaßt. Die Tabelle 13 gibt dazu eine Übersicht.

Die Aufbringung der Mittel für die Technische Hilfe im weiteren Sinne erfolgt zum überwiegenden Teil aus Bundesmitteln, 1968 und 1969 betrug der Anteil der Ländermittel etwa 10 %. [2] Die Mittel werden im wesentlichen über den ordentlichen Haushalt finanziert. [3] Zwischen 1961 und 1968 bestanden etwa 95 % der Einnahmen des ordentlichen Bundeshaushalts aus Steuereinnahmen. [4] Über 90 % der Steuereinnahmen kommen aus den drei Hauptgruppen, den Besitz- und Verkehrsteuern (insbesondere Umsatzsteuer), Einkommen- und Körperschaftssteuer sowie Zölle und Verbrauchsteuern, wobei sich die Einnahmen aus diesen drei Hauptgruppen zwischen 1961 und 1968 etwa im Verhältnis 4 : 3 : 3 verteilen. [5] Zur Beurteilung der Aufbringungswirkungen der Ausgaben für die Technische Hilfe kann man davon ausgehen, daß die Mittel durch Steuereinnahmen beschafft werden.

1) Vgl. Tabelle 12.
2) Vgl. BMZ - II A/6 - 0 2090 - 76/70, Bonn, Mai 1970.
3) Ebenda.
4) Vgl. die Bundeshaushaltspläne 1961 bis 1968.
5) Ebenda.

Tabelle 13 Zusammensetzung der technischen Hilfe der BRD im weiteren Sinne in Mio. DM [1)]

	1967	1968	1950 - 1968	1950 - 1968
(1) Technische Hilfe i.e.S., insb. fachliche Ausbildungsstätten, Mustereinrichtungen, Gutachter, Planer, Berater	126	146	814	27 %
(2) Ausbildungshilfe des Bundes (Praktikantenprogramme)	20	20	115	4 %
(3) Bildungshilfe (BMZ)	15	22	56	2 %
Kulturelle Maßnahmen aus dem Haushalt des Ausw. A.	127	131	480	16 %
(4) Sozialstrukturhilfe	3	6	20	1 %
(5) Personelle Hilfe	4	3	15	0 %
Dtsch. Inst. f. Entw.-politik	2	2	4	0 %
(6) Dtsch. Stift. f. Entw.-Länder	8	8	53	2 %
(7) Dtsch. Entw.-Dienst	25	26	78	2 %
(8) Entwicklungswichtige Vorhaben der Kirchen u. priv. Institutionen	56	62	391	13 %
(9) Sonstiges: u.a. Forschungsaufträge, Öffntlichkeitsarbeit, Maßnahmen der Bundesländer, Humanitäre Hilfe des Ausw. A. u. des BMI sowie die Kosten der Projektbearbeitung der KW. [2)]	118	159	1005	33 %
Insgesamt:	504	585	3031	100 %

1) Vgl. BMZ: Deutsche Entwicklungspolitik im Jahre 1968, Bonn 1969, S. 21 und BMZ - II A/6 - 02090 - 76/70, Bonn, Mai 1970.

2) Die letzten beiden Positionen werden ab 1969 unter "Sonstigen Zuwendungen" ausgewiesen.

Im Abschnitt BI 112.1. wurde im einzelnen aufgezeigt, daß die Aufbringungswirkung der einzelnen Steuerarten unterschiedlich ausfällt und daß sich je nach Konjunkturlage verschiedenartige Aufbringungswirkungen ergeben. Auf Grund des Nonaffektationsprinzips ist es nicht möglich, die Ausgaben der BRD für die Technische Hilfe Einnahmen aus einer bestimmten Steuerart gegenüberzustellen. Dieses wäre nur dann gerechtfertigt, wenn zusätzliche Steuern zum Zwecke zusätzlicher Ausgaben für die Technische Hilfe eingezogen würden. Im allgemeinen kann aber davon ausgegangen werden, daß Steuereinnahmen insgesamt einen sehr hohen negativen primären Aufbringungseffekt haben, [1] auch in Zeiten einer abgeschwächten Konjunktur.

Die primären Verwendungswirkungen der Technischen Hilfe im weiteren Sinne sind nach der Art der Aufgabenbereiche sehr unterschiedlich.

Mit etwa 25 % der gesamten Ausgaben für Technische Hilfe kommt der Technischen Hilfe im engeren Sinne quantitativ die größe Bedeutung zu. [2] Bei umfangreichen Projekten, z.B. dem Aufbau von Ausbildungsstätten oder Mustereinrichtungen, erfolgt die Technische Hilfe nach einem ausführlichen Prüfungsverfahren, das demjenigen bei der projekt-gebundenen Kapitalhilfe weitgehend entspricht. Die Projektprüfungen und die spätere Abwicklung der Projekte führt "Die deutsche Wirtschaftsförderungs- und Treuhand-GmbH., Förderungsgesellschaft für Entwicklungsländer (GAWI)" in Zusammenarbeit mit der Bundesstelle für Entwicklungshilfe [3] durch. In zunehmenden Maße wird die Technische Hilfe zusammen mit der Kapitalhilfe in sogenannten Verbundprojekten eingesetzt. [4]

Während der letzten Jahre verteilten sich die Ausgaben der Technischen Hilfe im engeren Sinne folgendermaßen: [5]

Sachleistungen (nur deutsche Exporte)	48 %
GAWI - Kosten	6 %
Personalkosten (auf deutsche Bankkonten überwiesen)	46 %

Damit bewirken knapp die Hälfte der Ausgaben für Technische Hilfe i.e.S. unmittelbar zu-

1) Vgl. die zusammenfassende Übersicht im Abschnitt BI 3.
2) Vgl. Tabelle 13.
3) Im Jahre 1969 gegründet.
4) Vgl. BMZ: Deutsche Entwicklungspolitik im Jahre 1968, a.a.O., S. 22.
5) Nach Angaben des Referenten im BMZ für Technische Hilfe i.e.S.

sätzliche Exporte der BRD. Auch ein großer Teil der GAWI-Kosten stellt Inlandausgaben dar. Die Personalausgaben werden, soweit sie dem Unterhalt des Personals in Entwicklungsländern dienen, dorthin abgezogen. Es kann aber vermutet werden, daß ein nicht unbedeutender Teil der Personalausgaben in der BRD verbleibt, u.a. auch für den Unterhalt von Angehörigen in der BRD. "Local-costs"-Ausgaben haben bei der Technischen Hilfe i.e.S. keine nennenswerte Bedeutung. [1)] Obwohl der genaue Prozentsatz der Technischen Hilfe i.e.S., der direkt in der BRD verausgabt wird, nicht zu ermitteln ist, steht fest, daß der größte Teil der Technischen Hilfe unmittelbar in den Einkommenskreislauf der BRD fließt.

Die zweitgrößte Einzelposition der Technischen Hilfe i.w.S. sind mit etwa 130 Mio. DM im Jahre 1968 die Ausgaben für kulturelle Maßnahmen aus dem Haushalt des Auswärtigen Amtes. [2)] Mit einem Teil dieser Mittel werden Stipendienprogramme für Studenten und Dozenten aus Entwicklungsländern finanziert, [3)] insoweit findet eine direkte Verausgabung in der BRD statt. Weitere Beträge aus dem Haushalt des Auswärtigen Amtes finden Verwendung für Zuschüsse an deutsche Wissenschaftler und Lehrkräfte in Entwicklungsländern und für den Aufbau und Unterhalt deutscher Kultureinrichtungen in Entwicklungsländern.

Wenn diese Mittel zwar zu einem größeren Teil in den Entwicklungsländern verausgabt werden, so führt doch auch ein Teil zu Inlandsausgaben.

Ein großer Teil der Bildungshilfe aus dem Haushalt des BMZ dient der Finanzierung von rund 15 Universitätspartnerschaften. Zum Ausbau neuer Hochschuleinrichtungen werden deutsche Wissenschaftler langfristig im Ausland tätig und eine gleich große Zahl Stipendiaten kommt nach Deutschland. [4)] Auch hier wird ein Teil der Mittel direkt im Inland ausgegeben.

Durch die Praktikantenprogramme des Bundes [5)] und der Länder [6)] wurden 1968 knapp 60 % der geförderten Personen in der BRD ausgebildet und die übrigen in den Heimatländern, wodurch der größte Teil der Ausgaben für die Praktikanten in der BRD direkt einkommenswirksam wurde.

---

1) Ebenda.
2) Vgl. Tabelle 13, Punkt (3), es handelt sich hier um Teilansätze von Kapital 0502, Titel 302 und 303, vgl. Bundeshaushaltsplan 1968, S. 254 f, wo auch in den Erläuterungen die Zweckbestimmungen der Mittel detailliert beschrieben werden.
3) Vgl. BMZ: Deutsche Entwicklungspolitik im Jahre 1968, a.a.O., S. 24.
4) Vgl. BMZ: Deutsche Entwicklungspolitik im Jahre 1968, a.a.O., S. 24 f.
5) Vgl. Tabelle 13, Punkt (2).
6) In Punkt (9) der Tabelle 13 enthalten.

Den Kirchen werden für entwicklungswichtige Projekte Bundesmittel zur Verfügung gestellt, wenn der Projektträger mindestens eine 25%ige Eigenbeteiligung an den Projektkosten übernimmt. "Der Schwerpunkt der geförderten Maßnahmen lag in den Bereichen des Gesundheits-, Sozial- und Bildungswesen." [1] Ebenso wie bei der Technischen Hilfe i.e.S. sind auch bei diesen Projekten in größerem Umfang Sachgüter notwendig, die aus der BRD bezogen werden.

Die Ausgaben der im Auftrag des Bundes auf dem Gebiet der Technischen Hilfe tätigen Institutionen, z.B. Deutsches Institut für Entwicklungspolitik, Deutsche Stiftung für Entwicklungsländer und Deutscher Entwicklungsdienst, sind teilweise Inlands- und teilweise Auslandsausgaben. [2]

Die größten Positionen, die neben den Ländermitteln in dem Punkt "(9) Sonstiges" der Tabelle 13 im Jahre 1968 enthalten sind, die humanitäre Hilfe des Auswärtigen Amtes und des Bundesministeriums des Innern, in erster Linie Sachleistungen, und die Kosten für die Projektbearbeitung der KW stellen vorwiegend Inlandsausgaben dar.

Aus den vorhergehenden Ausführungen kann geschlossen werden, daß der größere Teil der gesamten Mittel für die Technische Hilfe i.w.S. direkte Inlandsausgaben der BRD darstellen. Der Rest verteilt sich auf Personalausgaben für in Entwicklungsländern tätige Experten und auf Devisenausgaben, wobei erstere wesentlich größer als letztere sind. Da als Personal soweit wie möglich deutsche Staatsbürger eingesetzt werden, verläßt ein beträchtlicher Teil der Personalausgaben nicht den Einkommenskreislauf der BRD. Somit weist auch die Technische Hilfe i.w.S. einen erheblichen positiven primären Verwendungseffekt in der BRD auf. Berücksichtigt man jedoch den starken negativen primären Aufbringungseffekt, bedingt durch die Finanzierung aus Steuereinnahmen, kann der Beitrag der Technischen Hilfe i.w.S. zur Gesamtnachfrage tendenziell als neutral angesehen werden. Die Technische Hilfe i.w.S. verändert auf Grund ihrer primären Aufbringungs- und Verwendungseffekte unabhängig von ihrem Umfang nicht das Einkommensniveau und die Beschäftigung.

---

1) BMZ: Deutsche Entwicklungspolitik im Jahre 1968, a.a.O., S. 27.
2) Vgl. dazu die Tätigkeitsberichte dieser Institutionen in den Jahresberichten "Deutsche Entwicklungspolitik" des BMZ.

Diese Aussage gilt nur für die primären Wirkungen. Mittel- und langfristig ist jedoch zu berücksichtigen, daß der Technischen Hilfe eine Art Demonstrationsfunktion für deutsche Güter und Leistungen zufällt. Sie kann daher der Wegbereiter für zusätzliche deutsche Exporte sein, die u.a. auch durch Export- und Kapitalhilfekredite finanziert werden können.[1] Von daher kann die Technische Hilfe wesentliche Impulse zur Förderung deutscher Exporte hervorrufen, die den primären positiven Verwendungseffekt der Technischen Hilfe bei weitem übersteigen.

Da die Technische Hilfe ausschließlich in Form von Zuwendungen erfolgt, entfällt ein unter Umständen mit der Rückzahlung verbundenes Beschäftigungsproblem.

212.2 Wiedergutmachungszahlungen

Von der gesamten Wiedergutmachungszahlungen in den Jahren 1950 bis 1968 in Höhe von 3,57 Mrd. DM gingen 3,45 Mrd. DM an Israel,[2] der Rest entfiel auf Griechenland und Jugoslawien. Daher reicht es aus, die Betrachtung der Einkommenswirkungen in der BRD auf Wiedergutmachungszahlungen an Israel zu beschränken.

Die Aufbringung der Mittel erfolgte aus allgemeinen Haushaltsmitteln, d.h. im wesentlichen durch Steuereinnahmen des Bundes.[3] Die primären Aufbringungswirkungen entsprechen denjenigen der technischen Hilfe und sind stark negativ.

Die Auszahlungen der Wiedergutmachungsleistungen an Israel erfolgten in etwa gleichbleibenden Raten zwischen 1953 und 1965.[4] Die Verwendung der Wiedergutmachungszahlungen war an deutsche Waren und Dienstleistungen gebunden.[5] Außer bei den umfangreichen Öllieferungen aus Großbritannien wurde von der Lieferbindung kaum abgegangen. Die Lieferungen erfolgten auf Grund vereinbarter Warenlisten. Im einzelnen ergibt sich folgende Aufteilung der Auszahlungen.[6]

---

1) Über die Zusammenarbeit von Technischer Hilfe und Kapitalhilfe vgl. z.B. KW: 19. Jahresbereicht 1967, Frankfurt a.M. 1968, S. 36 f.

2) Vgl. Ebeling, J.: Bericht über die Durchführung des Abkommens zwischen der BRD und dem Staate Israel vom 10. 9. 1952, hrsg. vom BMW, Bonn 1966, S. 3.

3) Vgl. dazu die Ansätze in den Bundeshaushaltsplänen Kapitel 6004, Titel 310.

4) Vgl. Ebeling, J.: Bericht über die Durchführung ..., a.a.O., S. 3.

5) Ebenda, S. 4 f.

6) Vgl. Ebeling, J.: Bericht über die Durchführung ..., a.a.O., S. 26, 36 ff.

	in Mio. DM	in %
Warenlieferungen und Dienstleistungen der BRD	2349	68 %
Öllieferungen aus Großbritannien	1050	30 %
Bezüge von Waren außerdeutschen Ursprungs	51	2 %
Insgesamt:	3450	100 %

Mehr als 2/3 der Wiedergutmachungsleistungen wurden in der BRD direkt verausgabt. Diese positive primäre Verwendungswirkung kann unter Umständen die starke negative Aufbringungswirkung durch die Finanzierung über Steuereinnahmen nicht voll kompensieren, so daß von den Wiedergutmachungsleistungen eine insgesamt leicht konjunkturdämpfende Wirkung ausgeht. Dieses gilt jedoch nur, solange nicht zusätzliche Exporte nach Drittländern, insbesondere Großbritannien induziert werden. Daneben tragen die Wiedergutmachungsleistungen an Israel dazu bei, daß die deutschen Exporte nach Israel auch außerhalb des Abkommens stark zunehmen konnten.[1]

212. 3. Sonstige Zuwendungen

Bis zum Jahre 1968 waren die Hauptpositionen der "Sonstigen Zuwendungen" die Beteiligung der BRD an dem Induswasserfonds, die Lieferung landwirtschaftlicher Produktionsmittel und Ernährungsgüter an Entwicklungsländer sowie Mittel für Zinssubventionen an verschiedene Entwicklungsländer.[2] Zum ersten Mal wurden 1969 Leistungen in Höhe von 106 Mio. DM im Rahmen des Weltgetreideabkommens ausgewiesen.[3] Es handelt sich dabei um Getreidelieferungen an Entwicklungsländer aus den Überschüssen der BRD. Obwohl diese Position quantitativ keine große Bedeutung hat, ist sie theoretisch interessant, da hier auf Grund der staatlich aufgekauften Überschußproduktion selbst dann keine primären positiven Einkommenseffekte eintreten, wenn die Mittel für Waren aus der BRD verausgabt werden.

1) Vgl. Ebeling, J.: Bericht über die Durchführung ..., a.a.O., S. 39 ff.
2) Vgl. BMZ - II A/6 - 0 2090 - 76/70, Bonn, Mai 1970.
3) Ebenda.

22. Bilaterale private Leistungen

Entsprechend der OECD-Statistik können die bilateralen privaten Entwicklungshilfeleistungen unterteilt werden in: [1] Exportkredite (über 1 Jahr), Direktinvestitionen und bilaterale Wertpapierinvestitionen.

Als Direktinvestitionen gelten finanzielle Aufwendungen zum Erwerb oder zur Erweiterung einer ständigen Beteiligung in einem Unternehmen, dessen Geschäftsführung bis zu einem gewissen Grad vom Investor bestimmt wird. [2] Bei den Wertpapierinvestitionen besteht für den Investor kein Interesse, intensiv am Management der Auslandsinvestitionen teilzuhaben. Die in der OECD ausgewiesenen Exportkredite werden ermittelt als Netto-Gesamtveränderung der Außenstände an öffentlich verbürgten Exportkrediten für Entwicklungsländer, hinzugerechnet wird der nicht verbürgte Teil der in der Berechnung enthaltenen verbürgten Exportkredite. [3] Private Exportkredite, die nicht teilweise öffentlich verbürgt werden, sind nicht in den OECD-Zahlen enthalten, auch wenn ihre Laufzeit länger als ein Jahr beträgt. Im einzelnen setzen sich die privaten Leistungen entsprechend Tabelle 14 zusammen.

Über 50 % der gesamten bilateralen privaten Entwicklungshilfeleistungen entfallen auf die privaten Exportkredite, die auch für die Gesamtheit der öffentlichen und privaten Leistungen mit einem durchschnittlichen Anteil von 21,8 % in den Jahren 1950 - 1968 ein beachtliches Gewicht haben. Die Exportkredite sind von Jahr zu Jahr starken Schwankungen unterworfen, auffallend aber ist ihr großer Umfang in den Jahren 1967 und 1968. Die privaten Direktinvestitionen erreichen durchschnittlich 2/3 des Wertes der privaten Exportkredite, und ihr Anteil von 14,7 % an der Gesamtheit aller Entwicklungshilfeleistungen ist noch beachtlich. Im Gegensatz zu den Exportkrediten kennzeichnet die privaten Direktinvestitionen eine ständige Aufwärtsentwicklung zwischen 1961 und 1968. Den bilateralen Wertpapierinvestitionen kommt nur eine geringe Bedeutung zu, wenn man von dem außergewöhnlich hohen Betrag im Jahre 1968 absieht, der allein über 60 % der zwischen 1961 und 1968 erfolgten bilateralen Wertpapierinvestitionen (Nettoleistungen) ausmacht.

---

1) Vgl. OECD: Finanzielle Leistungen an Entwicklungsländer 1961 - 1965, a.a.O., S. 197.
2) Ebenda, zum Begriff der Direktinvestitionen vgl. auch Seiffert, H.: Die deutschen Direktinvestitionen im Ausland, Köln 1967, S. 25 ff.
3) OECD: Finanzielle Leistungen an Entwicklungsländer 1961 - 1965, a.a.O., S. 200.

Tabelle 14 Bilaterale private Entwicklungshilfeleistungen der BRD, Nettoleistungen in Mio DM[1)]

	Exportkredite (über 1 Jahr) mit und ohne öffentliche Bürgschaft	Direktinvestitionen			Bilaterale Wertpapierinvestitionen (und sonstige Kredite)[2)]	Bilaterale private Leistungen insgesamt
		Neuinvestitionen	Reinvestierte Erträge	insgesamt		
	(1)	(2)	(3)	(2)+(3)	(4)	(1)+(2)+(3)+(4)
1950 - 59	4352	1424[3)]	420	1844[3)]	-	6196
1960	671	307[3)]	168	475[3)]	-	1146
1961	328	156	160	316	282 (263)	926
1962	161	194	176	370	43 (200)	574
1963	287	196	170	366	45 (- 29)	698
1964	487	184	205	389	29 (32)	905
1965	233	279	220	499	- 22 (- 14)	710
1966	410	337	248	585	215 (35)	1210
1967	1453	393	284	677	266 (266)	2396
1968	1021	436	332	768	1307 (1283)	3096
1950 - 68 absolut	9403	3906	2383	6289	2165 (2036)	17858
1950 - 68 in %[4)]	21,8	9,1	5,6	14,7	5,0	41,5

1) Zusammenstellung nach BMZ-II A/6 - 02095-161/69, die Werte für die Neuinvestitionen sind entnommen: Finanzielle Leistungen an Entwicklungsländer 1961 - 1965, S. 233, OECD Jahresprüfung 1968, S. 294, 296 und Jahresprüfung 1969, S. 426.
2) Die Werte dieser Spalte (4) ergeben sich als Differenz der nebenstehenden Spalte (2) und der Spalte (11) von BMZ-II A/6 - 02095-161/69. Die in der OECD-Statistik unter dieser Rubrik angegebenen Werte sind in Klammern gesetzt.
3) Hierin können auch bilaterale Wertpapierinvestitionen und sonstige Kredite enthalten sein.
4) In % der gesamten öffentlichen und privaten Nettoleistungen.

221. Private Exportkredite

Das bedeutendste Finanzierungsinstitut in der BRD für die über mehrere Jahre laufenden privaten Exportkredite ist die Ausfuhrkredit-AG (AKA).[1] Die wichtigsten Geschäftsbanken haben sich Anfang der 50er Jahre zu einem Konsortium zusammengeschlossen, das sich die Finanzierung der mittel- und langfristigen Exportkredite zur Aufgabe machte. Eigens zur Durchführung der Geschäfte dieses Konsortiums wurde 1952 die AKA gegründet.[2] Die Mittel für die Exportfinanzierung über die der Kreditausschuß der AKA disponieren kann, setzen sich aus zwei Kreditlinien zusammen.

(1) Kreditplafond "B"

Die Deutsche Bundesbank räumt der AKA eine Rediskontfazilität in einer bestimmten Höhe ein, Kreditplafond "B". In diesem Umfang können Solawechsel deutscher Exporteure, die mit den Indossamenten der Hausbank der Exporteure und der AKA versehen sind, zur Rediskontierung bei der Bundesbank eingereicht werden. Diese B-Wechsel verringern nicht die Liquidität der Geschäftsbanken, da sie nicht auf die Rediskont-Kontingente der Kreditinstitute angerechnet werden[3] und sich jederzeit in Zentralbankgeld umwandeln lassen. Der Kreditplafond "B" darf nur für Kredite von einer Laufzeit zwischen einem und vier Jahren in Anspruch genommen werden. Außerdem muß sich der Exporteur mit 30 % an der Finanzierung des Auftragswertes selbst beteiligen. Die Inanspruchnahme des Kreditplafonds "B" ist beschränkt auf die "Finanzierung mittel- und langfristiger Liefer- und Leistungsgeschäfte vornehmlich nach Entwicklungsländern."[4]
In den letzten Jahren wurde der Kreditplafond "B" stark erhöht und betrug 1965 0,3 Mrd. DM, 1966 0,9 Mrd. DM, 1967, 1,8 Mrd. DM, 1968 2,5 Mrd. DM, 1970 3 Mrd. DM.[5]

(2) Kreditplafond "A"

Daneben kann die AKA die Rediskontfazilität in einer bestimmten Höhe bei ihren Konsorten,

---

1) bb 16.3.1966 in "Ausfuhrkredit-GmbH." umbenannt.
2) Vgl. Unger, E.: Außenhandelsfinanzierung, 2.Aufl., Frankfurt a.M. 1967, S. 76.
3) Vgl. Deutsche Bundesbank: Geschäftsbericht für das Jahr 1969, Frankfurt a.M. 1970, S.108.
4) Deutsche Bundesbank: Geschäftsbericht für das Jahr 1969, a.a.O., S. 106.
5) Deutsche Bundesbank: Geschäftsbericht für das Jahr 1969 und in den Geschäftsberichten der vorhergehenden Jahre, Abschnitt: "Die zur Zeit gültigen kreditpolitischen Regelungen der Deutschen Bundesbank, 1. Bundesbankfähige Kreditpapiere."

den Plafond "A", in Anspruch nehmen. Der Betrag wird von den Konsorten aus eigenen Disponibilitäten aufgebracht. [1] Die A-Wechsel lauten an Order der AKA, die die Wechsel in Höhe von 25 % der Kreditsumme bei zweijährigen und 40 % bei mehrjährigen Geschäften bei der Hausbank des Exporteurs rediskontiert und die restlichen 75 % bzw. 60 % bei den Banken des Konsortiums einschließlich der Hausbank nach der Höhe ihrer Beteiligung am Konsortium plaziert. [2] Obwohl die A-Wechsel lombardfähig sind, stellen sie eine Liquiditätsverschlechterung der Banken dar, denn "ob ein Lombardkredit gewährt wird, richtet sich nach der allgemeinen kreditpolitischen Lage und nach den individuellen Verhältnissen des Kreditsuchenden." [3] Der Kreditplafond "A" kann für Kredite bis zu einer Laufzeit von acht Jahren in Anspruch genommen werden. Bis zur Höhe des versicherten Teils des Auftragswertes, im allgemeinen 80 %, können die Exporte über A-Wechsel finanziert werden, so daß sich der Exporteur nur mit 20 % an der Finanzierung zu beteiligen braucht. Eine Beschränkung auf Exporte nach Entwicklungsländern besteht bei dem A-Plafond nicht. 1966 lag die Kreditlinie für den A-Plafond bei 1,5 Mrd. DM. [4]

Während die Finanzierung über Plafond "B" den Vorteil hat, auf Grund der jederzeitigen Rediskontierungsmöglichkeit sehr kostengünstig zu sein, macht die Finanzierung über Plafond "A" eine niedrigere Selbstfinanzierungsquote der Exporteure erforderlich, 20 % statt 30 % beim Plafond "B". Teilweise erklärt sich die AKA auch bereit, die relativ hohe Selbstfinanzierungsquote bei Plafond "B" durch zusätzliche Kredite aus Plafond "A" herabzusetzen. [5] Für langfristige Exportkredite in Entwicklungsländern besteht nach Ablauf der Kreditmöglichkeiten aus den Plafonds der AKA die Möglichkeit, bei der KW Anschlußzusagen zu erhalten. [6] Voraussetzung der Finanzierung von mittel- und langfristigen Exportkrediten ist die Absicherung der Exportrisiken. Private Kreditversicherer sehen sich außerstande, Konvertierungs-, Transfer- und sonstige politische Risiken im Exportgeschäft zu versichern. [7] Diese Risiken sind aber ge-

1) Vgl. Unger, F.E.: Außenhandelsfinanzierung, a.a.O., S. 78.
2) Ebenda, S. 83.
3) Deutsche Bundesbank; Geschäftsbereicht für das Jahr 1969, a.a.O., S. 107.
4) Unger, F.E.: Außenhandelsfinanzierung, a.a.O., S. 80 f.
5) Vgl. Unger, F.E.: Außenhandelsfinanzierung, a.a.O., S. 82.
6) Vgl. KW: 17. Jahresbericht, Geschäftsjahr 1965, a.a.O., S. 61 und 80, siehe auch den Abschnitt CI 211.2. über die Exportkredite der KW.
7) Vgl. Greulich, H.: Die Kreditversicherung, Frankfurt a. M. 1967, S. 33 f.

rade im Handel mit Entwicklungsländern besonders groß. In diese private Versicherungslücke tritt der Staat ein und bietet eine umfassende Kreditversicherung an, die sowohl das wirtschaftliche als auch das politische Risiko einschließt. In der BRD können bei der Hermes-Kreditversicherungs-AG., die im Auftrage des Bundes arbeitet, die Exportrisiken bis auf einen kleinen Selbstbehalt [1] durch Bürgschaften und Garantien des Bundes abgesichert werden. Sowohl die AKA - bei Krediten über zwei Jahre Laufzeit - als auch die KW gewähren ihre Exportkredite nur bis zur Höhe des durch die Hermes-Kreditversicherungs-AG gedeckten Teils des Auftragswertes. Somit stellt die Exportversicherung des Bundes bei den meisten Exportkrediten für Lieferungen in Entwicklungsländer die conditio sine qua non dar.

Man kann annehmen, daß der stark expandierende Plafond "B", der für Exporte in Entwicklungsländer beschränkt ist, den größten Anteil der AKA-Kredite für die Finanzierung von Exporten nach Entwicklungsländern ausmacht.

Der Plafond "B" kommt praktisch einer Finanzierung durch Geldschöpfung der Notenbank nahe, so daß die Finanzierung der Exportkredite insoweit keinen negativen primären Aufbringungseffekt hervorruft. Negative primäre Aufbringungswirkungen können von der Selbstfinanzierungsquote der Exporteure und vom Plafond "A" ausgehen, allerdings vom letzteren auf Grund der Lombardfähigkeit nur in geringerem Maße. Zwar werden nicht alle Exportkredite an Entwicklungsländer über die AKA abgewickelt, [2] die AKA dominiert aber in der privaten Exportfinanzierung.

Die privaten Exportkredite werden unmittelbar für deutsche Exporte verausgabt, es treten also in voller Höhe primäre positive Verwendungswirkungen in der BRD ein, die denjenigen der Exportkredite der KW entsprechen. Auf Grund des relativ geringen primären negativen Aufbringungseffektes geht von den privaten Exportkrediten eine stark expansive Einkommens- und Beschäftigungswirkung aus.

Die in Tabelle 14 ausgewiesenen privaten Exportkredite sind entsprechend der DAC-Definition nur die Nettowerte. Da diese Nettowerte infolge der hohen Rückflüsse nur ein sehr unvoll-

---

1) Für wirtschaftliche Risiken liegt der Selbstbehalt bei 20 %, für politische Risiken bei 10 - 15 %, vgl. Unger, F.E.: Außenhandelsfinanzierung, a.a.O., S. 95.
2) Vgl. Greulich, H.: Die Kreditversicherung, a.a.O., S. 38.

ständiges Bild von der Bedeutung der Exportkredite geben, sollen hier für einige Jahre die Brutto- und Nettowerte gegenübergestellt werden.[1)]

Tabelle 15 Brutto- und Nettowerte der privaten Exportkredite der BRD an Entwicklungsländer in Mio. DM

	1965	1966	1967	1968
Bruttoexportkredite	1599	1991	3074	3571
Nettoexportkredite	233	410	1453	1021
Nettoexportkredite in % der Bruttoexportkredite	15 %	21 %	47 %	29 %

Da die Rückflüsse tendenziell in die gleichen Quellen fließen, aus denen die neuen Exportkredite vergeben werden, ist für die Aufbringungswirkungen nur der Wert der Nettoexportkredite von Bedeutung. Es fragt sich jedoch, ob die Exportkredite in Höhe ihrer Brutto- oder in Höhe ihrer Nettowerte einen zusätzlichen Beitrag zur inländischen Beschäftigung geben. Für einen Teil der privaten Exportkredite wird eine Anschlußfinanzierung der KW vorgenommen. Dadurch treten bei den privaten Exportkrediten Rückflüsse ein, und die Exportkredite der KW nehmen zu. Insoweit führen die privaten Bruttokredite gegenüber den privaten Nettokrediten zu keinen zusätzlichen deutschen Exporten. Sieht man von Umschuldungen ab, so entsprechen die Bruttoexportkredite der Nachfrage nach deutschen Exporten auf Grund von Exportkrediten. Andererseits müssen die Abnehmer der deutschen Exporte in Entwicklungsländern Rückzahlungen auf frühere Exportkredite vornehmen. Dadurch sinken ihre knappen Devisenvorräte unmittelbar um die Rückflüsse. Tendenziell dürfte sich die Kapazität der Entwicklungsländer zum Import aus der BRD um die Rückflüsse verringern, obwohl vorübergehend die Mittel für die Rückflüsse u.U. anderweitig beschafft werden können. Im allgemeinen soll daher der Wert der Nettoexportkredite als Maßgröße für die zusätzlichen Exporte der BRD auf Grund von privaten Exportkrediten angesehen werden. Es kann jedoch sein, daß in einzelnen Jahren zwischen 1965 und 1969 augenblicklich günstige Lieferungs- und Finanzierungsbedingungen der BRD die Entwicklungsländer veranlaßt haben, die Rückflüsse teilweise durch Verzicht auf Importe aus anderen Ländern zu beschaffen. Nur in diesem Fall wäre die primäre

1) Nach Unterlagen des BMZ.

Verwendungswirkung der privaten Exportkredite größer als deren Nettowert. Dafür konnten jedoch keine Anhaltspunkte gefunden werden, so daß im folgenden zur Bestimmung des primären Verwendungseffektes der privaten Exportkredite deren Nettowert angenommen wird.

222. Private Direktinvestitionen

Die privaten Direktinvestitionen begegnen in Entwicklungsländern verschiedenen Risiken und Hindernissen, wodurch ein ungünstigeres Investitionsklima als in hochindustrialisierten Ländern entsteht. Um diese negativen Investitionsvoraussetzungen auszugleichen, werden von den Regierungen, so auch in der BRD, verschiedene Förderungsmaßnahmen ergriffen. Obwohl die Förderungsmaßnahmen nur zu einem kleineren Teil eine unmittelbare Finanzierungsquelle für private Direktinvestitionen darstellen, sollen sie hier in einem Überblick wiedergegeben werden, da sie für einen großen Teil der privaten Direktinvestitionen eine notwendige Voraussetzung bilden.[1)]

(1) Verbesserung des Schutzes und der Sicherheit privater Kapitalanlagen

(a) Durch Bundesgarantien, die die Hermes-Kreditversicherungs-AG in Zusammenarbeit mit der Deutschen Revisions- und Treuhand AG abwickelt, kann man das politische Risiko für Kapitalanlagen in Entwicklungsländern bis auf einen geringen Selbstbehalt versichern. Für beteiligungsähnliches Kapital und für Kredite, die die Direktinvestitionen begleiten, können das politische und das wirtschaftliche Risiko auch durch Bundesgarantien und -bürgschaften abgedeckt werden.

(b) Bilaterale Investitionsförderungsverträge, auch Kapitalschutzverträge genannt, legen unter anderem für private Kapitalanlagen fest: Inländerbehandlung und Meistbegünstigung, Schutz gegen willkürliche und entschädigungslose Enteignung, Transfers für Kapital, Gewinne und Liquidationserlöse, Schiedsgerichte für eventuelle Streitigkeiten. Daneben bestehen multilaterale Konventionen.[2)]

---

1) Vgl. Goltz, H.: Förderung privater Kapitalanlagen (Direktinvestitionen) in Entwicklungsländern, Sonderdruck Nr. 2 aus dem Jahrbuch des Deutschen Unternehmers 1968/69.

2) Ebenda, a.a.O., S. 11 ff.

(2) Finanzierungshilfen privater Kapitalanlagen

(a) Die Deutsche Entwicklungsgesellschaft (DEG) soll die Finanzierung, insbesondere die von mittleren und kleineren Unternehmen in Entwicklungsländern erleichtern. Sie erwirbt Beteiligungen und gewährt beteiligungsähnliche Darlehen an Unternehmen in Entwicklungsländern. In bestimmten Fällen verfügt die DEG auch über Kapitalhilfemittel, der größte Teil der DEG-Mittel sind Eigenmittel. Bis Ende 1968 hatte sich die DEG in Höhe von 86 Mio. DM, davon 35 Mio. DM aus Kapitalhilfemitteln, an Gesamtinvestitionen von 540 Mio. DM beteiligt.[1)]

(b) Auf multilateraler Ebene übernimmt die International Finance Corporation (IFC), in ähnlicher Weise wie die DEG, teilweise die Finanzierung von privaten Industrie-Unternehmen der Mitgliedsländer. Die BRD hat sich an der IFC beteiligt.[2)]

(c) Aus ERP-Mitteln können bei Förderungswürdigkeit für deutsche Unternehmen in Entwicklungsländern zinsgünstige Darlehen zur Verfügung gestellt werden.[3)] Mittelständische Unternehmen werden bevorzugt berücksichtigt. Die KW übernimmt die Vergabe und die Abwicklung der Kredite.

(3) Steuerliche Förderung privater Kapitalanlagen

(a) Das Entwicklungshilfesteuergesetz begünstigt Beteiligungen und beteiligungsähnliche Kapitalanlagen in Entwicklungsländern. Der deutsche Investor kann neben einem Bewertungsabschlag von 15 % auf den verbleibenden Wert eine gewinnmindernde Rücklage bis zu 50 % vornehmen. Die Rücklage ist allerdings vom sechsten Jahr an gewinnerhöhend aufzulösen. Während der Bewertungsabschlag in Höhe der Steuerersparnis zu einem Finanzierungszuschuß führt, stellt die Rücklage in Höhe der vorübergehenden Steuerersparnis eine langfristige, zinsfreie Finanzierungshilfe dar. Insgesamt kann die steuerliche Finanzierungshilfe 32,8 % des investierten Betrages ausmachen.[4)]

---

1) BMZ: Deutsche Entwicklungspolitik im Jahre 1968, a.a.O., S. 30.
2) Im einzelnen vgl. den Abschnitt über multilaterale Leistungen.
3) Vgl. Goltz, H.: Förderung privater Kapitalanlagen ..., a.a.O., S. 17 f.
4) Vgl. Goltz, H.: Förderung privater Kapitalanlagen ..., a.a.O., S. 19 f.

(b) Durch bilaterale Doppelbesteuerungsabkommen wird eine ungerechtfertigte steuerliche Belastung privater Investitionen in Entwicklungsländern vermieden.

(c) Das "Gesetz über steuerliche Maßnahmen bei Auslandsinvestitionen der deutschen Wirtschaft" enthält eine Reihe steuerlicher Vergünstigungen, z.B. bei der Überführung von Wirtschaftsgütern ins Ausland, bei Verlusten von ausländischen Betriebsstätten und Tochtergesellschaften sowie bei der Übertragung stiller Reserven.[1]

(4) Förderung privater Kapitalanlagen durch Technische Hilfe [2]

(a) Mittel der Technischen Hilfe können unter bestimmten Bedingungen zur teilweisen Finanzierung von Projektstudien privater Vorhaben gewährt werden.

(b) Zur Ausbildung von einheimischen Fachkräften durch deutsche Unternehmen können Zuschüsse gegeben werden.

Alle diese Förderungsmaßnahmen tragen zwar dazu bei, die Neigung der Unternehmen zum Investieren in Entwicklungsländern zu erhöhen, sie geben aber noch keine unmittelbare Auskunft über die Art der Finanzierung und der Verwendung der privaten Investitionsmittel, wonach sich allein der konjunkturelle Effekt der privaten Direktinvestitionen beurteilen läßt.

Fast 40 % [3] der gesamten privaten Direktinvestitionen in Entwicklungsländern zwischen 1950 und 1968 wurden durch reinvestierte Gewinne finanziert.[4] Insoweit treten in der BRD keine negativen Aufbringungswirkungen ein. Die Mittel zur Finanzierung der "Neuinvestitionen" in Entwicklungsländern werden nahezu nur aus inländischen Finanzierungsquellen aufgebracht.[5]

---

1) Vgl. ebenda, S. 23 f.
2) Vgl. ebenda, S. 24 f.
3) Vgl. Tabelle 14.
4) Die Werte für die reinvestierten Gewinne werden geschätzt und können nur als Annäherungswerte betrachtet werden, vgl. OECD: Finanzielle Leistungen an Entwicklungsländer 1961 - 1965, a.a.O., S. 198 f.
5) Vgl. Seiffert, H.: Die deutschen Direktinvestitionen im Ausland, Köln 1967, S. 94. Die Angaben von Seiffert basieren auf der Definition von "Direktinvestitionen" wie sie in der Außenwirtschaftsverordnung (AWV) gegeben wird (ebenda, S. 51 f.). Danach können auch Zuschüsse und Darlehen u.U. Direktinvestitionen sein, die in den DAC-Zahlen nicht enthalten sind. Dadurch ergeben sich erheblich Abweichungen (ebenda, S. 74) gegenüber den Werten in Tabelle 14. Die von Seiffert angegebenen Nettowerte für Beteiligungen (ebenda, S. 89) von 1962 bis 1965 weichen dagegen nicht erheblich von den Werten in Tabelle 14 ab. Im Jahre 1965 haben die Darlehen und Zuschüsse bei Seiffert keine große Bedeutung (ebenda, S. 90 f.).

Im Jahre 1965 bestanden die privaten Direktinvestitionen zu 14 % aus Sacheinlagen, [1] die zu einem Teil aus gebrauchten Investitionsgütern bestehen. Soweit es sich nicht um unverkäufliche Güter handelt, z.B. infolge technischer Überholung, müssen zur Finanzierung in gleicher Weise zusätzliche Mittel beschafft werden, wie bei den Geldkapitaleinlagen. Da das Kapital für die Direktinvestitionen entweder aus Eigenmitteln der Unternehmen oder aus Bankkrediten aufgebracht wird, tritt wenigstens teilweise ein primärer negativer Aufbringungseffekt ein. Das Entwicklungshilfesteuergesetz macht es jedoch möglich, einen Teil der Finanzierungslast auf den Staat zu überwälzen. Nach Schätzungen des BMZ betrug der Steuerausfall auf Grund der Begünstigungen dieses Gesetzes zwischen 1963 und 1968 etwa 240 Mio. DM. [2]

Das macht etwa 14 % der zwischen 1963 und 1968 getätigten Neuinvestitionen aus. [3] Nimmt man an, daß die Steuerersparnis [4] etwa ein Drittel der Investitionssumme ausmacht, so erreichen die durch das Entwicklungshilfesteuergesetz geförderten Direktinvestitionen etwa für diesen Zeitraum 720 Mio. DM (= 40 % der "Neuinvestitionen"). Da dem Bund keine langfristige Verschuldung bei der Bundesbank möglich ist, um diese Steuerausfälle auszugleichen, wird auch von diesen 14 % der "Neuinvestitionen" ein negativer Aufbringungseffekt ausgehen. Bedenkt man außerdem, daß wahrscheinlich die Unternehmer durch die Vergünstigungen teilweise Finanzierungsmittel einsetzen, die auch alternativ in der BRD investiert werden können, so dürften die privaten neuen Direktinvestitionen einen negativen Aufbringungseffekt haben.

Inwieweit die privaten Direktinvestitionen direkt in der BRD zur Verausgabung kommen, läßt sich nicht genau ermitteln. Der Teil, der auf die Einbringung der Sachwerte entfällt, stellt eine unmittelbare Verausgabung in der BRD dar. Dieser Anteil betrug 1965 14 % der Neuinvestitionen, er lag aber in den Jahren davor höher. [5] Die Steuervorteile des Entwicklungs-

---

1) Vgl. Seiffert, H.: Die deutschen Direktinvestitionen im Ausland, a.a.O., S. 94.
2) Vgl. BMZ: Deutsche Entwicklungspolitik im Jahre 1966, a.a.O., 36 und BMZ: Deutsche Entwicklungspolitk im Jahre 1968, a.a.O., S. 30.
3) Vgl. Tabelle 14.
4) Einschließlich Steuerstundung.
5) Vgl. Seiffert, H.: Die deutschen Direktinvestitionen im Ausland, a.a.O., S. 94, wo für 1961 17 % genannt wird. BMZ: Deutsche Entwicklungspolitik im Jahre 1966, a.a.O., S. 36, hier wird im Rahmen des Entwicklungshilfesteuergesetzes der Anteil der Sacheinlagen für 1963 mit 35 % und für 1964 mit 26 % angegeben.

hilfesteuergesetzes konnten bis einschließlich 1967 nur für abnutzbare Wirtschaftsgüter des Anlagevermögens verwendet werden. [1] Diese Investitionsgüter lieferten vermutlich überwiegend die Unternehmen aus der BRD. Seit 1968 ist auch die Anschaffung von gewerblichem Grund und Boden steuerbegünstigt. [2] Ingesamt muß aber angenommen werden, daß ein Teil der privaten Direktinvestitionen als "local-costs" verausgabt wird, das gilt insbesondere auch für die reinvestierten Gewinne.

Soweit Devisenkosten anfallen, kommt es auf Grund der unternehmerischen Verflechtung vorwiegend zu deutschen Exporten.

Es läßt sich nicht eindeutig bestimmen, um wieviel der primäre positive Verwendungseffekt größer als der primäre negative Aufbringungseffekt ist. Der gesamte primäre expansive Effekt wird jedoch wesentlich geringer ausfallen als bei den privaten Exportkrediten.

Der Unterschied zwischen Brutto- und Nettowerten der privaten Direktinvestitionen war bisher nicht groß, da die Rückflüsse zwischen 1963 und 1967 durchschnittlich nicht einmal 10 % erreichten. [3] Das Rückzahlungsproblem hat hier noch keine große Bedeutung erlangt.

223. Private bilaterale Wertpapierinvestitionen und sonstige Kredite

In erster Linie handelt es sich hier um Käufe von Anleihen und bei den sonstigen Krediten um Finanzierungskredite (ohne Exportkredite). [4] Die Finanzierungskredite können auch bei der Hermes-Kreditversicherungs AG gedeckt werden. [5] Zum Teil ist für diese Kredite das Entwicklungsförderungsgesetz anwendbar. [6]

Die Aufbringungswirkung der von Entwicklungsländern begebenen Anleihen entspricht tendenziell derjenigen von Staatsanleihen des Inlandes. Sie kann etwas größer sein, wenn den ausländischen Titeln ein geringerer Liquiditätsgrad beigemessen wird als inländischen. Da weder eine warenmäßige Bindung, wie beim Exportkredit, noch eine organisatorische und

1) BMZ: Die Entwicklungspolitik der BRD im Jahre 1967, a.a.O., S. 30.
2) Vgl. Goltz, H.: Förderung privater Kapitalanlagen ..., a.a.O., S. 20.
3) Vgl. BMZ: Intercop 68, Entwicklungshilfe - eine Politik für die Zukunft, Bonn o.J., S. 68.
4) Vgl. OECD: Finanzielle Leistungen an Entwicklungsländer 1961 - 1965, a.a.O., S. 199.
5) Vgl. Unger, F.E.: Außenhandelsfinanzierung, a.a.O., S. 93.
6) Vgl. Goltz, H.: Förderung privater Kapitalanlagen ..., a.a.O., S. 19.

finanzielle Verflechtung, wie bei einem großen Teil der Direktinvestitionen, vorliegt, dürfte die direkte Wirkung auf den deutschen Export nicht sehr groß sein.

Je nach Wettbewerbssituation der deutschen Wirtschaft kann der Anteil der deutschen Exporte an den zusätzlichen Importen des kapitalimportierenden Entwicklungslandes variieren. Mit Ausnahme des Jahres 1968, in dem 565 Mio. am deutschen Kapitalmarkt aufgebracht wurden,[1] hatte diese Art der Entwicklungshilfeleistung quantitativ keine große Bedeutung.

Die Finanzierungskredite haben in etwa den gleichen negativen Aufbringungseffekt wie die neuen Direktinvestitionen. Da hier zwischen dem Kapitalempfänger und dem Kapitalgeber teilweise wie bei den Direktinvestitionen enge wirtschaftliche Beziehungen bestehen, kann man annehmen, daß ein großer Teil der Finanzierungskredite für den Bezug von Exportgütern der BRD verausgabt wird.

3. Multilaterale Entwicklungshilfeleistungen der BRD

Entgegen der bisherigen Systematik ist es in diesem Abschnitt auf Grund der zur Verfügung stehenden Quellen problemgerechter, die Untergliederung nicht nach Leistungsformen, sondern zunächst nach Leistungsempfängern vorzunehmen. Die multilateralen öffentlichen und privaten Leistungen entfallen im wesentlichen auf folgende internationale Organisationen: die Weltbankgruppe, den EWG - Entwicklungsfonds und die UNO, einschließlich ihrer Unterorganisationen. Tabelle 16 zeigt, wie sich die Leistungen der BRD auf diese drei Organisationen aufteilen.

Fast 80 % der multilateralen Leistungen zwischen 1950 und 1968 kamen der Weltbankgruppe zugute. Diese Leistungen fallen auch bei der Gesamtheit der öffentlichen und privaten Nettoleistungen mit einem Anteil von etwa 13 % beachtlich ins Gewicht. Während die öffentlichen Kapitalzeichnungen und Zuschüsse an die Weltbank seit 1964 ständig gestiegen sind, unterliegen die privaten Kredite von Jahr zu Jahr starken Schwankungen. Mit etwa 15 % der multilateralen Leistungen und 2,5 % der Gesamtheit aller Leistungen hatten die dem EWG-Entwicklungsfonds zufließenden Beträge bisher quantitativ keine große Bedeutung.

---

1) Vgl. BMZ: Deutsche Entwicklungspolitk im Jahre 1968, a.a.O., S. 31 f.

Tabelle 16 Zusammensetzung der multilateralen Entwicklungshilfeleistungen der BRD, Nettoleistungen in Mio DM[1)]

	Weltbankgruppe Öffentliche Leistungen Zuschüsse und Kapitalzeichnungen	Weltbankgruppe Öffentliche Leistungen Kredite	Weltbankgruppe Private Kredite	Weltbankgruppe Insgesamt Summe	EWG-Entwicklungsfonds Öffentliche Zuschüsse/ Kapitalzeichnungen	UNO-Stellen Öffentliche Zuschüsse	Multilaterale Leistungen insgesamt Summe
	(1)	(2)	(3)	(1) - (3)	(4)	(5)	(1) - (5)
1950 - 59	318	1600	262	2180	189	30	2399
1960	90	176	15	281	139	19	439
1961	72	848	- 11	909	180	43	1132
1962	72	- 12	- 2	58	308	41	407
1963	72	- 18	45	99	-	48	147
1964	41	- 60	229	210	-	58	268
1965	97	6	302	405	1	52	458
1966	119	- 40	- 24	55	9	57	121
1967	124	- 24	- 21	79	105	61	245
1968	183	-	1177	1360	163	93	1616
1950 - 68 absolut	1188	2476	1972	5636	1094	502	7232
1950 - 68 in %[2)]	2,8	5,8	4,5	13,1	2,5	1,2	16,8

1) Vgl. BMZ-II A/6 - 02095-160/69.
2) In % der gesamten öffentlichen und privaten Nettoleistungen.

Der Anstieg der Leistungen in den letzten beiden Jahren ist bedingt durch das Wirksamwerden des zweiten EWG-Entwicklungsfonds. Die Zuschüsse an die UNO-Stellen haben trotz ständiger Steigerung noch keine quantitativ beachtliche Größe erreicht.

31. Weltbankgruppe

Zu der Weltbankgruppe gehören die Weltbank, die International Development Association (IDA), die Asiatische Entwicklungsbank und die International Finance Corporation (IFC). Die Weltbank gewährt ihre Kredite zu harten Bedingungen, die sich in ihrem Zinssatz in etwa den Kapitalmärkten anpassen. [1] Die IDA gibt Kredite zu sehr günstigen Bedingungen, wenn Entwicklungsländer auf Grund ihrer schlechten Zahlungsbilanzsituation nicht in der Lage sind, die harten Bedingungen eines Weltbankkredites auf sich zu nehmen. Die IFC hat den Status einer UN-Sonderorganisation, arbeitet aber mit der Weltbank eng zusammen. Ihre Mittel werden ausschließlich zur Förderung privater industrieller Investitionen in Entwicklungsländern eingesetzt.

311. Die Weltbank

Die Leistungen der BRD an die Weltbank setzen sich zusammen aus den öffentlichen Leistungen, das sind die Kapitalanteile der BRD an der Weltbank und die Kredite der Bundesbank an die Weltbank, und aus den privaten Leistungen, [2] dem Kauf von Weltmarktanleihen und Schuldscheinen. [3] Die gesamten Nettoleistungen an die Weltbank zwischen 1950 und 1968 setzen sich wie folgt zusammen: [4]

---

1) Vgl. Woll, A.: Multilaterale und bilaterale Entwicklungshilfe, in: Entwicklungspolitik, Handbuch und Lexikon, a.a.O., S. 771 ff.
2) Die KW rechnet in ihrem Jahresbericht für 1969 die Wertpapiertransaktionen zwischen der Bundesbank und der Weltbank nicht zu der öffentlichen Entwicklungshilfe, vgl. KW, 21. Jahresbericht, a.a.O., S. 36.
3) Vgl. BMZ - II A/6 - O 2095 - 160/69.
4) Ebenda.

Nettoleistungen an die Weltbank	in Mio. DM	in %
(1) Kapitalanteile der BRD an der Weltbank	473	10 %
(2) Kredite der Bundesbank an die Weltbank	2476	52 %
(3) Private Kredite an die Weltbank	1812 [1)]	38 %
	4761	100 %

Die Zahlungen des Bundes auf die Beteiligungen an der Weltbank wurden zwischen 1961 und 1968 mit Ausnahme des Jahres 1966 aus dem außerordentlichen Bundeshaushalt aufgebracht. [2)] Vor 1960 wurde auch ein kleinerer Betrag durch einen Kredit der Bundesbank finanziert, der allerdings 1968 zurückgezahlt wurde. [3)] Die primären Aufbringungswirkungen entsprechen damit denjenigen der deutschen Kapitalhilfe.

Die Kredite der Bundesbank an die Weltbank erfolgten bis 1961, seitdem kommt es nur zu Rückflüssen oder zu Transaktionen mit dem Privatsektor. Teilweise wurden die Kredite durch Übernahme von Weltbankschuldverschreibungen gegeben, die auf DM und US-$ lauten. [4)] Die Kredite an die Weltbank stehen in der Bilanz der Deutschen Bundesbank unter "Wertpapiere" und unter "Kredite an internationale Einrichtungen und Konsolidierungskredite." [5)] Die Bundesbankkredite, die über die Hälfte der Leistungen an die Weltbank ausmachen, haben in der BRD keinen negativen Aufbringungseffekt.

Die privaten Kredite an die Weltbank entsprechen in erster Linie dem Kauf von Weltbankschuldverschreibungen, Anleihen 1959 (200 Mio. DM), [6)] 1965 (250 Mio. DM), [7)] 1968 (520 Mio. DM) und Schuldscheindarlehen 1968 (550 Mio. DM), [8)] von insgesamt 1520 Mio. DM. Der Restbetrag

---

1) Der Betrag wurde ermittelt durch Abzug von 160 Mio. DM von der Summe in Spalte (3), Tabelle 16. 1963 wurden 60 Mio. und 1968 100 Mio. für den Kauf einer Anleihe der Interamerikanischen Entwicklungsbank aufgebracht.
2) Vgl. die einzelnen Bundeshaushaltspläne, Kapitel A 2302, Titel 892, 1961 und 1962 werden die Mittel im Einzelplan des Bundesministers der Finanzen ausgewiesen.
3) Vgl. Deutsche Bundesbank: Geschäftsbericht für das Jahr 1968, a.a.O., S. 136.
4) Vgl. Deutsche Bundesbank: Geschäftsbericht für das Jahr 1961, Frankfurt a. M. 1962, S.109.
5) Vgl. dazu die Erläuterungen zu den Bilanzposten in den einzelnen Geschäftsberichten der Deutschen Bundesbank.
6) BMZ: Deutsche Entwicklungspolitik im Jahre 1964, a.a.O., S. 33.
7) BMZ: Deutsche Entwicklungspolitik im Jahre 1965, a.a.O., S. 23.
8) BMZ: Deutsche Entwicklungspolitik im Jahre 1968, a.a.O., S. 32.

ergibt sich u.a. durch Transaktionen mit der Bundesbank. Die Aufbringungswirkungen der Weltbankanleihen waren vermutlich noch geringer als bei inländischen Staatsanleihen, da die Anleihe wegen der Coupon-Steuer für ausländische Kapitalanleger in der BRD zusätzliche Anreize bot.

Damit ergibt sich, daß von den Entwicklungshilfeleistungen der BRD an die Weltbank nur in geringem Umfang negative primäre Aufbringungswirkungen eingetreten sind.

Bis zum Ende des Geschäftsjahres 68/69, am 30. 6. 69, zahlte die Weltbank für Lieferungen und Leistungen aus der BRD rund 3320 Mio. DM [1] aus. Man muß hierbei jedoch berücksichtigen, daß erst im Jahre 1968 über 1000 Mio. DM Schuldverschreibungen der Weltbank in der BRD verkauft wurden, die infolge der bankmäßigen Abwicklung der Weltbankkredite erst allmählich wieder zur Verausgabung kommen. Unter dieser Betrachtung läßt sich bis 1968 feststellen, daß den deutschen Leistungen an die Weltbank in etwa gleicher Höhe deutsche Exporte auf Grund von Weltbankkrediten gegenüberstehen.

Unterstellt man einen mittelbaren Zusammenhang zwischen deutschen Leistungen an die Weltbank und Aufträgen an deutsche Firmen aus Weltbankkrediten, so geht infolge der geringen negativen Aufbringungswirkung von den Leistungen an die Weltbank ein insgesamt starker positiver primärer Einkommens- und Beschäftigungseffekt in der BRD aus.

Trotz des geringen negativen Aufbringungseffektes ist es konjunkturpolitisch interessant, daß zwischen der Aufbringung der Mittel für die Weltbank und der Verausgabung für deutsche Exporte erhebliche zeitliche Verschiebungen eintreten. Die Kredite für die Weltbank werden sporadisch, schwerpunktartig in einzelnen Jahren gegeben, z. B. in den Jahren 1961, 1965 und 1968, die Auszahlungen an die deutschen Exporteure weisen zwar von Jahr zu Jahr Schwankungen auf, fließen aber dennoch ziemlich kontinuierlich. [2] Dadurch tritt ähnlich wie auch bei der Entwicklungshilfeanleihe der deutschen Wirtschaft zwischen die Aufbringung und die direkte Verausgabung der Mittel teilweise ein mehrjähriger time-lag.

312. Die IDA

Die Leistungen an die IDA erfolgen ausschließlich in Form von Einzahlungen des Bundes auf

---

1) Die $-Beträge wurden bis einschließlich des Geschäftsjahres 60/61 mit 1:4,2 und in den folgenden Jahren mit 1:4 in DM-Beträge umgerechnet. $-Beträge nach Angaben des BMZ.

2) Wie sich aus Unterlagen des BMZ ersehen läßt.

seinen Anteil an dem Grundkapital der IDA. Die Zahlungen wurden kontinuerlich seit 1960 vorgenommen, und zwar mit steigenden Beträgen 1965 und 1968. Bis einschließlich 1968 wurden 660 Mio. DM ausgezahlt. [1] Der Bund stellte die Mittel mit Ausnahme des Jahres 1966 über den außerordentlichen Haushalt bereit. [2] Die IDA zahlte einschließlich des Geschäftsjahres 1968/69, bis 30. 6. 69, für Lieferungen und Leistungen aus der BRD 816 Mio. DM aus. [3] Die Auszahlungen erfolgten seit 1964/65 ziemlich gleichmäßig und übertrafen die gleichzeitigen Einzahlungen auf das Grundkapital durch den Bund beträchtlich. [4] Daher ging bis 1958 von den Leistungen an die IDA relativ ein starker expansiver primärer Einkommenseffekt aus.

313. Sonstige Organisationen

Weitere Leistungen in Form von Kapitalanteilen erbrachte die BRD bis Ende 1968 für die IFC mit 15 Mio. DM und für die Asiatische Entwicklungsbank mit 41 Mio. DM, die auch mit Ausnahme des Jahres 1966 über den außerordentlichen Haushalt finanziert wurden. [5] Anleihen der Interamerikanischen Entwicklungsbank wurden 1965 in Höhe von 60 Mio. DM [6] und 1968 in Höhe von 100 Mio. DM [7] von dem privaten Sektor gezeichnet. Obwohl keine Zahlenangaben über die Auszahlungen dieser Organisationen vorliegen, kann erwartet werden, daß auch hier ein großer Teil für deutsche Exporte verausgabt wurde. Der konjunkturelle Effekt dürfte demjenigen der Leistungen an die IDA entsprechen.

32. Entwicklungsfonds der EWG

Bis einschließlich 1968 zahlte die BRD an den ersten und zweiten EWG-Entwicklungsfonds insgesamt 991 Mio. DM. Weitere 103 Mio. DM wurden im Rahmen des EWG-Assozierungsab-

1) BMZ - II A/6 O 1095 - 160/69.
2) Vgl. Kapital A 2302, Titel 893 in den Bundeshaushaltsplänen.
3) Nach Unterlagen des BMZ.
4) Nach Unterlagen des BMZ.
5) Vgl. Kapitel A 2302, Titel 895 in den Bundeshaushaltsplänen 1967 und 1968.
6) BMZ: Deutsche Entwicklungspolitik im Jahre 1965, a.a.O., S. 23
7) BMZ: Deutsche Entwicklungspolitik im Jahre 1968, a.a.O., S. 32.

kommens als Finanzhilfen und Zinssubventionen für die Türkei und Griechenland bereitgestellt. [1] Die Aufbringung der Beiträge zu den EWG-Entwicklungsfonds erfolgte ausschließlich über den ordentlichen Bundeshaushalt. [2] Die Finanzierung der Finanzhilfen wurde teilweise aus dem ordentlichen und teilweise aus dem außerordentlichen Bundeshaushalt vorgenommen. [3] Die Zahlungen an die EWG erfolgten kontinuierlich über mehrere Jahre.

Bis Ende 1969 [4] wurden aus den EWG-Entwicklungsfonds 410 Mio. DM für Lieferungen und Leistungen aus der BRD ausgezahlt. [5] Bis zu diesem Zeitpunkt waren von der BRD insgesamt 1140 Mio. DM in die EWG-Entwicklungsfonds eingezahlt worden. [6] Damit trugen bis Ende 1969 nur gut ein Drittel der von der BRD aufgebrachten Mittel zu einem zusätzlichen deutschen Export bei. Dieses ist zwar einerseits darauf zurückzuführen, daß noch nicht alle der EWG zur Verfügung gestellten Mittel verausgabt worden waren, anderseits hatte die BRD auch einen niedrigen Anteil an den Auszahlungen der EWG-Entwicklungsfonds. Im Rahmen des ersten EWG-Entwicklungsfonds betrug der Lieferanteil der BRD nur 6,4 %, der sich bis 1969 im zweiten EWG-Entwicklungsfonds auf 23,5 % erhöhte, woraus sich ein durchschnittlicher Lieferanteil von 13,4 % errechnet. Dagegen betrug der Anteil der BRD an den Beitragsleistungen der beiden EWG-Entwicklungsfonds jeweils etwa ein Drittel. Der geringe Lieferanteil der BRD, vor allem im ersten Fonds, erklärt sich aus dem hohen Anteil von Bauleistungen, bei denen in den ehemaligen französischen Kolonien die französischen Unternehmen einen Vorsprung gegenüber den deutschen hatten. [7]

Auf Grund der Aufbringung aus Haushaltsmitteln und der nur geringen direkten Verausgabung für deutsche Exporte ist von den Leistungen an den ersten EWG-Entwicklungsfonds ein eindeutig kontraktiver primärer Gesamteffekt ausgegangen. Das gilt jedoch nicht mehr für den zweiten EWG-Entwicklungsfonds. Ebenso wie bei den Leistungen an die Weltbank besteht teil-

---

1) Vgl. BMZ - II A/6 - 0 2095 - 160/69.
2) Vgl. Kapitel 2302, Titel 642 in den einzelnen Haushaltsplänen.
3) Vgl. z. B. Kapitel 2302, Titel 643 und Kapitel A 2302, Titel 644 im Bundeshaushaltsplan 1968, S. 2532 und S. 2536.
4) Für Ende 1968 standen keine genauen Zahlenangaben zur Verfügung.
5) Nach Angaben des BMZ, wobei die $-Beträge 1:4 in DM-Beträge umgerechnet wurden.
6) Der Betrag ergibt sich aus den Leistungen bis einschließlich 1968 in Höhe von 991 Mio. DM zuzüglich 149 Mio. DM im Jahre 1969.
7) Vgl. Müller, P.: Zum Problem der Mittelbindung in der Entwicklungshilfe, a.a.O., S. 11 f.

weise zwischen der Aufbringung und der Verwendung der Mittel ein mehrjähriger time-lag. So standen von den Mitteln, die zwischen 1958 und 1962 für den ersten EWG-Entwicklungsfonds aufgebracht wurden, Ende 1965 noch über 1000 Mio. DM als Kassenmittel zur Verfügung[1] (Gesamtvolumen 2370 Mio. DM[2]).

33. UNO-Stellen

Hier handelt es sich um Beiträge der BRD zu der Technischen Hilfe der UNO, 298 Mio. DM, und an die Sonderorganisationen der UNO, 204 Mio. DM, u.a. Welternährungsprogramm, Weltflüchtlingsorganisation, UNICEF und Weltgesundheitsorganisation. Die Mittel werden im wesentlichen aus dem ordentlichen Bundeshaushalt finanziert.[3] Über den Kauf deutscher Exportgüter durch UNO-Stellen sind keine Zahlenangaben verfügbar. Man kann aber annehmen, daß die an die UNO erbrachten Beiträge teilweise für deutsche Exporte verwendet werden.

4. Zusammenfassende Beurteilung

Wie in den vorangegangenen Abschnitten ausgeführt wurde, bestehen in den primären Aufbringungs- und Verwendungswirkungen der einzelnen Entwicklungshilfearten große Unterschiede. Da diese primären Aufbringungs- und Verwendungswirkungen die entscheidenden Faktoren für die Auswirkungen der Entwicklungshilfeleistungen auf das Einkommen und die Beschäftigung im Geberland sind, soll im folgenden versucht werden, bei der gegebenen Struktur der deutschen Entwicklungshilfe eine globale Aussage über die primären Aufbringungs- und Verwendungswirkungen der Gesamtheit der Entwicklungshilfeleistungen zu machen. Ausgehend von den einzelnen Entwicklungshilfeleistungen, die in den vorhergehenden Abschnitten eingehend beschrieben wurden, werden durch Aggregation die Wirkungen der gesamten Leistungen bei der Aufbringung und der Verwendung ermittelt. Der Anteil der BRD an der primären Verausgabung der Entwicklungshilfeleistungen kann bei den bedeutenden Entwicklungshilfearten quantitativ annähernd ermittelt werden. Von erheblich größerer Problematik ist dagegen eine quantitative Beurteilung der

---

1) Vgl. Bundeshaushaltsplan für das Rechnungsjahr 1967, Erläuterung zu Titel 642, S. 2544.
2) Berechnet nach den Leistungen der BRD in Höhe von 816 Mio. DM, die 34,4 % der Beitragsleistungen ausmachten.
3) Vgl. Kapitel 2302, Titel 641 in den Bundeshaushaltsplänen.

Aufbringungswirkungen. Die Beurteilungsschwierigkeiten liegen vor allem darin, daß die Aufbringungswirkungen je nach der Konjunkturlage in unterschiedlicher Stärke auftreten und daß insbesondere ein großer Teil der öffentlichen Leistungen durch ein Bündel von Aufbringungsformen (z.B. durch die Hauptsteuerarten) finanziert wird. Um jedoch wenigstens tendenzielle Aussagen über die Aufbringungswirkungen machen zu können, soll hier der Versuch gemacht werden, den einzelnen Leistungsarten Aufbringungsintensitätsgrade zuzuordnen. Die Unterteilung der Aufbringungsintensität basiert auf den theoretischen Darlegungen zu den Aufbringungswirkungen im Hauptabschnitt B I 1. Aus der Zusammenstellung von Leistungsarten mit gleichen Aufbringungsintensitätsgraden können die tendenziellen Aufbringungswirkungen der Gesamtheit der Entwicklungshilfeleistungen beurteilt werden. Tabelle 17 beschränkt sich auf drei Aufbringungsintensitätsgrade, da eine detaillierte Aufgliederung ohne speziellen konjunkturellen Hintergrund kaum eine größere Aussagekraft hat.

Die Untergliederung in die Aufbringungsintensitätsgrade entspricht im wesentlichen den Untersuchungen der vorangegangenen Abschnitte. Die Aufteilung der privaten Exportkredite basiert auf der Annahme, daß ein großer Teil der Exportkredite über den Plafond "B" der AKA finanziert wird. Die 15 % stellen die Finanzierung der Exporteure aus eigenen Mitteln dar, die die Inlandsausgaben der Unternehmen einschränken. Als wesentlich höher wird der Anteil der eigenen Mittel an der Finanzierung der neuen Direktinvestitionen veranschlagt. Die 40 % entsprechen den eigenen Mitteln, die infolge der Förderungsmaßnahmen für Auslandsinvestitionen den Inlandsinvestitionen entzogen wurden.

Etwa die Hälfte aller Entwicklungshilfeleistungen der BRD haben einen geringen bis mittleren primären negativen Aufbringungseffekt, der in erster Linie davon abhängig ist, ob zu der Zeit der Aufbringung die Wirtschaft noch größere Liquiditätsüberschüsse hat oder ob eine starke Liquiditätsanspannung bereit steht. Gut ein Viertel der Leistungen hat einen starken negativen primären Aufbringungseffekt, während die übrigen Leistungen, knapp ein Viertel, aus Finanzierungsquellen kommen, die in der BRD keinen negativen Einkommenseffekt hervorrufen können. In der zweiten Gruppe fallen die Kredite der Bundesbank an die Weltbank, die vor 1962 gegeben wurden, [1] stark ins Gewicht. Daher ergibt sich in den letzten Jahren infolge

1) Vgl. BMZ - II A/6 - O 2095 - 160/69.

Tabelle 17

Übersicht zu den primären Aufbringungswirkungen der deutschen Entwicklungshilfeleistungen bis zum Jahre 1968 (Schätzungen)

Art der Leistung	Anteil an den Gesamtleistungen in %	Negativer primärer Aufbringungsintensitätsgrad[1]		
		1	2	3
	(1)	(2)[2]	(3)[2]	(4)[2]
1. Bil.öff.Leist.				
Kapitalhilfe	18,9		19%	
Exportkred. d.KW	2,8		3%	
Ungeb.Finanzkr.	2,2		2%	
Refinanz.-kred.	1,8			2%
Sonst.Kredite	o,2			o%
Techn.Hilfe	7,1			7%
Wiedergutmach.	8,2			8%
Sonst.Zusch.	o,5			o%
2. Bil.priv.Leist.				
Priv.Export-kred.	21,8	(5o%) 11%	(35%) 8%	(15%) 3%
Priv.Direktinv.				
Neuinvest.	9,1		(6o%) 5%	(4o%) 4%
Reinvest.	5,6	6%		
Wertpapierinv.	5,o		5%	
3. Multil.Leist.				
Weltbankgruppe	13,1	(45%) 6%	(55%) 7%	
EWG	2,5			3%
UNO	1,2			1%
Insgesamt	1oo%	23%	49%	28%

1) 1: Keine Aufbringungswirkung
2: Geringe bis mittlere negative Aufbringungswirkung, je nach konjunktureller Lage, Finanzierung über den Kapitalmarkt und durch das Geschäftsbankensystem.
3: Starke negative Aufbringungswirkung, Finanzierung durch Steuern oder durch Senkung von Inlandsausgaben.

2) Die geschätzten %-Sätze werden auf volle Beträge gerundet.

der privaten Kredite an die Weltbank eine Erhöhung im Anteil des Aufbringungsintensitätsgrades 2 auf Kosten des von 1.

Wie die Entwicklungshilfeleistungen der BRD primär zur Verausgabung kommen, wird in Tabelle 18 aufgezeigt. Soweit keine exakten Zahlenangaben verfügbar waren, wurden Schätzungen vorgenommen, die sich an den Ausführungen in den vorangegangenen Abschnitten orientieren.

Nach diesen Schätzungen werden 80 % der deutschen Entwicklungshilfeleistungen primär in der BRD verausgabt und damit einkommens- und beschäftigungswirksam. [1] Jeweils etwa 10 % entfallen auf die primäre Verausgabung in Drittländern und im Empfängerland ("local costs").

Es kann festgestellt werden, daß der primäre Verwendungseffekt wesentlich größer als der primäre Aufbringungseffekt der deutschen Entwicklungshilfeleistungen ist. Dieses gilt um so mehr, wenn die Volkswirtschaft nur eine geringe Liquiditätsspannung aufweist. Damit geht von den deutschen Entwicklungshilfeleistungen, verstärkt in Zeiten geringer wirtschaftlicher Aktivität, ein tendenziell sehr expansiver Einkommenseffekt aus.

Der monetäre Kapitaltransfer von der BRD in die Entwicklungsländer zieht in überwiegendem Maße, etwa zu 80 %, direkt einen realen Kapitaltransfer nach sich, ohne daß es dazu irgendwelcher wirtschaftlicher Mechanismen bedarf, z.B. Einkommens- oder Preismechanismen. Neben organisatorischen und vertraglichen Bindungen, z.B. bei den Exportkrediten, den nichtprojektgebundenen Krediten der Kapitalhilfe und den Direktinvestitionen, macht es der für die Entwicklung erforderliche Bedarf der Empfängerländer an industriellen Gütern notwendig, die erhaltenen Beträge direkt für Güter und Dienstleistungen in den industriellen Ländern zu verausgaben. Der hohe Anteil an den Direktverausgabungen, der auf das Geberland BRD entfällt, läßt sich zurückführen auf eine De-facto-Lieferbindung, auf eine bewußte Bevorzugung des Geberlandes durch das Empfängerland und insbesondere bei den multilateralen Leistungen auf eine sehr gute Konkurrenzfähigkeit der deutschen Industrie.

Die "local-costs"-Ausgaben, die nach den Schätzungen in Tabelle 18 etwa 10 % der Entwicklungshilfeleistungen der BRD ausmachen, können teilweise indirekt kurzfristig zu zusätzlichen

---

1) Vgl. auch: Schmahl, H.J.: Einflüsse der Entwicklungshilfe auf Wirtschaftsentwicklung und Zahlungsbilanz der BRD, in: Wirtschaftsdienst, 1963, Heft 3. S. 115. Dieser schätzt den Anteil der primären Verausgabung in der BRD in der Zeit von 1956 - 1959 auf etwa 70 %. Diese Abweichung ergibt sich vor allem auf Grund des sehr niedrigen Anteils von 20 % bei den multilateralen Leistungen in der Schätzung von Schmahl.

Tabelle 18 Übersicht zur primären Verausgabung der deutschen Entwicklungshilfeleistungen bis zum Jahre 1968 (Schätzungen)

Art der Leistung	Anteil an den Gesamtleist. in % (1)	%-Satz der primären Verausgabung in der BRD (2)	%-Satz[1] der primären Verausgabung bezogen auf (1) (1).(2) (3)	%-Satz der "local costs" (4)	(4) bezogen auf (1) (5)	Direkte[1] Verausgabung in Drittländern bezogen auf (1) (1)-(3)-(5) (6)
1. **Bil. öff. Leist.**						
Kapital-Hilfe	18,9	8o %	15 %	1o %	2 %	2 %
Exportkr. d. KW	2,8	1oo %	3 %	-	-	-
Ungeb. Finanzkred.	2,2	5o %	1 %	-	-	1 %
Refinanz.-kred.	1,8	1oo %	2 %	-	-	-
Sonst. Kred.	o,2	1oo %	-	-	-	-
Techn. Hilfe	7,1	7o %	5 %	3o %[3]	2 %	-
Wiedergutmach.	8,2	7o %	6 %	-	-	2 %
Sonst. Zuschüsse	o,5	1oo %	1 %	-	-	-
2. **Bil. priv. Leist.**						
Priv. Exp.-kred.	21,8	1oo %	22 %	-	-	-
Priv. Direktinvest.						
Neuinvest.	9,1	66 %	6 %	2o %	2 %	1 %
Reinvest.	5,6	3o %	2 %	5o %	3 %	1 %
Bil. Wertpapierinv.	5,o	4o %	2 %	-	-	3 %
3. **Multil. Leist.**						
Weltbankgruppe	13,1	1oo %[2]	13 %	-	-	-
EWG	2,5	4o %	1 %	-	-	1 %
UNO	1,2	8o %	1 %	-	-	-
Insgesamt:	1oo %		8o %		9 %	11 %

1) Die geschätzten %-Sätze werden auf volle Beträge gerundet.
2) Dieser Prozentsatz ist nur mit einer zeitlichen Verzögerung gültig. Bei einer Zeitraumbetrachtung dürfen nicht die Leistungen an die Weltbankgruppe, sondern die laufenden Auszahlungen der Weltbank berücksichtigt werden.
3) Einschließlich der Auslandsausgaben des deutschen Personals.

Importen der Entwicklungsländer aus Industrieländern führen, bevor ein Einkommensmechanismus wirken kann. Besitzt der Staat in einem Entwicklungsland das Devisenmonopol, so kann er die auf Grund der "local-costs"-Ausgaben zugeflossenen Devisen unmittelbar für den aufgestauten Bedarf an wichtigen Importgütern verwenden. Werden die Devisen, mit denen die "local-costs" finanziert werden sollen, im privaten Banken- oder Handelssektor der Entwicklungsländer gegen Inlandswährung verkauft, [1] so verwenden diese Privaten die erhaltenen Devisen oft unmittelbar für Importe, insbesondere für den Import von hochwertigen industriellen Konsumgütern. Die "local-costs"-Anteile stellen somit nicht im Sinne der Transfertheorie eine entsprechende Erhöhung der inländischen Nachfrage in Entwicklungsländern dar, sondern bewirken zum großen Teil eine unmittelbare Erhöhung der Importe nach Entwicklungsländern, welche teilweise auch zusätzlichen deutschen Exporten zugute kommt.

Für die konjunkturellen Auswirkungen der Entwicklungshilfeleistungen hat das zeitliche Verhältnis von primären Aufbringungs- Verwendungswirkungen eine große Bedeutung. [2] Eine zeitliche Verschiebung zwischen Aufbringung der Mittel und Verausgabung der Mittel in der BRD konnte nur bei wenigen Entwicklungshilfearten in der BRD festgestellt werden. Bei den bilateralen öffentlichen Leistungen wurde die Entwicklungshilfeanleihe der deutschen Wirtschaft, deren Zeichnung 1961 erfolgte, erst im Laufe mehrerer Jahre im Rahmen der Kapitalhilfe verausgabt. Infolge der Möglichkeit von Bindungsermächtigungen wurden im übrigen für die einzelnen Jahre nur so viele Mittel aus dem öffentlichen Haushalt oder über den Kapitalmarkt bereitgestellt, wie man an Ausgaben erwartete. Auch bei den großen bilateralen privaten Leistungen, den Exportkrediten und den Direktinvestitionen, fallen Aufbringung und Verwendung weitgehend zeitlich zusammen. Dagegen treten bei den multilateralen Leistungen, insbesondere bei den umfangreichen Leistungen an die Weltbankgruppe, erhebliche zeitliche Verschiebungen zwischen Aufbringung der Mittel und Kauf von deutschen Exportgütern aus Weltbankkrediten auf.

Die bisherigen Darlegungen bezogen sich ausschließlich auf die zusätzlichen deutschen Exporte auf Grund der unmittelbaren Verwendung der Entwicklungshilfeleistungen. Darüber hinaus kön-

---

1) Vgl. OECD: Entwicklungshilfe, Politik und Leistungen der Mitglieder des DAC, Jahresprüfung 1968, Dezember 1968, S. 82.
2) Vgl. Abschnitt B II 42.

nen sich aus verschiedenen Gründen zusätzliche induzierte deutsche Exporte ergeben. Organisatorische Beziehungen, z. B. zu deutschen Mutterunternehmen und technische Erfordernisse, z. B. Ersatzteillieferungen, steigern die deutschen Exportmöglichkeiten. Der Demonstrationseffekt der Technischen Hilfe wirkt sich oft als Wegbereiter der Kapitalhilfe aus und erleichtert auch sonst den Absatz von deutschen Exporten in Entwicklungsländern. Daneben kommt der einkommensinduzierten Nachfrage der Entwicklungsländer eine hervorragende Bedeutung zu. Die Entwicklungshilfeleistungen, die in erster Linie zum Import von Investitionsgütern nach Entwicklungsländern führen, bewirken ein starkes Wachstum in diesen Ländern, wodurch zwangsläufig ein wachsender Bedarf nach zusätzlichen Importgütern feststellbar ist. [1] Dieses wird bei den deutschen Entwicklungshilfeleistungen noch dadurch verstärkt, daß sie sich schwerpunktmäßig auf verarbeitende Industrie konzentrieren, [2] die eine hohe Wertschöpfung in den Entwicklungsländern hervorrufen. [3]

Da die Importkapazität der Entwicklungsländer durch die chronische Devisenknappheit eng begrenzt wird, ergibt sich die Notwendigkeit weiterer Kredite. Ein sichtbares Zeichen für die Bedeutung der einkommensinduzierten Importerfordernisse der Entwicklungsländer ist u.a. die zunehmende Bedeutung der "commodity aid"-Kredite. [4] Von diesen induzierten Exporten der BRD gehen zusätzliche starke expansive Wirkungen aus.

Zusammenfassend kann man feststellen, daß von den Entwicklungshilfeleistungen der BRD sowohl durch die unmittelbare Verwendung als auch durch die mittelbaren induzierten Wirkungen in den Entwicklungsländern in bezug auf die Höhe des Entwicklungshilfebetrages eine relativ große Einkommens- und Beschäftigungssteigerung ausgeht. Welche quantitative Bedeutung die Entwicklungshilfeleistungen für das Gesamteinkommen und die Gesamtbeschäftigung in der BRD einnehmen können, ist im folgenden zu untersuchen.

---

1) Vgl. KW: 19. Jahresbericht, Geschäftsjahr 1967, a.a.O., S. 35.
2) So entfielen von den privaten Investitionen, die unter das Entwicklungshilfe-Steuergesetz im Jahre 1964 fielen, über 60 % auf das verarbeitende Gewerbe und 30 % auf das Baugewerbe, vgl. BMZ: Deutsche Entwicklungspolitik im Jahre 1966, a.a.O., S. 36; vgl. auch Deutsche Bundesbank: Die deutschen Direktinvestitionen im Ausland, in: Monatsbericht 12, 1965, S. 24 f.
3) Vgl. auch: Jürgensen, H.: Die Funktionen des Kapitalimports für Entwicklungsländer, in: Schriften des Vereins für Sozialpolitik, N.F. Bd. 16, 1959, S. 65 f.
4) Vgl. KW: 19. Jahresbericht, Geschäftsjahr 1967, a.a.O., S. 34 f.

II. Die Bedeutung der Beschäftigung durch Entwicklungshilfeleistungen an der Gesamtbeschäftigung der BRD

Die Gesamtbeschäftigung wird bestimmt durch die gesamte effektive Nachfrage, die unter Vernachlässigung von ungeplanten Investitionen dem Bruttosozialprodukt entspricht. Eine Maßgröße für den Beitrag der Entwicklungshilfeleistungen zur Beschäftigung in der BRD sind die infolge der Entwicklungshilfeleistungen zusätzlich nachgefragten Güter, die in der BRD produziert werden. Indem man diese zusätzliche Nachfrage zu dem Bruttosozialprodukt in Beziehung setzt, läßt sich ein Überblick über die relative Bedeutung der Entwicklungshilfe für die Gesamtbeschäftigung ermitteln. In Tabelle 19 wird dieses auf der Basis der bisherigen Ausführungen ermittelt.

Der durchschnittliche Anteil der durch Entwicklungshilfe bedingten Ausgaben am Bruttosozialprodukt der BRD liegt zwischen 1960 und 1968 bei 0,7 %. Unterstellt man, daß die auf Grund von Entwicklungshilfeleistungen erfolgten deutschen Exporte mit einer Faktorintensität produziert werden, die von der durchschnittlichen Faktorintensität der gesamten Produktion in der BRD nicht wesentlich abweicht, so entsprechen die 0,7 % dem primären Beitrag der Entwicklungshilfe zu der Gesamtbeschäftigung der BRD. Die Exporte auf Grund der Entwicklungshilfeleistung bewirken aber darüber hinaus induzierte Veränderungen in der inländischen Absorption, die im allgemeinen mit Hilfe des Exportmultiplikators ermittelt werden. Schätzt man den Exportmultiplikator in der BRD auf 2, [1] so beträgt der Beitrag der Entwicklungshilfe zur Gesamtbeschäftigung der BRD etwa 1,4 %. Darin sind einerseits durch Entwicklungshilfe angeregte, aber nicht aus Entwicklungshilfeleistungen finanzierte Exporte nicht enthalten, anderseits müssen noch Aufbringungseffekte abgezogen werden, die negativ auf die Beschäftigung wirken. Insgesamt gesehen liefert die durch Entwicklungshilfe bewirkte zusätzliche Nachfrage nur einen sehr geringen Beitrag zur Gesamtbeschäftigung. Obwohl die Entwicklungshilfeleistungen der BRD eine relativ stark einkommensexpansive Auswirkung haben, können sie in der gegenwärtigen Größenordnung das Einkommens- und Beschäftigungsniveau in der BRD nicht wesentlich erhöhen.

---

1) Für das Deutsche Reich hatte Polak in der Periode 1923 - 1932 einen Exportmultiplikator von 2,48 berechnet, vgl. Polak, J.J.: An International Economic System, London 1954, S. 88 ff. Auf Grund der größeren Außenhandelsabhängigkeit der BRD erscheint dieser Wert für die BRD etwas zu hoch.

Tabelle 19 Bruttosozialprodukt, Exporte und durch Entwicklungshilfe bedingte Nachfrage in der BRD in Mrd.DM.

Jahr	196o	1961	1962	1963	1964	1965	1966	1967	1968
1. Bruttosozialprodukt (BSP)[1]	296,8	326,2	354,5	377,6	413,8	452,7	48o,8	485,1	528,8
2. Deutscher Export insgesamt[2]	48,o	51,o	53,o	58,3	64,9	71,7	8o,6	87,1	99,6
3. Deutscher Export in Entwicklungsländer[2]	1o,8	11,1	1o,4	1o,8	11,9	13,6	15,3	16,2	17,7
4. Anteil deutsch. Exporte in Entwicklungsländer am BSP (4.:1.)	3,6%	3,4%	2,9%	2,9%	2,9%	3,o%	3,2%	3,3%	3,4%
5. Gesamte Entwicklungshilfeleist. der BRD[3]	2,6	3,4	2,4	2,5	2,8	2,9	3,1	4,6	6,7
6. Unmittelbar durch Entwicklungshilfe bedingte Exporte u. sonstige Inlandsausgaben[4]	2,o	2,2	2,o	2,1	2,3	2,3	2,7	4,o	4,6
7. Anteil der durch Entwicklungshilfe bedingten Exporte am BSP (6.:1.)	o,7%	o,7%	o,6%	o,6%	o,6%	o,5%	o,6%	o,8%	o,9%

1) Statistisches Jahrbuch für die BRD 1969, Wiesbaden 1969, S. 496.
2) Vgl. Monatsberichte der Deutschen Bundesbank, 16.Jahrg., Nr.12, Dezember 1964, S. 82 f.; 18.Jahrg., Nr.12, Dezember 1966, S. 86 f.; 21.Jahrg., Nr.12, Dezember 1969, S.66. Spezialhandel, Ausfuhr nach Verbrauchsländern.
3) Gesamte Nettoleistungen, übernommen aus Tabelle 11.
4) Auf folgende Weise errechnet: Gesamte Nettoleistungen abzüglich aller öffentlicher und privater Leistungen an die Weltbank und die IDA (nach BMZ -II A/6 - O 2o95 - 16o/69) zuzüglich der Auszahlungen der Weltbank und der IDA für deutsche Lieferungen und Leistungen (nach Unterlagen des BMZ). Der so erhaltene Wert wurde mit 8o% multipliziert, wie es den Schätzungen über die primäre Verausgabung für deutsche Güter nach Tabelle 18 entspricht.

Von größerer Bedeutung für das Einkommens- und Beschäftigungsniveau sind dagegen die gesamten deutschen Exporte in Entwicklungsländer, die in den einzelnen Jahren etwa das Vier- bis Fünffache der durch Entwicklungshilfe finanzierten Exporte ausmachen. Im Vergleich zu den Gesamtexporten der BRD haben allerdings die Exporte in Entwicklungsländer, deren Anteil nicht einmal 20 % erreicht, nur eine zweitrangige Bedeutung.

III. Betrachtung der primären Aufbringungs- und Verwendungswirkungen der Entwicklungshilfeleistungen der BRD im Konjunkturverlauf

Für die Beurteilung der konjunkturellen Wirkungsweise der Entwicklungshilfeleistungen sind nicht die absoluten Größen von Bedeutung, sondern die marginalen Werte, d.h. die Veränderungen gegenüber dem Vorjahr. Im folgenden muß demnach untersucht werden, um welchen Betrag sich einerseits die Nachfrage und anderseits die Aufbringung in Zusammenhang mit den Entwicklungshilfeleistungen gegenüber dem Vorjahr verändern. Die aufgebrachten Mittel sind entsprechend den in Tabelle 17 definierten Aufbringungsintensitätsgraden 2 und 3 getrennt zu erfassen. Mittel mit einem Aufbringungsintensitätsgrad von 1 können außerhalb der Betrachtung bleiben. Als Indikator für den Konjunkturverlauf in der BRD werden die prozentualen Abweichungen vom Trend bei den Auftragseingängen der Investitionsgüterindustrie verwendet, die in etwa auch den Schwankungen der Industrieproduktion entsprechen.[1] Zur tendenziellen Bestimmung der Liquiditätslage der Volkswirtschaft wird der Diskontsatz der Deutschen Bundesbank als Richtgröße betrachtet.

Die Tabelle 20 zeigt eine weitgehende Parallelität zwischen Diskontsatzhöhe und Konjunkturschwankungen auf, wenn auch im Jahre 1966 die Diskontsatzhöhe dem Abschwung erst verzögert folgte. Im einzelnen lassen sich aus Tabelle 20 folgende konjunkturelle Wirkungen der deutschen Entwicklungshilfeleistungen entnehmen: 1961 ist gekennzeichnet durch die in der ersten Jahreshälfte begebene Entwicklungshilfeanleihe der deutschen Wirtschaft, wodurch sich der starke Anstieg der aufgebrachten Mittel vom Grad 2 ergibt. Da die Entwicklungs-

---

1) Vgl. Sachverständigenrat zur Begutachtung der gesamtwirtschaftlichen Entwicklung: Im Sog des Booms, Jahresgutachten 1969/70, Stuttgart 1969, S. 9

Tabelle 2o Veränderungen[1)] der unmittelbar durch Entwicklungshilfe bedingten Exporte der BRD und Veränderungen in der Aufbringung der Entwicklungshilfe im Konjunkturverlauf in Mrd.DM.

Unmittelbar durch Entw.-hilfe bedingte Exporte insg.:2)	–	+o,2	–o,2	+o,1	+o,2	o	+o,4	+1,3	+o,6
Aufgebr. Mittel3) Grad 2:	–	+1,o	–1,2	+o,3	+o,1	+o,4	+o,3	+o,3	+2,2
Grad 3:	–	–o,1	+o,2	–o,1	o	o	o	+o,4	o
Exportkredite (KW u.Private):	–	–o,4	–o,1	+o,2	+o,1	–o,1	+o,3	+o,8	–o,3
Kapitalh.(8o%):	–	+o,3	o	+o,1	+o,2	–o,1	+o,1	+o,1	o
Neue Dir.-Inv. (66%):	–	+o,1	o	o	o	+o,1	o	+o,1	o
Ausz.d.Weltbankgr.:4)	–	o	o	o	+o,1	+o,1	+o,1	o	o

Diskontsätze der Bundesbank5)

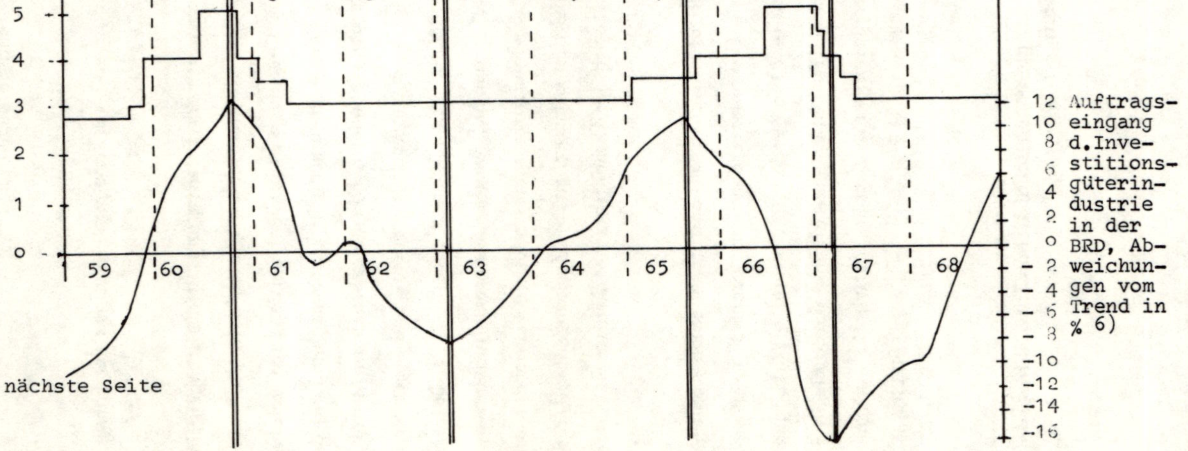

1) - 6) Siehe nächste Seite

hilfeanleihe wegen ihrer speziellen Ausgestaltung für eine Anleihe relativ restriktiv gewirkt hat,[7] kann angenommen werden, daß trotz der zusätzlichen Exporte die Entwicklungshilfe 1961 tendenziell eher konjunkturneutral gewesen ist. 1962 konnte der Rückgang der aufgebrachten Mittel vom Grad 2 keinen wesentlichen positiven Nachfrageeffekt haben, da die Bundesbank bereits eine Politik des billigen Geldes betrieb. Daher wirkte die Entwicklungshilfe sowohl von der Aufbringung als auch von der Verwendung her rezessionsverschärfend. 1963 und 1964 dürften die aufgebrachten Mittel vom Grad 2 wegen der expansiven Kreditpolitik der Bundesbank keine wesentlichen restriktiven Nachfrageeffekte hervorgerufen haben. Daher trug die Entwicklungshilfe in diesen beiden Jahren zur Beschleunigung des Aufschwungs bei. Im Jahr der Hochkonjunktur, 1965, ging von der Entwicklungshilfe eher eine leicht restriktive Tendenz aus. Die Rezessionsjahre 1966 und 1967 sind durch einen sehr starken Anstieg der zusätzlichen Nachfrage auf Grund der Entwicklungshilfe gekennzeichnet. Im Jahre 1966 wurde diese expansive Wirkung durch zusätzlich aufgebrachte Mittel vom Grad 2 infolge der sehr restriktiven Kreditpolitik gedämpft, im folgenden Jahr, verbunden mit einer expansiven Kreditpolitik, ging von der Entwicklungshilfe ein tendenziell starker Expansionseffekt aus. Der Anstieg der aufgebrachten Mittel vom Grad 3 im Jahre 1967 ergibt sich unter anderem aus dem 15%-Anteil an den privaten Exportkrediten, die in diesem Jahr eine bisher ungewöhnliche Zunahme zu verzeichnen hatten. Auch im Jahre 1968 wurde der Aufschwung von der Entwicklungs-

---

1) Veränderungen beziehen sich immer auf das vorhergehende Jahr.
2) Ermittelt nach Tabelle 19, Punkt 6.
3) Ermittelt auf der Basis der Tabelle 17. Zusätzlich wurde die Wirkung der Entwicklungshilfeanleihe der deutschen Wirtschaft von 1961 auf Grund der Bilanzen der KW berücksichtigt. Danach wurden 1961 über die Kapitalhilfe hinaus etwa 641 Mio. DM zusätzlich für US-Treasury Bills aufgebracht. In den folgenden Jahren bis 1964 vermindern sich die für die Kapitalhilfe am Kapitalmarkt aufgebrachten Mittel um den Abbau des Bestandes an US-Treasury Bills.
4) Nach Unterlagen des BMZ.
5) Deutsche Bundesbank: Geschäftsbericht für das Jahr 1969, a.a.O., S. 117.
6) Vgl. Sachverständigenrat zur Begutachtung der gesamtwirtschaftlichen Entwicklung: Im Sog des Booms, Jahresgutachten 1969/70, a.a.O., S. 9.
7) Der Nachfrageausfall im Zusammenhang mit der Aufbringung der Entwicklungshilfeanleihe wird von Schmahl als "ziemlich gering" bezeichnet, insbesondere infolge des Zinsgefälles zum Ausland hin. Vgl. Schmahl, H.J.: Einflüsse der Entwicklungshilfe auf Wirtschaftsentwicklung und Zahlungsbilanz der BRD, in: Wirtschaftsdienst, 1963, Heft 3, S. 112.

hilfe unterstützt, da die starke Zunahme der aufgebrachten Mittel vom Grad 2 wegen der expansiven Kreditpolitik keine erhebliche negative Wirkung hervorrief.

Während von 1960 bis 1964 von den Entwicklungshilfeleistungen eher eine prozyklische Tendenz ausging, hatte die Entwicklungshilfe in den Rezessionsjahren 1966 und 1967 eine stark antizyklische Wirkung. Wie hoch kann der quantitative Effekt der zusätzlichen Nachfrage auf Grund von Entwicklungshilfe in Höhe von 1,3 Mrd. während des Jahres 1967 angesehen werden? Die beiden zusätzlichen Investitionshaushalte des Bundes im Jahre 1967, die den Beitrag des Bundes zur Konjunkturbelebung darstellten, betrugen zusammen 4 Mrd. DM, von denen 1967 etwa 3,1 Mrd. ausgegeben wurden. [1] Daran gemessen erreichte die zusätzliche Nachfrage infolge von Entwicklungshilfe im Jahre 1967 immerhin 42 % der Nachfrage auf Grund der Investitionshaushalte. Berücksichtigt man die multiplikativen Einkommenswirkungen, so kann festgestellt werden, daß in der Rezession 1966/67 von den deutschen Entwicklungshilfeleistungen quantitativ wesentliche Impulse zur Wiederbelebung der konjunkturellen Lage ausgegangen sind.

Eine Aufgliederung der Hauptarten der Entwicklungshilfeleistungen in Tabelle 20 zeigt, daß der größte Teil der zusätzlichen Nachfrage sich aus dem starken Anstieg der Exportkredite 1966 und 1967 ergab. Daß sich aber die Exportkredite nicht generell antizyklisch verhalten, zeigt deren Rückgang in den Rezessionsjahren 1961 [2] und 1962. Daher kann aus den vorliegenden Zahlenreihen nicht auf eine generelle Konjunkturstabilisierungsfunktion der deutschen Entwicklungshilfeleistungen geschlossen werden. Insbesondere erscheint es auf Grund der Zahlen für die Entwicklungshilfeleistungen im Jahre 1969 [3] kaum wahrscheinlich, daß in der Boomphase 69/70 eine Verminderung der Ausgaben infolge von Entwicklungshilfeleistungen eintritt.

---

1) Vgl. Sachverständigenrat zur Begutachtung der gesamtwirtschaftlichen Entwicklung: Stabilität im Wachstum, Jahresgutachten 1967/68, Stuttgart 1967, S. 83 ff.

2) 1961 kann aber auch die neu angelaufene Kapitalhilfe zu einem Rückgang der Exportkredite beigetragen haben.

3) Nach Unterlagen des BMZ.

D. Time-lags bei der Abwicklung der deutschen bilateralen öffentlichen Entwicklungshilfe

Die BRD war in dem Zeitraum von 1960 bis 1968 mit Ausnahme der Jahre 1966/1967 durch eine tendenzielle volle Auslastung der Kapazitäten gekennzeichnet.[1] Ein permanenter Nachfragemangel lag nicht vor. Unabhängig von dem geringen Beitrag der Entwicklungshilfe zum Gesamtbeschäftigungsniveau bestand auch nicht die wirtschaftspolitische Notwendigkeit oder Zweckmäßigkeit, Entwicklungshilfe als Instrument zur Milderung einer permanenten Unterbeschäftigung in der BRD einzusetzen. Wenn Entwicklungshilfeleistungen überhaupt ein Instrument für die Steuerung von Einkommen und Beschäftigung im Geberland sein können, dann höchstens zur Abschwächung der wirtschaftspolitisch unerwünschten Konjunkturschwankungen. Entwicklungshilfeleistungen können diese Funktion - wenigstens teilweise - nur dann erfüllen, wenn sie einen Aktionsparameter für einen Hauptträger der Konjunkturpolitik darstellen und wenn eine Veränderung dieses Aktionsparameters in möglichst kurzer Zeit eine antyzyklische Wirkung hervorruft. Für die Bundesregierung, dem einen Hauptträger der Konjunkturpolitik, ist nur die bilaterale öffentliche Entwicklungshilfe, in erster Linie die Kapitalhilfe und die Technische Hilfe, ein unmittelbarer Aktionsparameter. Die Exportkredite und die privaten Direktinvestitionen können vom Staat nur durch Veränderung der Rahmenbedingungen mittelbar beeinflußt werden. Auf die Verausgabung der multilateralen Leistungen und damit auf deren konjunkturelle Wirksamkeit hat die Bundesregierung überhaupt keinen Einfluß. Entscheidend für die Beurteilung der Entwicklungshilfe als mögliches Instrument der Konjunkturstabilisierung sind damit die time-lags bei der Abwicklung der Kapitalhilfe und der Technischen Hilfe.

I. Time-lags bei der Kapitalhilfe

Das Abwicklungsverfahren bei der Kapitalhilfe hängt davon ab, ob es sich um projekt-gebundene oder um nicht-projekt-gebundene Kapitalhilfe handelt. Die projekt-gebundene Kapitalhilfe wird nach einem genau festgelegten Prüfungs- und Kontrollverfahren vergeben, das grob umris-

---

1) So schwankte die Kapazitätsauslastung in der verarbeitenden Industrie in diesem Zeitraum in etwa zwischen 85 % und 95 %. 1967 sank sie allerdings kurzfristig unter 80 %. Vgl. Sachverständigenrat zur Begutachtung der gesamtwirtschaftlichen Entwicklung: Im Sog des Booms, a.a.O., S. 8.

sen wie folgt abläuft. [1)]

(1) Antrag des Entwicklungslandes, wobei die Initiative auch von deutscher Seite beeinflußt werden kann.

(2) Prüfung des Antrags durch die beteiligten Bundesressorts.

(3) Grundsätzliche Entscheidung des interministeriellen Referentenausschusses für Kapitalhilfe, bei positivem Entscheid Erteilung eines Prüfungsauftrages an die KW.

(4) Projektprüfung an Ort und Stelle durch die KW nach gesamt- und einzelwirtschaftlichen Kriterien.

(5) Entscheidung über einen Kredit durch den interministeriellen Referentenausschuß für Kapitalhilfe auf der Grundlage des Prüfungsberichtes der KW.

(6) Abschluß des Darlehensvertrages durch die KW mit dem Empfängerland.

(7) Auszahlung des Darlehens nach Projektfortschritt unmittelbar an die Lieferanten.

(8) Kontrolle der Mittelverwendung und Überwachung der Darlehensverpflichtungen durch die KW.

Das Geberland, die BRD, hat bei der Abwicklung des Verfahrens nur im Bereich der Prüfung des Antrages einen Einfluß auf den zeitlichen Ablauf. Die Dauer des Prüfungsverfahrens, Punkt (2) bis Punkt (5), ist weitgehend von der Sache her bestimmt und kann nicht nach konjunkturpolitischen Zielsetzungen wesentlich verändert werden. Für einen normalen Prüfungsablauf kann ein Zeitraum von etwa 9 Monaten zugrunde gelegt werden. [2)] Für die Durchführung der Darlehensverhandlungen und der Auszahlungen haben weder "normale" noch durchschnittliche Zeitabschnitte eine brauchbare Aussagefähigkeit. Die Darlehensverhandlungen können innerhalb weniger Tage zum Abschluß kommen, sie können sich aber auch bei Differenzen, z.B. über die Nationalität der Transportunternehmen, unter Umständen über Jahre erstrecken. Die Auszahlungen nach Projektfortschritt hängen einerseits von der Art des Projektes ab, können sich anderseits aber auch durch unvorhergesehene Störungen im Projektfortschritt wesentlich verzögern. "Einem schnelleren Abfluß der Mittel stehen nach wie vor Verzögerungen in der Projektvorbereitung und das langsame Arbeiten der Verwaltungsapparate in den meisten Entwicklungs-

---

1) Vgl. BMZ: Deutsche Entwicklungspolitik im Jahre 1964, Bonn 1965, die letzten beiden Seiten. Eine detailliertere schematische Darstellung vgl. Engler, K.: Richtlienien für die staatliche Kapitalhilfe an Entwicklungsländer, a.a.O., S. 56.

2) Nach Auskunft der Abteilung für Kapitalhilfe der KW.

ländern entgegen." [1] In vielen Fällen erstrecken sich die Auszahlungen über mehrere Jahre. Bei den Kapitalhilfekrediten an Entwicklungsbanken betrug bisher der Zeitraum zwischen Zusage des Darlehens an die Entwicklungsbank und Auszahlung der Beträge für Vorhaben der Endkreditnehmer durchschnittlich drei Jahre. [2] Der Zeitraum zwischen der grundsätzlichen Entscheidung für eine Veränderung im Umfang der projekt-gebundenen Kapitalhilfe bis zu einer Veränderung der Ausgaben in der BRD infolge von Kapitalhilfekrediten ist viel zu groß, um die Kapitalhilfe als Instrument zur Konjunkturstabilisierung einzusetzen.

Dagegen erfolgt die Abwicklung der nicht-projekt-gebundenen Kapitalhilfe in Form der maintenance support - oder der commodity aid-Kredite in wesentlich kürzerer Zeit. Im allgemeinen kann der Zeitraum zwischen Antragsstellung und Auszahlung auf 3 bis 5 Monate geschätzt werden. [3] Bei Ländern, mit denen das Kreditverfahren bereits eingespielt ist, kann der angegebene Zeitraum noch kürzer sein. Dieser time-lag von einigen Monaten zwischen der Entscheidung über die Ausgabenänderung und Veränderung der Nachfrage auf Grund nicht-projekt-gebundener Kapitalhilfe entspricht den Anforderungen an ein Instrument zur Konjunkturstabilisierung. Zum Vergleich dazu sei auf den zusätzlichen ersten Investitionshaushalt im Jahre 1967 verwiesen, zwischen dessen Planung und endgültiger Verausgabung etwa 5 Monate vergingen. [4]

Die time-lags im Rahmen der gesamten deutschen Kapitalhilfe zwischen Rahmenzusagen der Bundesregierung (BR) und Auszahlungen sowie zwischen den Darlehensabschlüssen der KW und den Auszahlungen lassen sich in etwa der Zeichnung 5 entnehmen.

---

1) KW: 18. Jahresbericht, Geschäftsjahr 2966, a.a.O., S. 67.
2) Vgl. KW: 21. Jahresbericht, Geschäftsjahr 1969, a.a.O., S. 101.
3) Nach Angabe der Abteilung für Kapitalhilfe der KW.
4) Vgl. Sachverständigenrat zur Begutachtung des gesamtwirtschaftlichen Entwicklung. Stabilität im Wachstum, a.a.O., S. 81 und 84.

Zeichnung 5 Abwicklung der bilateralen Kapitalhilfe, kumulativ von 1960 bis 1968 in Mrd. DM [1)]

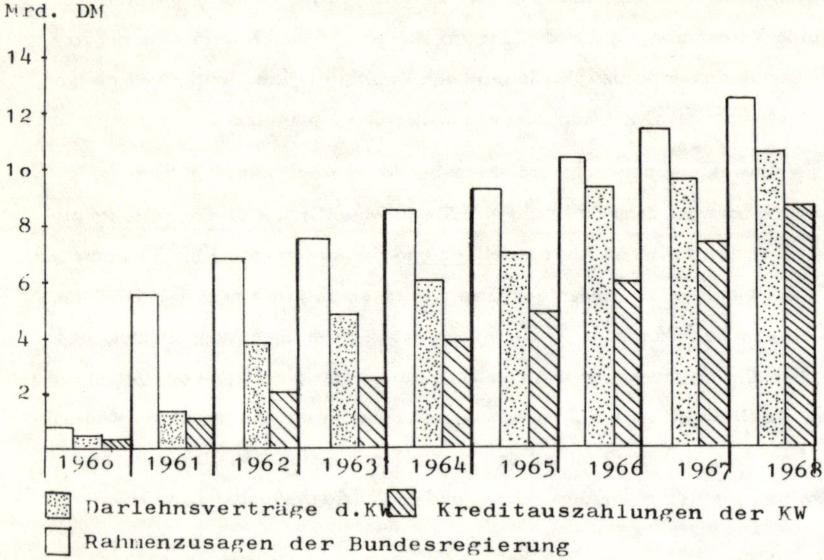

Es vergingen fünf Jahre, bis das Volumen der Rahmenzusagen von 1961 durch die kumulativen Auszahlungen übertroffen wurde. Das Volumen der Darlehensverträge wird in dem Zeitraum von 1960 - 1968 nach etwa zwei Jahren von der Summe der Auszahlungen erreicht. Die Verminderung des time-lags in den letzten Jahren ist vor allem durch die Zunahme der nicht-projektgebundenen Kapitalhilfe seit 1964 zu erklären, wodurch sich eine Beschleunigung der Auszahlungen der gesamten Kapitalhilfe ergibt. [2)]

1) Von 1960 - 1962 vgl. KW: 16. Jahresbericht, Geschäftsjahr 1964, a.a.O., S. 54, von 1963 - 1968 nach Unterlagen des BMZ.
2) Vgl. KW: 19. Jahresbericht, Geschäftsjahr 1967, a.a.O., S. 35.

II. Time-lags bei der Technischen Hilfe

Soweit es sich bei der Technischen Hilfe i.e.S. um große Ausbildungs- und Demonstrationsobjekte handelt, wird ein Prüfungsverfahren angewandt, [1] das demjenigen der projektgebundenen Kapitalhilfe weitgehend entspricht.

(1) Antrag des Entwicklungslandes.

(2) Prüfung des Antrages in Hinblick auf die Förderungswürdigkeit durch BMZ.

(3) Grundsätzliche Entscheidung des interministeriellen Referentenausschusses für Technische Hilfe, bei positivem Entscheid Erteilung des Prüfungsauftrages an die GAWI.

(4) Projektprüfung an Ort und Stelle durch die GAWI in Zusammenarbeit mit der Bundesstelle für Entwicklungshilfe.

(5) Endgültige Entscheidung durch den interministeriellen Ausschuß für Technische Hilfe auf der Grundlage des Prüfungsberichtes der GAWI.

(6) Abschluß eines Abkommens mit dem jeweiligen Entwicklungsland.

(7) Durchführung des Projektes durch die GAWI in Zusammenarbeit mit der Bundesstelle für Entwicklungshilfe nach Weisungen des BMZ.

Für das gesamte Prüfungsverfahren, Punkt (2) - (5), muß ein Zeitraum von etwa 7 - 8 Monaten angesetzt werden. [2] Die Auszahlungen für Personal und Sachgüter ziehen sich entsprechend der Durchführung des Projektes hin. Allein schon infolge dieses großen time-lags zwischen Antrag und Auszahlung scheidet die Technische Hilfe in ihrer gegenwärtigen Form als Instrument zur Konjunkturstabilisierung aus.

E. Möglichkeiten und Grenzen der Entwicklungshilfe als Instrument zur Steuerung der Konjunktur und Beschäftigung im Geberland

Dem Konzept, den Kapitalexport zur Steigerung der Beschäftigung im Geberland einzusetzen, lag ursprünglich eine tendenziell depressive Gesamtsituation des Geberlandes zugrunde.

---

1) Ablauf des Prüfungsverfahrens nach Angaben des Referenten für Technische Hilfe i.e.S. im BMZ.

2) Nach Angaben des Referenten für Technische Hilfe i.e.S. im BMZ.

Die Entwicklungshilfeleistungen können so ausgestaltet werden, daß sie grundsätzlich als Instrument im Sinne dieses Konzeptes verwendet werden können, indem eine Finanzierung ohne primären Aufbringungseffekt gewählt wird und die primäre Verausgabung im Geberland zur Bedingung gemacht wird. Diesem starken positiven Einkommenseffekt steht ein Kapazitätseffekt im Geberland von Null gegenüber. Das Beispiel der BRD hat jedoch gezeigt, daß seit Beginn der Entwicklungshilfe die Kapazitäten der Volkswirtschaft tendenziell vollbeschäftigt waren. Allgemein stellte Lundberg fest, "that most of the highly industrialized Western economies themselves have such ambitious full-employment and investment programmes that there are no 'surplus' savings left for capital exports - on the contrary, there is often a demand for capital imports." [1] Unter den gegenwärtigen wirtschaftlichen Bedingungen in den westlichen Industriestaaten ist keine permanente zusätzliche Auslandsnachfrage, z. B. auch auf Grund von Entwicklungshilfeleistungen, erforderlich, um eine zufriedenstellende Auslastung der Kapazitäten zu gewährleisten.

Dagegen treten in den westlichen Industriestaaten politisch unerwünschte, starke Konjunkturschwankungen auf, wie auch das Beispiel der BRD zeigt. Daher können Entwicklungshilfeleistungen als Instrument zur Steuerung der Konjunktur und Beschäftigung im Geberland als Instrument zur Konjunkturstabilisierung in Frage kommen. Auf Grund der bisherigen Darlegungen lassen sich die Entwicklungshilfeleistungen in mehrfacher Hinsicht an die konjunkturelle Lage des Geberlandes anpassen, erstens in der Art der Finanzierung der Mittel, zweitens in der Festlegung der primären Verausgabung und drittens in der Veränderung des Volumens der Entwicklungshilfeleistungen.

I. Antizyklische Finanzierungsform der Entwicklungshilfeleistungen

Soweit es sich um Entwicklungshilfeleistungen des Staates bzw. von staatlich beeinflußten Institutionen handelt, können die Entwicklungshilfeleistungen alternativ aus Finanzierungsquellen mit hohem negativen primären Aufbringungseffekt, z. B. aus Steuermitteln, oder aus

---

1) Lundberg, E.: International Stability and the National Economy, in: Stability and Progress in the World Economy, hrsg. von D. Hague, London 1958, S. 225.

Finanzierungsquellen ohne Aufbringungseffekt, z. B. durch Bundesbankkredite, [1] finanziert werden. So könnten während einer Rezession die Kapitalhilfe und die Technische Hilfe, nachdem entsprechende gesetzliche Voraussetzungen geschaffen sind, durch Kredite der Bundesbank finanziert werden. Die Ablösung der Bundesbankkredite müßte in der Hochkonjunktur aus zusätzlichen Steuereinnahmen erfolgen. Darüber hinaus wären neue Auszahlungen für öffentliche Entwicklungshilfeleistungen in der Hochkonjunktur möglichst ebenfalls aus Steuereinnahmen zu finanzieren.

Diese Möglichkeit der antizyklischen Finanzierungsform von öffentlichen Entwicklungshilfeleistungen gehört in den großen Komplex der antizyklischen Finanzpolitik über die Einnahmenseite, die allein schon auf Grund der Progressionswirkung des Steuersystems als das flexibelste Element der Finanzpolitik gilt. [2] Darüber hinaus wird auch von verschiedenen Regierungen die antizyklische Veränderung der Steuertarife angewandt. [3]

Soweit die Finanzierung der Entwicklungshilfeleistungen über den Kapitalmarkt erfolgt, geht von ihnen ein tendenziell antizyklischer Aufbringungseffekt aus, da die restriktive Wirkung einer Anleihe in der Hochkonjunktur stärker ausfällt als in der Rezession. [4] Diese Aussage gilt auch für private Entwicklungshilfeleistungen, die am Kapitalmarkt oder über das Geschäftsbankensystem aufgebracht werden.

II. Antizyklische Verwendungsauflagen der Entwicklungshilfeleistungen

Die kurzfristige Wirkung der Entwicklungshilfeleistungen auf die Konjunktur im Geberland hängt zu einem großen Teil davon ab, wieviel Prozent der Entwicklungshilfeleistungen unmittelbar im Geberland zur Verausgabung kommen. Wenn sich der Anteil der direkten Verausgabung im Geberland kurzfristig verändern läßt, könnten sich Ansätze für eine antizyklische Gestaltung der Entwicklungshilfe ergeben. In der Rezession müßten die Entwicklungshilfeleistungen zu 100 % an Lieferungen aus dem Geberland gebunden werden. Diese

---

1) Dieses würde eine entsprechende Änderung des Bundesbankgesetzes voraussetzen.
2) Vgl. Sachverständigenrat zur Begutachtung der gesamtwirtschaftlichen Entwicklung, Jahresgutachten 1969/70, Im Sog des Booms, a.a.O., Textziffern 121, 125 ff.
3) Vgl. z. B. die steuerlichen Maßnahmen der Bundesregierung vom Juni 1970.
4) Vgl. Abschnitt B I 112.23.

Art der Lieferbindung läßt sich nur auf die öffentlichen Leistungen anwenden, wenn man von der Möglichkeit einer staatlichen Regulierung des privaten Kapitalverkehrs absieht. Da aber z. B. in der BRD bei der Technischen Hilfe die Ausgaben in Drittländern keine nennenwerte Rolle spielen und auf die Drittländer bei der Kapitalhilfe nur 10 % der Ausgaben entfallen, können von einer 100%igen Lieferbindung in Rezessionszeiten keine wesentlichen quantitativen positiven Einkommenswirkungen ausgehen.

In der Hochkonjunktur müßten die Entwicklungshilfeleistungen ohne Lieferbindung oder besser noch mit der Auflage vergeben werden, dafür möglichst nur Güter in Drittländern zu kaufen. Bei dem ähnlich gelagerten Zahlungsbilanzproblem wird vom DAC-Ausschuß vermerkt: "Vorteilhaft wäre es ferner, wenn die Länder mit starker Zahlungsbilanzposition den Anteil ihrer nicht gebundenen Hilfe erhöhen und ... wenn sie es zur Auflage machten, daß die im Rahmen der Entwicklungshilfe bereitgestellten Beträge zum Kauf von Gütern in Drittländern verwendet werden müssen." [1] Die Bindung an Lieferungen aus Drittländern läßt sich in den Geberländern politisch kaum durchsetzen, [2] das gilt um so mehr, wenn es sich um Zuschüsse handelt. Bei der langfristig angelegten projekt-gebundenen Kapitalhilfe ist es oft technisch nicht möglich und auch den Empfängerländern nicht zumutbar, die Lieferfirmen nach konjunkturellen Aspekten auszuwechseln. Die negative Lieferbindung könnte allenfalls bei den commodity aid-Krediten anwendbar sein. Aber auch dann muß noch im Geberland die nicht selbstverständliche Konstellation einer Hochkonjunktur bei Zahlungsbilanzüberschuß vorherrschen. Bei der Technischen Hilfe mit ihren vorwiegend nationalen Demonstrationsprojekten kommt eine negative Lieferbindung nicht in Frage.

Lediglich der Abbau der formellen Lieferbindung ist sowohl in seinen zeitlichen als auch quantitativen Auswirkungen zu ungewiß, als daß er zur Konjunkturstabilisierung beitragen könnte. Aber selbst wenn es gelingt, durch eine Veränderung der Verwendungsauflagen teilweise die unmittelbare Verausgabung der Entwicklungshilfeleistungen in Drittländern zu verlagern, läßt sich nicht sicherstellen, daß diese Gelder nicht in einem konjunkturell unerwünschten Zeitpunkt in das ursprüngliche Geberland zurückströmen. Eine Veränderung der

---

1) OECD: Entwicklungshilfe, Politik und Leistungen, DAC-Jahresprüfung 1967, Paris 1967, S. 170.

2) Vgl. z.B. den Widerstand der Interessenverbände gegen die relativ geringe Lieferbindung der deutschen Entwicklungshilfe, Müller, P.: Zum Problem der Mittelbindung in der Entwicklungshilfe, a.a.O., S. 297.

Verwendungsauflagen von Entwicklungshilfeleistungen stellt kaum ein brauchbares Instrument zur Stabilisierung der Konjunktur im Geberland dar.

III. Antizyklische Veränderung des Volumens der Entwicklungshilfeleistungen

Zwischen einer Veränderung im Volumen der Entwicklungshilfeleistungen und der Veränderung des Einkommens und der Beschäftigung im Geberland besteht dann eine positive Korrelation, wenn der negative primäre Aufbringungseffekt klein und der positive primäre Verwendungseffekt groß ist. Einerseits kann sich aus der Veränderung der wirtschaftlichen Bedingungen im Konjunkturablauf eine Veränderung in dem Volumen der Entwicklungshilfe automatisch ergeben, vornehmlich bei den privaten Leistungen, anderseits kann die quantitative Veränderung der Entwicklungshilfe Gegenstand aktiver staatlicher stabilisierender Konjunkturpolitik sein. Am Beispiel der BRD ließ sich kein allgemeiner antizyklischer privater Kapitalexport in Entwicklungsländer nachweisen. Mehrere Autoren haben für die Industrieländer darauf hingewiesen, daß "die privaten Kapitalexporte in der Regel gerade nicht antizyklisch reagieren." [1] Damit kann der privaten Entwicklungshilfe nicht die Funktion eines automatischen Konjunkturstabilisators zugeschrieben werden.

Es bleibt zu prüfen, ob die Veränderung des Volumens der Entwicklungshilfeleistungen als Instrument einer aktiven staatlichen Konjunkturpolitik geeignet ist. Im Rahmen der öffentlichen Leistungen kann der Staat direkt die Ausgaben für Entwicklungshilfe bestimmen, der Umfang der privaten Leistungen läßt sich durch Veränderungen der staatlichen Rahmenbedingungen zum Teil indirekt steuern.

Verschiedentlich wird die Bedeutung des Kapitalexports zum Ausgleich eines Zahlungsbilanzüberschusses und zur Dämpfung der inländischen Nachfrage hervorgehoben. [2] Dieses setzt jedoch voraus, daß der Kapitalexport nicht direkt oder indirekt zu zusätzlicher Nachfrage nach Export-

---

1) Lorenz, D.: Entwicklungshilfe und Konjunkturstabilisierung, in: Konjunkturelle Stabilität als wirtschaftspolitische Aufgabe, hrsg. von G. Zeitel u. J. Pahlke, Tübingen 1962, S.146; vgl. auch Titzrath, A.: Wirkungen internationaler Kapitalbewegungen auf Einkommen und Beschäftigung, Diss. Köln 1959, S. 192.

2) Vgl. Emminger, O.: Kapitalexport als Mittel zum Ausgleich der Zahlungsbilanz, in: Zeitschrift für das gesamte Kreditwesen, 1959, Heft 18, S. 814 ff.

gütern des Geberlandes führt, welches unter bestimmten Bedingungen zu Recht angenommen werden kann.[1] Soweit es sich jedoch um Kapitalexport nach Entwicklungsländern handelt, muß auf Grund der vorangegangenen Darlegungen davon ausgegangen werden, daß es zum überwiegenden Teil zu zusätzlichen Exporten des Geberlandes kommt.[2] Eine Ausweitung der Entwicklungshilfeleistung kann daher im allgemeinen höchstens konjunkturneutral sein, wenn ein negativer primärer Aufbringungseffekt in etwa voller Höhe eintritt. In der Regel wirkt eine Ausweitung der Entwicklungshilfe jedoch eindeutig expansiv.

Eine kurzfristige Steigerung der öffentlichen Leistungen in der Rezession ist nur soweit möglich, wie die öffentlichen Leistungen nicht an Projekte gebunden sind, d. h. vor allem Maintenance-support - und Commodity-aid-Hilfen. Eine starke Zunahme der Entwicklungshilfe setzt allerdings eine entsprechende Bereitschaft zur erhöhten Aufnahme des Kapitals durch Entwicklungsländer voraus, die vom Kapitalbedarf her zwar grundsätzlich gegeben ist,[3] tatsächlich aber infolge der angespannten Devisenlage von den Konditionen der öffentlichen Leistungen abhängt. Öffentliche Entwicklungshilfeleistungen können dann zur Überwindung einer Rezession beitragen, wenn sie unter sehr günstigen Kreditbedingungen oder als Geschenke gewährt werden, ohne an ein Projekt mit bankmäßiger Prüfung und Abwicklung gebunden zu sein.[4]

Um außerdem die privaten Entwicklungshilfeleistungen zu forcieren, könnten z.B. zeitlich begrenzte Finanzierungshilfen und Steuersubventionen gewährt werden. Wenn diese Förderungsmaßnahmen großzügig ausgestaltet sind, dürfte sich noch im konjunkturell relevanten Zeitraum eine merkliche Steigerung der privaten Leistungen ergeben. Entsprechend müßten in der Hochkonjunktur die öffentlichen Leistungen eingeschränkt und die Förderungsmaßnahmen abgebaut werden.

Gegen diese antizyklische Veränderung im Volumen der Entwicklungshilfe, die für einen Teil der Leistungen praktikabel erscheint, sind sowohl aus der Sicht der Geberländer als auch aus

---

1) Ebenda.
2) Vgl. auch Helmstädter, E.: Kapitalexport nach Entwicklungsländern, Ein Mittel für Zahlungsbilanzausgleich und Konjunkturdämpfung ?, in: Entwicklungsländer, 1960, Heft 6, S. 187 und 189 f.
3) Vgl. Kraus, W.: Entwicklung der Wirtschaft, in: Entwicklungspolitik, Handbuch und Lexikon, a.a.O., S. 502 ff.
4) Vgl. dazu Kapitel D, in dem die großen time-lags bei der projekt-gebundenen Kapitalhilfe und bei der Technischen Hilfe aufgezeigt werden.

der Sicht der Empfängerländer schwerwiegende Bedenken erhoben worden. Der allgemeine Kritikpunkt der zu großen Schwerfälligkeit [1] trifft für diesen Teil der Entwicklungshilfeleistungen nicht mehr zu als auch für andere Instrumente der Konjunkturpolitik. Für eine konjunkturell beachtliche Veränderung im Ausmaß der öffentlichen Leistungen ergeben sich jedoch erhebliche politische Schwierigkeiten. Einerseits sieht die Öffentlichkeit im Geberland die große Ausweitung der "Geschenke" an Entwicklungsländer vor allem in einer ausgeprägten Rezession nicht unbedingt als sinnvoll und zweckmäßig an, anderseits kann eine einmal erweiterte Entwicklungshilfe nur schwer ohne außenpolitischen Schaden gegenüber den Entwicklungsländern rückgängig gemacht werden. [2] Durch letzteres werden dann die Inflationstendenzen in der folgenden Hochkonjunktur verschärft. Dagegen haben binnenwirtschaftliche Instrumente der Einkommenssteuerung, die die gleichen Einkommenswirkungen wie der Kapitalexport in die Entwicklungsländer aufweisen, [3] eine größere Reversibilität. Außerdem haben binnenwirtschaftliche Beschäftigungsprogramme den Vorteil, daß sie die inländische Wohlfahrt durch die Errichtung gesellschaftlich nutzbringender Projekte unmittelbar erhöhen. [4]

Aus der Sicht der Empfängerländer ist ein starker Anstieg der Entwicklungshilfeleistungen zu günstigen Bedingungen sehr zu begrüßen. Damit jedoch ein zufriedenstellender stetiger Wachstumprozeß in den Entwicklungsländern zustandekommt, ist neben einem möglichst großen auch ein beständiger Kapitalfluß erforderlich, der in die von Natur aus langfristige Entwicklungsplanung einbezogen werden kann. [5] Ständige starke Veränderungen der Entwicklungshilfeleistungen entsprechend den konjunkturellen Schwankungen können erhebliche Störungen des Wachstums in den nur unzureichend mit Kapital ausgestatteten Entwicklungsländern hervorrufen.

Die Konsequenz aller dieser Einwände wäre ein Verzicht auf jegliche konjunkturelle Verände-

---

1) Vgl. Schmahl, H.J.: Einflüsse der Entwicklungshilfe auf Wirtschaftsentwicklung und Zahlungsbilanz der BRD, a.a.O., S. 116, wobei allerdings auch gleichzeitig auf politische Schwierigkeiten hingewiesen wird.
2) Vgl. Guth, W.: Der Kapitalexport in unterentwickelte Länder, a.a.O., S. 48 f.
3) Vgl. Lerner, A.P.: Economics of Employment, London 1951, S. 326 ff.
4) Vgl. Hinshaw, R.: Foreign Investment and American Employment, a.a.O., S. 664.
5) UN: National and International Measures for Full Employment, Report by a Group of Experts appointed by the Secretary-General, New York 1949, S. 90 ff.

rung der staatlichen und staatlich regulierten Entwicklungshilfeleistungen.

Die Konjunktur müßte ausschließlich durch binnenwirtschaftliche Instrumente stabilisiert werden, während die staatlichen Entwicklungshilfeleistungen unabhängig davon konstant gehalten bzw. entsprechend einem langfristigen Trend gesteigert würden. Von mehreren Autoren wird einer vom Konjunkturverlauf unabhängigen Kapitalhilfe bereits eine stabilisierende Funktion im Geberland beigemessen. Die Kapitalhilfe "würde einen stabilen Kern bilden, der unbeeinflußt von den Schwankungen der wirtschaftlichen Aktivität dadurch stabilisierend wirkt, daß kumulative Prozesse nach unten unterbrochen und solche nach oben nicht verstärkt werden." [1] Diese Funktion kann die Kapitalhilfe, selbst bei einer so stark außenhandelsorientierten Volkswirtschaft wie der der BRD, auf Grund ihrer geringen quantitativen Größenordnung in bezug auf die gesamtwirtschaftliche Nachfrage nicht erfüllen. Sie kann jedoch bei einzelnen Exportindustrien eine gewisse stabilisierende Wirkung haben. [2]

Es bleibt aber die Tatsache bestehen, daß die Industrieländer in der Rezession eher bereit sind, ihre öffentlichen Entwicklungshilfeleistungen zu erhöhen als in Zeiten der Hochkonjunktur, wenn versucht wird, alle binnenmarktwirksamen Ausgaben möglichst einzuschränken. [3] Um diese größere Bereitschaft auf Seiten der Industrieländer zur verstärkten Entwicklungshilfe in Rezessionszeiten zusätzlich für die Entwicklungsländer auszunutzen, erscheint der Vorschlag Staleys, [4] auf den Lorenz hinweist, [5] beachtenswert. Die gesamte Entwicklungshilfe soll sich zusammensetzen aus einem Grundprogramm, das unabhängig von der Konjunkturlage erfolgt, und einem Zusatzprogramm, das bei verminderter Ausnutzung der Kapazitäten in den Industrieländern zur Anwendung kommt.

Unter dem Gesichtspunkt des eigentlichen Zieles der Entwicklungshilfe, der Förderung eines

---

1) Lorenz, D.: Entwicklungshilfe und Konjunkturstabilisierung, a.a.O., S. 148, vgl. auch: Guth, W.: Der Kapitalexport in unterentwickelte Länder, a.a.O., S. 50; Schmahl, H.J.: Einflüsse der Entwicklungshilfe auf Wirtschaftsentwicklung und Zahlungsbilanz der BRD, a.a.O., S. 116.
2) Hierauf weist insbesondere hin: Guth, W.: Kapitalexport in unterentwickelte Länder, a.a.O., S. 50.
3) Vgl. BMZ: Deutsche Entwicklungspolitik im Jahre 1968, a.a.O., S. 17 f.
4) Vgl. Staley, E.: World Economic Development, Montreal 1944, Kapital VI und VII.
5) Lorenz, D.: Konjunkturelle Stabilität als wirtschaftspolitische Aufgabe, a. a. O., S. 147.

nachhaltigen Wachstums in den Entwicklungsländern, muß der quantitativ größte Teil der Entwicklungshilfeleistungen unabhängig von den konjunkturellen Schwankungen im Geberland erfolgen. Da die Kapazitäten der Industrieländer auch ohne Entwicklungshilfe weitgehend tendenziell ausgelastet sind, muß die Finanzierung der konjunkturunabhängigen Entwicklungshilfeleistungen so erfolgen, daß die Inlandsausgaben entsprechend vermindert werden. Der Kern der Entwicklungshilfeleistungen muß durch Sparen oder durch Steuern (bzw. durch Konsumeinschränkung) finanziert werden, andernfalls wird die Entwicklungshilfe zu einem permanenten zusätzlichen Inflationsherd. Daneben können in der Rezession bestimmte Arten von Entwicklungshilfeleistungen verstärkt gegeben werden, wobei die Finanzierung im Wege der Geldschöpfung erfolgen kann. Diese zusätzlichen Leistungen müssen auf den für den Entwicklungsprozeß dringenden Bedarf der Empfängerländer abgestimmt sein. Um zu verhindern, daß die zusätzlichen Leistungen in der nachfolgenden Hochkonjunktur inflatorisch wirken, müssen sie von vornherein zeitlich begrenzt werden und, wenn sich die Konjunktur langsamer als erwartet erholt, auch verlängert werden können. Beschleunigt sich die konjunkturelle Entwicklung wider Erwarten schnell oder will das Industrieland aus bestimmten Gründen das in der Rezession erreichte Volumen der Entwicklungshilfe beibehalten, so muß an die Stelle der Finanzierung durch Geldschöpfung eine Finanzierung durch Sparen oder durch Steuern treten. Unter diesen Bedingungen können Entwicklungshilfeleistungen in begrenztem Umfang mit zur Überwindung einer Rezession beitragen, ohne daß der Entwicklungsprozeß in den Entwicklungsländern durch einen abrupten Rückgang der Entwicklungshilfeleistungen infolge der sich anbahnenden Hochkonjunktur im Geberland beeinträchtigt wird. Eine gewisse Inflationsgefahr im Geberland bleibt aber immer bestehen, da die Regierungen in den Industrieländern vor Beginn der Hochkonjunktur nicht immer konsequent genug sind, entweder die zusätzlichen Leistungen zu kürzen oder die Finanzierung zu ändern. Das gleiche Problem besteht aber auch bei dem gesamten Komplex der Finanzpolitik, die eine Hochkonjunktursteuerung auch über die Ausgabenseite betreibt.

Die allgemeinen theoretischen Betrachtungen über den Zusammenhang zwischen Entwicklungshilfeleistungen und Einkommensentwicklung im Geberland ließen grundsätzlich Entwicklungshilfeleistungen mit ihren sehr verschiedenartigen Finanzierungs- und Verwendungsformen als Instrument zur Konjunktursteuerung im Geberland als nicht ungeeignet erscheinen. Die Ausführungen in den letzten beiden Kapiteln haben jedoch die sehr begrenzten Einsatzmöglichkeiten der Entwicklungshilfe zur Konjunktursteuerung im Geberland deutlich gemacht.

Mathematisches Ergänzungsblatt 1 zu S. 138.

Unter der Annahme eines kontinuierlichen, primären Einkommenseffektes von ΔN_A und ΔN_B auf Grund eines sich dauernd wiederholenden Transfers von A nach B gelten in den beiden Ländern die Gleichgewichtsbedingungen:

$$\Delta N = \Delta S + \Delta M - \Delta X$$

$$\Delta N_A = s_A \Delta Y_{A_{n \Rightarrow \infty}} + m_A \Delta Y_{A_{n \Rightarrow \infty}} - m_B \Delta Y_{B_{n \Rightarrow \infty}}$$

$$\Delta Y_{A_{n \Rightarrow \infty}} (s_A + m_A) = \Delta N_A + m_B \Delta Y_{B_{n \Rightarrow \infty}}$$

$$\Delta N_B = s_B \Delta Y_{B_{n \Rightarrow \infty}} + m_B \Delta Y_{B_{n \Rightarrow \infty}} \quad \cancel{- m_A \Delta Y_{A_{n \Rightarrow \infty}}}$$

entfällt wegen mangelnder Rückwirkung

$$\Delta Y_{B_{n \Rightarrow \infty}} = \frac{1}{s_B + m_B} \Delta N_B$$

$\Delta Y_{B_{n \Rightarrow \infty}}$ wird in die Gleichung von $\Delta Y_{A_{n \Rightarrow \infty}}$ eingesetzt, wodurch sich nach einer Umformung ergibt:

$$\Delta Y_{A_{n \Rightarrow \infty}} = \frac{m_B \Delta N_B + (s_B + m_B) \Delta N_A}{(s_A + m_A)(s_B + m_B)}$$ 1)

bzw. bei einer einmaligen Transferzahlung:

$$\sum_{n=1}^{\infty} \Delta Y_{A_n} = \Delta Y_{A_{n \Rightarrow \infty}}$$

$$\sum_{n=1}^{\infty} \Delta Y_{A_n} = \frac{m_B \Delta N_B + (s_B + m_B) \Delta N_A}{(s_A + m_A)(s_B + m_B)}$$

---

1) Entspricht Formel (9).

Mathematisches Ergänzungsblatt 2 zu S. 141.

Unter der Annahme eines kontinuierlichen, primären Einkommenseffektes von ΔN_A und ΔN_B auf Grund eines sich dauernd wiederholenden Transfers von A nach B gelten in den beiden Ländern die Gleichgewichtsbedingungen:

$$\Delta N = \Delta S + \Delta M - \Delta X$$

$$\Delta N_A = s_A \Delta Y_{A_{n=}} + m_A \Delta Y_{A_{n \rightarrow \infty}} - m_{B,A} \Delta Y_{B_{n \rightarrow \infty}}$$

$m_{B,A}$ gibt die Grenzneigung von B zum Import aus A an.

$$\Delta Y_{A_{n \rightarrow \infty}} (s_A + m_A) = \Delta N_A + m_{B,A} \Delta Y_{B_{n \rightarrow \infty}}$$

Die Einkommensentwicklung in B unter Vernachlässigung internationaler Rückwirkungen ist:

$$\Delta Y_{B_{n \rightarrow \infty}} = \frac{1}{s_B + m_B} \Delta N_B = \frac{1}{s_B + m_{B,A} + m_{B,R}} \Delta N_B$$

$m_{B,R}$ entspricht der Grenzneigung von B zum Import aus dem Rest (außer A) der Welt.

Durch Einsetzen von $\Delta Y_{B_{n \rightarrow \infty}}$ in die Gleichung für $\Delta Y_{A_{n \rightarrow \infty}}$ ergibt sich nach einer Umformung:

$$\Delta Y_{A_{n \rightarrow \infty}} = \frac{m_{B,A} \Delta N_B + (s_B + m_{B,A} + m_{B,R}) \Delta N_A}{(s_A + m_A)(s_B + m_{B,A} + m_{B,R})}$$ [1)]

Dieses entspricht auch der Gesamtheit der Einkommensänderung in Land A nach unendlich vielen Perioden bei einer einmaligen Transferzahlung:

$$\sum_{n=1}^{\infty} \Delta Y_{A_n} = \Delta Y_{A_{n \rightarrow \infty}}$$

---

1) Entspricht Formel (10)

LITERATURVERZEICHNIS

Ackley, G.: The Multiplier Time Period: Money, Inventories, and Flexibility, in: American Economic Review, Bd. 41, 1951

Albers, W.: Subventionen, in: Staatslexikon, Freiburg 1962, Bd.7

Angell, J.W.: Theory of International Prices, London 1926

Baumann, W.: Die Entwicklungsanleihe der deutschen Wirtschaft, in: Entwicklungsländer, 1962, Heft 6

Baumberger, H.B.: Möglichkeiten eines inflationsfreien Wirtschaftswachstums in Entwicklungsländern, Diss. St. Gallen, Zürich 1968

Behrendt, R.F.: Ziele der Entwicklungshilfe, in: Handbuch der Entwicklungspolitik, hrsg. von H. Besters und E.Boesch, Stuttgart und Berlin 1966

Besters, H.: Theorien zur wirtschaftlichen Entwicklung, in: Entwicklungspolitik, Handbuch und Lexikon, hrsg. von H. Besters und E.E. Boesch, Stuttgart und Berlin 1966

Billerbeck, K.: Reform der Entwicklungshilfe, Hamburg 1961

Bombach, G.: Wirtschaftswachstum, in: Hd SW, Bd. 12, Tübingen 1965

Break, G.F.: Income Tax and Incentives to Work: An Empirical Study, in: American Economic Review, Bd.47, 1957

Buchanan, N.S.: International Investment and Domestic Welfare, New York 1945

Buchanan, N.S. u. Lutz, F.A.: Rebuildung the World Economy, New York 1947

Bundeshaushaltspläne 1961 bis 1968

Bundesministerium für wirtschaftliche Zusammenarbeit (BMZ): Die Entwicklungspolitik der BRD im Jahre ..., jährliche Memoranden der Bundesregierung zur DAC-Jahresprüfung von 1964 - 1968.

Bundesministerium für wirtschaftliche Zusammenarbeit: Intercop 68, Entwicklungshilfe - eine Politik für die Zukunft, Bonn o.J.

Bundesministerium für wirtschaftliche Zusammenarbeit (BMZ): Verschiedene unveröffentlichte Unterlagen

Bundesregierung der BRD: Bericht der Bundesregierung an den Deutschen Bundestag über die Auswirkungen des Entwicklungshilfe-Steuergesetzes, Bundestagsdrucksache, V 1257

Bundesrepublik Deutschland, Kreditanstalt für Wiederaufbau: Vertrag zur Durchführung der bilateralen Kapitalhilfe an Entwicklungsländer - Generalvertrag, Bonn und Frankfurt 1966

Cairncross, A.K.: Home and Foreign Investment 1870 - 1913, Cambridge 1953

Chang, T.C.: Cyclical Movements in the Balance of Payments, Cambridge 1957

Chenery, H.B. u. Kretschmer, K.S.: Resource Allocation for Economic Development,in: Econometrica, Bd. 18, 1950

Chiang, A.C.: The "Demonstration Effect" in a Dual Economy, in: American Journal of Economics and Soziology, Bd.18, 1958/59, wiederabgedr.in: Konsum und Nachfrage, hrsg. von E. und M. Streissler, Köln 1966

Colm, G.: Volkswirtschaftliche Theorie der Staatsausgaben, Tübingen 1927

Dalton, H.: Priziples of Public Finance, 14. Auflage, London 1945

Deutsche Bundesbank: Die deutschen Direktinvestitionen im Ausland, in: Monatsbericht 12, 1965

Deutsche Bundesbank: Geschäftsberichte für die Jahre 1960 bis 1969, Frankfurt a. M. 1961 bis 1970.

Deutsche Bundesbank: Monatsberichte, 16. Jahrg., Nr. 12, Dezember 1964; 18. Jahrg., Nr. 12, Dezember 1966; 21. Jahrgang, Nr. 12, Dezember 1969

Dietzel, H.: Bedeutet Export von Produktionsmitteln volkswirtschaftlicher Selbstmord?, Berlin 1907

Domar, E.D.: The Effects of Foreign Investment on the Balance of Payments, in: American Economic Review, Bd. 40, 1950

Duesenberry, J.S.: Income-Consumption Relations and their Implications, in: Income, Employment and Public Policy, New York 1948

Ebeling, J.: Bericht über die Durchführung des Abkommens zwischen der BRD und dem Staate Israel vom 10.9.1952, hrsg. vom Bundesministerium für Wirtschaft (BMW), Bonn 1966

Eckhaus, R.S.: Factor-Proportions Problem in underdeveloped Areas, in: The Economics of Underdevelopment, hrsg. von A.N. Agarwala u. S.P. Singh, London 1968

Emminger, O.: Kapitalexport als Mittel zum Ausgleich der Zahlungsbilanz, in: Zeitschrift für das gesamte Kreditwesen, 12. Jg. 1959, Heft 18

Engler, K.: Richtlinien für die staatliche Kapitalhilfe an Entwicklungsländer, Reihe über Probleme der Entwicklungsländer, Bd. 3, Köln 1965

Fischer, F.M.: Diskussionsbeitrag, in: Annalen der Gemeinwirtschaft, 1963.

Föhl, C.: Das Steuerparadoxon, in: Finanzarchiv, NF, Bd.17, 1956/57

Furth, J.H.: Theorie und Politik der wirtschaftlichen Auslandshilfe, in: Handbuch der Finanzwissenschaft, 2. Aufl., hrsg. von W. Gerloff u. F. Neumark, Tübingen 1965, Bd. 4

Gäfgen, G.: Einordnung der Entwicklungshilfe in die Politik der Geberländer, in: Entwicklungspolitik, Handbuch und Lexikon, hrsg. von H. Besters u. E.E. Boesch, Stuttgart und Berlin 1966

Giersch, H.: Akzelerationsprinzip und Importneigung, in: Weltwirtschaftliches Archiv, Bd. 70, 1953 I

Goltz, H.: Förderung privater Kapitalanlagen (Direktinvestitionen) in Entwicklungsländern, Sonderdruck Nr. 2 aus dem Jahrbuch des Deutschen Unternehmers 1968/69, o.J.

Greulich, H.: Die Kreditversicherung, Frankfurt a.M. 1967

Guth, W.: Zum Rückzahlungsproblem der Entwicklungsländer, Ansatzpunkte für eine realistischere Entwicklungspolitik, in: Jahrbücher für Nationalökonomie und Statistik, Bd. 178, 1965

Guth, W.: Der Kapitalexport in unterentwickelte Länder, Tübingen 1957

Haberler, G.: Bemerkungen zum gegenwärtigen Stand der Konjunkturtheorie, in: Kyklos, Bd. 5, 1951/52, wiederabgedruckt in: Konjunktur- und Beschäftigungstheorie, hrsg. von W. Weber und H. Neis, Köln 1967

Haberler, G.: Der internationale Handel, Berlin 1933

Haller, H.: Finanzpolitik, 4. Aufl., Tübingen 1968

Hankel, W.: Die deutsche Entwicklungshilfe, in: Handbuch der Finanzwissenschaft, Bd. 4, Tübingen 1965

Hankel, W.: Erfahrungen mit der deutschen Kapitalhilfe, in: Aktuelle Fragen der Weltwirtschaft, hrsg. von A. Predöhl, Hamburg 1967

Hansmeyer, K.H.: Der öffentliche Kredit, Frankfurt a. M. 1965

Hart, A.G. u. Brown, E.C.: Financing Defense. Federal Tax and Expenditure Policies. A Study for the Twentieth Century Fund, New York 1951

Heinemann, H.J.: Wirtschaftswachstum und Entwicklungshilfe - dargestellt an einem Harrod-Daomar-Modell, in: Zeitschrift für Nationalökonomie, Bd. 23, 1964

Heller, W.: The Anatomy of Investment Decisions, in: Harward Business Review, März 1951

Helmstädter, E.: Was ist Entwicklungshilfe?, in: Entwicklungsländer, 1960, Heft 3

Helmstädter, E.: Kapitalexport nach Entwicklungsländern, ein Mittel für Zahlungsbilanzausgleich und Konjunkturdämpfung?, in: Entwicklungsländer, 1960, Heft 6

Hesse, H.: Die Industrialisierung der Entwicklungsländer, in ihren Auswirkungen auf den internationalen Handel, in: Gestaltungsprobleme der Weltwirtschaft, Festschrift für A. Predöhl, hrsg. v. H. Jürgensen, Göttingen 1964

Hessler, H.-D.: Die Wirkungen staatlicher Anleihen auf die monetäre Struktur der Volkswirtschaft, Dissertation Köln 1965

Hicks, J.R.: A Contribution to the Theory of Trade Cycle, Oxford 1950

Hicks, J.R.: Value of Capital. An Inquiry into some Fundamental Principles of Economic Theory, Oxford 1939

Hinshaw, R.: Foreign Investment and American Employment, in: American Economic Review, Bd. 36, 1946

Hirschmann, A.O.: The Strategy of Economic Development, 9. Aufl., New Haven 1965

Hobson, C.: The Export of Capital, London 1914

Holzmann, F.D. u. Zellner, A.: The Foreign - Trade and Balanced - Budget Multipliers, in: The American Economic Review, Bd. 48, 1958

Iversen, C.: International Capital Movements, London u. Kopenhagen 1935

Jochimsen, R.: Dualismus als Problem der wirtschaftlichen Entwicklung, in: Weltwirtschaftliches Archiv, Bd. 95, 1965, wiederabgedruckt in: Entwicklungsländer, hrsg. von B. Fritsch, Köln 1968

Joerges, H. u. Schleiminger, G.: Internationaler Währungsfonds, Weltbank,IFC, IDA, Frankfurt a. M. 1965

Johnson, H.G.: Economic Development and International Trade, in: Money, Trade an Economic Growth, London 1964

Johnson, H.G.: The Transfer Problem and Exchange Stability, in: Journal of Political Economy, Bd. 64, 1956

Junghans, K.H.: Das landwirtschaftliche Hinterland Rourkelas, in: Indo Asia Heft 1, 1968

Jürgensen, H.: Die Funktionen des Kapitalimports für Entwicklungsländer, in: Schriften des Vereins für Sozialpolitik, N.F. Bd. 16, 1959

Keynes, J.M.: Allgemeine Theorie der Beschäftigung, des Zinses und des Geldes, München 1936

Keynes, J.M.: The German Transfer Problem, in: Economic Journal, Bd. 39, 1929, wiederabgedruckt in: Readings in the Theory of International Trade, London 1950.

Kimmel, L.H.: Taxes and Economic Incentives, Washington 1950

Kindelberger, C.P.: Economic Development, 2. Aufl., New York 1965

Kindelberger, C.P.: International Economics, 3.ed., Homewood, Illinois 1963

Körner, H.: Industrie und Landwirtschaft im Prozeß der wirtschaftlichen Entwicklung, in: Jahrbuch für Sozialwissenschaft, Bd. 17, 1966, wiederabgedruckt in: Entwicklungsländer, hrsg. von B. Fritsch, Köln 1968

Koulis, J.: Die öffentlichen Ausgaben als volkswirtschaftliche Erscheinung, Frankfurt a. M. 1948

Kraus, W.: Entwicklung der Wirtschaft, in: Entwicklungspolitik, Handbuch und Lexikon, hrsg. von H. Besters und E.E. Boesch, Stuttgart und Berlin 1966

Kreditanstalt für Wiederaufbau (KW): 12. bis 21. Jahresbericht für die Geschäftsjahre 1960 bis 1969, Frankfurt a. M. 1961 bis 1970

Kruse, A.: Außenwirtschaft, Die internationalen Wirtschaftsbeziehungen, Berlin 1958

Kruse, A.: Internationaler Kredit und Kapitalverkehr und der Ausgleich der Zahlungsbilanzen, Berlin 1961

Küng, E.: Die Selbstregulierung der Zahlungsbilanz, St.Gallen 1948

Küng, E.: Zahlungsbilanzpolitik, Zürich und Tübingen 1959

Lary, H.B.: Domestic Effects of Foreign Investment, in: American Economic Review, Papers and Proceedings, Bd.36, 1946

Laursen, S. u. Metzler, L.A.: Flexible Exchange Rates and the Theory of Employment, in: Review of Economics and Statistics, Bd. 32, 1950

Lerner, A.P.: Economics of Employment, London 1951

Leibenstein, H.: Economic Backwardness and Economic Growth, New York 1957

Lewis, A.W.: Economic Development with Unlimited Supplies of Labour, in: The Economics of Underdevelopment, hrsg. von A.N. Agarwala u. S.P. Singh, London 1958

Lewis, W.A.: Die Theorie des wirtschaftlichen Wachstums, Tübingen 1956

Lorenz, D.: Entwicklungshilfe und Konjunkturstabilisierung, in: Konjunkturelle Stabilität als wirtschaftspolitische Aufgabe, hrsg. von G. Zeitel u. J. Pahlke, Tübingen 1962

Lundberg, E.: International Stability and the National Economy, in: Stability and Progress in the World Economy, hrsg. von D. Hague, London 1958

Machlup, F.: International Trade and the National Income Multiplier, Philadelphia 1943

Machlup, F.: Period Analysis and Multiplier Theory, in: The Quarterly Journal of Economics, Bd. 52, 1939, wiederabgedruckt in: Konjunktur und Beschäftigungstheorie, hrsg. v. W. Weber, Köln 1967

Martin, K.: Capital Movements, The Terms of Trade, and the Balance of Payments, in: Bulletin of the Oxford University Institute of Statistics, Oxford 1949

Menger, C.: Grundsätze der Volkswirtschaftslehre, 2. Aufl., Leipzig 1923

Metzler, L.A.,: The Theory of International Trade, in: A Survey of Contemporary Economics ed. by H.S. Ellis, Philadelphia-Toronto 1948

Metzler, L.A.: A Multiple-Country Theory of Income Transfers, in: Journal of Political Economy, Bd. 59, 1951

Meyer, F.W.: Der Ausgleich der Zahlungsbilanz, Jena 1938

Meyer, F.W.: Zahlungsbilanzprobleme der Entwicklungsländer, in: Gestaltungsprobleme der Weltwirtschaft, Festschrift für A. Predöhl, hrsg. v. H. Jürgensen, Göttingen 1964

Meyer, P.: Die öffentlichen Ausgaben und ihre volkswirtschaftlichen Auswirkungen. Mit besonderer Berücksichtigung der Jahre 1945 bis 1951, Zürich 1954

Mikesell, R.F.: International Desequilibium and the Postwar World, in: American Economic Review, Bd. 39, 1949

Möller, H. u. Heinemann, H.-J.: Marshallplan, in: Staatslexikon, Band 5, 6. Aufl., Freiburg 1960

Müller, P.: Zum Problem der Mittelbindung in der Entwicklungshilfe, in: Aktuelle Fragen der Weltwirtschaft, hrsg. von A. Predöhl, Hamburg 1969

Musgrave, R.A.: Theorie der öffentlichen Schuld, in: Handbuch der Finanzwissenschaft, Bd. 3, Tübingen 1958

Myint, H.: The Gains from International Trade and the Backward Countries, in: Review of Economic Studies, Bd. 22, 1954/55 wiederabgedruckt in: The Economics of Underdevelopment, hrsg. von A.N. Agarwala u. S.P. Singh, London 1958

Neisser, H.: Der ökonomische Imperialismus im Lichte moderner Theorie, in: Hamburger Jahrbuch für Wirtschafts- und Gesellschaftspolitik, Festausgabe für Eduard Heimann, Tübingen 1959

Neumark, F.: Theorie und Praxis der modernen Einkommensbesteuerung Bern 1947

Nurkse, R.: Internationale Kapitalbewegungen, Wien 1935

Nurkse, R.: Problems of Capital Formation in Underdevelopment Countries, Oxford 1964

Nurkse, R.: Some International Aspects of the Problem of Economic Development, in: American Economic Review, Papers and Proceedings, Vol. XLII, Nr. 2, 1952

Nurkse, R.: Internationale Kapitalbewegungen, Wien 1935

OECD: Entwicklungshilfe, Politik und Leistungen, Jahresprüfung 1967, Paris 1967

OECD: Finanzielle Leistungen an Entwicklungsländer 1961 - 1965, Paris 1967

Ohlin, B.: Interregional and International Trade, Cambridge (Mass.) 1933

Ohlin, B.: The Reparation Problem: A Discussion, in: Economic Journal, Bd. 39, 1929, wiederabgedruckt in: Readings in the Theory of International Trade, London 1950

Paish, F.W.: Banking Policy and the Balance of International Payments, in: Readings in the Theory of International Trade, London 1950

Pigou, A.C.: A Study in Public Finance, 3 ed., London 1952

Polak, J.J.: An International Economic System, London 1954

Predöhl, A.: Industrialisierung der Entwicklungsländer, in: Entwicklungsländer und Entwicklungspolitik, Nürnberger Abhandlungen zu den Wirtschafts- und Sozialwissenschaften, Heft 21, Berlin 1963.

Preiser, E.: Kapitalexport und Volkseinkommen, in: Theorie der internationalen Wirtschaftsbeziehungen, hrsg. von K. Rose, Köln 1965

Rao, V.K.R.V.: Investment, Income and the Multiplier in an Underdeveloped Economy, in: The Economics of Underdevelopment, hrsg. von A.N. Agarwala u. S.P. Singh, London 1958

Rettig, R.: Über den Einfluß des Außenhandels auf Beschäftigung, Einkommenskreislauf und Preisniveau im Inland, Diss. Köln 1962

Ringer, K.: Zur Begriffsbestimmung der Entwicklungsländer, in: Entwicklungspolitik, Handbuch und Lexikon, hrsg. von Besters, E. und Boesch, E., Berlin 1966

Rittershausen, H.: Die Zentralnotenbank, Frankfurt a. M. 1962

Rolfe, S.E. u. Furness, G.: The Impact of Changes in Tax Rates and Method of Collection on Effort: Some Empirical Observations, in: The Review of Economics and Statistics, Vol.39, 1957

Rolph, E.R.: The Theory of Fiscal Economics, Berkeley and Los Angeles 1954

Rose, K.: Einkommens- und Beschäftigungstheorie, in: Kompendium der Volkswirtschaftslehre, Bd. 1, Göttingen 1967

Rose, K.: Theorie der Außenwirtschaft, Berlin und Frankfurt 1964

Rössler, K.: Die volkswirtschaftlichen Wirkungen des Kapitalexports in Entwicklungsländer, dargestellt am Beispiel der BRD und Indiens, Diss. Freiburg i.Br. 1963

Sachverständigenrat zur Begutachtung der gesamtwirtschaftlichen Entwicklung: Stabilität im Wachstum, Jahresgutachten 1967/68, Stuttgart 1967

Sachverständigenrat zur Begutachtung der gesamtwirtschaftlichen Entwicklung: Im Sog des Booms, Jahresgutachten 1969/70, Stuttgart 1969

Salant, W.S.: The Domestic Effects of Capital Export under the Point Four Programm, in: American Economic Review, Papers an Proceedings, Bd. 40, 1950

Samuelson, P.A. Interactions between Multiplier Analysis and the Principle of Acceleration, in: The Review of Economic Statistics, Bd. 21, 1939, wiederabgedruckt in: Readings in Business Cycle Theory, London 1950

Samuelson, P.A.: A Synthesis of the Principle of Acceleration and the Multiplier, in: Journal of Political Economy, Bd.48, 1939

Samuelson, P.A.: The Transfer Problem and Transport Costs: The Terms of Trade when Impediments are absent, in: Economic Journal, Bd. 62, 1952

Seiffert, H.: Die deutschen Direktinvestitionen im Ausland, Köln 1967

Shinohara, M.: The Multiplier and the Marginal Propensity to Import, in: American Economic Review, Bd. 47, 1957

Sieber, H.: Die realen Austauschverhältnisse zwischen Entwicklungsländern und Industriestaaten, Tübingen 1968

Schäfer, H.B.: Imperialismusthesen und Handelsgewinne, Diss. Bochum 1970, zur Zeit noch nicht veröffentlicht

Schäfer, H.B.: Theoretische und praktische Probleme einer Definition des Begriffs "Entwicklungshilfe", unveröffentlichtes Referat im Entwicklungspolitischen Seminar von Prof. W. Kraus, Ruhr-Universität Bochum, SS 1968

Schilcher, R.: Multiplikator und Akzelerator, in: Handwörterbuch der Sozialwissenschaften, Bd. 7, Tübingen 1961

Schmahl, H.J.: Einflüsse der Entwicklungshilfe auf Wirtschaftsentwicklung und Zahlungsbilanz der BRD, in: Wirtschaftsdienst, 1963, Heft 3

Schmölders, G.: Die Umsatzsteuer, in: Handbuch der Finanzwissenschaft, Bd. II, Tübingen 1956

Schmölders, G.: Finanzpolitik, 2. Auflage, Berlin 1965

Schmölders, G.: Allgemeine Steuerlehre, Berlin 1958

Schmölders, G.: Die Wirkungen öffentlicher Ausgaben auf Struktur und Konjunktur der Volkswirtschaft, Referat für die Tagung des "Institut International des Finances Publiques" v. 13. 9. bis 15. 9. 1956 in Rom, als Manuskript vervielfältigt

Schneider, E.: Einführung in die Wirtschaftstheorie, III. Teil, 8. Auflage, Tübingen 1964

Staley, E.: World Economic Development, Montreal 1944

Statistisches Bundesamt: Statistisches Jahrbuch für die BRD, Stuttgart 1969

Stolper, W.: Stand und ungelöste Probleme der Theorie des Außenhandelsmultiplikators, in: Zeitschrift für die gesamte Staatswissenschaft, Bd. 108, 1952

Taussig, W.: Theorie der internationalen Wirtschaftsbeziehungen, Leipzig 1929

Timm, H.: Zahlungsbilanzausgleich bei beweglichem Zins, in: Weltwirtschaftliches Archiv, Bd. 74, 1955 I

Titzrath, A.: Wirkungen internationaler Kapitalbewegungen auf Einkommen und Beschäftigung, Diss. Köln 1959

U.N.: National and International Measures for Full Employment, Report by a Group of Expoerts appointed by the Secretary - General, New York 1949

U.N.: World Economic Survey 1961, New York 1962

Unger, F.E.: Außenhandelsfinanzierung, 2. Auflage, Frankfurt am Main. 1967

Veit, O.: Der Wert unseres Geldes, Frankfurt a. M. 1958

Viner, J.: Canada's Balance of International Indebtedness 1900 - 1913, Cambridge (Mass.) 1924

Viner, J.: Studies in the Theory of International Trade, New York 1937

Watter, W.: Entwicklung, Stand und ungelöste Probleme der Theorie des Außenhandelsmultiplikators, Berlin 1961

Welinder, C.: Steuerüberwälzung und Steuerwirkungen, in: Handbuch der Finanzwissenschaft, Bd. 2, Tübingen 1956

Wessels, T.: Akzelerator, in: Staatslexikon, Bd. 1, 6. Auflage 1957

Wirth, D.: Einseitige Kapitalübertragungen, Stuttgart 1960

Woll, A.: Wechselkursvariation und Beschäftigungsniveau, Diss. Freiburg 1958

Woll, A.: Multilaterale und bilaterale Entwicklungshilfe, in: Entwicklungspolitk, Handbuch und Lexikon, hrsg. von H. Besters und E.E. Boesch, Stuttgart und Berlin 1966

Zimmermann, L.J. u. Grumbach, L.: Saving, Investment and Imperialismus, in: Weltwirtschaftliches Archiv, Bd. 71, 1953 II

LEBENSLAUF

Am 7. August 1942 wurde ich in Bottrop als Sohn des Diplom-Handelslehrers Hans Callies und seiner Ehefrau Grete geboren.

Von 1949—1953 besuchte ich in Bottrop die Grundschule. Im Anschluß daran wechselte ich zum mathematisch-naturwissenschaftlichen Zweig des Gymnasiums Bottrop über und bestand dort im März 1962 das Abitur.

Ab Sommersemester 1962 studierte ich in der Wirtschafts- und Sozialwissenschaftlichen Fakultät der Universität zu Köln Volks- und Betriebswirtschaft mit den Wahlfächern Sozialpolitik und Organisationslehre. Im Wintersemester 1966 legte ich die Diplomprüfung für Volkswirte und im Wintersemester 1967 die Diplomprüfung für Kaufleute ab. Seit dem Wintersemester 1968/69 bin ich an der Universität Bochum in der Abteilung Wirtschaftswissenschaften immatrikuliert.

Köln, September 1970

EIDESSTATTLICHE VERSICHERUNG

Ich versichere eidesstattlich, die von mir vorgelegte Arbeit selbständig angefertigt und mich fremder Hilfe nicht bedient zu haben. Alle Stellen, die wörtlich oder sinngemäß veröffentlichten oder nicht veröffentlichten Schriften entnommen sind, habe ich als entnommene in meiner Arbeit kenntlich gemacht.

Köln, den 25. September 1970

Hans Ulrich Callies